GESUNGENE INNIGKEIT

STUDIES IN THE HISTORY
OF
CHRISTIAN THOUGHT

FOUNDED BY HEIKO A. OBERMAN

EDITED BY

ROBERT J. BAST, Knoxville, Tennessee

IN COOPERATION WITH

HENRY CHADWICK, Cambridge
SCOTT H. HENDRIX, Princeton, New Jersey
BRIAN TIERNEY, Ithaca, New York
ARJO VANDERJAGT, Groningen
JOHN VAN ENGEN, Notre Dame, Indiana

VOLUME CVI

ULRIKE HASCHER-BURGER

GESUNGENE INNIGKEIT

GESUNGENE INNIGKEIT

STUDIEN ZU EINER
MUSIKHANDSCHRIFT DER DEVOTIO MODERNA
(UTRECHT, UNIVERSITEITSBIBLIOTHEEK,
MS. 16 H 34, OLIM B 113)

MIT EINER EDITION DER GESÄNGE

VON

ULRIKE HASCHER-BURGER

BRILL
LEIDEN · BOSTON
2002

This book is printed on acid-free paper.

Library of Congress Cataloging-in-Publication Data

The Library of Congress Cataloging-in-Publication Data is also available.

Die Deutsche Bibliothek - CIP-Einheitsaufnahme

Hascher-Burger, U.:
Gesungene Innigkeit : Studien zu einer Musikhandschrift der Devotio
moderna (Utrecht, Universiteitsbibliotheek, ms. 16 H 34, olim B 113).
Mit einer Edition der Gesänge / von Ulrike Hascher-Burger. – Leiden ;
Boston ; Köln : Brill, 2002
  (Studies in the history of Christian thought ; Vol. 106)
  ISBN 90–04–12034–3

ISSN   0081-8607
ISBN   90 04 12034 3

INHALT

TEIL II

ANHANG

VORWORT

Meinem Promotor, Herrn Prof. Dr. Kees Vellekoop, danke ich herzlich für seine Bereitschaft, meine Dissertation zu begleiten, für sein enormes Vertrauen, seine kritische und immer hilfsbereite Begleitung und dafür, daß er mir alle Freiheit ließ, den Promotionsgegenstand nach meinen eigenen Vorstellungen zu behandeln. Er war es, der mir die Handschrift *B 113* aus der Bibliothek der Nederlandse Sint-Gregoriusvereniging als Promotionsgegenstand vorschlug.

Ebenso danken möchte ich an zweiter Stelle meinem Ehemann, dem Kirchenhistoriker Prof. Dr. Christoph Burger. In inspirierenden Gesprächen lernte ich als Musikwissenschaftlerin viel über Aspekte spätmittelalterlicher Frömmigkeit. Auch danke ich ihm für seine Hilfe beim Aufspüren von Literatur, bei technischen Fragen zur Dissertation und für die Durchsicht einiger Kapitel des Typoskripts.

Mein Dank gilt auch Herrn Prof. Dr. Pieter Obbema, der mir in einem langen Gespräch über die auch ihm wohlbekannte Handschrift wertvolle Hinweise zur Codicologie gab, sowie Frau Dr. Gisela Gerritsen-Geywitz für ihre Hilfe beim Bestimmen der Dekoration und des Einbands sowie für die lehrreichen Gespräche über die Handschrift.

Frau Dr. Ike de Loos danke ich für ihre Hilfe bei ein paar strittigen Fragen zur Neumennotation, Frau Drs. Saskia Rolsma für ihre Unterstützung bei computertechnischen Fragen zur Edition und Herrn Christoph Spital M.A. für seine Hilfe bei der englischen Zusammenfassung.

Frau Lida Dekkers danke ich für unseren freundschaftlichen und inspirierenden Gedankenaustausch zu den Gesängen der Handschrift und der Devotio moderna allgemein.

Danken möchte ich auch der Bibliothek des Utrechter Konservatoriums sowie der Handschriftenabteilung der Universiteitsbibliotheek Utrecht für ihre großzügige Bereitschaft, mir die Handschrift, wann immer ich sie nötig hatte, zur Einsicht zu überlassen. Auch der Utrechter Letterenbibliotheek, vor allem dem Fachreferenten für Musikwissenschaft, Herrn Drs. Joost van Gemert, danke ich sehr für alle Unterstützung.

Mit speziellen Dank an die Nederlandse Sint-Gregoriusvereiniging und an die Universiteitsbibliotheek Utrecht für die Erlaubnis, Abbildungen aus der Handschrift *Utrecht, Universiteitsbibliotheek, ms. 16 H 34* (olim B113) zu publizieren.

Ebenso danke ich dem Historischen Archiv der Stadt Köln für die Erlaubnis, eine Abbildung aus der Handschrift *Köln, Historisches Archiv der Stadt, ms. W 28* zu publizieren.

Weitere Institute, denen ich für ihre freundliche Hilfe danken möchte, sind das Meertens-Instituut in Amsterdam, die Toonkunstbibliotheek Amsterdam, die Bibliotheek der Universiteit van Amsterdam, das Mikrofilmarchiv des musikwissenschaftlichen Instituts der Universität Basel, die Koninklijke Bibliotheek Albert I in Brüssel, die Koninklijke Bibliotheek in Den Haag, das Historische Archiv der Stadt Köln, die Universiteitsbibliotheek Leiden, das Titus Brandsma-Instituut der Katholieke Universiteit in Nijmegen, die Universiteitsbliotheek der Katholieke Universiteit Nijmegen, die Landesbibliothek Oldenburg, Museum Catharijneconvent in Utrecht, Het Utrechts Archief und das Historisch Centrum Overijssel in Zwolle.

Herrn Prof. Dr. Heiko A. Oberman kann ich an dieser Stelle leider nur noch posthum herzlich dafür danken, daß er mir freundlicherweise anbot, die vorliegende Arbeit in seine renommierte Reihe *Studies in the History of Christian Thought* aufzunehmen. Ich bedaure sehr, daß er die Publikation des Manuskripts nicht mehr erleben kann. Ebenfalls danke ich den Mitabeitern des Verlags Brill Academic Publishers für die freundliche und hilfsbereite Begleitung während der Drucklegung des Manuskripts.

Zu meinem Entsetzen fiel mein Promotor Kees Vellekoop fünf Wochen nach meiner Promotion einem Verkehrsunfall zum Opfer. Daß auch er die Publikation dieses von ihm begleiteten Manuskripts nicht mehr erleben kann, ist ein schmerzlicher Verlust.

Hoofddorp, im Juni 2002   Ulrike Hascher-Burger

TEIL I

EINLEITUNG

Ein unauffälliges Bündelchen Papier, etwas provisorisch in zwei Reste dickeren Pergaments geheftet, klein und unattraktiv: so präsentiert sich die Handschrift *Utrecht 16 H 34* dem Benutzer, der sie zum ersten mal in der Hand hält. Ohne besondere Dekoration, oft schwierig zu lesen und alles andere als repräsentativ ist diese Handschrift ein genaues Abbild des idealen Buchs der spätmittelalterlichen Frömmigkeitsbewegung, unter deren unmittelbarem Einfluß sie entstanden ist: der Devotio moderna.[1] Der Gründer dieser Bewegung, Geert Grote, hätte diese Handschrift wahrscheinlich mit Wohlgefallen betrachtet,[2] wäre er nicht bereits 100 Jahre vor ihrer Entstehung gestorben.

Die 'Devotio moderna',[3] eine einflußreiche Frömmigkeitsbewegung des späten Mittelalters, die der 'Innigkeit' einen zentralen Platz einräumte,[4] strebte "der geistlichen Vollkommenheit innerer Erhebung zu Gott in der Weise eines methodischen Bemühens um Heiligung nach, das über die Bezähmung der Leidenschaft zur Tugend führen soll."[5] Sie hatte ihre Wurzeln im Gebiet des Niederrheins, wo Geert Grote († 1384), Florens Radewijns († 1400) und ihre Anhänger im IJsseltal predigten und Häuser für semireligiose Gemeinschaften beiderlei Geschlechts stifteten: die Schwestern und Brüder vom Gemeinsamen Leben.[6] Diese Gemeinschaften gingen zurück auf die

---

[1] Zu Vorstellungen vom 'idealen Buch' in der Devotio moderna siehe Wierda 2000.

[2] Thomas a Kempis berichtete in seiner 'Vita Gerardi Magni', daß Geert Grote zwar eifrig las, aber keine schönen Bücher besitzen wollte: "Erat igitur studiosus in scripturis legendis sed non curiosus in pulchris libris habendis." Pohl II 1922, 65; Zitat in Wierda 2000, 157 Anm. 10.

[3] Der früheste Beleg des Begriffs 'devotio moderna' findet sich in der zwischen 1417 und 1421 von Heinrich Pomerius verfaßten Vita des Jan Ruusbroek. Ditsche 1960, 126.

[4] Übersetzung des Begriffs 'devotio' = 'Innigkeit' bei Hirsche 1873, nach Ditsche 1960, 124.

[5] E. Brouette, Art. "Devotio moderna I" in: *TRE* Bd. 8, 605.

[6] Die eingehendste Darstellung der Devotio moderna insgesamt findet sich bei Post 1968. Zur Frühgeschichte der Brüder vom Gemeinsamen Leben siehe Mertens 1999, 20–26.

Vorbilder der ebenfalls semireligiosen Beginen- und Begardenhäuser, deren Bewohner ebenso wie die Brüder und Schwestern vom Gemeinsamen Leben zwar in Gemeinschaft lebten, aber keine Gelübde ablegten.[7] Während jedoch die Beginen allein für ihren Lebensunterhalt sorgen mußten und freie Verfügung über ihren Privatbesitz hatten, lebten die Brüder und Schwestern vom Gemeinsamen Leben in Gütergemeinschaft.[8]

Bereits zu Lebzeiten Geert Grotes wurde die Gründung eines Klosterzweigs dieser Bewegung ins Auge gefaßt, um sie ständiger Anfeindung von Seiten der Bettelorden und institutioneller Unsicherheit zu entziehen. Nach Grotes Tod im Jahr 1384 wurde der Plan realisiert: im Jahr 1386 wurde Windesheim als erstes Kloster gegründet, das von sechs nach der Augustinerregel lebenden Chorherren bewohnt wurde,[9] zu Beginn des 15. Jahrhunderts gefolgt vom Kloster Maria und St. Agnes in Diepenveen, dem ersten Kloster für Augustinerchorfrauen der Devotio moderna.[10] Bereits im Jahr 1395 schlossen sich die vier Klöster Windesheim, Nieuwlicht, Eemstein und Marienborn zusammen zum 'Kapitel von Windesheim',[11] in das im Jahr 1414 auch das Kloster Diepenveen inkorporiert wurde.[12]

Der dritte institutionelle Zweig der Devotio moderna, die Tertiarier und Tertiarissen des Kapitels von Utrecht, erfreut sich erst seit kurzer Zeit der Aufmerksamkeit, die ihm eigentlich zukommt.[13] Zahlreiche Häuser der Schwestern vom Gemeinsamen Leben und einige Bruderhäuser nahmen seit dem ausgehenden 14. Jahrhundert, vor allem aber im Lauf des 15. Jahrhunderts im Rahmen zunehmender Verklosterung der Bewegung die dritte Regel des Franziskanerordens an, ohne auf modern-devote Lebensinhalte zu verzichten. Das zeigte sich unter anderem daran, daß die Visitatoren und Beichtväter dieser Drittordensangehörigen keine Franziskaner waren, sondern Prioren von Windesheimer Klöstern beziehungsweise Brüder

---

[7] Die enge Verbindung zwischen der Devotio moderna und dem Semireligiosentum wird eingehend dargestellt bei Elm 1985, 487ff.

[8] Koorn 1981, 27. Für einen Vergleich des Armutsideals bei Beginen und Schwestern vom Gemeinsamen Leben siehe Koorn 1985, 398–401.

[9] *Chron. Wind.*, ed. Grube 1886, 274f.

[10] Zur Geschichte Diepenveens: *Monasticon Windeshemense* 3, 608–612.

[11] *Acta Cap. Wind.*, ed. Van der Woude 1953, 13.

[12] *Acta Cap. Wind.*, ed. Van der Woude 1953, 17.

[13] Ein 'Monasticon' des Kapitels von Utrecht wird momentan an der Vrije Universiteit in Amsterdam erstellt unter der Leitung von K. Goudriaan. Siehe hierzu Goudriaan 1998 und Goudriaan 2000.

vom Gemeinsamen Leben.[14] Die ersten Häuser schlossen sich bereits 1399 zusammen zum 'Kapitel von Utrecht'.[15]

Das Ziel der Devotio moderna wurde von R. Th. M. van Dijk zusammengefaßt als "Streben, um auf zeitgemäße Weise (moderna) und durch ein zugewandtes inneres Leben (devotio) nach dem Vorbild der ersten Christen für eine Erneuerung der kranken Kirche zu eifern (Reform)."[16] Ihre Anhänger sahen in der Predigt, mündlicher, vor allem jedoch schriftlicher Art, ihre wichtigste Aufgabe. Die Produktion von Schriften und Büchern war die Haupttätigkeit vor allem der Brüder vom Gemeinsamen Leben und bestimmte deren gesamten Lebensstil. Als 'pragmatische Schriftlichkeit' charakterisierte N. Staubach diesen hervorragenden Zug der Bewegung,[17] der auch auf dem Gebiet der Musik erkennbar ist, sind doch die erhaltenen Musikhandschriften dieser Kreise ebenfalls nach rein pragmatischen Gesichtspunkten angelegte Büchlein für den persönlichen Gebrauch ihrer Besitzer.

Die Blütezeit der Devotio moderna war das 15. Jahrhundert, als Häuser und Klöster dieser Bewegung vom IJsseltal bis in die Schweiz, in Brabant und Nordfrankreich, zu finden waren.[18] Aus dieser Zeit sind die meisten Schriftzeugnisse der Bewegung erhalten, darunter auch Musikhandschriften.

Die Reformation bedeutete für die meisten Häusern das Ende, nur wenige Klöster überlebten den Kahlschlag. Beinahe hundert Jahre nach dem Tod des letzten Windesheimer Kanonikers im Kloster Sulta (Hildesheim) im Jahr 1865 wurde der Windesheimer Kongregation im Jahr 1961 wieder neues Leben eingeblasen.

Die Bedeutung der Devotio moderna für die Geistesgeschichte des späten Mittelalters wurde regelmäßig unterstrichen.[19] Ihr Ein-

---

[14] Rehm 1985, 162–164.

[15] Koorn 1996, 131.

[16] Van Dijk 1996, 5: "Het charisma dat zij met elkaar deelden, was de zogenaamde *devotio moderna*: het streven om op eigentijdse wijze (modern) en door een toegewijd innerlijk leven (devotie) te ijveren voor de hervorming (reform) van de verziekte Kerk naar het voorbeeld van de eerste christenen."

[17] Staubach 1991, 424: "Für eine Würdigung der Devotio moderna ist die Kategorie der 'pragmatischen Schriftlichkeit' deshalb unentbehrlich, weil sie nicht bloß einen Überlieferungsausschnitt bezeichnet, sondern eine essentielle Qualität der Gesamtüberlieferung ins Bewußtsein rückt."

[18] Zur Verbreitung der Devotio moderna in der Schweiz vgl. Scarpatetti 1974.

[19] Als Standardwerke sind zu nennen Acquoy 1875, 1876 und 1880 sowie Post 1968.

fluß auf die Buchgeschichte,[20] auf die Schulreform und Entstehung
der Konvikte für Schüler in Zwolle und Deventer,[21] auf andere Re-
formbewegungen wie beispielsweise die der Bursfelder Benediktiner
oder der Kreuzherren,[22] und nicht zuletzt auf das geistliche Lied in
der Volkssprache[23] ist unbestritten. Doch führte das harte, asketische
Leben gerade in Klöstern des Kapitels von Windesheim bei aller spi-
ritueller Ausrichtung und Erneuerung zu Problemen im Inneren
der Bewegung. Das macht der Beschluß des Generalkapitels im Jahr
1494 deutlich, vier große Gefängnisse bei den Klöstern Bethlehem
in Zwolle, Groenendal, Bödeken und Köln zu bauen, um die völlig
überfüllten Karzer der Windesheimer Klöster zu entlasten. In diesen
Gefängnissen sollten Aufständische, Flüchtige und dem Glauben Ab-
trünnige aufgenommen werden.[24]
    Seit dem ausgehenden 19. Jahrhundert erfreut sich die Devo-
tio moderna des Interesses vor allem der Historiker und Kirchenhistoriker, sei es als Zeugin fruchtbaren katholischen Lebens oder
als einflußreiche niederländische Bewegung, die warme vaterländi-
sche Gefühle aufkommen läßt. Auch als mögliche Vorläuferin der
Reformation fand sie großes Interesse gerade protestantischer kirchenhistorischer Forscher.[25] Die Musik dieser Bewegung wurde bisher vergleichsweise wenig untersucht. Eine direkte Verbindung zum
modern-devoten Umfeld stellte nur R. Ewerhart in seiner Dissertation über eine Musikhandschrift aus dem Windesheimer Kloster Eberhardsklausen bei Trier her, der seinen Ausführungen einen Anhang
über "Die Windesheimer Kongregation und ihre Musikpflege" beifügte.[26] Andere Publikationen behandeln zwar Gesänge der Devotio moderna, doch ohne an die Frömmigkeitsbewegung selbst anzu-

---

[20] Zur "Buchkultur der Devotio moderna": Kock 1999.
[21] Zur Stadtschule in Deventer siehe Moes-Jonasse 1998; Bedaux u.a. 1998. Zur
Betreuung der Schüler durch Brüder vom Gemeinsamen Leben in Zwolle und Deventer: Weiler 1997, 13f und 39–47.
[22] Siehe die verschiedenen Beiträge in Elm 1989.
[23] Knuttel 1906. Wilbrink 1930.
[24] "Ordinavit capitulum quatuor debere fieri fortissimos carceres in diversis terra-
rum partibus, quorum primus erit in Bethleem Zwollis, 2. in Viridivalle, 3. in Bodi-
cken, 4. in Colonia, pro apostatis, fugitivis et rebellibus et qui in fuga seu apostasia
comprehensi fuerint et in propriis conventibus commode incarcerari nequeunt, quare mandatur prioribus et procuratoribus conventuum ubi huiusmodi professi fuerint
solvere debere singulis mensibus leonem aureum pro eorum expensis." *Acta Cap.
Wind.*, ed. Van der Woude 1953, 93.
[25] Van Dijk 1996, 14f.
[26] Ewerhart 1955, 132ff.

knüpfen.[27] Umgekehrt wird gerade in neueren Beiträgen zur Devotio moderna die Musik nicht erwähnt.[28]

Aus Kreisen, die mit der Devotio moderna in Verbindung gebracht werden können, ist auch eine Reihe von Musikhandschriften überliefert. Ein großes Problem ist, daß diese in Ermangelung eines Kolophons im allgemeinen nicht genau lokalisiert und datiert werden können. Viele Versuche einer Lokalisierung wurden in der Vergangenheit vor allem aufgrund inhaltlicher Hinweise vorgenommen, codicologische Untersuchungen zu Musikhandschriften der Devotio moderna fehlen weitgehend. Ein Beispiel dafür, daß eine solche Lokalisierung ungegründet sein kann, ist die Handschrift *Wien 12875*, die aus inhaltlichen Gründen von J. Knuttel mit Amsterdam, von E. Bruning noch genauer mit dem dortigen Kloster St. Margareta in Verbindung gebracht wurde. Diese Lokalisierung wurde von P. Obbema widerlegt.[29] Ein anderes Beispiel ist das schon seit langem bekannte *Liederbuch der Anna von Köln*, das W. Salmen in einem nicht näher bezeichneten Schwesternhaus am Niederrhein situiert.[30] Unser Problem ist, daß wir zwar eine Reihe von Handschriften mit der Bewegung der Devotio moderna in Verbindung bringen können, daß diese Verbindung bisher jedoch meist nicht näher bestimmt werden kann.

Ebenso wie von den meisten anderen Liederhandschriften des späten Mittelalters besteht auch von *Utrecht 16 H 34* bereits eine Teilpublikation:[31] J. Smits van Waesberghe veröffentlichte eine Reihe mehrstimmiger Gesänge aus der Handschrift.[32] Dennoch ist die Handschrift in der Forschung weniger bekannt als andere, ebenfalls nur teiledierte Liederhandschriften wie beispielsweise *Berlin 8° 190*

---

[27] Ich nenne hier als Beispiele Bruning u.a. 1963 und Smits van Waesberghe 1966.

[28] In das Standardwerk Acquoys über die Geschichte des Klosters Windesheim sind auch einige Aspekte der Musik aufgenommen (Acquoy 1875, 1876 und 1880), in der Monographie R.R. Posts über die Geschichte der Devotio moderna dagegen ist die Musik nicht erwähnt (Post 1968), ebensowenig in den Beiträgen Elms (1989 und 1998).

[29] Obbema 1996, 173.

[30] Salmen und Koepp 1951, 3: "Aus einem derartigen nach den Regeln einer "vita communis" lebenden Kreise bürgerlicher "susterkens" stammt das Liederbuch der Anna von Köln."

[31] Ganz publiziert wurden die Handschrift *Berlin 8° 280* (Liederbuch der Anna von Köln) in Salmen und Koepp 1951 und die Handschrift *Wienhausen 9* (Wienhäuser Liederbuch) in Sievers 1994 (mit Facsimile).

[32] Smits van Waesberghe 1966, 64–73. In dieser Transkription fehlen die zweistimmigen Tropen *Marie virginis* (fol. 51r, Ed. Nr. 62) und *Alleluya Vox/In superna* (fol. 53r, Ed. Nr. 65).

oder *Wien 12875*.[33] Der erste mir bekannte Hinweis auf die Handschrift *Utrecht 16 H 34* stammt von E. Bruning in seiner Ausgabe mittelniederländischer Lieder der Handschrift *Brüssel IV 421* ('Handschrift Tongeren').[34] Zwei Studien gehen näher auf die Quelle ein:
der bereits genannte Aufsatz von J. Smits van Waesberghe mit Transkriptionen mehrstimmiger Musik dieser Quelle erschien 1966.[35] Auf
buchgeschichtlicher Seite publizierte P. Obbema 1987 eine Untersuchung zum Meditationsschema in der zweiten Lage, die 1996 erneut
gedruckt wurde.[36] Die Quelle ist aufgenommen in das *Répertoire Internationale des Sources Musicales*[37] ebenso wie in den *Census*-Katalog.[38]
Aufgrund der Schlußformel "Deo gracias 1500" ist sie auch unter
die datierten Handschriften der Niederlande aufgenommen.[39] Dennoch erscheint die Quelle vor allem in Fußnoten und beiläufigen Bemerkungen.[40] Das kann daran liegen, daß *Utrecht 16 H 34* vor allem
eine Quelle lateinischer Gesänge ist und nur drei niederländische
Lieder enthält. Interesse am spätmittelalterlichen geistlichen Lied
der Niederlande ist ja vor allem auf Seiten der Niederlandisten zu
finden, die verständlicherweise vor allem Quellen mit einem hohen
Anteil niederländischer Texte heranziehen. Erschwerend kam auch
die zeitweise schwierige Erreichbarkeit der Quelle hinzu: wiederholt
trifft man in der Literatur auf Vermerke, daß die Handschrift nicht
zugänglich war oder kein Mikrofilm bestellt werden konnte.[41] Sym-
ptomatisch ist in meinen Augen daher auch, daß weder A. Geering in
seiner umfassenden Darstellung der *Organa und mehrstimmigen Conductus in den Handschriften des deutschen Sprachgebietes vom 13. bis 16.*

---

[33] Die neueste Ausgabe der niederländischen Lieder dieser Handschriften mit
Musik ist Bruning u.a. 1963.

[34] Bruning 1955, 2.

[35] Smits van Waesberghe 1966.

[36] Obbema 1996, 135–142, erstmals publiziert unter dem Titel: "Literatuur en meditatie bij de Moderne Devoten: Een voorbeeld uit de praktijk (Deventer, ca. 1450)",
in: E. Cockx-Indestege, F. Hendrickx (red.), *Miscellanea neerlandica. Opstellen voor J. De-
schamps*, Bd. 3, Leuven 1987, 135–146.

[37] *RISM* B IV⁴, 1123–1129.

[38] Census III, 266.

[39] Gumbert 1988, Tafel 801.

[40] Smits van Waesberghe 1959b, 176, 183; Smits van Waesberghe 1961, 32; Bruning u.a. 1963, X, XXXV; Gottwald 1964, 141; Obbema 1973, 23, 26, 166, 180;
Harrison 1982, 78, 82; Rasch 1985 Bd. I, 6; Bonda 1996, 214 Anm. 80, 487f; Obbema 1996, 52, 60, 67; Kornrumpf 2000, 181.

[41] C. Gottwald beispielsweise verwies in seinem Aufsatz zum Weihnachtslied *In
dulci iubilo* darauf, daß von der Handschrift kein Mikrofilm beschafft werden konnte
(Gottwald 1964, 141).

Jahrhundert[42] noch J. Valkestijn in seiner Aufsatzserie über "Organa-Handschriften in niederländischen Bibliotheken"[43] die Handschrift *Utrecht 16 H 34* erwähnen. Die große Zahl verschiedener Aufbewahrungsplätze[44] zeugt jedenfalls von einer unsteten Bibliothekssituation, was der Erforschung der Quelle wahrscheinlich nicht zugute kam. Seit dem Sommer 1998 befindet sich die Handschrift in der Universitätsbibliothek Utrecht. Daß die Bibliothek nach zwei Jahren die Signatur von neuem ändern mußte (von *16 H 26* nach *16 H 34*), entspricht auf makabre Weise dem Schicksal dieser Quelle, die schon immer schwer aufzufinden war.

Als Prof. Vellekoop mir als Promotionsgegenstand die Handschrift *B 113* vorschlug, beschloß ich, in der Tradition der Beschreibung mittelalterlicher Handschriften die Quelle auf ihre codicologische Zusammensetzung, die paläographischen Merkmale von Schrift und Notation sowie auf ihre Funktion hin zu untersuchen. Aus diesem Ansatz ergab sich bereits eine Struktur in Einzelstudien, die dann um jeweils eine Studie zur einstimmigen und eine zur mehrstimmigen Musik ergänzt wurden. Es war mir wichtig, zunächst eine grundlegende Basis zu legen, die eine intensivere Nutzung der Quelle als bisher ermöglicht. Zu dieser Basis gehört auch eine Edition der 121 Gesänge, ein alphabetisches Initienverzeichnis mit Hinweisen auf die Überlieferung, sowie ein Verzeichnis der Initien in der Reihenfolge der Handschrift.

Als Vergleichsmaterial habe ich Handschriften herangezogen, die im Gebiet des 'Niederlands' lokalisiert werden.[45] Nur in Ausnahmefällen beziehe ich mich auch auf Quellen die außerhalb dieser Gegend entstanden sind. Diese Abgrenzung liegt nahe wegen der Übereinstimmungen im Repertoire dieser Handschriften, das sie von Quellen des 'Oberlands' unterscheidet. Einige Gesänge sind jedoch weiter verbreitet, wie mittlerweile mit Hilfe nützlicher elektronischer Datenbanken festgestellt werden kann.[46] Innerhalb der

---

[42] Geering 1952.

[43] Valkestijn 1964, 1965, 1966.

[44] Siehe unten S. 13 Anm. 1.

[45] Ich übernehme hier einen von H. Tervooren in einem Vortrag verwendeten Terminus, den er zur geographischen Abgrenzung des Gebietes der heutigen Niederlande, Belgiens und Norddeutschlands gebrauchte.

[46] Ich habe dankbar Gebrauch gemacht von den Suchmöglichkeiten der elektronischen Datenbanken des Deutschen Bibliotheksinstituts: http://www.dbilink.de und der Datenbank für den Gregorianischen Choral der University of Western Ontario: http://publish.uwo.ca/~cantus/

teilweise enormen Überlieferung lassen sich für die Gesänge der
Utrecht 16 H 34 zwei Stränge unterscheiden: zum einen die Überlieferung vieler strophischer Lieder als unnotierte Texte in Gebetbuchhandschriften, zum anderen die Überlieferung der liturgischen
Gesänge in liturgischen Handschriften ganz Europas. Auffallenderweise wurden diese Stränge nur innnerhalb eines geographisch vergleichsweise kleinen Gebiets miteinander kombiniert und zugleich
mit Musiknotation versehen: im Gebiet des 'Niederlands' in Handschriften, die auf vielerlei Weisen mit der Devotio moderna in Verbindung gebracht werden können. Im übrigen Europa, von Skandinavi-
en bis Italien, erscheint ein Teil der strophischen Gesänge in Gebetbuchhandschriften ohne Notation, ein Teil der liturgischen Gesänge
mit und ohne Notation in liturgischen Handschriften. Die Überlieferung in Gebetbüchern und liturgischen Handschriften ganz Europas
habe ich bei meiner Darstellung bewußt ausgeklammert, da sie den
Rahmen der vorliegenden Untersuchung gesprengt hätte.

Da ich die vorliegende Arbeit als musikwissenschaftliche Dissertation einreiche, habe ich beschlossen, nicht die gesamte Handschrift zu untersuchen, sondern mich auf die Gesänge zu beschränken. Daher sind das Meditationsschema in Lage 2 sowie verschiedene lateinische Exzerpte auf alten Umschlagblättern bei meinen
Untersuchungen nicht berücksichtigt. Auch die Psalmodielehre in
der ersten Lage ist nicht aufgenommen, von ihr besteht bereits eine
Teiledition von J. Smits van Waesberghe.[47] Für das Meditationsschema in Lage 2 sei nach der oben genannten Publikation mit Faksimile
von P. Obbema verwiesen.[48]

Ein Merkmal, das sich wie ein roter Faden durch alle Kapitel
der vorliegenden Arbeit zieht, ist, wie sich im Laufe der Untersuchung herausstellte, die Funktion der Musik als wichtiger Faktor im
asketischen Übungsprogramm der Mitglieder der Devotio moderna. Dadurch erscheint einerseits die lange Zeit als verboten gelten-
de Mehrstimmigkeit in einem anderen Licht, andererseits kann die
Aufnahme liturgischer Gesänge in eine paraliturgische Handschrift
erklärt werden. Auch auf die Anlage der Handschrift und ihr un-
ansehnliches Äußeres hatte die spezifische Funktion der Musik im
Rahmen dessen, was wir heute als Meditation beschreiben (ohne
noch zu wissen, wie wir uns den Ablauf im Einzelnen vorzustellen

---

[47] Smits van Waesberghe 1966, 46.
[48] Siehe S. 8 Anm. 36.

haben) ihre Auswirkungen. Daß die Musik offensichtlich ein wichtiger Träger der erstrebten Innigkeit der Modernen Devoten war, war eine große Überraschung während meiner Untersuchung. Die Auswirkungen dieser Rolle auf verschiedene Aspekte der Handschrift darzustellen, war das Ziel dieser Untersuchung.

KAPITEL I

ZU AUFBAU, DATIERUNG UND
LOKALISIERUNG DER HANDSCHRIFT

1. *Codicologische Beschreibung der Handschrift* Utrecht 16 H 34

Die Universitätsbibliothek in Utrecht bewahrt seit 1998 eine Handschrift aus dem Besitz der *Nederlandse St. Gregoriusvereniging,* deren Signatur bisher *B 113* lautete, in der Zukunft jedoch *16 H 34* heißen soll.[1] Sie ist ein Konvolut,[2] das aus zehn Heftchen, verteilt über neun Lagen, besteht. Sie enthalten hauptsächlich lateinische ein- bis dreistimmige Gesänge, die in der zweiten Hälfte des 15. Jahrhunderts auf Papier geschrieben worden sind. Die Handschrift umfaßt 138 Blätter mit moderner Bleistiftfoliierung. Auf fol. 55r–61r sind Reste einer alten Tintenfoliierung erkennbar. Der Buchblock ist 15 cm hoch, 11,7 cm breit und 2,2 cm dick. Die Ränder der Handschrift sind teilweise unbeschnitten. Sie enthält zwei Besitzvermerke, die auf eine Herkunft aus dem Haus der Brüder vom Gemeinsamen Leben in Deventer verweisen (fol. 19r und 40v), einen Datumvermerk (fol. 84v: *deo gracias 1500*) und einen Eintrag aus wesentlich späterer Zeit, dessen Bedeutung unklar ist (fol. 104v: *M C D 1792*). Im Jahr 1986 wurden geringfügige Reparaturen ausgeführt.[3]

---

[1] Diese Handschrift hat schon mehrere Ortswechsel erlebt. Daher wird sie in der Literatur unter verschiedenen Fundorten aufgeführt. Die vollständige Signatur lautet: *Utrecht, Universiteitsbibliotheek, ms. 16 H 34 (olim Utrecht, Hogeschool voor de Kunsten, Bibliotheek van het Utrechts Conservatorium en het Nederlands Instituut voor Kerkmuziek, ms. B 113, olim Utrecht, Nederlands Instituut voor Katholieke Kerkmuziek, ms. B 113, olim Utrecht, Instituut voor Muziekwetenschap, ms. B 113).* In Hascher-Burger 2000 lautet die Signatur der Handschrift *Utrecht, Universiteitsbibliotheek, ms. 16 H 26.* Diese Signaturzuweisung beruht auf einem Versehen der Universitätsbibliothek und soll an dieser Stelle richtiggestellt werden.

[2] H. Kienhorst definiert eine Sammelhandschrift als eine Handschrift, in der verschiedene Texte von vorn herein nach inhaltlichen Gesichtspunkten zusammengefügt wurden zu einer materiellen Einheit. Ein Konvolut dagegen ist eine Handschrift, die aus verschiedenen eigenständigen Handschriften zusammengesetzt ist. Kienhorst 1996, 57f.

[3] Vgl. den Reparaturbericht, der der Handschrift beiliegt.

Die Handschrift enthält einstimmige und mehrstimmige paraliturgische Gesänge, eine Psalmodielehre, ein Meditationsschema und lateinische Exzerpte.[4]

1. Einband und Einbandmakulatur

Die Handschrift ist mit einem einfachen Koperteinband aus Pergament versehen, um den ein zweiter, teilweise beschädigter Koperteinband mit Buchklappe gebunden ist. Die Lagen sind am inneren Einband befestigt, der äußere Einband ist mit zwei gedrehten Fäden an der ersten Lage befestigt.[5] Dieser Einband ragt stellenweise über den Buchblock hinaus und ist zum Teil leicht beschädigt. Von der Bindung des Buchblocks sind oben und unten zwei Schnüre sichtbar. Bei der Reparatur im Jahr 1986 blieb der Einband unberührt. Sollte der Umschlag bereits einmal verwendet worden sein, so muß das früher stattgefunden haben.

Die Einbandspiegel zeigen verschiedene Alphabetproben. Darunter findet sich auf dem vorderen Spiegel ein Rechenspruch:

Subtrahis aut addis a dextris aut mediabis /
A leva dupla divide multiplica

Wiederum darunter befindet sich ein Provenienzhinweis von einer Hand des 17. Jahrhunderts:

Dit boekje is
uit het Fratershuis
van Geert de Groote
te Deventer
(Statie Haarle opgerecht 1698)[6]
op verschillende
tijden geschreven

---

[4] Eine Kurzbeschreibung des Inhalts befindet sich in RISM B IV⁴, 1123.

[5] Einfache Pergamentumschläge wurden gerade für *rapiaria* der Devotio moderna häufiger verwendet. Beispiele hierfür sind zwei kleine Handschriften aus der Koninklijke Bibliotheek in Den Haag: *129 E 4* und *70 H 79*. Es handelt sich dabei um zwei Textsammlungen aus der Devotio moderna, *129 E 4* enthält unter anderem ein Meditationsschema und Musik. Im Folgenden werden die Signaturen der Handschriften in der Weise abgekürzt, daß immer Bibliotheksort und Signatur angegeben werden.

[6] Die 'Statie' Haarle befindet sich in der Nähe von Raalte in Salland (Obbema 1996, 135). Mit dem Begriff 'Statie' werden Parochialkirchen in einem Missionsgebiet bezeichnet. Seit dem Ende des 16. Jahrhunderts, mit dem Einsetzen der Zeit der *schuilkerken* ('versteckte Kirchen'), waren die Niederlande offiziell Missionsgebiet der römisch-katholischen Kirche. Vgl. Moes 1983, 10.

Schließlich findet sich in moderner Schrift die Signatur *B 113* der *Nederlandse Sint Gregoriusvereniging*.

An verschiedenen Stellen wurden Reste alter Einbandmakulatur aus Papier in die Handschrift eingebunden. Der Schrift nach zu urteilen dürften sie aus dem 15. Jahrhundert stammen. Zwischen fol. 104 und fol. 105 findet sich ein Streifen des Vorderblatts zu fol. 139, dem letzten Blatt der Handschrift, das unbeschrieben blieb. Zusammen mit fol. 139 bildet er einen Umschlag um eine Subeinheit innerhalb der *Utrecht 16 H 34*, nämlich die Lagen 7, 8 und 9.

Vermutlich einen alten Umschlagrest um die erste Lage bildet das angeklebte Blatt fol. 1. Dieses Blatt enthält Exzerpte verschiedener lateinischer Traktate und weist keinen Zusammenhang mit dem Inhalt von Lage 1 auf.

Auch Lage 2 ist von einem alten Papierumschlag umgeben, das Doppelblatt trägt in der modernen Foliierung die Ziffern 19 und 40. Ein weiteres altes (Umschlag-?)blatt ist als fol. 18 an dieses Doppelblatt angeklebt.

Schmucklose Büchlein wie die Sammlung *Utrecht 16 H 34* sind in Kreisen der Devotio moderna öfter anzutreffen.[7] Ihre äußere Erscheinung wie ihr Format[8] weisen darauf, daß sie wahrscheinlich einem der Vertreter dieser Frömmigkeitsrichtung zu privaten Frömmigkeitsübungen gedient haben. Von Geert Grote wird berichtet, er habe beim Sammeln von Büchern keinesfalls auf das Äußere geachtet. Ein Buch sollte "dem Nutzen des Lesers dienen, nicht der Eitelkeit des Betrachters".[9] Tatsächlich unterscheiden sich Handschriften wie *Utrecht 16 H 34* auf den ersten Blick von den oft luxuriös ausgestatteten Stundenbüchern, die in Kreisen der Devotio moderna mit dem Ziel des Verkaufs an Laien und begüterte Semireligiosen hergestellt wurden.[10]

Nicht nur religiöse Kreise bedienten sich kleinformatiger Büchlein. Auch für weltliche Musik der Zeit wurden kleine Heftchen zum persönlichen Gebrauch hergestellt. So besteht beispielsweise die *Haagse Liederhandschrift*, eine Sammlung weltlicher mittelniederländischer Lieder, aus Abschriften loser Blätter oder einzelner

---

[7] Vgl. beispielsweise *Hattem 1025*, *Brüssel IV 421*, *Wienhausen 9*.

[8] Obbema 1996, 138.

[9] Staubach 1991, 424f.

[10] Zur Produktion und Verbreitung von Stundenbüchern aus der *domus parva* in Zwolle, einem Haus für Schüler, das vom Fraterhaus betreut wurde, siehe Wierda 1995, 156–162.

Lagen.[11] *Utrecht 16 H 34* stellt ein Konvolut ähnlicher Kleinstsamm-
lungen zum persönlichen Gebrauch dar, wenn auch nicht mit volks-
sprachlicher Lyrik, sondern vor allem mit lateinischen Gesängen.

2. Der Lagenaufbau

Die Handschrift besteht aus neun Lagen unterschiedlichen Umfangs. Sie bilden ein Konvolut aus mehreren ursprünglich voneinander unabhängigen Teilen verschiedenartigen Inhalts, die im Lauf
der Geschichte verschiedene Gruppierungen erfuhren, bevor sie im
16. Jahrhundert zur heutigen Form zusammengefügt worden sind.

Der Aufbau der Lagen läßt sich in folgender Kurzformel ausdrücken:[12]

$$(1+VIII)^{17} + (1+XI)^{40} + VII^{54} + VIII^{70} + X^{90} + VI^{104} + (VIII+1)^{121} + VI^{133} + III^{139}$$

Zu Beginn der ersten und der zweiten Lage sowie am Ende der siebenten Lage wurde ein zusätzliches Einzelblatt angeklebt. Die erste
und die fünfte Lage bestehen jeweils aus zwei ineinandergeschobe-
nen Teilen. Lage 1 ist zusammengesetzt aus einem Binio mit angeklebtem Einzelblatt (fol. 1–3 und fol. 16–17) und einem Sexternio
(fol. 4–15):

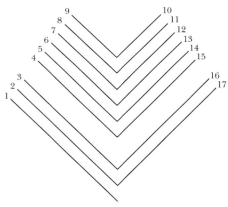

Aufbau der Lage 1

---

[11] *Den Haag 128 E 2.* Hogenelst und Rierink 1992, 42/43; Kossmann 1940 (mit
Facsimile).
[12] Die römischen Zahlen geben die Anzahl der Doppelblätter an, die arabischen
zusätzlich angeklebte Einzelblätter. Die Einheit von Doppel- und Einzelblättern einer
Lage ist zwischen Klammern gesetzt. Die hochgestellten arabischen Ziffern beziehen
sich auf die Foliierung der Handschrift und geben an, wo eine Lage endet.

Lage 5 besteht aus einem Sexternio (fol. 71–76 und fol. 85–90) und einem Quaternio (fol. 77–84):

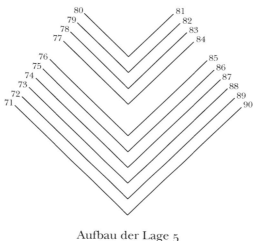

Aufbau der Lage 5

In der Mitte der ersten Lage sowie in der dritten bis neunten Lage befinden sich Falzstreifen aus Pergament, zum Teil mit Federproben. In der ersten Hälfte der vierten Lage befindet sich eine alte Tintenfoliierung *1–7* jeweils in der rechten unteren Ecke der Rectoseiten.

3. *Die Wasserzeichen*

Die Identifizierung der Wasserzeichen ermöglicht eine genauere Gruppierung der Handschriftenteile.[13] Das Papier der zweiten Lage wurde bereits von P. Obbema untersucht.[14] Er unterschied zwei Papiersorten: ein älteres Papier, das als Wasserzeichen eine abweichende Form von Briquet 8590 trägt,[15] und eine jüngere Papiersorte mit einem Wasserzeichen der Art von Briquet 12496–503.[16] Der

---

[13] Eine übersichtliche Einführung in die Wasserzeichenkunde gibt Schneider 1999, 110–115.
[14] Obbema 1996, 135.
[15] Briquet 1968, IV, um 1450 in Gebrauch.
[16] Briquet 1968, IV, von 1485 bis 1534 nachweisbar.

ursprüngliche Bestand wurde vermutlich gegen Ende des 15. Jahrhunderts teilweise mit jüngerem weißen Papier durchschossen, das unbeschrieben blieb.[17]

32 Blätter der Handschrift enthalten einen Teil eines Wasserzeichens. Formatbedingt finden sich ausschließlich halbe Wasserzeichen am oberen inneren Blattrand. In den meisten Fällen wurden beide Hälften des Wasserzeichens verwendet, doch konnten die Zeichen nur näherungsweise identifiziert werden. Eine genaue Identifikation war nicht möglich, weil Abdrucke von Siebdrähten, die sich links vom Wasserzeichen befinden, manchmal auch Teile des Wasserzeichens selbst, im Falz verschwinden. Aber auch eine näherungsweise vorgenommene Bestimmung lieferte Hinweise für den Entstehungszeitraum der verschiedenen Teile.[18]

Wir können im folgenden vier Wasserzeichengruppen unterscheiden:

– Verschiedene Lilienwasserzeichen (Piccard *Lilie* 1651–1699) finden sich in den Lagen 1, 3, 4, 6 und 7.[19] Sie weisen Ähnlichkeit auf mit Lilienwasserzeichen, die bei Piccard[20] unter der Nummer 1655–1711 wiedergegeben sind. Alle von Piccard aufgeführten Beispiele finden sich in Handschriften aus dem norddeutsch-niederländischen Raum im Zeitraum von 1481–1526.[21]

– Verschiedene Wasserzeichen *P* stehen im inneren Teil der ersten Lage sowie auf den älteren Blättern der zweiten Lage.[22] Das Zeichen der ersten Lage kann den Wasserzeichen der Gruppe *X*, Nr. 115–145 in Piccards Sammlung zum Buchstaben P zugeordnet werden, die im Gebiet Rheinland-Westfalen-Gelderland in den Jahren 1452–1483 vorkommen,[23] beziehungsweise Briquets Wasserzeichen Nr. 8589–8653. Viel Übereinstimmung ist vor allem mit Briquets Wasserzeichen 8625 feststellbar. Es wurde

---

[17] Obbema 1996, 135.
[18] Ich habe die Wasserzeichen im Wasserzeichenkatalog der Koninklijke Bibliotheek in Den Haag nicht gefunden (http://www.kb.nl/wilc).
[19] Fol.2, 3, 41, 42, 43, 59, 60, 61, 62, 91, 92, 97, 99, 100, 115, 116, 119, 120.
[20] Piccard 1983 (Bd. XIII).
[21] *Lilie I*: Lage 3, fol. 41, 42. *Lilie II*: Lage 3 (fol. 43), Lage 4 (fol. 59 bis 62), Lage 6 (fol. 91, 92, 97). *Lilie III*: Lage 1 (fol. 2, 3), Lage 6 (fol. 99, 100), Lage 7 (fol. 115, 116). *Lilie IV*: Lage 7 (fol. 119, 120).
[22] Fol. 12 und 13.
[23] Piccard 1977 (Bd. IV/1) 15.

in Handschriften von 1484–1490 angetroffen.[24] Das Wasserzeichen in der zweiten Lage wurde von P. Obbema als Variante von Briquet 8590 identifiziert.[25]

– Ein Wasserzeichen *pot* findet sich in der fünften und auf dem jüngeren Papier der zweiten Lage.[26] Das Zeichen in der fünften Lage zeigt Übereinstimmungen mit Briquets Wasserzeichen 12519–12526 (*pot*), das im 16. Jahrhundert im Raum Norddeutschland-Niederlande-Nordfrankreich vorkommt.[27] Das Wasserzeichen der zweiten Lage identifizierte Obbema als eine Variante der Form Briquet 12496–12503, das in den Jahren 1485–1534 verwendet wurde.

– Ein Wasserzeichen *Kreuz* findet sich in der achten Lage.[28] Es entspricht dem Typ der Kreuzwasserzeichen Nr. 64–74 bei Piccard, jedoch mit abgerundeten Ecken. Dieses Zeichen kommt in den Jahren 1418–1442 in Gelderland und im Rheinland vor. Das Papier stammt aus Oberitalien.[29] Daß dieser Handschriftenteil tatsächlich auf älterem Papier geschrieben wurde, ist am Abstand der horizontalen Siebdrähte zu sehen, deren geringe Anzahl (sieben auf 1 cm) auch beim älteren Papier der zweiten Lage begegnet.

Die Verwendung von Blättern mit gleichem Wasserzeichen geschieht lagenübergreifend. In der dritten und sechsten Lage werden zwei Wasserzeichen verwendet. Daraus ergibt sich eine enge Verbindung der Lagen mit Lilienwasserzeichen. Die Wasserzeichen ergeben folgende Gruppierung der Teile:

– Lage 1 und das ältere Papier der Lage 2 mit verschiedenen Wasserzeichen *P*
– Lage 5 mit einem Wasserzeichen *Kreuz*
– Lagen 8 und 9 und das jüngere Papier der Lage 2 mit verschiedenen Wasserzeichen *pot*
– Lagen 1 (Musiktraktat), 3, 4, 6 und 7 mit verschiedenen Wasserzeichen *Lilie*

---

[24] Briquet 1968, IV.
[25] Obbema 1996, 135.
[26] Fol. 75, 76, 83 und 84.
[27] Briquet 1968 (Bd. IV).
[28] Fol. 128 und 129.
[29] Piccard 1981 (Bd. XI) 12.

4. Punktur und Liniierung

a. Die Schriftspiegelbegrenzung

Wollte ein Schreiber eine Seite beschreiben, so mußte er erst den Schriftspiegel bestimmen, das Feld, innerhalb dessen Text und Musik zu stehen kamen. Dafür brachte er Schriftspiegelbegrenzungen an.

Das Liniierungssystem ist von großer Bedeutung für die Gruppierung, Datierung und Lokalisierung von Handschriften.[30] Verschiedene Übersichten über Liniierungstypen erleichtern die Einordnung. Für *Utrecht 16 H 34* am aufschlußreichsten war das von A. Derolez entworfene System, das in übersichtlicher Weise einzelne Liniierungstypen darstellt und gruppiert.[31] Derolez unterscheidet zwischen der Basisliniierung, zu der auch die Schriftspiegelmarkierungen gehören (*type de base*) und der Marginalliniierung für glossierte Handschriften (*lignes marginales*). Für die Schriftspiegelbegrenzung wurde in der Handschrift *Utrecht 16 H 34* durchgehend die einfachste Basiseinteilung der Seite gewählt, nämlich zwei einfache, mit Bleistift ausgeführte vertikale Linien, die manchmal um eine zusätzliche horizontale Linie ergänzt wurden.[32] Diese horizontale Linie findet sich am unteren Blattrand, am oberen Blattrand fehlt sie. Das mag mit der Verwendung von Notenlinien zusammenhängen: die oberste Linie jeder Seite diente als oberste Notenlinie, deren Beschriftung vom Verlauf der Musik abhing. Noch über der ersten Notenlinie angebrachte Schriftspiegelbegrenzungen sind nicht zu beobachten. Dagegen bildet die unterste Linie immer eine Textlinie, die manchmal bis zum Rand durchgezogen ist und damit den Eindruck einer Schriftspiegelbegrenzung erweckt.

b. Besonderheiten der marginalen Punktur

Kleine Löcher am oberen, unteren und äußeren Rand einer Handschrift dienten dem Schreiber als Anhaltspunkt für die Linien, mit deren Hilfe der Schriftspiegel und die Textzeilen angebracht wurden. Aufschlußreich sind vor allem die Löcher am Außenrand, die für die Anzahl und den Abstand der Textzeilen ausschlaggebend waren. Sie weisen in der Handschrift *Utrecht 16 H 34* ein paar Besonderheiten auf, da in den Musiklagen, im Gegensatz zu Texthandschriften, auch auf Notenlinien Rücksicht genommen werden mußte.

---

[30] Derolez 1984, II, 65.
[31] Derolez 1984, II, 65–123.
[32] Derolez 1984, II, 67: Typen 11–13.

Punkturlöcher wurden in der Regel mit Hilfe eines spitzen Instruments einzeln untereinander angebracht, danach wurde auf der Höhe jedes Lochs eine Linie gezogen. Eine Liniierung in dieser Weise fand in *Utrecht 16 H 34* jedoch nur bei Lage 5.2 statt, einer Lage, die beinahe ausschließlich Text aufweist: auf drei Notensysteme folgen 89 Strophen Text.[33] Bei den Lagen mit Musik dagegen sind wegen der Notation die Punktur des Außenrands und Liniierung in anderer Weise vorgenommen. Ausschlaggebend für den Liniierungstyp einer Handschrift war die Textart, wenn auch nicht jede Textart auf dieselbe Art liniiert wurde.[34] Auch in *Utrecht 16 H 34* konnte für die Anordnung der Textlinien und Notenlinien kein einheitliches System festgestellt werden. Die Musiklagen wurden auf unterschiedliche Weise punktiert und liniiert:

– Die Lagen 1.1 und 1.2, Lage 2 und Lage 7 sind ohne marginale Punktur geblieben.[35] Notenlinien und Textlinien wurden mit der freien Hand gezogen. Daher variieren sie in Anzahl und Abstand.
– Die Anzahl der Punkturlöcher der Lagen 8 und 9 entspricht der Anzahl der Textlinien. Doch stimmen sie in der Höhe nicht überein. Auf dieses Problem gehe ich in Verbindung mit der Liniierung näher ein. Die Notenlinien wurden mit der freien Hand gezogen.
– In den Lagen 3, 4, 5.1 und 6 entspricht die Anzahl und die Anordnung der Punkturlöcher derjenigen der Textlinien. Die Notenlinien wurden in einem zweiten Arbeitsgang in den Zwischenräumen zwischen den Textlinien angebracht. Die Punktur geschah nicht mit der freien Hand, sondern offensichtlich mit Hilfe eines Instruments.

An den Punkturlöchern der letztgenannten Gruppe fällt die absolute Regelmäßigkeit auf, mit der die Löcher am Rand erscheinen. Der Abstand der Löcher zueinander und der Verlauf der Linie, die diese Löcher jeweils bilden, ist innerhalb jedes Teils identisch. Schwankun-

---

[33] Lagen 1.1 und Lage 2 sind weder punktiert noch liniiert, sondern mit der freien Hand beschrieben.

[34] Zusammenfassung eines bei Derolez 1984, II, 66 Anm. 8 angeführten Zitats von Hindman und Farquhar: "Different types of texts required different ruling patterns, but a ruling pattern was usually not rigidly tied to one type of text or another."

[35] In Lage 7 weist das Bifolium 107/118 am Außenrand sechs Punkturlöcher im Abstand von 1,8 bis 1,9 cm auf. Die Seiten sind unbeschrieben. Offensichtlich war das Papier bereits punktiert, als es in die Lage eingebunden wurde. Auf diesen Blättern finden sich auch sechs blind gezogene Linien und zwei vertikale, mit Tinte gezogene Schriftspiegelbegrenzungen. Der übrige Teil der Lage blieb ohne Punktur, die Schriftspiegelbegrenzungen sind blind.

gen unterworfen ist lediglich der Abstand aller Löcher zu den Blatträndern. Die identische Punktur ist besonders gut zu beobachten bei Unregelmäßigkeiten, zum Beispiel bei der doppelten Punktur in Lage 6 und bei dem Knick in der Punkturreihe in Lage 3.

Auf fol. 91 und 92 erscheinen im Abstand von 2 mm zwei identische Punkturreihen nebeneinander. Offenbar wurde die Punktur beim ersten Versuch zu dicht am Blattrand angebracht, weshalb die Seite zwei Millimeter weiter zur Blattmitte hin nochmals punktiert wurde. Beide Blätter wurden gleichzeitig punktiert.[36]

In der gesamten dritten Lage verläuft die Lochreihe mit einem leichten Knick nach links unten. Doch sind die Löcher nicht für die ganze Lage in einem Arbeitsgang angebracht worden (auch diese Vorgehensweise ergäbe ja identische Lochreihen auf jeder Seite), sondern immer nur für ein paar Blätter gleichzeitig. Das ist daran zu erkennen, daß die Reihen nicht durchgehend kongruent sind, sondern gegeneinander verschoben angebracht wurden. Eine Verschiebung ansonsten identischer Lochreihen ist auch in Lage 4 (zwischen fol. 68 und fol. 69) und in Lage 5.1 (zwischen fol. 88 und fol. 89) zu beobachten.

Gegeneinander verschobene, jedoch identische Lochreihen sind vermutlich darauf zurückzuführen, daß die Löcher mit Hilfe eines kammförmigen Instruments angebracht wurden, das mehrere Löcher gleichzeitig bohren konnte. Im allgemeinen wurde für die Punktur vor allem ein Instrument in der Form einer Ahle verwendet, mit dessen Hilfe jeweils ein Loch gebohrt werden konnte,[37] manchmal auch ein Zirkel,[38] bei dessen Verwendung zwei Löcher gleichzeitig angebracht werden konnten. Vereinzelt wird auch ein Rädchen genannt, mit dessen Hilfe eine Reihe von Löchern sukzessiv angebracht werden konnte.[39] Sowohl Ahle als auch Zirkel und Rädchen verursachen keine identischen Lochmuster. Bei der Verwendung eines Rädchens sind zwar die vertikalen Abstände zwischen den Löchern festgelegt, aber die Lochreihen selbst sind, abhängig von der Bewegung des Handgelenks, horizontalen Schwankungen

---

[36] Diese 'Doppelpunktur' hat nichts zu tun mit der Doppelpunktur, deren Funktion P. Gumbert untersuchte (Gumbert 1974, 155/156). Diese Art der Doppelpunktur betraf immer nur die beiden ersten und letzten Löcher einer Seite, nie alle Löcher. Außerdem müßten die von Gumbert beschriebenen Doppelpunkturen bis zum Rand durchgezogene Linien angeben. Diese finden sich jedoch in *Utrecht 16 H 34* nur in Lage 8 und 9 durchgehend bei jeder Textzeile einer Seite, ohne Doppelpunktur.

[37] Bischoff 1986, 36; Lemaire 1989, 96.

[38] Wattenbach 1958, 217; Bischoff 1986, 33.

[39] Bischoff 1986, 33.

unterworfen. Nur bei der Verwendung eines Kamms erhält man absolut identische Lochreihenmuster, die sich nur hinsichtlich ihres Abstands zu den Blatträndern unterscheiden. In den Statuten der Utrechter Kartäuser werden zwei Hilfsmittel zur Punktur genannt: *subula* und *punctorium*.[40] Leider ist nicht bekannt, worin der Unterschied zwischen beiden Geräten genau bestand und ob eines der Instrumente kammförmig gewesen sein könnte.

L. Jones zog am Beispiel einer New Yorker Handschrift[41] die Verwendung eines Punkturkamms in Erwägung, sogar die Verwendung mehrerer Kämme untereinander.[42] Leider führte er diese Vermutung nicht genauer aus, auch fand sie nach meiner Kenntnis kein Echo in der Fachwelt.[43] Auch M. Hülsmann stellte bei drei Amsterdamer Handschriften die Verwendung eines Punkturkamms fest.[44] Die Regelmäßigkeit der Lochreihenmuster in den jüngsten Teilen der *Utrecht 16 H 34* legt die Verwendung eines solchen Kamms ebenfalls nahe. Da die Verwendung eines Punkturkamms nicht alltäglich gewesen zu sein scheint, ist seine Verwendung möglicherweise ein Hinweis darauf, daß die in dieser Weise punktierten Lagen unserer Handschrift am selben Ort entstanden sind. Dieses Scriptorium muß, was die Buchtechnik angeht, auf einem hohen Niveau gestanden haben, denn neben der Verwendung eines Kamms für die Punktur ist bei einem Teil dieser Lagengruppe auch die Verwendung eines *rostrum*, eines Linienkamms, festzustellen.

c. *Besonderheiten der Liniierung*

Auch hinsichtlich der Liniierung sind in dieser Handschrift ein paar Besonderheiten feststellbar. Die meisten Linien, Textlinien wie Notenlinien, wurden einzeln gezogen, entweder auf der Höhe der mar-

---

[40] *Statuta antiqua* II 16, zitiert nach Gumbert 1974, 308: *De utensilibus celle*: "Ad scribendum vero scriptorium; pennas; cretam; pumices duos; cornua duo; scalpellum unum; ad radendum pergamena novaculas sive rasoria duo; punctorium unum; subulam unam; plumbum; regulam; postem ad regulandum; tabulas grafium." Bischoff 1986, 33 und 1990, 21.

[41] *New York 251.*

[42] Jones 1946, 396.

[43] J. Lemaire bezweifelte in seiner Einführung in die Codicologie die Existenz eines Punkturkamms: "Aussi, fautes de temoignages archéologiques ou histoires directs, nous clinerons à penser que les piqures étaient surtout réalisées grace au poinçon, le plus simple instrument qui soit. [...] Aussi, nous croyons que chaque piqure était marquée separément et que l'usage de peignes ou de planches à clous relève de pures constructions de l'esprit." (Lemaire 1989, 104).

[44] Hülsmann 1985, 147–149.

ginalen Punkturlöcher (Textlagen) oder frei in den Spatien zwischen
den Textlinien (Musiklagen). Eine Besonderheit zeigen die Lagen
5.1 und 6. Beide Lagen weisen eine absolut parallele Linienführung
innerhalb eines Systems auf. Ihre Notensysteme sind auch hinsichtlich der Höhe jeweils identisch.[45] Doch auch innerhalb des Notensystems sind die Linien in exakt derselben Weise angebracht. Gut sichtbar ist dies in Lage 6, wo jedes Notensystem drei Spatien umfaßt. Das
unterste Spatium ist durchgehend 3 mm breit, während die beiden
oberen Spatien 2 mm breit sind. Identität der Notensysteme kann
nicht erreicht werden, wenn sie mit der Hand gezogen sind, sie weist
auf die Verwendung eines Liniierungskamms (*rostrum*).

J.P. Gumbert stellte die Anwendung des *rostrum* dar.[46] Wenn man
seine Ausführungen auf die fünfte und sechste Lage überträgt, dann
sind die Notenlinien mit Hilfe eines Kamms gezogen worden, an
dem vier Federn angebracht waren. Ausgangspunkt war ein am Außenrand angebrachtes Punkturloch. Die vier Federn hatten in Lage
6 nicht denselben Abstand, wodurch das untere Spatium größer aus-
fiel als die beiden oberen Spatien. Trotz der Verwendung einer technischen Hilfe sind die Notenlinien unterschiedlich lang. Das stellte Gumbert bereits bei anderen mit Hilfe eines Kamms liniierten
Handschriften fest.[47] Die Verwendung eines *rostrum* sieht Gumbert
in enger Verbindung mit der Notwendigkeit von Notensystemen in
Musikhandschriften.[48]

d. *Exkurs: Notenlinien, Textlinien und Punktur*

Vergleicht man die Höhe der Punkturlöcher am Außenrand, soweit
sie in *Utrecht 16 H 34* noch erkennbar sind, mit der Höhe der Textlini-
en einerseits und der der Notenlinien andererseits, dann stößt man

---

[45] Die Höhe der Notensysteme beträgt 11 mm in Lage 5.1 und 7,5 mm in Lage
6. In Lage 6 wurden die Linien zunächst blind angebracht, um danach mit Tinte
nachgezogen zu werden. Von Lage 4 kann nicht mit Sicherheit gesagt werden, ob sie
mit Hilfe eines *rostrum* liniiert wurde. Einerseits sind Schwankungen in der Breite
mancher Notensysteme feststellbar, was auf eine Liniierung mit der Hand weist.
Andererseits ist auf fol. 58r oben links ein Ansatz von vier Notenlinien zu sehen,
der wiederum auf den Gebrauch eines *rostrum* zurückzuführen ist. Dieser Ansatz
wurde nicht ausgeführt, da der Raum für Text benötigt wurde.

[46] Gumbert 1986, 41–48.

[47] Gumbert 1986, 46. Genannt ist als Beispiel fol. 261 der Handschrift *Den Haag
73 D 9*.

[48] Gumbert 1986, 48: "I feel that the instrument was probably first made for the
ruling of the staves of musical MSS. (its successors still serve for that purpose; […])."
Der gleiche Beitrag zeigt auf S. 47 eine Druckermarke aus dem Jahr 1614, auf der
der Gebrauch eines *rostrum* abgebildet ist.

auf unterschiedliche Zuordnungslösungen. Für Handschriften ohne Notenlinien geben die Punkturlöcher am Rand an, wo Textlinien
gezogen werden sollen. Soll jedoch eine Musikhandschrift geschrieben werden, in der den Noten auch Texte zugeordnet sind, so muß
derjenige, der die Seiten für die Beschriftung vorbereitet, in mehrer-
lei Beziehung der unterschiedlichen Liniierung von Notensystemen
und Textzeilen Rechnung tragen. Das stellt ihn vor mehrere Probleme. Einerseits sind nämlich Notensysteme erforderlich, die vier
oder fünf in engem Abstand untereinander stehende Linien umfassen. Der Zwischenraum zwischen den Notenlinien ist jedoch meist
zu klein, als daß man Text darin unterbringen könnte.[49] Andererseits
ist der Zeilenabstand, den eine gute Lesbarkeit des Texts erfordert,
zu groß für die Notation, weshalb Textlinien nicht als Notenlinien
verwendet werden können. Daher finden wir in denjenigen Lagen
der *Utrecht 16 H 34*, die vorwiegend für Notensysteme vorbereitet
wurden, nur sechs bis sieben Punkturlöcher am Rand, ein Loch für
jedes Notensystem samt der dazugehörenden Textzeile.

Für die Beschriftung mit Text und Noten ist es außerdem wichtig,
ob mit Hilfe eines Punkturlochs die Textlinie oder die oberste Notenlinie eines Notensystems angegeben wird. In *Utrecht 16 H 34* sind,
soweit noch erkennbar, verschiedene Lösungen anzutreffen, die die
jeweiligen Probleme der verschiedenen Zuordnungslösungen erkennen lassen. Sie spiegeln den inneren Konflikt des Schreibers wieder,
der zwei Typen der Liniierung, Textlinien und Notenlinien, miteinander kombinieren mußte:

– In Lage 3 geben die Punkturlöcher die Höhe der obersten Linie
   eines Notensystems an.
– In Lage 4 und 5.1 stehen die Löcher auf der Höhe der blind gezogenen Textlinien. In der sechsten Lage befinden sich die Punkturlöcher auf halber Höhe des Spatiums zwischen zwei Systemen.
   Eine auf dieser Höhe angebrachte Textzeile hätte zu hoch gestanden, auf ihr hätte kein Text mehr geschrieben werden können. Die Linien dieser Lage wurden daher unabhängig von den
   Punkturlöchern gezogen.
– Die beiden ersten und die beiden letzten Blätter des Handschriftenteils 5.2 wurden für den Gebrauch in einer Texthandschrift
   vorbereitet: die Punkturlöcher erscheinen in engem Abstand

---

[49] In Lage 4 wurde Text zwischen die Notenlinien geschrieben, möglicherweise
eine Folge der Konzeption als Musiklage, in der zunächst kein Raum für weitere
Textstrophen reserviert wurde.

zueinander und entsprechen jeweils einer Textlinie. Zwischenraum für Notensysteme wurde hier nicht einkalkuliert. Vier Blätter im Inneren der Lage dagegen erscheinen wieder mit derselben Punktur, wie sie in Lage 5.1 vorliegt, hier wurde offenbar
Papier verwendet, das für eine Beschriftung mit Notensystemen
vorgesehen war.

– In den Lagen 8 und 9 stehen sechs Punkturlöcher in einem Abstand, der Platz für Notensysteme ließ, doch variiert ihre Zuordnung. Die oberste Notenlinie jedes Systems wurde zugleich als
Textlinie verwendet und bis zum Rand durchgezogen. Die Punkturlöcher kommen sowohl auf der Höhe des Buchstabenmittel-
felds als auch auf halber Höhe zwischen zwei Notenlinien vor.
Sie können daher weder als Anhaltspunkt für den Text noch als
Hinweis auf eine Notenlinie gedient haben.

Zusammenfassend kann hinsichtlich der Verteilung von Punkturlöchern in *Utrecht 16 H 34* folgendes konstatiert werden:

– Der Abstand der am äußeren Blattrand befindlichen Punkturlöcher sagt bereits etwas darüber aus, für welchen Gebrauch die
so vorbereiteten Blätter gedacht waren. Blätter, die mit Notensystemen beschrieben werden sollten, konnten offenbar von vorn
herein mit so großem Abstand punktiert werden, daß der Raum
für Notensysteme frei blieb. In einigen Fällen geschah das mit
Hilfe eines Instruments. Blätter, die nur mit Text beschrieben
werden sollten (Lage 5.2), wurden in viel kleineren Abständen
punktiert. Doch läßt Lage 7 erkennen, daß die Punktur eines
Blatts nicht notwendigerweise zu einer bestimmten Form der
Beschriftung führen mußte.

– In *Utrecht 16 H 34* ist die Zuordnung der Punkturlöcher zu Textlinie oder Notenlinie nicht festgelegt. Sie läßt verschiedene Möglichkeiten der Interpretation erkennen.

Manche Teile der Handschrift *Utrecht 16 H 34* können Blätter mit
unterschiedlicher Punktur enthalten. Lage 7 enthält beispielsweise
sowohl Blätter ohne Punkturlöcher am Außenrand als auch unbe-
schriebene Blätter mit Punkturlöchern in großem Abstand.

5. *Die Schrift*

In den Musiklagen der Handschrift *Utrecht 16 H 34* wurden zwei
Schriftsorten verwendet: die *cursiva libraria* begegnet in Lage 1, Lage
3 bis Lagenteil 5.1, Lage 6 und Lage 7.

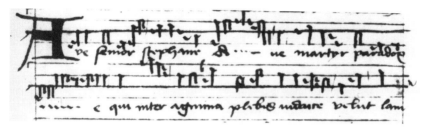

Lage 1, fol. 5v

Die *hybrida libraria* wurde im Lagenteil 5.2 und in den Lagen 8 und
9 verwendet.[50]

Lage 5.2, fol. 80v

---

[50] Ich verwende die Nomenklatur G. Lieftincks für Handschriften des späten Mittelalters aus den Niederlanden. Sie ist ausführlich dargestellt in Gumbert 1974, 199–
209.

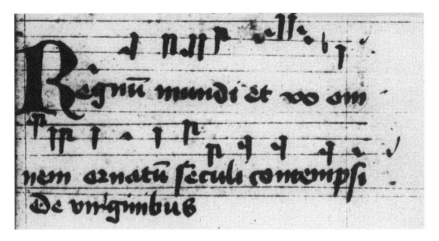

Lage 9, fol. 132r

Während die hybriden Schriften der Handschrift ein relativ konstantes Bild zeigen, neigen die kursiven Schriften in unterschiedlichem Maße der hybriden Schriftform zu. Schriftsorten und ihre
Übergangsformen erfaßte J.P. Gumbert formal mit Hilfe des von ihm
erstellten Gradnetzes.[51] Im allgemeinen, so stellte Gumbert fest, waren Kursive und Hybrida in niederländischen Handschriften streng
geschieden. Es handelte sich hier um zwei getrennte Schriftsorten. In
Handschriften des angrenzenden Deutschland dagegen waren Übergangsformen zwischen beiden Schriftsorten so häufig, daß von einer
einzigen Schriftsorte gesprochen werden kann. Dagegen berichtet
P. Obbema von Handschriften auch niederländischer Provenienz,
deren Schriftduktus zwischen Hybrida und Kursive schwankte.[52] Dies
stellte er auch noch in Handschriften aus der Mitte des 15. Jahrhunderts fest. Übergangsformen in kursiv geschriebenen Teilen der *Utrecht 16 H 34* sind vor allem an den Buchstabenformen feststellbar,
die aus beiden Schriftreservoirs schöpfen. So wechseln beispielsweise
die Oberlängen zwischen einer Form ohne Schlaufen (*littera hybrida*)
und einer mit Schlaufen (*littera cursiva*). Dieser Wechsel geschah unabhängig vom Schriftgrad, der ebenfalls wenig konstant ist.
    Alle Teile der Handschrift wurden von jeweils einer Haupthand
geschrieben, in einigen Fällen ergänzt durch Nachtragshände. Die

---

[51] Erstmals publiziert in Gumbert 1975. Dieses Gradnetz wurde von anderen erweitert. Siehe Bromm 1999, 30–32.
[52] Obbema 1996, 70ff.

Haupthand setzte öfter von neuem an, was den Eindruck eines Hand-
wechsels hervorrufen kann. Ein Vergleich der Buchstaben ergab jedoch ein zureichend konstantes Bild für die Annahme einer einzigen
Schreibhand. Doch weisen der Duktus und damit der Schriftgrad dieser Hände zum Teil eine große Variationsbreite auf, wenn die Schrift
nach einem Ansatz in *hybrida* schließlich in einer *cursiva currens* en-
dete. Gut zu erkennen ist dies in Lage 6 bei dem zweistimmigen
Tropus *Sanctus O quam dulciter* (fol. 97v/98r), dessen kursiv geschriebene Texte in beiden Stimmen einen unterschiedlichen Schriftgrad
aufweisen:

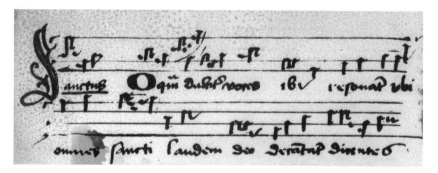

Ausschnitt aus *Sanctus O quam dulciter*, fol. 97v, Cantus

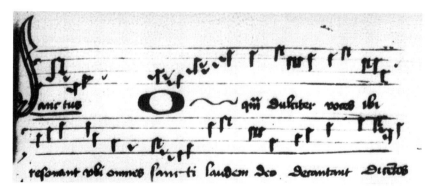

Ausschnitt aus *Sanctus O quam dulciter*, fol. 98r, Duplum

Auch die Notation wurde in allen Handschriftenteilen von jeweils
einer Hand aufgezeichnet. Vermutlich wurden die Heftchen jeweils
von einer Person geschrieben.

6. *Die Dekoration*

Die dekorative Ausstattung der Handschrift beschränkt sich auf ein
Minimum und ist ausschließlich funktionsgebunden. Die Kriterien
für die Verwendung von Initialen sind liturgischen Handschriften
entnommen. Vorherrschend sind schmucklose blaue und rote Lombarden vom Umfang eines Notensystems zu Beginn einzelner Gesänge sowie einfache Kadellen.

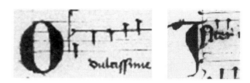

Daneben finden sich kleinere blaue, rote und schwarze Lombarden
zur Kennzeichnung von Sequenzversen und Strophenanfängen innerhalb eines Gesangs.

Vereinzelt findet man Kadellen und Lombarden mit einfachen Ver-
zierungen:

Am aufwendigsten verziert sind die Kadellen auf den Folia 55r, 56v,
177v und 178r. Sie befinden sich nicht in Handschriftenteilen mit
Neumennotation, sondern in den Lagen 4 und 5 zu Beginn einiger
Weihnachtslieder in Mensuralnotation.

fol. 55r   fol. 56v   fol. 177v   fol. 178r

Eine Verzierung desselben Typs findet sich auch in der Handschrift *Zwolle Em. VIII* bei einer Kadelle zu Beginn des Kolophons. Möglicherweise ist dies ein zusätzlicher Hinweis auf eine Provenienz der Lagen 4 und 5—derjenigen Teile der Handschrift *Utrecht 16 H 34*, in denen diese Initialen begegnen—aus dem Fraterhaus in Zwolle, woher auch die Handschrift *Zwolle Em. VIII* stammt.[53]

Zu Beginn der ersten Lage wurde die F-Linie rot gefärbt, im weiteren Verlauf der Lage unterblieb diese Färbung. In den Lagen 8 und 9 sind bei Melismen die Zwischenräume zwischen zwei Silben oder Wörtern mit roten Zierlinien gefüllt.

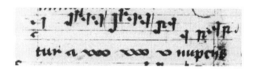

Sint lumbi vestri precincti, fol. 131v

2. Zur Datierung der Handschriftenteile

Eine zweifelsfreie Datierung ist nur für den eingeschobenen Quaternio in Lage 5, fol. 77–84, der den Hinweis: *deo gracias 1500* trägt, möglich. Für die zweite Lage ermittelte P. Obbema aufgrund des Eigentumsvermerks einen Entstehungszeitraum zwischen 1440 und 1457.[54] Für die übrigen Handschriftenteile müssen wir uns mit Näherungswerten begnügen, die aus den Wasserzeichen und der Schrift abgeleitet werden konnten.[55] Diese erlauben uns nicht mehr als eine zeitliche Grobeinordnung.

---

[53] Abgebildet in Hermans und Lem 1989, 7.

[54] Obbema 1996, 136.

[55] Smits van Waesberghe nahm für die gesamte Handschrift eine Entstehung am Ende des 15. oder Beginn des 16. Jahrhunderts an (Smits van Waesberghe 1966, 46).

Ein Vergleich der Schrift mit datierten Handschriften der Niederlande[56] ergab, daß die Lagen um die Mitte und in der zweiten
Hälfte des 15. Jahrhunderts entstanden sein dürften. Eine genauere Eingrenzung der Datierung aufgrund der Wasserzeichen ergab
folgende hypothetische Schichtung aller Handschriftenteile:

- Den ältesten Teil der *Utrecht 16 H 34* bilden vermutlich die Lagen
  8 und 9. Papier dieser Art findet sich in der ersten Hälfte des 15.
  Jahrhunderts.
- Der zweitälteste Teil der Handschrift ist die zweite Lage, deren
  Entstehung von Obbema zwischen die Jahre 1440 und 1457
  datiert wurde. Diese Lage wurde um 1500 mit jüngerem Papier
  durchschossen.[57]
- Wahrscheinlich aus dem 3. Viertel des 15. Jahrhunderts stammen die Folia 4 bis 16 der ersten Lage. Papier der hier verwendeten Sorte ist in Handschriften von 1452–83 anzutreffen.
- Die beiden jüngsten Blöcke sind der eingeschobene Quaternio
  in Lage 5, fol. 77–84, der auf fol. 84v die Datierung *deo gracias
  1500* vermeldet, sowie
- die Lagen 1.1, 3, 4, 6 und 7, die verschiedene Sorten von Papier
  mit Lilienwasserzeichen verwenden, das in die Zeit um 1500
  datiert werden kann.[58]

3. *Fragen der Lokalisierung*

Die Handschrift *Utrecht 16 H 34* enthält drei für die Lokalisierung
wichtige Besitzvermerke: Auf dem vorderen inneren Blattspiegel
weist ein Eintrag aus dem Jahr 1689 darauf, daß das Buch aus dem
Fraterhaus in Deventer komme:

> Dit boek is uit het Fratershuis van Geert Groote te Deventer/
> Statie Haarle 1689[59]

P. Obbema bot zwei Möglichkeiten an, diesen Eintrag zu interpretieren: der Schreiber konnte den Herkunftsort der Handschrift aufgrund einer auch im 17. Jahrhundert noch bestehenden Tradition

---

[56] Gumbert 1988.
[57] Obbema 1996, 135.
[58] Papier eines Wasserzeichens wurde im allgemeinen innerhalb von drei bis vier
Jahren verbraucht. Siehe Schneider 1999, 112.
[59] Siehe oben S. 14.

kennen, oder aber der Satz bezog sich auf einen anderen Eintrag am oberen Blattrand des ersten Blatts der zweiten Lage, fol. 19r, der lautet:[60]

> Pertinet ad domum domini Florencii et est pro nunc in custodia nico Muden

Dieser Eintrag wird teilweise wiederholt auf fol. 40v, dem hinteren Umschlagblatt dieser Lage:

> Pertinet ad domum domini Florencii

Der erste Besitzer dieser Lage, so stellte Obbema fest, war der 1457 verstorbene Nico Hop van Muden, ein Priester aus dem Heer-Florenshuis, dem Fraterhaus in Deventer. Eine Liste mit Namen bereits verstorbener Mitbrüder und anderer für die Devotio moderna wichtiger Personen am Ende dieser Lage weist ebenfalls auf dieses Fraterhaus.[61] Für die zweite Lage können wir daher das Fraterhaus in Deventer als Herkunftsort annehmen.

Da die Handschrift aus verschiedenen, unabhängig voneinander entstandenen Teilen besteht, kann jedoch aus dem Besitzvermerk dieser Lage nicht selbstverständlich auf eine gleichlautende Provenienz aller Teile geschlossen werden. Auch der im Jahr 1689 in Haarle bei Raalte geschriebene Vermerk ist wegen des großen zeitlichen Abstands zum Entstehungszeitpunkt mit Vorsicht zu behandeln. Leider fehlen weitere Kolophone. Wo die einzelnen Heftchen mit Musik zu lokalisieren sind, ob auch sie eine Verbindung mit dem Fraterhaus in Deventer aufweisen, ist in der Handschrift nicht *expressis verbis* angegeben. Daher sollen im Folgenden verdeckte Hinweise gesammelt und zueinander in Beziehung gesetzt werden, auch wenn auf ihre inhaltliche Bedeutung erst an späterer Stelle eingegangen werden kann.

1. *Männlicher Kontext und weiblicher Kontext*

Am Ende der ersten Lage, fol. 14v, steht eines der wenigen Gedichte der Handschrift, für die keine Notation vorgesehen war: *Grates nunc omnes cernui*, ein Strophenlied, das mit zweistimmiger Mensuralnotation in die fünfte Lage aufgenommen ist. Diesem Gedicht wurden zwei Kommentare in der Form zweier Begriffskolumnen rechts und

---

[60] Obbema 1996, 135.
[61] Obbema 1996, 136.

links vom Text beigefügt.[62] Die Reihe auf der rechten Seite des Texts
enthält einen wichtigen Hinweis darauf, daß dieser Teil der Handschrift aus einem Frauenkonvent stammen könnte. Als kommentie-
rende Ergänzung des Weihnachtsgedichts erscheinen Hinweise auf
Tätigkeiten, die dem Inhalt der entsprechenden Zeilen des Haupt-
texts entsprechen. Das Gedicht wurde in der Ich-Form formuliert,
der Kommentar dagegen in der dritten Person Plural, nämlich *Iste in-
clinant, Iste custodiunt* und *Iste inueniunt*. Diese Formulierung stammt
also nicht aus dem Gedicht selbst. Die Form *Iste* bezieht sich eindeutig auf Handelnde weiblichen Geschlechts und kann ein Hinweis auf
eine Herkunft der ersten Lage aus einem Frauenkloster der Devotio
moderna sein.[63]

Abgesehen von diesem Detail verweist die Verwendung vorwiegend der lateinischen Sprache in *Utrecht 16 H 34* mit großer Wahrscheinlichkeit auf einen Männerkonvent als Entstehungsort, da Män-
ner zu dieser Zeit im allgemeinen eine höhere Bildung genossen als
Frauen. Lateinkenntnisse bei Frauen der Devotio moderna können
nur bei Chorfrauen in Windesheimer Klöstern vorausgesetzt werden.
Ein Haus der Schwestern vom Gemeinsamen Leben als Herkunftsort ist dagegen so gut wie ausgeschlossen. Zwar waren Kenntnisse
des Lesens und Schreibens auch bei diesen Schwestern vorhanden,
selten jedoch die Kenntnis der lateinischen Sprache. Da die Schwestern vom Gemeinsamen Leben keinen Chordienst absolvieren mußten, entfiel die Notwendigkeit, diese Sprache zu lernen.[64] Chorfrau-
en dagegen, die ja zum Chordienst verpflichtet waren, mußten lernen, in lateinischer Sprache zu lesen und zu singen.[65] Von einigen
Schwestern, beispielsweise von Katharina van Naaldwijk, einer Sub-
priorin des Windesheimer Frauenklosters Diepenveen,[66] wissen wir,
daß sie darüber hinaus auch lateinische Texte lasen und Chorbücher schrieben.[67] Doch waren diese Frauen in der Minderheit, die
meisten lernten nicht mehr als sie für einen geregelten Ablauf des

---

[62] Auf diese Kommentare gehe ich auf S. 104–111 näher ein.

[63] Weibliche Handlungsträgerinnen überraschen im Kontext dieser Meditation
keineswegs, siehe S. 109f.

[64] Wilbrink 1930, 163. Rehm 1985, 210f. Scheepsma 1997, 204.

[65] Zur Bildung der Windesheimer Chorfrauen siehe Lingier 1993 und Scheepsma
1997, 43–47 und 204–208.

[66] Zu Katharina van Naaldwijk siehe Scheepsma 1997 (Register S. 370).

[67] Als beispielsweise die Chorfrau Elsebe Hasenbroecks Procuratrix des Klosters
Diepenveen wurde, bat sie Rektor Johannes Brinckerinck um genügend Papier, damit
ihre Mitschwestern ihre eigenen Chorbücher schreiben konnten. Brinkerink 1904,
192f.

Chordienstes brauchten und hatten große Probleme mit der lateinischen Sprache.[68] Chorfrauen, die dennoch gute Lateinkenntnisse besaßen, hatten diese meist vor ihrem Eintritt ins Kloster erworben.[69]

2. Hinweise auf eine Lokalisierung im IJsseltal

Verschiedene Argumente inhaltlicher Art sprechen für eine Lokalisierung aller Musikteile im IJsseltal:

- Mehrfach sind bei liturgischen Gesängen Übereinstimmungen feststellbar zwischen *Utrecht 16 H 34* und dem Antiphonar *Zutphen 6*, das zum Teil im Fraterhaus von Deventer für die St. Walburgskerk in Zutphen geschrieben worden ist.[70] Ein enger Überlieferungszusammenhang liegt nahe bei vier Antiphonen in der ersten Lage: *Oliua fructifera, Omnis eius actio, Quicquid egit penitus* und *Quantum facultas suppetit* wurden möglicherweise von einer in die Handschrift *Zutphen 6* vorne eingebundenen, separaten Lage abgeschrieben, die ein einzelnes Marienoffizium enthält. Die vier auch in *Utrecht 16 H 34* direkt hintereinander geschriebenen Antiphonen[71] sind in beiden Handschriften identisch. Weitere Parallelüberlieferungen konnten bisher nicht gefunden werden.

- Eine aus dem Fraterhaus in Harderwijk stammende Handschrift mit Lebensregeln enthält Hinweise auf zu meditierende Gesänge.[72] Diese erscheinen zum Teil als Unica in *Utrecht 16 H 34*. Die im Anhang zur gleichen Handschrift überlieferte Version des Weihnachtslieds *Exulta terra* ist die einzige bekannte Konkordanz[73] dieses Liedes in *Utrecht 16 H 34*. Diese Gesänge können daher zum Repertoire von Fraterhäusern gerechnet werden.

---

[68] Über den Gebrauch von Büchern in Frauenklöstern aus dem Einflußbereich der Devotio moderna siehe Lingier 1993, 283.

[69] Lingier 1993, 285. Vom Kloster Diepenveen ist als einzigem Windesheimer Frauenkloster bekannt, daß es eine eigene Klosterschule besaß: Scheepsma 1997, 44.

[70] Daróczi 1995/1996, 226. Diese Handschrift wurde unter verschiedenen Aspekten untersucht in De Loos 1996.

[71] Die Reihenfolge in *Utrecht 16 H 34* entspricht allerdings nicht der liturgischen des Offiziums.

[72] *Den Haag 129 E 4*. Ein Teil dieser Handschrift wird in Kapitel III eingehender behandelt.

[73] In diesem Zusammenhang bedeutet Konkordanz: Parallelüberlieferung.

– Die Bestimmungen des Johan Cele, der *discantus* solle nur am
Weihnachtsabend zur Anwendung kommen,[74] stimmt mit der
Machart der mehrstimmigen Musik in den Lagen 4 und 5 überein. Johan Cele war Rektor der Stadtschule in Zwolle und als
familiaris mit dem Fraterhaus dieser Stadt verbunden, das eine
große Anzahl von Schülern der blühenden Stadtschule beher-
bergte.[75] Es ist nicht ausgeschlossen, daß seine Auffassungen von
mehrstimmiger Musik auf die Konzeption einiger mehrstimmiger Gesänge in *Utrecht 16 H 34* Einfluß hatten. Entspricht doch
ihre Machart seinen Bestimmungen und weicht erheblich ab von
der Konzeption mehrstimmiger Gesänge anderer Handschriften
der Devotio moderna.[76]

– Die Sprache der drei mittelniederländischen Lieder in der vierten Lage kann nicht zur Verdeutlichung der Lokalisierung herangezogen werden, da sie nicht zweifelsfrei einer bestimmten
Region zugeordnet werden können. Der Wortbestand in *Utrecht
16 H 34* ist zu klein für eine Dialektbestimmung und besitzt daher zu wenig Aussagekraft.[77]

Als Provenienz der Lagen 3 bis 7 kommt also mit einiger Wahrscheinlichkeit ein Fraterhaus im IJsseltal, möglicherweise das in Zwolle, in
Frage.[78]

3. Das Martinuspatrozinium

Für die Lagen 8 und 9 läßt sich eine Herkunft aus dem IJsseltal
noch weiter eingrenzen. Ein wichtiger Hinweis ist die Rubrik zu
der Antiphon *Domine deus* in der neunten Lage, die als Patron den
hl. Martin nennt: *Antiphona de sancto Martino patrono nostro.* Für die
Verbindung dieses Patroziniums mit Häusern der Devotio moderna
gibt es mehrere Möglichkeiten.

---

[74] Siehe unten S. 195–200.

[75] Weiler 1997, 39f.

[76] Zu dieser Frage siehe Kapitel V.2.

[77] Ich danke Drs. Jeske van Dongen und Dr. Johan Oosterman für ihre Sprachana-
lyse der mittelniederländischen Texte in *Utrecht 16 H 34*.

[78] Bei einer Herkunft aus dem Fraterhaus in Zwolle ist nicht ausgeschlossen, daß
eine oder mehrere Lagen nicht von Brüdern vom Gemeinsamen Leben selbst geschrieben wurden, sondern vielleicht auch von Schülern, die in den Häusern dieser
Gemeinschaft wohnten. Immerhin wurden die Schüler sowohl ins geistliche Leben
als auch in die Schreibarbeit einbezogen (Wierda 1995, 156–162; Weiler 1997, 29
und 37).

Die Verehrung des heiligen Martin als Patron des Bistums Utrecht war auch im IJsseltal, das zum Bistum gehörte, verbreitet. Es ist jedoch ungebräuchlich, daß der Patron eines Bistums in einer liturgischen Rubrik als *patronus noster* bezeichnet würde. Wahrscheinlicher ist, daß mit dieser Rubrik Martin als Patron eines konkreten Hauses angesprochen war.

Zwei Häuser der Devotio moderna haben eine direkte Verbindung zum IJsseltal und tragen Martin in ihrem Namen: St. Maartensdal in Leuven (*domus vallis sancti Martini*)[79] und das Kloster Ludingakerke in Friesland.[80]

St. Maartensdal, das außer Martin von Tours auch Gregorius den Großen zum Patron hatte, wurde 1435 als Fraterhaus von Brüdern vom Gemeinsamen Leben aus Deventer gegründet.[81] Im Jahr 1447 ging es zur Regel Augustins über, 1461 wurde es in das Kapitel von Windesheim aufgenommen.[82] Die Verbindung zum IJsseltal blieb auch nach der Gründung des Fraterhauses bestehen. So verbrachte beispielsweise Dirc van Herxen, der zweite Rektor des Zwoller Fraterhauses (†1457), während des Utrechter Schismas einige Zeit in St. Maartensdal.[83] Doch ist eine Provenienz aus diesem Haus aus zwei Gründen unwahrscheinlich. Zum einen spricht die Neumennotation der achten und neunten Lage gegen eine Entstehung in Flandern. Wie I. de Loos festgestellt hat, wurde im Südwesten des 'Niederlandes' im 15. Jahrhundert keine gotische Choralnotation geschrieben, sondern Quadratnotation. Diese wurde in der Handschrift *Utrecht 16 H 34* nirgends gebraucht.[84] Zum anderen deuten zwei in diesen Lagen singulär überlieferte Gesänge zu Ehren des Deventer Stadt-

---

[79] Zu diesem Fraterhaus siehe Lourdaux 1963 und *Monasticon Fratrum* 1, 79–82.

[80] Zu Ludingakerke siehe *Monasticon Windeshemense* 3, 299–312. Ein weiteres Haus mit einem Martinuspatrozinium, das Fraterhaus St. Martini in Wesel in der Grafschaft Cleve, orientiert sich an Münster, nicht am IJsseltal. Eine Provenienz aus diesem Haus ist für *Utrecht 16 H 34* daher so gut wie ausgeschlossen. Zu diesem Fraterhaus siehe *Monasticon Fratrum* 2, 247–251. Das *Monasticon Batavum* führt noch ein Regularkanonikerkloster in Schoonhoven auf, das ebenfalls ein Martinuspatrozinium trug: Conventus S. Martini super Dom beziehungsweise St. Maarten op den Donk. Das *Monasticon Batavum* gibt an, daß dieses Kloster bis 1424 ein Doppelkloster war und nach 1439 zum Zisterzienserorden überging (*Monasticon Batavum* II, 170). Eine Verbindung zum IJsseltal ist nicht erkennbar, auch gehörte der Konvent zum Kapitel von Sion, nicht zum Kapitel von Windesheim. Eine Provenienz der Handschrift *Utrecht 16 H 34* aus diesem Haus ist daher unwahrscheinlich.

[81] *Monasticon Fratrum* 1, 79 und 81. Lourdaux 1963, 5.

[82] *Acta Capit. Wind.*, ed. Van der Woude 1953, 64; Lourdaux 1963, 32.

[83] *Monasticon Fratrum* 1, 82.

[84] Zum Unterschied zwischen westniederländischer und ostniederländischer Notation siehe De Loos 1999. Siehe S. 49.

heiligen Lebuinus auf eine Entstehung in der direkten Umgebung
Deventers.[85]

Ein Blick auf den Kalender eines Breviers aus dem Zwoller Fraterhaus zeigt, daß Lebuinus auch in Zwolle verehrt wurde,[86] wo er
einen rot gefärbten Festtag hatte, wenn auch im Gegensatz zu Martinus keine *octava duplex* (nur in Deventer haben beide Heilige auch
eine *octava duplex*). Der Enstehungsort der Lagen 8 und 9 liegt daher
wahrscheinlich in der nächsten Umgebung Deventers, doch genügt
die Nennung des Lebuinus nicht als Hinweis auf einen bestimmten
Ort.

Die engsten Beziehungen zwischen dem IJsseltal und einem
Haus mit Martinspatrozinium sind in Zwolle zu finden. P. Obbema
sah in der Rubrik einen möglichen Hinweis auf das Fraterhaus in
Zwolle.[87] Diese Zuweisung ist wenig wahrscheinlich, da der Patron
dieses Hauses Gregor war, nicht Martinus.[88]

Sucht man nach einem Patrozinium des heiligen Martin im IJsseltal, so liegt die größte Wahrscheinlichkeit—auf dem Umweg über
das Kloster Ludingakerke—bei dem Windesheimer Kloster Agnietenberg bei Zwolle.[89] Die Abtei St. Martin in Ludingakerke, in der
Nähe von Harlingen in Friesland gelegen, wurde vom Jahr 1428 an
von Chorherren des Klosters Windesheim und des Klosters Agnietenberg in Zwolle reformiert.[90] Rektor des zu reformierenden Klosters
(die Abtswürde des ursprünglichen Konvents wurde im Zuge der
Reform abgeschafft) wurde ein gewisser Johannes Gerardi aus Zwolle.[91] Im Jahr 1429 zogen 24 Brüder aus dem Kloster Agnietenberg
nach Ludingakerke. Weil sie dem vom Papst ernannten Nachfolger

---

[85] Lebuinus war der Patron der Grote Kerk in Deventer, deren Vikariatshaus das
Fraterhaus war. Siehe Elm 1985, 484. Das Responsorium *O pater clementissime* ist nach
meiner Kenntnis singulär überliefert, und auch zu der Antiphon *O beate confessor
lebuine* ist lediglich eine unnotierte Parallelüberlieferung in einer Handschrift aus
den östlichen Niederlanden bekannt, die sich bis zum Jahr 1600 im Besitz von
Nonnen aus Deventer befand (*Den Haag 133 H 25*, 269b). Diese Handschrift war
für Deventer bestimmt und wurde im Kloster Agnietenberg bei Zwolle dekoriert
(Boeren 1988, 199).

[86] *Den Haag 75 H 47*. Die Patrone Gregorius und Hieronymus deuten auf eine
Provenienz aus dem Fraterhaus in Zwolle, nicht in Deventer, wie Boeren annimmt:
Boeren 1988, 84. Zu Fraterhauspatrozinien siehe Weiler 1997, jeweils zu Beginn der
Beschreibungen der Häuser.

[87] Obbema 1996, 135 Anm. 2.

[88] Weiler 1997, 26.

[89] Zur Geschichte und Umgebung des Klosters Agnietenberg siehe De Kruiff u.a.
2000.

[90] *Lib. de ref. mon.*, ed. Grube 1886, 402–405. Hovinga 1998, besonders 49–58.

[91] *Monasticon Windeshemense* 3, 308. Hovinga 1998, 54.

des Utrechter Bischofs während des Utrechter Schismas treu bleiben wollten, sahen sie sich gezwungen, ebenso wie die Bewohner
des Klosters Windesheim und des Klosters Bethlehem in Zwolle ihren Wohnort zu verlassen.[92] Unter den nach Ludingakerke gezogenen Brüdern befand sich auch Thomas a Kempis, der einen Bericht
über diese Zeit hinterließ.[93] Zwei Jahre später, im Jahr 1431, wurde
Ludingakerke in das Kapitel von Windesheim aufgenommen.[94] Im
Jahr darauf kehrten die Chorherren aus Zwolle wieder zurück in ihr
eigenes Kloster.

Es gab also mehrere Beziehungen zwischen Zwolle und dem Mar-
tinuskloster Ludingakerke. Ob wir uns allerdings für die Lagen 8 und
9 einen Schreiber vorstellen müssen, der als Mitglied des Klosters
Agnietenberg eine Reihe von Jahren in Ludingakerke verbrachte
und dort ein Heftchen mit Musik schrieb, oder ob wir an einen Bewohner des Klosters Ludingakerke denken müssen, der nach Zwolle
zog, bleibt der Fantasie des Lesers überlassen. Auf einen regen Austausch zwischen beiden Klöstern auch nach der Reform noch weist jedenfalls ein Bericht über den Regularkanoniker Johannes Hokelum
aus Ludingakerke, der um 1514 während eines Aufenthalts im Kloster Agnietenberg in Zwolle im Auftrag des Klosters eine Kopie des
Liber de reformatione monasteriorum von Johannes Busch anfertigte.[95]

4. *Evaluation*

Eine unanfechtbare Lokalisierung der Handschriftenteile mit Musik ist beim heutigen Kenntnisstand nicht möglich. Zwei Besitzvermerke zu Beginn der Handschrift und zu Beginn der zweiten Lage
verweisen auf das Deventer Fraterhaus. Hinweise aus den Musikteil-
len deuten jedenfalls auf eine Entstehung im IJsseltal. Für die erste
Lage gibt es Hinweise auf eine Provenienz aus einem der Frauenklöster, beispielsweise Diepenveen bei Deventer, wo zum Teil auch
gebildete Frauen lebten.[96] Die übrigen Teile der Handschrift sind

---

[92] Nach dem Tod des Utrechter Bischofs Frederik van Blankenburg im Jahr 1423,
stritten zwei Bewerber sich um seine Nachfolge: der vom Domkapitel gewählte Rudolf
van Diepolt und der vom Papst ernannte Zweder van Culemborg. Das Utrechter
Schisma dauerte von 1423–1432. Zusammengefaßt nach Weiler 1997, 8.

[93] Pohl 1922, 401–407; Hovinga 1998, 55.

[94] *Acta Cap. Wind.*, ed. Van der Woude 1953, 23.

[95] *Monasticon Windeshemense* 3, 303f. Diese Schrift bildet den ersten Teil des *Chronicon Windeshemense* (ed. Grube 1886). *Monasticon Windeshemense* 3, 303f.

[96] Siehe oben Anm. 65. Zu weiblichen Autoren aus Windesheimer Klöstern siehe
Scheepsma 1997, 29f.

eher einem männlichen Kontext zuzurechnen. Die Lagen 8 und
9, vielleicht auch die Lage 7, die in einem früheren Stadium mit
der achten und neunten Lage zusammengebunden wurde, können
aufgrund des indizierten Martinuspatroziniums in Kombination mit
den singulär überlieferten Lebuinus-Gesängen mit dem Kloster Ludingakerke in Friesland in Verbindung gebracht werden, das von
dem Kloster Agnietenberg in Zwolle reformiert worden ist. Auch
eine Herkunft dieser Lagen aus dem Deventer Fraterhaus ist nicht
völlig ausgeschlossen, wenn das Patrozinium des heiligen Martin auf
einer Verbindung dieses Hauses mit dem Fraterhaus und späteren
Kloster St. Maartensdal in Leuven beruht.

Die mehrstimmigen Lagen 4 und 5 können aufgrund der Übereinstimmung der in ihnen enthaltenen mehrstimmigen Musik mit
Bestimmungen Johan Celes sowie aufgrund einiger Initialen mit dem
Zwoller Fraterhaus in Verbindung gebracht werden. Diese Herkunft
könnte wegen der gleichartigen Aufmachung und der Verwendung
derselben Wasserzeichen auch für die Lagen 3, 6 und 7 gelten. Für
eine Lokalisierung ihrer Entstehung im Fraterhaus Zwolle würde zudem die professionelle Anlage dieser Handschriftenteile sprechen,
die bereits zur Sprache kam (Abschnitt 1.4).

Eine Herkunft der gesamten Handschrift aus dem Fraterhaus in
Deventer, wie sie die Besitzvermerke nahelegen, ist nicht ausgeschlossen. Doch gibt es mehr Hinweise für eine Provenienz aus Zwolle als
aus Deventer. Hypothetisch sei folgende Übersicht für eine Lokalisierung der Handschriftenteile aufgrund der bisher ermittelten Daten
erstellt:

Lage 1.2	Windesheimer Frauenkloster im IJsseltal
Lage 2	Fraterhaus Deventer
Lage 1.1, 3–7	Fraterhaus Zwolle
Lagen 8–9	Kloster Agnietenberg, Zwolle
	(Fraterhaus Deventer)

Die möglichen Herkunftsorte der Handschrift *Utrecht 16 H 34* gehören zu den ersten Häusern der Devotio moderna überhaupt, von
denen die Reformbewegung ausging. Das Fraterhaus in Deventer
wurde als erstes Haus für Brüder vom Gemeinsamen Leben etwa
im Jahr 1381 von dem Priester Florens Radewijns (†1400) gegründet, einem Schüler und Freund Geert Grotes. In engem Kontakt mit
diesem Haus wurde im Jahr 1396 zum zweiten Mal ein Fraterhaus
in Zwolle gegründet, nachdem die erste Gründung von 1384 die
Augustinerregel angenommen hatte und später als Kloster Agnie-

tenberg in das Kapitel von Windesheim aufgenommen war (1398).[97] Ein Kloster für Regularkanonikerinnen, das in engem Kontakt zu diesen Häusern stand, war Diepenveen, das 1400 als erstes Windesheimer Frauenkloster von Johannes Brinckerinck, dem Rektor der Schwestern vom Gemeinsamen Leben im Meester-Geertshaus in Deventer, gegründet wurde.[98] Diese Häuser hatten untereinander regen Kontakt. Die Möglichkeit, daß kleine Heftchen ausgetauscht oder abgeschrieben wurden, war gegeben. Gleichzeitig relativiert dieser rege Kontakt auch Bemühungen, die Heftchen bestimmten Häusern zuordnen zu wollen.

Aus der codicologischen Untersuchung wird deutlich, daß *Utrecht 16 H 34* eine Sammlung kleiner Heftchen darstellt. Erhalten gebliebene Reste alter Schutzumschläge ergeben eine Unterteilung in vier Gruppen:

1:	Lagen 1.1 und 1.2
2:	Lage 2
3:	Lagen 3–6
4:	Lagen 7–9

Aufgrund der Identifizierung der Wasserzeichen kann diese Unterteilung verfeinert werden:

I:	Lage 1.2
II:	Lage 2, altes Papier
III:	Lage 2, Durchschußpapier
IV:	Lage 1.1, Lage 3, Lage 4, Lage 6 und Lage 7
V:	Lage 5
VI:	Lagen 8 und 9

Die stärkere Abnutzung mancher Seiten weist darauf, daß verschiedene Teile der Handschrift früher als getrennte Einheiten in Gebrauch gewesen sein müssen. So werden die Teile 5.1 und 5.2 als weitere Subeinheiten erkennbar. Die Folia 77–84 (Lage 5.2) bilden einen selbständigen Komplex, der jedoch auf derselben Papiersorte geschrieben ist wie der ihn umgebende Teil 5.1. Die Lagen 8 und 9 waren schon geraume Zeit als selbständiges Heft in Gebrauch, bevor Lage 7 dazugebunden wurde.

---

[97] Weiler 1997, XIII, 4, 26ff. Filiationsschema ebenda und in Van Dijk 2000, 19.
[98] Zur Frühgeschichte des Klosters Diepenveen vgl. Scheepsma 1997, 17–20.

Zu Beginn des 16. Jahrhunderts (Datierung des Pergamentein-
bands) wurden alle Teile zur Handschrift *Utrecht 16 H 34* zusammengefügt.

Die codicologische Untersuchung ergibt, daß die Handschrift *Utrecht
16 H 34* aus zehn codicologischen Einheiten zusammengesetzt ist:

Papiersorte	Lage	Datierung	Lokalisierung
A	8 und 9	15. Jh. 1. Hälfte	Zwolle, Kloster Agnietenberg?
B, C	2	15. Jh. Mitte	Deventer, Fraterhaus
D	1.2	15. Jh. 2. Hälfte	IJsseltal, Windesh. Frauenkloster?
E	5.1	um 1500	Zwolle, Fraterhaus?
E	5.2	1500	Zwolle, Fraterhaus?
F	1.1	um 1500	Zwolle, Fraterhaus?
F	3	um 1500	Zwolle, Fraterhaus?
F	4	um 1500	Zwolle, Fraterhaus?
F	6	um 1500	Zwolle, Fraterhaus?
F	7	um 1500	Zwolle, Fraterhaus?

Appendix: Übersicht über die Handschriftenteile

LAGE 1.1 (fol. 1–3, 16–17)

Aufbau: Binio mit angeklebtem altem Umschlagblatt (fol. 1). Nur fol. 3r beschrieben.

Schrift: Cursiva libraria, Höhe des Mittelfelds: 1 mm.

Wasserzeichen: Variante von Piccard XIII, *Lilie* 1668 (fol. 2, 3)

Schriftspiegel: Ohne Schriftspiegelbegrenzungen, mit der freien Hand beschrieben.

Datierung: um 1500

Lokalisierung: IJsseltal, Fraterhaus Zwolle?

Inhalt: Fol. 3r: Lateinische Psalmodielehre.[99]

LAGE 1.2 (fol. 4–15)

Aufbau: Sexternio. In Lage 1.1 eingebunden.

Schrift: Cursiva libraria mit Tendenzen zur *hybrida.* Höhe des Mittelfelds: 1 mm.

Notation: Gotische Choralnotation auf vier Linien.

Wasserzeichen: Variante von Piccard IV.1: *Gruppe X,* 115–145, auf fol 12 und 13.

Schriftspiegel: Mit Tinte markiert, die Maße variieren: 10,3–10,8 cm × 7,7–8,2 cm.

Datierung: 15. Jahrhundert, zweite Hälfte.

Lokalisierung: IJsseltal, Windesheimer Frauenkloster?

Inhalt: Fol. 4r–15v: Einstimmige lateinische Antiphonen, Responsorien und Sequenzen, teilweise liturgischen Ursprungs.

Besonderes: Zweimalige Verwendung des e-caudatum auf fol. 7r.

LAGE 2 (fol. 18–40)

Aufbau: Elf Doppelblätter, ein loses Blatt (fol. 18) an fol. 19 angeklebt. Ursprünglich umfaßte die Lage sechs Doppelblätter,[100] die später mit fünf Doppelblättern jüngerem Papier durchschossen wurden.[101]

Schrift: Cursiva libraria (Höhe Mittelfeld 2 mm) und *cursiva currens* (Höhe des Mittelfelds 0,5–1 mm)

Wasserzeichen: Varianten von Briquet 8590 und Briquet 12496–503.

Schriftspiegel: Älteres Papier: Breite 6–6,5 cm. Schriftspiegelbegrenzungen nur vertikal, mit Tinte. Oft wurde über diese Begrenzungen hinausge-

---

[99] Teiledition in Smits van Waesberghe 1966, 46. Zur weiteren Überlieferung dieser Verse ebenda S. 47 Anm. 8.

[100] Fol. 19, 20, 22, 24, 26, 28–31, 33, 35, 37, 39, 40.

[101] Fol. 21, 23, 25, 27, 32, 34, 36, 38.

schrieben. Jüngeres Papier: kleineres Format (145 × 105 mm), unbeschrieben.

Datierung: zwischen 1440 und 1457.[102]

Lokalisierung: Fraterhaus Deventer

Inhalt: Fol. 20r–38v: Meditationsschema mit Hinweisen auf Literatur, die zur
Meditation diente; fol. 39r/v: Liste mit Namen einiger für die Devotio
moderna wichtiger Personen.

Besonderes: fol. 19r oben ein Eigentumsvermerk: *Pertinet ad domum domini
Florencii et est pro nunc in custodia nico Muden.* Ebenso auf fol. 40v unten:
Pertinet ad domum domini Florencii.

LAGE 3 (fol. 41–54)

Aufbau: Septernio. Die Blätter sind am oberen und unteren Rand beschnitten.

Schrift: Cursiva *libraria* mit Tendenz zur *hybrida*. Höhe des Mittelfelds: 1–1,5
mm. Eine Hand im Hauptteil und eine Nachtragshand. Durchgehend
i-Striche und i-Punkte.

Notation: Gotische Choralnotation auf vier Linien, Mensuralnotation auf
fünf Linien (fol. 54v).

Wasserzeichen: Variante von Piccard XIII, *Lilie* 1678 (fol. 41, 42) und *Lilie*
1664a (fol. 43).

Schriftspiegel: 11,3 cm × 7,7 cm. Schriftspiegelmarkierung variiert,[103] Wechsel
per Bifolium. Die obere horizontale Begrenzung des Schriftspiegels ist
gleichzeitig die oberste Notenlinie.

Datierung: um 1500

Lokalisierung: IJsseltal, Fraterhaus Zwolle?

Inhalt: Fol. 41r–54v: Einstimmige und wenige zweistimmige lateinische Ma-
riengesänge, vorwiegend Tropen. Fol. 54v: als Nachtrag von anderer
Hand ein zweistimmiges Weihnachtslied.

Besonderes: Wahrscheinlich wurde ein Punkturkamm verwendet.

LAGE 4 (fol. 55–70)

Aufbau: Octernio.

Schrift: Cursiva *libraria* mit einer Tendenz zur *hybrida*. Höhe des Mittelfelds:
2 mm. Kein Unterschied im Duktus zwischen den lateinischen und den
niederländischen Liedern.[104]

Notation: Mensuralnotation auf fünf Linien.

Wasserzeichen: Variante von Piccard XIII, *Lilie* 1664a (fol. 59, 60, 61, 62).

---

[102] Obbema 1996, 135f.

[103] Fol. 41/54: rechts und links, Tinte; Fol. 42/53: an vier Seiten, Tinte; Fol. 43/52:
unten Tinte, sonst blind; Fol. 44–48: an vier Seiten, Tinte.

[104] Das ist bei mehrsprachigen Liedern dieser Zeit nicht selbstverständlich. So
überliefert die *Haagse Liederhandschrift* (*Den Haag 128 E 2*) ein französisches Lied,
für das der Schreiber eine andere Schriftsorte wählte als für die es umgebenden

Schriftspiegel: 10,5–11,5 cm × 7,5 cm. Schriftspiegelmarkierung meist nur vertikal mit Tinte. Fol. 59v, 62r/v, 63r/v und 66r: zusätzlich eine mit Bleistift gezogene horizontale Schriftspiegelbegrenzung am unteren Blattrand. Mit Ausnahme der leeren Seiten 69v und 70r sechs Notensysteme auf jeder Seite.

Datierung: um 1500.

Lokalisierung: IJsseltal, Fraterhaus Zwolle?

Inhalt: Fol. 55r–70v: Zweistimmige lateinische und mittelniederländische Weihnachtslieder mit zusätzlichen Textstrophen, teilweise mit einstimmigem Refrain, ein dreistimmiges Weihnachtslied (fol. 60v/61r).

Besonderes: In der ersten Hälfte der Lage eine alte Tintenfoliierung *1–7* auf den Rectoseiten unten rechts.

LAGE 5.1 (fol. 71–76, fol. 85–90)

Aufbau: Sexternio. Oberer Blattrand beschnitten. Die zweite Hälfte der Lage (fol. 85r–90v) ist unbeschrieben.

Schrift: Cursiva libraria mit einer Tendenz zur *hybrida.* Höhe des Mittelfelds: 1,5 mm.

Notation: Mensuralnotation auf fünf Linien.

Wasserzeichen: Eine abweichende Form von Briquet 12519–12526 (fol. 75, 76).

Schriftspiegel: 10,5–11,2 cm × 7,5 cm. Schriftspiegelmarkierung vertikal mit Bleistift angegeben. Horizontale Schriftspiegelbegrenzung fol. 72v und fol. 75v unten.

Datierung: um 1500.

Lokalisierung: IJsseltal, Fraterhaus Zwolle?

Inhalt: Fol. 71r–76v: Zweistimmige lateinische Weihnachtslieder.

Besonderes: Verwendung von Punkturkamm und *rostrum.*

LAGE 5.2 (fol. 77–84)

Aufbau: Quaternio, in den Handschriftenteil 5.1 eingebundene, ursprünglich selbständige Lage. Oberer Blattrand beschnitten.

Schrift: Hybrida libraria, Höhe des Mittelfelds: 3 mm.

Notation: Mensuralnotation auf fünf Linien.

Wasserzeichen: Eine abweichende Form von Briquet 12519–12526 (fol. 83, 84).

---

volkssprachlichen Lieder (Hogenelst und Rierink 1992, 33). In zwei Chansonnierfragmenten aus Leiden und Utrecht sind Lieder mit volkssprachlichem Text kursiv geschrieben, Chansons mit lateinischem Text dagegen in *littera hybrida* (Van Biezen und Gumbert 1985, 22–25). Die Handschriften *Paris 1522* und *Amsterdam I B 50,* die am Ende des 16. Jahrhunderts in Groningen geschrieben wurden, (Hermans 1988, 38), überliefern eine Reihe zweisprachiger Weihnachtslieder, in denen der Wechsel der Sprache ebenfalls im Schrifttyp sichtbar wird.

Schriftspiegel: 10,5 cm × 7,5 cm. Schriftspiegelmarkierung vertikal mit Tinte.
Datierung: 1500.
Lokalisierung: IJsseltal, Fraterhaus Zwolle?
Inhalt: Fol. 77r–84v: Zweistimmige lateinische Passionsmeditation *Philomena preuia* mit 89 Textstrophen.
Besonderes: fol. 84v: Datierung *deo gracias 1500.*

LAGE 6 (fol. 91–104)

Aufbau: Septernio. Oberer Blattrand beschnitten. Die Lage wurde für musikalische Aufzeichnung angelegt und ist durchgehend mit Notensystemen versehen. Die meisten Seiten sind unbeschrieben. Die Notation ist ebenfalls oft unvollständig: Vom ersten Gesang sind nur zweieinhalb Systeme notiert, beim letzten Gesang (fol. 98v–99r) setzt die Notation erst auf fol. 99r ein.
Schrift: Cursiva libraria mit Tendenzen zur *hybrida*. Höhe des Mittelfelds: 1–2 mm. Der Duktus variiert stark.
Notation: Gotische Choralnotation auf vier Linien, Mensuralnotation und Strichnotation auf fünf Linien (fol. 93r).
Wasserzeichen: Varianten von Piccard XIII, *Lilie* 1664a (fol. 91, 92, 97) und *Lilie* 1668 (fol. 99, 100).
Schriftspiegel: 11,3 cm × 7,7 cm. blinde Schriftspiegelmarkierung vertikal, horizontal nur unten (fol. 97 und 98: an allen Seiten Markierungen).
Datierung: um 1500.
Lokalisierung: IJsseltal, Fraterhaus Zwolle?
Inhalt: Fol. 91r–99r: Einstimmige bis dreistimmige lateinische Gesänge zu Passion und Auferstehung.
Besonderes: Verwendung von Punkturkamm und *rostrum.*

LAGE 7 (fol. 105–121)

Aufbau: Octernio mit angeklebtem Einzelblatt (fol. 121). Oberer Blattrand beschnitten. Seiten mit Text wechseln ab mit leeren Seiten. Die Notensysteme wurden nach Bedarf mit der freien Hand gezogen, die zum Teil umfangreichen Texte wurden ohne Liniierung geschrieben.
Schrift: Cursiva, im Niveau zwischen *libraria* und *currens,* Höhe des Mittelfelds: 0,5–1 mm. Eine Hand im Hauptteil und eine Nachtragshand.
Notation: Gotische Choralnotation auf vier Linien, Mensuralnotation auf fünf Linien (fol. 121v).
Wasserzeichen: Eine Variante von Piccard XIII, *Lilie* 1668 (fol. 115, 116).
Schriftspiegel: Die Höhe ist nicht festgelegt, Breite: 7,5 bis 8 cm. Schriftspiegelbegrenzung vertikal mit Tinte. fol. 108r: Schriftspiegelbegrenzung auch unten. Höhe auf dieser Seite: 11,5 cm.
Datierung: um 1500.
Lokalisierung: Zwolle, Fraterhaus oder Kloster Agnietenberg?
Inhalt: Fol. 105r–114r: Einstimmige lateinische Gesänge und Strophenlieder zur Vorbereitung auf das Jüngste Gericht sowie eine unnotierte

oratio prudentii in Hexametern. Als Nachtrag von anderer Hand auf fol. 121v ein zweistimmiges Weihnachtslied.

Besonderes: Die Seiteneinteilung von fol. 121v weicht ab, da sie dieselbe Aufmachung zeigt wie die gegenüberliegende erste Seite der achten Lage. Jeweils auf derselben Höhe wie auf der gegenüberliegenden Seite stehen 4 Notensysteme, die mit brauner Tinte gezogen sind. Die oberste Linie jedes Systems ist bis zum Rand durchgezogen. Die Höhe der Punkturlöcher stimmt auf fol. 121v nicht überein mit der Höhe der Textlinien oder der obersten Notenlinie. Wahrscheinlich diente die erste Seite von Lage 8 als Vorbild für die Liniierung auf fol. 121v. Der Nachtrag wurde, wenn diese Annahme richtig ist, dann erst eingetragen, als die siebente Lage mit den beiden folgenden Lagen zu einer Einheit zusammengefügt wurde.

LAGEN 8 UND 9 (fol. 122–139)

Aufbau: Lage 8: Sexternio, Lage 9: Ternio. Beide Lagen bilden zusammen eine Einheit. Darauf deutet ein Verweis in der achten Lage (fol. 125r) auf das letzte Responsorium der neunten Lage. Deutliche Gebrauchsspuren auf fol. 122r lassen erkennen, daß diese Lagen ursprünglich als separate Sammlung in Gebrauch waren.

Schrift: Hybrida libraria, Höhe des Mittelfelds: 2,5–3 mm. Nachträge in *cursiva currens*.

Notation: Gotische Choralnotation auf vier Linien.

Wasserzeichen: Schwer zu bestimmen. Möglicherweise abweichende Form von Piccard Bd. XI, *Kreuz* 64–74 (fol. 128, 129).

Schriftspiegel: 9,0–10,2 cm×6,5 cm. Am Innenrand jeder Versoseite ragt die Beschriftung regelmäßig über die oft krumme Schriftspiegelbegrenzung hinaus. Schriftspiegelbegrenzung vertikal und horizontal mit Tinte.

Datierung: Erste Hälfte 15. Jahrhundert.

Lokalisierung: Zwolle, Kloster Agnietenberg?

Inhalt: Fol. 122r–137v: Einstimmige Responsorien und Antiphonen aus dem Offizium. Die Anordnung der Gesänge dieses Teils unterliegt liturgischen Prinzipien, die jedoch in dieser Zusammenstellung nicht dem liturgischen Jahr entsprechen. Die Rubriken ergeben drei aufeinander folgende Gruppen:

> In dedicatione
> de sacramento
>
> de trinitate
> de beata virgine
> de angelis
> de sancto iohanne baptista
> de apostolis
> de martiribus
> de confessoribus

de virginibus
de sacramento

de sancto martino patrono nostro
de sancto lebuino

Einem allgemeinen Teil für Kirchweihe und Sakramentstag folgen nach
den Anordnungsprinzipien des *commune sanctorum* Responsorien für
Heilige. Den Schluß bilden drei Patronatsgesänge für Martinus als *patronus noster* und Lebuinus, den Patron der Grote Kerk in Deventer.
Das Responsorium *Respexit helias* wurde zunächst vergessen. Eine Bemerkung auf fol. 125r am unteren Blattrand verweist auf das Ende der
Lage 9: *Hic cantabitur Responsorium helias etc. Require in fine libri.* Möglicherweise steht auch die Antiphon *O sacrum convivium* an der falschen
Stelle: sie erscheint mit der Rubrik *Antiphona de sacramento* im Anschluß
an das Responsorium *Regnum mundi* für Feste *De virginibus.* Ihre Rubrik
weist dagegen auf einen Platz in der ersten Gruppe unter den Gesängen des Sakramentstages. Fol. 137v: Nachgetragen der Beginn eines
unbekannten Gesangs mit Choralnotation: *Dominus deus meus.*
Besonderes: In diesem Teil der Handschrift *Utrecht 16 H 34* finden sich ausschließlich einstimmige liturgische Gesänge, die zu einem überwiegenden Teil dem älteren Repertoire des Bistums angehören. Sie stehen
bereits im Antiphonar *Utrecht 406* aus dem 12. Jahrhundert,[105] und erscheinen auch in den Antiphonaren *Zutphen 1*, *Zutphen 2* und *Zutphen
6*, die im 15. Jahrhundert für die St. Walburgskerk in Zutphen geschrieben worden sind.[106]

---

[105] In *Utrecht 406* nicht enthalten sind *Benedic domine domum istam* (Ed. Nr. 105),
Melchisedech vero rex (Nr. 107), das Responsorium *O pater clementissime sacerdos lebuine*
(Ed. Nr. 118) und die Antiphon *O beate confessor domini lebuine* (Ed. Nr. 119)
[106] Zu den Zutphener Handschriften siehe De Loos 1995/1996, zum Antiphonarium *Utrecht 406* De Loos 1997.

KAPITEL II

DIE NOTATIONEN DER HANDSCHRIFT

Die Musik in der Handschrift *Utrecht 16 H 34* wurde in drei verschiedenen Notationen aufgezeichnet: Neumen, Mensuralnotation und Strichnotation. Den größten Anteil hat die Neumennotation: sechs von insgesamt neun Handschriftenteilen mit Musik (nämlich die Lagen 1, 3 und 6 bis 9) wurden mit Hilfe gotischer Choralnotation auf vier Linien notiert. Mit Neumen wurden vor allem einstimmige Gesänge versehen. Nur fünf zweistimmige Tropen wurden in Neumennotation geschrieben.[1] Die Lagen 4 und 5 sind vollständig in Mensuralnotation geschrieben, ebenso je ein Nachtrag in Lage 3 und Lage 7 sowie zwei Stimmen des dreistimmigen Refrains *Alleluya* zum Osterlied *Surrexit christus hodie* in Lage 6. Diese sind um eine dritte Stimme in Strichnotation ergänzt. Mensurale Notation wurde vor allem für mehrstimmige Gesänge gewählt. Nur ein Weihnachtslied ist einstimmig mensural notiert (*En trinitatis speculum*). Ausschlaggebend für die Wahl der Notation war jedoch jeweils nicht die Anzahl der Stimmen, sondern der Kontext der Lage: Bis auf einzelne Nachträge sind die Lagen jeweils durchgehend in Neumen oder mensural notiert.

Diese drei Notationsarten wurden untersucht auf ihre Form, die Funktion der Zeichen und die Schreiberkonventionen.

1. *Aufzeichnungen in Neumen*

Die Neumen der Handschrift *Utrecht 16 H 34* wurden im 15. Jahrhundert geschrieben und sind also ein recht spätes Zeugnis dieser seit dem 9. Jahrhundert überlieferten Art der Musikaufzeichnung.[2] Die Untersuchung dieser Neumen wird denn auch mit zwei Schwierigkei-

---

[1] *Alleluya Vox, Dicant nunc iudei, Marie virginis, Salue Virginalis castitas, Sanctus O quam dulciter.*

[2] Eine Einführung in Neumennotationen bieten Corbin 1979; Hiley 1993, 340–441; M. Haas, Art. "Notation: IV. Neumen", in: MGG, Sachteil 7, 296–317; D. Hiley und J. Szendrei, Art. "Notation §III,1: "Plainchant", in: New Grove 18, 84–119.

ten konfrontiert: zum einen werden in der musikwissenschaftlichen
Forschung bisher vor allem linienlose Neumenschriften beachtet,
späte Neumenschriften sind bisher nur sporadisch untersucht,[3] zum
anderen stehen Neumenhandschriften aus den Niederlanden nicht
im Zentrum des internationalen musikpaläographischen Interesses.
Daher habe ich als Vergleichsmaterial zwei ganz unterschiedliche
Untersuchungen herangezogen: zu den spätmittelalterlichen Neu-
men die Untersuchungen von J. Szendrei zur Geschichte der Graner
Choralnotation (ungarische Neumen)[4] und zum niederländischen
Umfeld die unpublizierte Dissertation von J. (I.) de Loos, die nie-
derländische und deutsche Neumenschriften aus dem 12. und 13.
Jahrhundert untersuchte.[5]

1. Zur Notation niederländischer Handschriften im 12. und 13. Jahrhundert

Die ersten Untersuchungen zur Neumennotation in niederländischen Handschriften stammen von J. Smits van Waesberghe.[6] Er plädierte dafür, daß in den Niederlanden zwei Notationen miteinander verschmolzen seien: vom Osten her hätten die frühdeutschen
Neumen ihren Einfluß geltend gemacht, vom Südwesten her sei-
en sie von den Metzer Neumen ergänzt worden. Das habe zu einer
Kontaktneumenform geführt, die er nach ihrem Hauptverbreitungs-
gebiet, der Gegend zwischen den Flüssen Rhein, Maas und Mosel,
die "rheno-mosa-mosellanischen Neumen" nannte. Dieser Neumen-
mischtyp soll im 11. Jahrhundert entstanden sein und im 12. und 13.
Jahrhundert seine größte Verbreitung gefunden haben.[7] Als wichtige Merkmale nannte Smits van Waesberghe den Gebrauch zweier
Clivisformen mit unterschiedlicher melodischer Bedeutung (runde
und eckige Clivis) und die Form von Tractulus, Quilisma, Pes und
Scandicus.[8]

---

[3] Hierauf weist M. Haas mehrfach in seinem Artikel über Neumen in MGG (wie
Anm.2) hin.

[4] Szendrei 1988, vor allem die Seiten 167–209.

[5] De Loos 1996.

[6] Smits van Waesberghe 1956, Neudruck 1976. Smits van Waesberghe ging in
seinem Beitrag zur Handschrift B 113 (Utrecht 16 H 34) nicht auf deren Notation ein
(Smits van Waesberghe 1966).

[7] Smits v. Waesberghe 1976, 108f.

[8] Smits v. Waesberghe 1976, 109. De Loos 1996, 74.

Diese Auffassung wurde von J. de Loos widerlegt.[9] Ihrer minutiös ausgeführten vergleichenden Untersuchung liturgischer Handschriften des 12. und 13. Jahrhunderts aus Utrecht und Bamberg konnten die Aussagen Smits van Waesberghes bei genauerer Betrachtung nicht standhalten. Viele Kennzeichen "rheno-mosa-mosellanischer" Neumen können De Loos' Ergebnissen zufolge nämlich auch in den Handschriften des Bamberger Doms angetroffen werden, umgekehrt können Merkmale der niederländischen Mischform (zum Beispiel der Gebrauch zweier Clivisformen) nicht in allen Utrechter Handschriften festgestellt werden.[10] De Loos' computergestützte Untersuchungen[11] ergaben, kurz zusammengefaßt, daß die von ihr untersuchten niederländischen Handschriften eine Kombination deutscher und französischer Neumen darstellen und nicht, wie Smits van Waesberghe annahm, auf einer Kombination deutscher Neumen mit Metzer Neumenformen basieren.[12]

Die Kennzeichen niederländischer Neumennotationen des 12. und 13. Jahrhunderts können anhand der Ergebnisse von De Loos folgendermaßen zusammengefaßt werden:[13]

– Das erste Element des Torculus ist wie in den deutschen Notationen rund.
– Als Pes wird wie in französischen Notationen die eckige Form gebraucht.
– Der Pressus maior wurde in der deutschen, der Pressus minor in der französischen Form geschrieben.
– Die strophischen Neumen sind wie in deutschen Notationen kommaförmig.
– Die Form des Climacus entspricht ebenfalls derjenigen deutscher Neumenschriften.
– Die Virga hat einen vertikalen Stand.
– Notation auf Linien ist im belgisch-niederländischen Gebiet wie in Frankreich bereits in der zweiten Hälfte des 12. Jahrhunderts anzutreffen, im übrigen Deutschen Reich dagegen erst im Lauf des 13. Jahrhunderts.

---

[9] De Loos 1996, 74–78.
[10] De Loos 1996, 74.
[11] De Loos entwickelte den sogenannten *neumenturver*, ein Computerprogramm, mit dessen Hilfe sie alle Neumen der von ihr untersuchten Handschriften digital erfassen konnte.
[12] De Loos 1996, 75–78.
[13] De Loos 1996, 75–77.

Die von De Loos festgestellten Merkmale niederländischer Neumen des 12. und 13. Jahrhunderts sollen als Basis für eine Untersuchung der Neumenformen in der Handschrift *Utrecht 16 H 34*
dienen. Doch so hilfreich ihre Ergebnisse für ein Grundverständnis
der Neumenschrift in *Utrecht 16 H 34* auch sind, einige spezifische
Merkmale dieser spätmittelalterlichen Notation sind in liturgischen
Handschriften des 12. und 13. Jahrhunderts nicht zu finden. Für ihre
Interpretation wollen wir uns spätmittelalterlichen Neumenformen
aus Ungarn zuwenden.

2. *Kursive Neumen in ungarischen Zeugnissen des 15. und 16. Jahrhunderts*

Während die niederländischen liturgischen Handschriften des 12.
und 13. Jahrhunderts neben der Gebrauchsfunktion auch repräsentative Funktionen erfüllten und daher mit einer gewissen Sorgfalt
geschrieben sind, handelt es sich bei der Handschrift *Utrecht 16 H 34*
um eine reine Gebrauchshandschrift ohne repräsentative Funktion.
Äußerliche Kennzeichen dieses Handschriftentyps sind der Schriftgrad der zum großen Teil in *littera cursiva* geschriebenen Texte und
die Korrekturen in der Form durchgestrichener Noten, während
Korrekturen in liturgischen Handschriften im allgemeinen mit Hilfe
von Rasuren vorgenommen sind. Für die Erfassung dieses Funktions-
unterschieds war die Publikation von J. Szendrei zur Geschichte der
Graner Choralnotation für mich sehr inspirierend. Bei ihrer Untersuchung ungarischer Neumennotationen des späten Mittelalters unterschied sie zwischen einer kalligraphischen Form der Notation in
repräsentativen Prachtcodices und kursiver Notation in Gebrauchshandschriften. Beiden Neumenschriften liegt derselbe Zeichenvorrat zugrunde, doch machen sie in unterschiedlicher Weise davon
Gebrauch.

Szendreis Ausführungen zufolge ging die Entstehung kursiver
Neumenschriften in ungarischen Handschriften des 15. und 16.
Jahrhunderts Hand in Hand mit der sprunghaft angestiegenen Verbreitung kursiv geschriebener Gebrauchshandschriften zur selben
Zeit.[14] Auffallend ist, daß zwar die kursive Notenschrift auf die tradi-
tionell kalligraphische Auswirkungen hatte, daß umgekehrt jedoch
kein Einfluß feststellbar ist. Die kursive Notenschrift in Ungarn entwickelte sich in schnellem Tempo und nach eigenen Gesetzen. Im

---

[14] Szendrei 1988, 168.

16. Jahrhundert schließlich übernahm die kursive Neumenschrift die Rolle der kalligraphischen Notation, ganze Codices wurden mit dieser kursiven Schrift neumiert.[15] Wie Szendrei hervorhob, blieb in der kursiven Notation des 15. Jahrhunderts der "aus dem 12. und 13. Jahrhundert stammende strukturelle Aufbau der Grundneumen sowie die traditionelle Korrelation zwischen den Zeichen" weiterhin bestehen.[16] Dagegen änderte sich die Schrifttechnik, die Schreibweise der Neumen. Die kursive Notation lokalisiert Szendrei in den im 15. Jahrhundert aufblühenden Stadtschulen und Kapitelschulen Ungarns. Diese war nicht länger Berufsmusikern vorbehalten, sondern ein Ergebnis einer breiten Bildung der ungarischen Mittelschicht dieser Zeit. Die Schüler erwarben viel Übung im Umgang mit Notation, weil sie täglich das zu singende Programm aufschreiben mußten.[17]

Szendrei sieht in der kursiven Notenschrift eine "*klassische ungarische Notation, die nur in Ungarn erlernt werden konnte*".[18] Doch ist die kursive Neumenschrift kein Merkmal allein der ungarischen Notation. B. Stäblein sah ebenfalls in Entwicklungen der gotischen Choralnotation Parallelen zur Entwicklung der kursiven Schrift des späten Mittelalters. Diese Notation findet sich nach Auffassung Stäbleins vor allem in deutschen Liederhandschriften.[19]

Merkmale einer kursiven Aufzeichnungsweise sind auch in den Lagen der Handschrift *Utrecht 16 H 34* feststellbar. Während der Zeichenvorrat mit dem der von De Loos untersuchten liturgischen Handschriften des 12. Jahrhunderts, abgesehen von einer Reduktion der Zierneumen, übereinstimmt, ist die Bandbreite der möglichen Darbietung einer Neumenform ungleich größer als in liturgischen Handschriften und auch in stärker kalligraphisch konzipierten Musikhandschriften des späten Mittelalters aus den Niederlanden.[20] Mein Interesse gilt vor allem dieser Bandbreite kursiver Notation in der Handschrift *Utrecht 16 H 34*, einem Beispiel für Neumenschrift des späten Mittelalters in den Niederlanden.

---

[15] Szendrei 1988, 168.

[16] Szendrei 1988, 169.

[17] Szendrei 1988, 182–184.

[18] Szendrei 1988, 182.

[19] Stäblein 1975, 68.

[20] Zu vergleichen wäre etwa das Antiphonar *Zutphen 1*, geschrieben im 15. Jahrhundert für die Walburgskerk in Zutphen, oder das Antiphonar *Den Haag 68 A 1* aus dem Fraterhaus in 's-Hertogenbosch.

3. *Die Neumen der Handschrift* Utrecht 16 H 34

Viele Neumenformen in der Handschrift *Utrecht 16 H 34* entsprechen den von De Loos dargestellten Neumenformen niederländischer Handschriften: die Virga ist vertikal, der Pes eckig, die Clivis vorwiegend rund. Diese Basiskennzeichen niederländischer Neumenschriften sind allen Handschriftenteilen gemeinsam. Darüberhinaus sind einige spezifische Merkmale feststellbar, in denen sich die Handschriftenteile unterscheiden.

a. *Die Neumen der Lagen 1.2, 3 und 6*

Neumentabelle der Lagen 1.2, 3 und 6

	Lage 1.2	Lage 3	Lage 6
Virga			
Punctum			
Pes			
Clivis			
Torculus			
Porrectus			
Scandicus			
Climacus			
Liqueszenz			
Quilisma			
Bistropha			

Den Handschriftenteilen 1.2, 3 und 6 gemeinsam ist eine weitgehende Auflösung der Neumen in Einzelelemente sowie die Form der Zierneumen. Daher liegt die Vermutung nahe, daß die Notatoren dieser Lagen jedenfalls denselben Bildungshintergrund haben, wenn nicht sogar identisch sind. Unterschiede konnten nur im Gebrauch der eckigen Clivis festgestellt werden. Aufgrund dieser weitgehenden Übereinstimmung werden die Notationen dieser Lagen zusammen besprochen.

Als häufigstes Einzelzeichen dieser Lagen wurde eine senkrecht stehende Virga mit vorwiegend nach rechts geneigtem Köpfchen verwendet. Auch das Punctum kommt regelmäßig in der Funktion eines Einzeltons vor, jedoch weit weniger häufig als die Virga. In leicht gebogener Form erscheint es als Einzelzeichen mit der Funktion eines Tieftons (tiefer als der vorangehende oder der folgende Ton) oder als Abschluß einer absteigenden Reihe von Puncta in einer Ligatur, doch können auf Tieftönen auch Virgae stehen. Eine kleinere, runde Form des Punctum wurde vor allem in aufsteigenden Ligaturen verwendet (beispielsweise beim Scandicus).

Die Clivis wurde in Lage 1.2 und Lage 3 sowohl in eckiger als auch in runder Form geschrieben, wobei die runde Form bei weitem überwiegt. Die Wahl der eckigen Clivis war durch melodische Gesichtspunkte bestimmt: ihr erster Ton steht auf gleicher Höhe oder tiefer als der vorangegangene Ton. Bei aufsteigender Melodie wählte der Notator beinahe ausnahmslos die runde Clivis.[21] Die melodische Differenz zwischen zwei Clivisformen ist nach Smits van Waesberghe eine Eigenart älterer Handschriften, die bei jüngeren Aufzeichnungen in zunehmendem Maß verloren geht.[22] Auch bei den von De Loos untersuchten niederländischen Handschriften kommt eine eckige Clivis in aufsteigendem Kontext wenig vor.[23]

Häufig wird eine eckige Clivis an eine runde angehängt. Der erste Ton der eckigen Clivis wiederholt dann den zweiten Ton der runden. Ist diese Kombination mit nur einer Silbe verbunden, handelt es sich möglicherweise um eine Pressus-Verbindung, eine Zierneumenform. Die Auflösung der Notation in Einzelelemente jedoch, auf die ich unten eingehen werde, macht eine Entscheidung darüber, ob eine Folge von zwei Clives oder ein Pressus minor vorliegt, meist unmöglich.

In Lage 6 wurde an nur einer Stelle eine eckige Clivis geschrieben. Der geringe Notationsanteil in dieser Lage erlaubt allerdings

---

[21] Eine Ausnahme findet sich auf fol. 12r, Zeile 7 im Melisma über *mihi*: hier wurde bei steigender Tonfolge die eckige Clivis gewählt. Möglicherweise spielten hier Platzgründe eine Rolle.
[22] J. Smits v. Waesberghe 1976, 109.
[23] De Loos 1996, 159.

nicht, daraus Rückschlüsse auf eine möglicherweise abweichende
Notationstradition abzuleiten.

Der Pes wurde nur in eckiger Form geschrieben. Er besteht aus
einem Punctum und einer Virga, die unterschiedlich nahe beieinander stehen können. Vereinzelt tritt eine Form des Pes auf, die an
die 'Virga mit Punctum' erinnert, eine Sonderform der Virga, die
ebenfalls die Funktion eines Einzeltons erfüllt.[24] Sie findet sich als
alleinstehende Neumenform bei den linienlosen Neumen der von
De Loos untersuchten Bamberger Handschriften des 13. Jahrhunderts, nicht jedoch bei den von ihr untersuchten niederländischen
Handschriften.[25] In *Utrecht 16 H 34* ist diese Neumenform eine Sonderform des Pes, nicht der Virga. Das ist aus konkordanten Quellen
ersichtlich, die an den fraglichen Stellen einen Pes zeigen.

Der Torculus besteht aus einem Punctum und einer runden
Clivis. Er erscheint sowohl in einer verbundenen Form, bei der das erste Punctum-förmige Neumenelement fest an dem anschließenden
Schaft angebracht ist,[26] als auch in einer unverbundenen Form, bei
der das erste Element von dem Rest der Neume gelöst ist.[27] Zwischen
den beiden Formen war kein Funktionsunterschied feststellbar.

Der Porrectus besteht aus einer meist runden Clivis[28] mit daran angesetzter Virga. Er wurde manchmal in verbundener Form geschrieben, bei der der Übergang zwischen Clivis und Virga nicht zu
sehen ist. Oft verstand der Notator jedoch auch die Form des Porrectus nicht mehr als eine Einheit, sondern unterschied die Elemente
Clivis und Virga. In solchen Fällen konnte die Schlußvirga auf unterschiedlicher Höhe an der vorangehenden Clivis angebracht werden.[29]

Wie zu erwarten war, sind Zierneumen in dieser späten Handschrift nicht häufig zu finden. Sie erscheinen vor allem in Responsorien als Quilismata[30] und Liqueszenzen,[31] vereinzelt auch als Bistrophae in den Tropen der dritten Lage, andere Gesänge sind weniger
verziert. Die Quilismata wurden vor allem als Quilisma-Pes notiert,
ein vorangehendes Punctum erscheint selten. Liqueszenzen in absteigender Tonfolge haben die Form von Apostrophen, die an Neu-

---

[24] Beispielsweise fol. 5v, Zeile 6: appa*r*uisti.
[25] De Loos 1996, 54f.
[26] Fol. 7r, Zeile 1: *pr*ole.
[27] Fol. 7v, Zeile 7: *ma*net.
[28] Vereinzelt wird das erste Element auch von einer eckigen Clivis gebildet.
[29] Fol. 43v, Zeile 2: por*tus*.
[30] Fol. 14r Zeile 3: *te*. Fol. 6r, Zeile 6: *to*nitrui. Fol. 52r, Zeile 7: cunc*tus*, exquisi*ta*.
[31] Fol. 14r, Zeile 2: peniten*do*. Fol. 47v, Zeile 7: fugi*ens*.

men angehängt worden sind. Liqueszenzen in aufsteigender Tonfolge sind seltener und haben eine Plica-ähnliche Form.[32] Eine zweifelhafte Art liqueszierender Zusätze in der Form kleiner an die Neumen angehängter Kommata sind bei manchen Versenden in Lage 3 anzutreffen. Sie wurden nicht ganz konsequent angebracht und haben an gehäuft vorkommenden Stellen möglicherweise eine textbezogene Funktion.[33] So zeigen beide Stimmen des Tropus *In supernia celorum curia* an den Versenden solche liqueszenzartige Zusätze, die in anderer, meist hellerer, Tintenfarbe geschrieben sind als die Neumen, zu denen sie gehören. Sie wurden also unabhängig vom eigentlichen Notationsvorgang in einem zweiten Durchgang notiert.

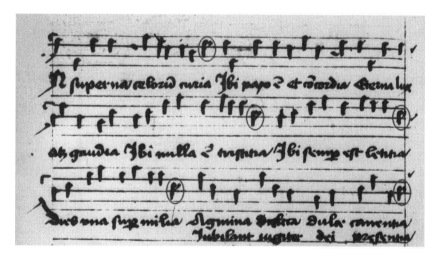

Beginn *In superna*, Duplum, fol. 53v

Die Häufigkeit und Regelmäßigkeit dieser liqueszenzartig anmutenden Zusätze deuten weniger auf eine musikalische als vielmehr auf eine optische Funktion. Doch müßte diese Theorie in einem breiteren Kontext untersucht werden.

Regelmäßig, wenn auch nicht konsequent, sind in diesen Handschriftenteilen Divisionsstriche zur Markierung von Silbeneinheiten und Worteinheiten angebracht. Sie sollten dann die Koordination von Text und Neumen verdeutlichen. Auch die formale Trennung

---

[32] Fol. 14r, Zeile 1: *il*lam. Der Terminus *Plica* wird von Theoretikern ab dem 13. Jahrhundert für die älteren Bezeichnungen *epiphonus* und *cephalicus* verwendet. D. Hiley, Art. "Plica" in: New Grove 19, 924–926.

[33] Fol. 53v und 54r.

zwischen Teilen liturgischer Gesänge (beispielsweise die Wiederholung der Repetenda in Responsorien oder der Übergang zwischen
Tropus und Choral in Tropen) ist mit Hilfe von Divisionsstrichen
angegeben.

Wiederholt sind *fa*-Akzidentien angegeben:

Einmal erscheint auch eine *mi*-Akzidenz:[34]

Die Schriftachse der Neumengruppen ist wie in deutschen Neumennotationen schräg aufsteigend und schräg abfallend, doch wurde sie
dem Platzbedürfnis des Notators angepaßt. Sie ist in der Handschrift
Utrecht 16 H 34 weniger konstant, als Corbin dies bei älteren Quellen
festgestellt hat.[35] Je weniger Raum für die Notation vorhanden war,
desto steiler wurden die Neumengruppen in Aufstieg und Abstieg
geschrieben. Umgekehrt erscheint bei großzügiger Raumverteilung
die Achse in beiden Richtungen beinahe horizontal.[36]

Die Neumen wurden auf Systemen von vier Linien geschrieben,
in den Lagen 1.2 und 3 wurden am Anfang jedes Systems zwei Schlüsselbuchstaben notiert: Für den hohen Tonraum *f*-Spatium und *c*-
Linie, für den mittleren Tonraum *c*-Linie und *f*-Linie, für den tiefen
Tonraum *f*-Linie und *c*-Spatium. In Lage 6 ist oft nur ein *f*-Schlüssel
angegeben. Kustoden erscheinen in Lage 1.2 und 3 durchgehend, in
Lage 6 sind sie auf die ersten beiden Zeilen mit Notation auf fol. 91r
beschränkt.

---

[34] Fol. 6v: *Vox tonitrui tui*: Zeile 1: *qui*.
[35] Zur Bedeutung der Schriftachse in Verbindung mit Notationskonventionen:
Corbin 1979, 3.10f.
[36] Fol. 53r, Zeile 6–7: *salutis*.

b. *Die Neumen der Lage 7*

Neumentabelle der Lage 7

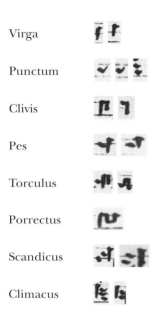

Virga	
Punctum	
Clivis	
Pes	
Torculus	
Porrectus	
Scandicus	
Climacus	

Diese Lage wurde wie die sechste nur teilweise beschrieben und notiert. Ihre Notation bildet daher eigentlich eine zu schmale Basis für
Notationsuntersuchungen mit dem Ziel schlüssiger Ergebnisse. Im
allgemeinen weisen die Neumen auch dieser Lage die bereits angeführten Kennzeichen auf. Doch lassen sich ein paar Besonderheiten
feststellen, die diese Lage von den anderen neumierten Handschriftenteilen unterscheiden.

Als Einzelzeichen wurde nahezu ausschließlich die Virga verwendet. Ihr Kopf weist in den meisten Fällen nach rechts. Das Punctum
tritt als Einzelzeichen nur ausnahmsweise in Erscheinung, und zwar
als hakenförmiger Tiefton.[37] In Ligaturen wurde das Punctum kleiner geschrieben.

Für die Clivis wurde die runde Form gebraucht, nur einmal
wurde eine eckige Clivis geschrieben.[38]

---

[37] Fol. 113r: Zeile 7: si*ne*, munda*uit*.
[38] Fol. 108r, Notenzeile 3: quic*quid*. Auch hier wurde die eckige Clivis möglicherweise nur aus Platzmangel gewählt, da der Notator wegen der Oberlänge des Buchstabens *d* für die zwei Schäfte der runden Clivis keinen Raum hatte.

Torculus und Porrectus sind nur in verbundener Form vertreten, nicht in Einzelelemente aufgelöst. Der Pes dagegen wurde sowohl in verbundener als auch in einer in Einzelelemente aufgelösten Form geschrieben.[39]

Zierneumen und Akzidentien wurden in dieser Lage nicht geschrieben. Kustoden sind oft, aber nicht durchgehend angebracht.

Die Schriftrichtung variiert. Steht genügend Raum zur Verfügung, so sind Aufstieg und Abstieg schräg, doch können die Neumen bei Platzmangel im Abstieg auch senkrecht untereinander stehen. Der Aufstieg ist durchgehend schräg.

c. *Die Neumen der Lagen 8 und 9*

Neumentabelle der Lagen 8 und 9

Virga

Punctum

Clivis

Pes

Torculus

Porrectus

Scandicus

Climacus

Bistropha

Liqueszenz

---

[39] Fol. 111r, Zeile 5: *di*ligam: aufgelöste Form; Fol. 111r, Zeile 4: *ca*stis: verbundene Form.

Die Neumen dieses Handschriftenteils sind wesentlich konstanter geformt als die der übrigen Lagen mit Neumen. Die Neumenelemente sind stärker gebrochen.

Als Zeichen für den Einzelton wurde auch hier in erster Linie die Virga verwendet. In viel geringerem Umfang ist das isolierte Punctum anzutreffen. Alleinstehende und ligierte Puncta werden in der Form nicht unterschieden, beide sind rautenförmig geschrieben.

Die Clivis begegnet meist in runder Form, die eckige Clivis tritt alleinstehend nur vereinzelt in Erscheinung,[40] häufiger dagegen in Kombination mit einer runden Clivis.[41] Dem Notenbild ist nicht zu entnehmen, ob damit eine Pressus-Ausführung beabsichtigt war.

Der Pes wurde wie in den anderen Lagen als Kombination von Punctum und Virga geschrieben. Die Einzelelemente stehen immer dicht nebeneinander. Das gilt auch für die Schreibweise des Torculus und des Porrectus.

An Zierneumen finden sich vor allem Liqueszenzen in aufsteigender Melodie in einer Plica-ähnlichen Form[42] und Bistrophae.[43]

Vereinzelt stehen *fa*-Akzidentien (♭).

Es wurden die gleichen Schlüsselbuchstaben verwendet wie in den anderen Lagen. Kustoden sind nicht konsequent angebracht.

4. *"Kursive" Neumen?*

Ein bis auf die Lagen 8 und 9 allen neumierten Teilen der Handschrift *Utrecht 16 H 34* gemeinsames Notationsmerkmal ist die erhebliche Variationsbreite, in der die einzelnen Neumenformen aufgezeichnet sind. B. Stäblein sah in dieser Entwicklung der gotischen Choralnotation eine Parallele zu der zunehmenden Kursivierung der Textschrift.[44] Er meinte diese Notation vor allem bei deutschen Liederhandschriften des ausgehenden Mittelalters, die nicht von Berufsschreibern hergestellt worden waren, beobachten zu können.[45] Im folgenden wollen wir uns den Kennzeichen dieser Gebrauchsnotation näher zuwenden.

---

[40] Fol. 130r, Zeile 5: sto*las*.

[41] Fol. 128v, Zeile 2: *bap*tista.

[42] Fol. 126r, Zeile 3: *In*.

[43] Fol. 123r, Zeile 1: *se*cula. Fol. 126v, Zeile 3: *ortus*.

[44] Stäblein 1975, 68: "Die paläographische Variantenbreite innerhalb der beiden Schriftarten ist wesentlich größer als bei der Quadratnotation, besonders seit sich, parallel zur (im übrigen schwer lesbaren) gotischen Kursive (der "notula") auch in der Notenschrift etwas Ähnliches gebildet hatte."

[45] Stäblein 1975, 68 Anm. 683.

a. *Die Auflösung der Neumen in Basiselemente*

Die Variabilität der Neumenformen in den Lagen 1.2, 3, 6 und 7
ist vor allem bei Pes, Torculus und Porrectus feststellbar. Die anderen mehrtönigen Neumen, nämlich Clivis, Scandicus und Climacus,
sind im wesentlichen konstant. Pes, Torculus und Porrectus erscheinen nicht nur, wie in älteren Neumennotationen, in ein oder zwei
Formen, sondern in einem breiten Spektrum möglicher Aufzeichnungen, das von einer deutlich erkennbaren Einheit bis hin zur Auflösung in die voneinander abgelösten Grundelemente Punctum und
Virga reicht. Die spezifische Variabilität der Formen läßt sich folgendermaßen beschreiben:

– Der Kopf der Virga kann sowohl nach rechts als auch nach links
   gerichtet sein.[46]
– Pes, Torculus und Porrectus sind Kombinationen aus Punctum,
   Virga und Clivis. Diese Spaltung der Neumen in Einzelelemente
   findet sich auch in anderen jüngeren deutschen und niederländischen Quellen.[47] Sie kann daher unabhängig vom Schriftgrad
   als Kennzeichen später Neumen gelten. Während diese Neumen jedoch in den Lagen 8 und 9 wie in liturgischen Handschriften des 15. und 16. Jahrhunderts auch mit abgespaltenen
   Grundelementen optisch weiterhin eine Einheit bilden, verlieren die Einzelelemente in den Handschriftenteilen 1.2, 3, 6
   und 7 in vielen Fällen ihren Zusammenhang. Manchmal, nicht
   konsequent, ist noch eine durchgezogene Luftlinie zu beobachten, die die verschiedenen Elemente miteinander verbindet. Verbundene und unverbundenen Neumenformen stehen nebeneinander, wobei keine Unterschiede in der Funktion verbundener und unverbundener Formen festgestellt werden konnten.
– Auch die Gruppierung der Neumen geschieht nicht in konsequenter Weise. In Melismen können beispielsweise zwei Torculi
   oder ein Torculus, ein Porrectus und mehrere Puncta zu einem
   größeren Neumenkomplex aneinander gehängt werden.[48]

---

[46] Zu diesem Typus der Virga vgl. Corbin 1979, 3.63.
[47] Als Vergleichsmaterial dienten die Handschriftenfragmente der Abtei von Berne (De Loos 1990/91), die Facsimilia der Braunschweiger Meßgesangbücher aus
dem 14. Jahrhundert in Härting 1968, die Notation der Zutphener Antiphonare
(De Loos 1995/96, 92–96) und das Antiphonar *Den Haag 68 A 1.*
[48] Fol. 7v, Zeile 2: effici*a*mur. Fol. 8r, Zeile 5: *cei*tat.

– Die Schriftachse ist den Erfordernissen des zur Verfügung stehenden Raumes angepaßt. Vor allem in absteigender Tonfolge kann die Achse von senkrecht bis beinahe waagerecht variieren.

b. *Ansatz- und Absetzstriche*

Unabhängig von der Variabilität der Form ist die Schreibweise der einzelnen Neumen ebenfalls uneinheitlich. So zeigt das Punctum nicht nur zwei Grundformen, nämlich eine längere, tractulusähnliche für das alleinstehende Punctum und eine kleinere und rundere Form für die Kombination mit anderen Neumen, sondern darüber hinaus zahlreiche andere Formen ohne erkennbare melodische Funktion. Für diese Formenvielfalt ist die flüchtige Schreibweise der Notatoren verantwortlich, dank derer regelmäßig Ansatz- und Absetzstriche sowie Verbindungsstriche zwischen den Neumen und einzelnen Neumenelementen erkennbar sind. Diese Striche können mit liqueszierenden Zusätzen verwechselt werden.[49]

Auffallend sind beispielsweise liqueszenzartige Striche zu Beginn mancher runden Clivis. Dabei handelt es sich wohl um eine Schreibeigentümlichkeit der Notatoren, denn diese Striche wurden nicht extra angesetzt, sondern geht in einer Bewegung in den Schaft über. Außerdem hatte diese Schreibweise offensichtlich keine melodische Funktion.

c. *Zum Charakter der Kursivierung*

Auffallenderweise sind flüchtige Notationsweise, Formenvielfalt und Luftlinien nur in denjenigen Handschriftenteilen der Handschrift *Utrecht 16 H 34* in erheblichem Maße feststellbar, deren Texte in kursiver Schrift geschrieben sind. Die Lagen 8 und 9, deren Texte in *littera hybrida* erscheinen, zeigen diese Kennzeichen in weit geringerem Maß. Das Schriftbild der Notation dieser Lagen ist vergleichbar mit dem der Zutphener Antiphonare aus der St. Walburgskerk, die ebenfalls im 15. Jahrhundert mit einem Text in *littera hybrida* geschrieben wurden. Ich vermute daher, daß zwischen dem Schriftgrad des Texts

---

[49] Besonders ausgeprägt sind diese Striche in Lage 3.

und dem Schriftgrad der Notation ein Zusammenhang besteht. Meine Hypothese wird gestützt von den Untersuchungen J. Szendreis zur kursiven Form ungarischer Neumen des 15. und 16. Jahrhunderts und von der bereits genannten Bemerkung Stäbleins über die Notation deutscher Liederhandschriften des späten Mittelalters.[50] Die Merkmale dieser Notation, die nach meinen Beobachtungen auch für die Notation in Handschrift *Utrecht 16 H 34* gelten, faßt Szendrei folgendermaßen zusammen: "Die Neumen haben in einer derart geregelten Kurrentschrift nur funktionale Bedeutung; ihrer Zeichnung geht alles Dekorative vollkommen ab. Das Notenbild trägt sämtliche Spuren der Zufälligkeiten der Handbewegung, da der Notator nicht nach Stilisierung trachtet. [...] Die Maße kommen besonders im Vergleich zu dem größeren Format der Codices als klein vor [...] und sind für das Lesen aus der Nähe bestimmt."[51] Diese kursive ungarische Neumenschrift wurde zunächst mit kursiv geschriebenen Texten kombiniert, bevor sie im 16. Jahrhundert auch in repräsentative Codices Eingang fand.[52]

Die Kennzeichen kursiver Notation stimmen überein mit Kennzeichen der *littera cursiva*: auch diese zeigt vielfältig variierte Buchstabenformen und zahlreiche Ansatz- und Absetzstriche sowie Verbindungsstriche in der Form von Schlaufen an Ober- und Unterlängen.[53] Diese Kennzeichen unterscheiden sie von den stärker stilisierten hybriden Schriftformen. In dieser Hinsicht kann die Notation der Lagen 1.2, 3, 6 und 7 in meinen Augen zurecht als *kursive Neumenschrift* bezeichnet werden. Im Gegensatz zur Schrift, bei der in hybrider und kursiver Schrift zum Teil unterschiedliche Buchstabenformen geschrieben werden, können in der Notation jedoch keine Unterschiede in den Formen kursiver und anderer Neumen festgestellt werden. Beide bedienen sich derselben Grundformen, nur der Duktus und die Variabilität der Formen sind verschieden. Die *littera cursiva* dagegen unterscheidet sich von der *littera hybrida* und der *littera textualis* nicht nur im Duktus, sondern auch in einzelnen Buchstabenformen. Dennoch scheint es mir aus mehreren Gründen sinnvoll zu sein, von kursiver Neumenschrift zu sprechen. Zum einen tritt sie immer in Verbindung mir kursiver Schrift auf, zum anderen eignet sich der Terminus zur Charakterisierung spezifischer Probleme

---

[50] Zitat S. 61 Anm. 44.

[51] Szendrei 1988, 170.

[52] Die zahlreichen Facsimileproben, die Szendrei ihrer Publikation beifügte, lassen die Entwicklung im Schriftgrad der Texte gut erkennen.

[53] Zur kursiven Schrift siehe Bischoff 1986, 175–186.

dieser Notationsform, die mit Mitteln der an repräsentativen Handschriften des hohen Mittelalters ausgerichteten musikpaläographischen Beschreibung nur unzureichend erfaßt werden können.

Da alle Handschriftenteile von jeweils einer Hand geschrieben und notiert sind,[54] Schreiber und Notator aller Wahrscheinlichkeit nach jeweils identisch waren, liegt eine Übereinstimmung der Notation und der Schrift im Schriftgrad nahe. Die von Szendrei festgestellten unterschiedlichen Schriftgrade der ungarischen Notation des 15. und 16. Jahrhunderts können also auch für die niederländischen Neumen des späten Mittelalters konstatiert werden.[55] Eine eingehendere Analyse später Neumennotationen könnte erweisen, ob eine Kursivierung auch in anderen Neumenfamilien feststellbar ist.

2. Mensurale Aufzeichnungen

Von den 121 Gesängen in *Utrecht 16 H 34* sind 24 mensural notiert.[56] Sie stehen vor allem in der vierten und fünften Lage. Außerdem finden sich in Lage 6 ein mensural notierter Refrain *Alleluya* zu einem Osterlied und je ein nachgetragenes, mensural notiertes Weihnachtslied am Ende der Lagen 3 und 7. Bis auf das einstimmige Weihnachtslied *En trinitatis speculum* sind alle mensuralen Gesänge zwei- oder dreistimmig. 22 Gesänge sind Weihnachtslieder, dazu kommen der oben genannte Refrain *Alleluya* zum Osterlied *Surrexit christus* in Lage 6 und die 90 Strophen umfassende Passionsmeditation *Philomena preuia* in Lage 5, deren inhaltliche Aussagen auch das Weihnachtsgeschehen umfassen, insgesamt jedoch darüber hinausgehen.

Während die Neumennotation in der Handschrift *Utrecht 16 H 34* keine Anweisungen für eine Rhythmisierung enthält,[57] gibt die Mensuralnotation ziemlich detailliert Aufschluß darüber, wie No-

---

[54] Nicht berücksichtigt sind dabei die Nachträge in den Lagen 3, 6 und 7.

[55] Es wäre sogar zu überlegen, ob eine solche Unterscheidung des Notationsgrads auch für mensurale Notation gelten kann. Das am Ende der siebten Lage nachgetragene Lied *Puer natus est hodie* jedenfalls kombiniert eine auffallend flüchtige mensurale Notation mit einem stark kursiv geschriebenen Text.

[56] Eine Einführung in die Mensuralnotation gibt Apel 1970. Siehe auch M. Bent, Art. "Notation §III, 3" in: New Grove 18, 129–140; L. Lütteken, Art. "Notation VI. Mensuralnotation" in: MGG, Sachteil 7, 323–339.

[57] Mit der Handschrift *Utrecht 16 H 34* inhaltlich vergleichbare Liedsammlungen des 15. Jahrhunderts wie beispielsweise *Berlin 8° 190* oder *Wien 12875* bemühten sich um eine rhythmische Verdeutlichung der Neumennotation, indem sie die Neumen mit Elementen der Mensuralnotation verbanden. Siehe Husmann 1953; Bruning 1963, XXVIIIff; Stäblein 1975, 69; Jammers 1979, 4.106.

tenwerte unterteilt werden sollen. Die mensurale Notation der *ars
nova*[58] kannte vier Notenwerte: Longa, Brevis, Semibrevis und Minima. Jeder dieser Werte konnte in zwei oder drei Einheiten unterteilt
werden. Das rhythmische Verhältnis zwischen zwei aufeinanderfol-
genden Notenwerten wurde durch die Angabe dieser Unterteilung
geregelt. Daraus ergibt sich eine kompliziertes Unterteilungssystem
auf mehreren Ebenen.

Dank der rhythmisch unkomplizierten, oft syllabischen Deklamation der Lieder ist die mensurale Notation unserer Handschrift
auf zwei rhythmische Ebenen beschränkt. Sie macht auch keinen Gebrauch von Kolorierung. Meist ist das Verhältnis zwischen Brevis und
Semibrevis (tempus) und zwischen Semibrevis und Minima (prolatio) wiedergegeben. Nur in zwei Fällen ist die Beziehung zwischen
Longa und Brevis (*modus*) angegeben.[59]

Im Gegensatz zu Schreibern anderer Handschriften aus Kreisen
der Devotio moderna waren die Notatoren in der Handschrift *Utrecht
16 H 34* bestrebt, rein mensural notierte Sätze aufzuschreiben und
keine Mischung aus Neumen und mensuralen Elementen.[60]

Ich werde die mensuralen Aufzeichnungen in *Utrecht 16 H 34*
unter mehreren Gesichtspunkten behandeln. Zuerst werde ich auf
die Verteilung der Mensuren eingehen, sodann auf einige charak-
teristische Notationskonventionen vor allem bei der Schreibweise
von Ligaturen und im weiteren auf die dieser Notationsart möglicherweise zugrunde liegende Intention der Notatoren sowie auf die
Verbindung zu Neumennotation und Strichnotation.

1. *Verteilung der Mensuren*

Kennzeichnend für die mensural notierten Lieder der Handschrift
ist eine meist relativ geringe rhythmische Differenzierung. In vielen Fällen sind nur zwei Notenwerte realisiert, manchmal basiert der
Rhythmus sogar weitgehend auf einem Wert. Die bescheidene Art
der rhythmischen Unterteilung ergab sich aus der einfachen Konzeption der mehrstimmigen Lieder.[61] Diese großenteils syllabisch oder
beinahe syllabisch konzipierten Lieder bewegen sich in einem vor-

---

[58] Als Einführung siehe K. Kuegle, Art. "Ars nova-ars subtilior", in: MGG, Sachteil
1, 877–892; D. Fallows, Art. "Ars nova" in: New Grove 2, 80–81.
[59] *Puer nobis nascitur* fol. 54v (Ed. Nr. 66) und *Puer natus in bethleem* fol. 57r (Ed.
Nr. 71).
[60] Siehe Anm. 57.
[61] Darauf gehe ich in Kapitel V näher ein.

wiegend binären Rhythmus. Zwei mensurale Ebenen reichten für diese Musik aus. Ob eine Zuweisung der Aufzeichnungen zu einer bestimmten Mensur überhaupt sinnvoll ist, wenn rhythmisch nur zwei, höchstens drei Werte unterschieden werden, ist fraglich. Dennoch will ich eine solche Übersicht geben, um einen Überblick über Strukturarten zu bekommen. Diese Übersicht bezieht sich auf die Mensur des Cantus. Das Duplum weicht stellenweise von der Mensur des Cantus ab und zeigt eine deutlichere Tendenz zu einem imperfekten Rhythmus.

In der Handschrift vorkommende Mensuren sind: *modus imperfectus* (m. imp.), *tempus perfectum* (t. perf.), *tempus imperfectum* (t. imp.), *prolatio maior* (p. mai.) und *prolatio minor* (p. min.).

Folio	Incipit		Mensur		Mensurzeichen
54v	Puer nobis nascitur	m.imp	t. perf.	(p. min)	
55r	Puer nobis nascitur		t. imp.	p. mai.	
55r	En trinitatis speculum		t. imp.	p. mai.	
55v	Dies est letitie in ortu		t. imp.	p. mai.	
56v	Puer natus in bethleem		t. perf.	p. min.	
57r	Puer natus in bethleem	m. imp.	t. perf.	(p. min.)	
57v	Exulta terra mare sol		t. imp.	[p. mai.]	
59r	Iesu dulcis memoria		t. imp.	[p. mai.]	
59v	Verbum caro/ In hoc anni		t. imp.	p. mai.	3
60v	Iubilemus singuli		t. imp.	p. min.	
61v	In dulci iubilo		[t. perf.]	p. min.	
62v	Gaudeamus in domino		[t. perf.]	p. min.	
63r	Nunc exultando pariter		(t. imp.)	[p. mai.]	
63v	Ioseph ginck		t. imp.	p. min.	
64v	Met desen nyen iare	m. imp.	t. imp.	(p. min.)	¢
65v	Vniuersalis ecclesia		[t. perf.]	[p. min.]	⊕
71r	Dies est leticie nam processit		(t. imp.)	(p. mai.)	
71v	Peperit virginitas		t. imp.	p. min.	
72v	Grates nunc omnes		t. imp.	p. mai.	
73v	Cum iam esset		t. imp	p. min.	
74v	Aue iesu paruule		t. imp.	p. mai.	
77v	Philomena preuia		t. imp	p. min	
93r	Alleluya		t. imp.	p. mai.	
121v	Puer natus est hodie		t. imp.	p. min.	○ ?

( ): Mensurebene tritt kaum in Erscheinung
[ ]: Eindeutige Zuordnung zu einer Mensur problematisch

Bis auf vier Ausnahmen fehlen Mensurzeichen zu Beginn der Lieder. In den meisten Fällen läßt sich die Mensur jedoch aus der Gruppierung der Noten oder aus dem Textrhythmus erschließen. In *Dies est leticie nam processit* wurden nahezu ausschließlich Semibreves geschrieben. Dank der weitgehend syllabischen Deklamation kann die zugrundeliegende Mensur aus dem Text erschlossen werden: den vier rhythmischen Akzenten jedes Verses entspricht ein *tempus imperfectum.* Die Unterteilung der Semibrevis an einer Stelle weist auf eine *prolatio maior,* die aber wenig zum Tragen kommt.[62]

Für 21 Gesänge bildet die Semibrevis die Deklamationseinheit, sie sind daher auf tempus-Ebene notiert. Dabei ist eine deutliche Vorliebe für den imperfekten Rhythmus feststellbar: zwei Gesänge sind im *tempus perfectum* und 19 im *tempus imperfectum* geschrieben. In zehn Fällen ist das *tempus imperfectum* mit *prolatio maior* und in neun Fällen mit *prolatio minor* verbunden. Die beiden Gesänge im *tempus perfectum* sind mit *prolatio minor* verbunden. Bei drei Gesängen bildet die Brevis die Basis für die Deklamation. Diese sind im *modus imperfectus* notiert. Zwei dieser Gesänge verbinden damit ein *tempus perfectum, Met desen nyen iare* ein *tempus imperfectum.*

2. *Die Mensurzeichen*

Die meisten Gesänge der Handschrift weisen keine Mensurzeichen auf. Nur in drei Gesängen der Lage 4 wurde zu Beginn des Duplum ein Mensurzeichen geschrieben, ein fragwürdiges Mensurzeichen steht zu Beginn beider Stimmen des Nachtrags in Lage 7:

Verbum caro/ In hoc anni, fol. 59v

Met desen nyen iare, fol. 64v

Vniuersalis ecclesia, fol. 65v

Puer natus est hodie, fol. 121v

---

[62] Ed. Nr. 84: *virgula de* flore.

Diese Mensurzeichen werfen eine Reihe von Fragen auf: warum wurden gerade bei diesen Liedern Mensurzeichen geschrieben? Warum nur in einer Stimme? Warum gerade diese Zeichen? Fragen, die nicht eindeutig beantwortet werden konnten. Meine Überlegungen zu diesen Zeichen will ich im folgenden darlegen.

Obwohl die Mensurzeichen in drei Fällen nur zu Beginn des Duplum geschrieben wurden, müssen sie doch für jeweils beide Stimmen Geltung gehabt haben, da diese sonst nicht miteinander hätten koordiniert werden können.[63] Die Mensurzeichen der vier eben genannten Lieder werde ich nun näher betrachten.

a. Vniuersalis ecclesia

Das Mensurzeichen dieses Lieds ist ein durchgestrichener Kreis. Dieses Zeichen wird in Quellen des 16. Jahrhunderts häufig als Hinweis auf die *proportio dupla* des *tempus perfectum* gebraucht. Es gibt eigentlich an, daß ein Stück doppelt so schnell ausgeführt werden soll, wie es geschrieben ist.[64] *Vniuersalis ecclesia* ist jedoch bereits im *tempus perfectum* mit *prolatio minor* notiert. Die rhythmischen Unterteilungen reichen bis zur Ebene der Minima. Ein doppeltes Tempo wäre wenig sinnvoll und würde auch den Rahmen des Tempos sprengen, in dem die Weihnachtslieder in der Handschrift *Utrecht 16 H 34* im allgemeinen geschrieben sind. Das Zeichen des *tempus perfectum diminutum* muß hier also mit einem anderen Ziel als dem der *proportio dupla* verwendet worden sein.

Tatsächlich läßt dieses Zeichen, wie M. Bent ausführte, in Quellen aus der Zeit vor 1430 mehrere Interpretationsmöglichkeiten zu.[65] Dafür ist vor allem wichtig, daß das Zeichen aus zwei Elementen besteht, dem Kreis und dem Strich. Beide Elemente konnten vor 1430 unabhängig von einander verstanden werden und hatten eine jeweils andere Funktion. Die Bedeutung des Zeichens für das *tempus perfectum*, ein Kreis, blieb konstant. Die Bedeutung des Strichs dagegen variierte und konnte, den Beobachtungen Bents zufolge, sogar, unabhängig von der Mensur, einfach nur einen Stimmenwechsel sig-

---

[63] Zum Vergleich: In der Handschrift *Brüssel II 270* erscheinen die Mensurzeichen zu Beginn jeder Stimme, auch weisen alle mensural notierten Lieder Mensurzeichen auf. Siehe Van Dongen 2002, 64–106. Die Handschrift *Berlin 8° 190* verzeichnet Mensurzeichen ebenfalls nur sporadisch.

[64] Siehe Apel 1970, 158.

[65] Bent 1996, 202f.

nalisieren.[66] In vielen Fällen bedeutete der durchgestrichene Kreis mensural dasselbe wie der Kreis ohne Strich.[67] Das könnte auch bei *Vniuersalis ecclesia* der Fall gewesen sein, auch wenn die vierte Lage wesentlich später zu datieren ist als die von Bent angeführten Quellen.

Dennoch erhebt sich die Frage, warum der Notator in diesem Lied überhaupt ein *tempus perfectum* vorschreiben wollte. In der Notation von *Vniuersalis ecclesia* ist eine Gruppierung von je sechs Semibreves bzw. deren Unterteilungen in Minimae und Semiminime erkennbar. Jede Gruppe wird durch eine Brevis oder eine Semibrevis mit Fermate abgeschlossen. Eine Folge von sechs Semibreves ist jedoch rhythmisch gesehen nicht eindeutig unterteilbar. Sie können als zweimal drei Semibreves gruppiert werden, was dem *tempus imperfectum* entspricht, oder als dreimal zwei Semibreves im *tempus perfectum*. Da der Satz nicht rein syllabisch ist, wird die Mensur auch nicht durch den Text verdeutlicht. Die prolatio ist aus der Aufzeichnung ersichtlich, da im melodischen Verlauf mehrfach vier Minimae auf derselben Tonhöhe gruppiert sind, was eindeutig auf eine *prolatio minor* weist. Das tempus dagegen ist nicht auf den ersten Blick erkennbar. Möglicherweise hatte das Mensurzeichen also die Funktion, zu Beginn des Duplum das tempus zu verdeutlichen. Dabei spielte der Strich durch den Kreis, ähnlich wie bei einigen älteren Quellen, offenbar für die Mensur keine Rolle.

b. Verbum caro/ In hoc anni circulo

Zu Beginn des Duplum dieses Liedes steht als Mensurzeichen die Ziffer 3. Diese 3 gibt die Unterteilung eines Wertes in drei Einheiten an. Meist bezieht sich diese Unterteilung auf die Semibrevis, manchmal auch auf die Brevis.[68] In *Verbum caro* bezieht sich das Mensurzeichen auf die Unterteilung der Semibrevis in drei Minimae, da das Lied im *tempus imperfectum cum prolatione maiore* notiert wurde.

Da diese Unterteilung jedoch problemlos aus der Notation selbst abzuleiten ist, ist undeutlich, warum der Notator zu Beginn des Duplum ein Mensurzeichen notierte. Zur Unterscheidung von vorangehenden oder nachfolgenden Liedern kann das Zeichen ebensowenig gedient haben, da auch die beiden direkt vorangehenden Lieder im *tempus imperfectum cum prolatione maiore* geschrieben sind.

---

[66] Bent führt als Beispiel hierfür ein Credo von Gilles Binchois in der Handschrift *Cambrai 11* an (Bent 1996, 212f).

[67] Bent 1996, 213.

[68] M. Bent, Art. "Notation, §III.3" in: New Grove 18, 136. Apel 1970, 168f.

c. Met desen nyen iare

Met desen nyen iare zeigt zu Beginn des Duplum ein Mensurzeichen in der Form eines durchgestrichenen Halbkreises. Dieses Zeichen kann verschieden interpretiert werden.

Man kann darin einen Hinweis für die *proportio dupla* des *tempus imperfectum* sehen.[69] Im vorliegenden Fall wäre es tatsächlich denkbar, daß das Mensurzeichen auf eine Verdoppelung des Tempos weist. Im Gegensatz zu den beiden bereits besprochenen Liedern sind die Töne hier nämlich, bis auf wenige Minimae, vorwiegend durch Breves und Semibreves wiedergegeben. Die Mensur ist ein *modus imperfectus* mit *tempus imperfectum* und *prolatio minor*. In diesem Lied wird also, im Gegensatz zu den meisten anderen in der Handschrift *Utrecht 16 H 34*, mehr als eine Mensurebene gebraucht, um das Verhältnis der Notenwerte zueinander deutlich zu machen. Die meisten Lieder beschränken sich, wie schon gesagt, auf das Verhältnis zwischen zwei rhythmischen Werten. Möglicherweise sah der Notator in der Darstellung mehrerer Mensurebenen ein Problem, dem er durch das Mensurzeichen für die *proportio dupla* gerecht werden wollte. Er hätte auch das ganze Lied von vornherein im *tempus imperfectum* schreiben können, doch hätte er dann eine Reihe von Semiminimae notieren müssen. Vielleicht wollte er dieses Problem umgehen. Semiminimae sind ja in seinen Aufzeichnungen nicht häufig zu finden.

Die Möglichkeit, daß dieses Lied in *proportio dupla* gesungen worden sein könnte, wirft ein neues Licht auf die Ausführung auch der beiden anderen im *modus imperfectus* notierten Lieder, *Puer nobis nascitur* und *Puer natus in bethleem*. Es ist nicht ausgeschlossen, daß diese ebenfalls in der *proportio dupla* gesungen wurden, ohne daß dieses durch ein Mensurzeichen angegeben worden ist. Immerhin wurde diesen beiden Liedern jeweils eine zweite Fassung direkt vorangestellt beziehungsweise nachgestellt, die ihrerseits im *tempus perfectum* bzw. *tempus imperfectum* notiert ist.

Doch ist auch eine zweite Erklärung für das Mensurzeichen denkbar. Ähnlich wie bei *Vniuersalis ecclesia* ist auch die Aufzeichnung dieses Liedes in rhythmischer Hinsicht nicht eindeutig. Vor allem der Cantus im zweiten Teil macht durch die Abwechslung von Brevis und Semibrevis eher einen ternären Eindruck, während das Duplum binär ausgerichtet ist. Der Cantus allein kann, abgesehen vom Beginn, besser im *tempus perfectum* als im *tempus imperfectum* gesungen werden. Durch das Hinzutreten des Duplum jedoch müssen

---

[69] Apel 1970, 157f.

aus Gründen der Koordination beider Stimmen alle Breves als zwei-
teilig interpretiert werden. Dadurch geht das Lied rein notationstechnisch gesehen vom *tempus perfectum* zum *tempus imperfectum* über,
wenngleich das rhythmische Empfinden des Cantus noch immer das
eines *tempus perfectum* bleibt. Es wäre daher denkbar, daß das Mensurzeichen zu Beginn gerade des Duplum den Sänger auf das *tempus
imperfectum* hinweisen soll.[70]

d. Puer natus est hodie

Dieses in Lage 7 vermutlich von anderer Hand nachgetragene Weihnachtslied zeigt zu Beginn beider Stimmen ein rautenförmiges Zeichen, das eventuell als nachlässig geschriebener Kreis und damit als
Mensurzeichen für das *tempus perfectum cum prolatione minore* gelesen
werden kann. Doch wirft das Zeichen ein paar Fragen auf. Zum einen
ist das Lied mit wenig Sorgfalt geschrieben. Ob das rautenförmige
Zeichen als Mensurzeichen gedacht war, ist daher nicht deutlich erkennbar. Zum anderen würde das Mensurzeichen mit der tatsächlich
verwendeten Mensur, einem *tempus imperfectum cum prolatione minore*,
nicht übereinstimmen. Die Frage nach der Bedeutung der beiden
Rauten kann daher hier nicht beantwortet werden.

3. *Spezifische Merkmale der mensuralen Aufzeichnung*

a. *Notatoren*

Bei den mensuralen Einträgen der Handschrift *Utrecht 16 H 34* können vier bis fünf Hände unterschieden werden. Der Nachtrag von
Lage 3, sowie die Lieder von Lage 4 und Lage 5.1 stammen möglicherweise vom selben Notator. Doch ist nicht gesagt, daß der Eintrag
in Lage 4 und Lage 5.1 erst nach der Fertigstellung von Lage 3 be-
gann, der Nachtrag zu dieser Lage kann auch zu einem späteren
Zeitpunkt vorgenommen worden sein, beispielsweise als die beiden
Lagen zusammengefügt wurden. Lage 5.2 wurde von anderer Hand

---

[70] Auch andere Lieder der vierten und fünften Lage sind uneinheitlich mensu-
riert. Durchgehend ist im Cantus eine Vorliebe für *tempus imperfectum* feststellbar,
während die Dupla stärker zum *tempus imperfectum* neigen. Das führt zu einem metri-
schen Ungleichgewicht mit vielen Synkopierungen, bei denen nicht deutlich ist, ob
sie als solche beabsichtigt waren oder ob ungemerkt die Mensur wechselt. Beispiele
sind *Iesu dulcis memoria/ Grates nunc omnes* und *Puer natus in bethleem* (fol. 57r).

geschrieben, der Notator bedient sich teilweise anderer Konventionen als die Notatoren der Lagen 4 und 5.1.[71] Ebenfalls von anderen Notatoren stammen das mensural notierte *Alleluya* in Lage 6 und der Nachtrag in Lage 7 *Puer natus est hodie*.

b. *Die Einzelzeichen*

Alle mensuralen Einträge in der Handschrift *Utrecht 16 H 34* folgen denselben Basisprinzipien. Dazu gehört, daß keine Mischung von mensuraler Notation und Neumennotation stattfindet, die Behandlung des Auftaktproblems, der weitgehende Verzicht auf Mensurzeichen und einige spezifische Probleme mit den Ligaturen. Das erlaubt es mir, die mensuralen Einträge als eine Einheit zu behandeln. Diese Übereinstimmung der Basisprinzipien deutet darauf, daß Entstehungszeitraum und Entstehungsort der Teile mit mensuraler Aufzeichnung in der Handschrift *Utrecht 16 H 34* eng beieinander gelegen haben müssen, im Gegensatz zu den Neumenaufzeichnungen, die viel größere Abweichungen in chronologischer wie möglicherweise auch lokaler Hinsicht zeigen.[72]

Die Verwendung mensuraler Notation erlaubte den Notatoren der Weihnachtslieder, längere und kürzere Notenwerte im vorwiegend syllabischen Kontext genau wieder zu geben. Dabei ist die Aufzeichnung in vielen Fällen auf drei Notenwerte und damit auf drei Zeichen beschränkt: Ein Zeichen für lange Töne, eines für kurze Töne und eines für den Schlußton am Strophenende. Das Verhältnis von langem zu kurzem Ton beträgt dabei 2:1, das Verhältnis zum Schlußton ist unbestimmt.[73]

---

[71] Siehe S. 82.

[72] Dieser Befund bestätigt auch aus notationstechnischer Sicht die in Kapitel I gewonnenen codicologischen Ergebnisse hinsichtlich der Entstehungszeit und des Entstehungsraums dieser Handschriftenteile.

[73] Die Handschrift *Trier 322/1994*, die in schwarzer Mensuralnotation aufgezeichnet ist, verwendet ein weit größeres Spektrum an Notenwerten, nämlich von der Longa bis hin zur Fusa (Ewerhart 1955, 14). Doch ist eine Herkunft des Musikteils dieser Handschrift aus Windesheimer Kreisen nicht sicher, da sie ein Konvolut verschiedener, ursprünglich selbständiger Teile bildet. Zum Aufbau der Handschrift: Ewerhart 1955, 17f.

Puer nobis nascitur, Duplum und Beginn des Cantus, fol. 55r

Die Schlußtöne beider Stimmen sind immer als Longa notiert, innerhalb einer Strophe ist eine Longa nur bei wichtigen Verseinschnit-
ten zu finden. Immer erreichen beide Stimmen gleichzeitig diese
Longa, sie hat nirgends in einer der Stimmen die Funktion eines
Haltetons. Man kann daher mehr von einer optischen Funktion als
Schlußnote einer Strophe ausgehen als von einer realen Tonlänge.
Bedenkt man, daß in der dritten Lage Vers- und Strophenenden häufig durch liqueszenzartige Striche markiert wurden, die ihrerseits
auch keine musikalische Funktion in Form einer Liqueszenz gehabt
zu haben scheinen,[74] dann ist hier möglicherweise eine vergleichbare
Aufzeichnungssituation gegeben.

  Abhängig davon, ob in einem Gesang der Modus oder das Tempus die Grundmensur angibt, werden lange Töne durch Breves oder
Semibreves, kurze Töne durch Semibreves oder Minimae angegeben. Ab und zu tritt eine Unterteilung des kurzen Tons in der Form
von zwei Minimae beziehungsweise zwei Semiminimae auf. Die Möglichkeiten größerer rhythmischer Differenzierung der Mensuralnotation werden in den meisten Fällen nicht ausgenützt. Einige Lieder
sind sogar weitgehend mit Hilfe nur eines Notenwerts geschrieben,
beispielsweise *Dies est leticie nam processit hodie* mit Semibreves oder
Peperit virginitas und *Cum iam esset* mit Minimae.

---

[74] Siehe Abbildung S. 57.

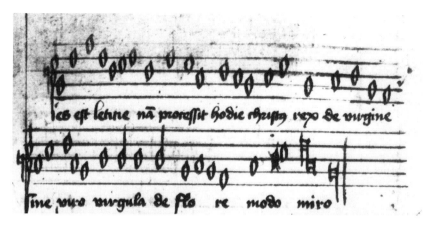

Dies est leticie nam processit hodie, Duplum, fol. 71r

Die rhythmische Differenzierung ist bei diesen beiden Liedern auf ein Minimum reduziert; sie hätten auch mit Hilfe von Neumen geschrieben werden können.

Neben einer großen Gruppe relativ einfacher mensuraler Einträge stehen in Lage 4 auch drei Lieder mit einer größeren rhythmischen Bandbreite, die ein größeres Spektrum an Notenformen verwenden:

Puer natus in bethleem	(fol. 56v)
Iubilemus singuli, Triplum	(fol. 60v)
Ioseph ginck van nazareth to bethleem	(fol. 63v/64r)

Diese Gesänge verwenden Notenlängen, die von der Semiminima bis zur Brevis reichen (die Longa bleibt der Schlußnote vorbehalten). Der Rhythmus ist wesentlich komplizierter als bei der Mehrzahl der Lieder. Bezeichnenderweise sind alle drei Lieder in dieser Fassung singulär überliefert. Diese drei Lieder nähern sich polyphonen Vorbildern des 15. Jahrhunderts an, ihre Machart bildet im devoten Repertoire eine Ausnahme.[75]

---

[75] Siehe Kapitel V, S. 229–235.

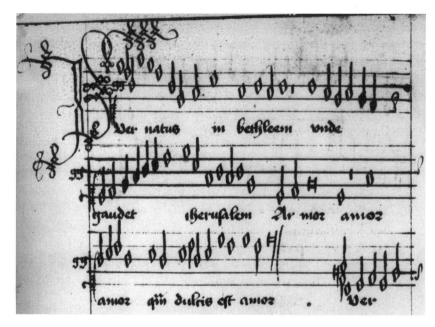

Puer natus in bethleem, Duplum, fol. 56v

c. *Ligaturen*

Außer Einzelzeichen verwendeten die Notatoren in sieben Fällen
auch Binariae, zweitönige Ligaturen.[76] Die Kombination mit der zweiten Stimme erfordert eine Interpretation als Semibreves, doch wurden sie unterschiedlich geschrieben. Vier Ligaturen erscheinen mit
nach oben gerichteter Cauda, also als *binaria cum opposita proprietate,*
bei diesen sind die rhythmischen Werte richtig angegeben. Zwei Ligaturen jedoch sind mit nach unten gerichteter Cauda, also als *binaria
cum proprietate et cum prolatione* geschrieben, was eigentlich dem rhythmischen Wert einer Brevis mit anschließender Longa entspricht.[77] Eine Binaria erscheint ohne Cauda, als *binaria sine proprietate et cum prolatione,* ihr rhythmischer Wert entspricht sogar dem zweier Longae.
Vier Ligaturen sind also den allgemein geltenden Ligaturregeln entsprechend geschrieben, drei folgen eigenen Gesetzmäßigkeiten.[78]

---

[76] Fol.56v Zeile 5, fol. 57r Zeile 1, fol. 61v Zeile 2, fol. 62r Zeile 3, fol. 62v Zeile 1,
fol. 71r Zeile 2, fol. 78r Zeile 4.

[77] Zur Ligaturenlehre in mensuraler Notation siehe Apel 1970, 94–100.

[78] Inkonsequenter Gebrauch von Ligaturen ist nicht auf die Handschrift *Utrecht*

Der optische Unterschied zwischen den Ligaturformen liegt in der Ausrichtung der Cauda. Ein in die Mensuralnotation wenig gut eingearbeiteter Notator geht möglicherweise davon aus, daß die Cauda einer Binaria ebenso wie die einer Minima ohne Auswirkungen auf den Rhythmus nach oben oder nach unten geschrieben werden kann. Auffallenderweise sind nämlich zwei der abweichend notierten Ligaturen absteigende Binariae, deren erster Ton sich im oberen Raum des Notensystems befindet. Eine nach oben gerichtete Cauda hätte tatsächlich optisch gesehen ziemlich wenig Raum gehabt. Die erste Note der vier regulär notierten Ligaturen steht dagegen jeweils im mittleren oder unteren Raum des Notensystems. Wenn optische Gründe für die Ausrichtung der Cauda den Ausschlag gaben, war es in diesen Fällen naheliegender, die Cauda nach oben zu schreiben, als in den zwei ersten Fällen. Der Grund für die Schreibweise der dritten abweichend notierten Binaria auf fol. 62r als *binaria sine proprietate et cum perfectione* kann allerdings nicht mit Platzmangel entschuldigt werden. Diese Entscheidung ist undeutlich. Da der erste Ton dieser absteigenden Ligatur im mittleren Tonraum liegt, hätte der Platz sowohl für eine nach oben als auch für eine nach unten gerichtete Cauda ausgereicht.

Ein Kennzeichen von Neumennotationen, das auch für die neumierten Handschriftenteile der *Utrecht 16 H 34* gilt, ist, daß die Form der Notenzeichen von dem zur Verfügung stehenden Raum abhängig sein kann.[79] Diese Gewohnheit wurde in der Utrechter Handschrift offenbar auf die Schreibweise mensuraler Ligaturen übertragen: wenn zu wenig Platz für eine nach oben gerichtete Cauda war, wurde sie eben nach unten geschrieben. Aber auch die regulär notierten Ligaturen dürften dann weniger auf eine bessere Kenntnis der Notatoren in Sachen Mensuralnotation zurückzuführen sein, als auf die Position der ersten Note einer Ligatur innerhalb des Notensystems.

Das bedeutet, daß der Notator mit der Schreibweise einer mensural zu interpretierenden Ligatur keine primär rhythmische Vorstellung verband, sondern von der optischen Erscheinungsform ausging, nämlich von ihrer Position im Notensystem. Die Schreibweise der Ligaturen ist ein Hinweis darauf, daß die Bekanntheit der Nota-

16 H 34 beschränkt. Ewerhart stellte bei Ligaturen der HS *Trier 322/1994* fest: "[...] doch entbehrt ihr Gebrauch jeder Notwendigkeit und Konsequenz" (Ewerhart 1955, 14).

[79] Im unteren Raum des Notensystems sind beispielsweise viel häufiger eckige als runde Clives anzutreffen, weil sie weniger weit nach unten ragen.

toren mit der Mensuralnotation vordergründig und auf wenige ihrer Aspekte beschränkt war. Den Hintergrund ihrer Kenntnis bildete offenbar auch bei mensuraler Notation die Choralnotation.

d. *Pausen*

So wenig wie der Umgang mit Ligaturen war auch der Umgang mit Pausenzeichen den Notatoren der Handschrift *Utrecht 16 H 34* geläufig. Probleme ergaben sich vor allem in Verbindung mit dem Auftakt.

Die rhythmische Struktur der iambisch konzipierten Liedtexte bei den Weihnachtsliedern würden wir in moderner Notation mit einem Auftakt wiedergeben. Das heißt, das Lied beginnt nicht mit einer vollen Mensur. Notationstechnisch gesehen müßte der nicht erklingende Teil in der Handschrift durch eine oder mehrere Pausen wiedergegeben werden. Das geschah in der Handschrift *Utrecht 16 H 34* nur im Nachtrag der siebenten Lage.[80] In allen anderen Fällen wurde auf Pausen verzichtet. Da den Notatoren der Gebrauch von Pausen innerhalb eines Lieds bekannt war, vermute ich auch hier wieder eine hinsichtlich mensuraler Notation unvollständige Sachkenntnis, die ein Licht auf den musikalischen Hintergrund dieser Notatoren wirft. Denn wiederum ist die mensurale Aufzeichnung von der Neumenschreibweise geprägt, in der die Musik mit dem ersten erklingenden Ton beginnt, nicht mit einer Pause.

Im Verlauf der Lieder finden sich Pausen im Wert einer Semibrevis und im Wert einer Minima. Die Unterscheidung von Semibrevispause und Minimapause geschah durchgehend ohne Probleme.

e. *Coronae*

Bei vier Liedern der Lage 4 schrieb der Notator am Versende oder bei wichtigen Zäsuren Coronae:[81]

Verbum caro factum est/ In hoc anni	(fol. 59v/60r)
Ioseph ginck van nazareth	(fol. 63v/64r)
Met desen nyen iare	(fol. 64v/65r)
Vniuersalis ecclesia	(fol. 65v/66r)

Coronae oder Fermaten konnten in der Musik des späten Mittelalters mehrere Bedeutungen haben. Sie konnten eine Verlängerung

---

[80] *Puer natus est hodie*, fol. 121v (Ed. Nr. 104).
[81] Zur Corona siehe Noske 1964 und D. Fuller, Art. "organ point" in: New Grove 18, 658f.

der Noten angeben, aber auch den Sängern signalisieren, auf andere Stimmen zu achten. Bei den vier Liedern in *Utrecht 16 H 34* ist
eher eine Signalfunktion anzunehmen als eine beabsichtigte Verlängerung der Noten.

Allen vier Liedern gemeinsam ist ein zweiteiliger Aufbau: ein
Strophenteil und ein refrainartig respondierender Teil, oft eingelei-
tet durch Formeln wie *susani* oder *eya*. Die Coronae erscheinen beim
Übergang zwischen Strophenteil und Refrain sowie bei Versenden.
Meist sind sie in beiden Stimmen zugleich angebracht, wenn das
auch nicht immer der Fall ist.[82]

f. *Schlüssel*

Mit einer einzigen Ausnahme sind alle mensural notierten Lieder
dieser Handschrift mit *c*- oder *f*-Schlüsseln in der in mensuraler
Schreibweise gebräuchlichen Form versehen.[83] Sie können auf unterschiedlicher Höhe im System stehen.

In fünf Liedern bewegen sich die Stimmen im selben Tonraum,
bei elf Liedern erscheinen beide Stimmen mit demselben Schlüssel,[84]
in drei Liedern sind die Schlüssel in jeder Stimme verschieden.[85]
Zweifel erheben sich bei der Interpretation weiterer neun Lieder,
deren Stimmen mit verschiedenen Schlüsseln geschrieben sind und
nicht im selben Tonraum stehen.[86]

In mehreren Fällen wurden mensurale Schlüssel durch zusätzliche Schlüsselbuchstaben ergänzt. Diese Stellen machen deutlich,
daß mensurale Schlüssel wie Schlüsselbuchstaben gelesen werden
sollten.[87]

---

[82] Der quantitative Unterschied der verwendeten Coronae ist am auffallendsten
bei *Vniuersalis ecclesia*: sechs Coronae im Cantus stehen zehn im Duplum gegenüber.

[83] Der dreistimmige Refrain *Alleluya* zu *Surrexit christus hodie* in Lage 6 ist mit
Schlüsselbuchstaben versehen.

[84] Ed. Nr. 66, 72, 75 (Oberstimmen), 77, 80, 84, 85, 87, 88, 91, 104.

[85] Ed. Nr. 67, 69, 78.

[86] Ed. Nr. 70, 71, 73, 74, 75 (Cantus und Duplum), 76, 79, 81, 86, 89. Ich danke
Margot Kalse dafür, daß sie mich auf dieses Problem in der Handschrift *Utrecht 16 H
34* aufmerksam gemacht hat.

[87] Doppelschlüsselung tritt bei vier Liedern dieser Gruppe auf (Nr. 70, 71, 76,
79), ebenso findet sie sich bei *Puer nobis nascitur* (Nr. 67) und bei der einstimmigen
Repetitio *En trinitatis* (Nr. 68). Sie wurde nicht durchgehend angebracht. Nur bei
Puer natus in bethleem (Nr. 70) erscheinen alle Schlüssel doppelt, bei den übrigen
Liedern dagegen sporadisch.

Doppelte Schlüssel bei *Puer natus in bethleem,* fol. 56v

Wenn, wie durch die Doppelschlüsselung suggeriert wird, ein mensuraler Schlüssel in gleicher Weise zu interpretieren ist wie ein Schlüsselbuchstabe, dann übersteigt die Tonhöhe bei neun Gesängen bei
weitem den zwischen den Stimmen eines zweistimmigen Lieds aus
dem 15. Jahrhundert normalen Abstand. Der Abstand zwischen den
Stimmen ist in diesen Aufzeichnungen deswegen überdurchschnittlich groß, weil sie nicht derselben Stimmlage angehören. Daraus resultiert ein Stimmenabstand von bis zu zwei Oktaven, was in zweistim-
migem Kontext besonders bei Parallelbewegung fremd erscheint.

Die obere Stimme ist als Sopran notiert, die untere als Tenor. Diese Art der Aufzeichnung ist bei zweistimmigen Liedern in Liederhandschriften des späten Mittelalters eine Ausnahme und in konkordanten Fassungen nicht zu finden. Ob die Ausführung dieser neun Lieder immer in der angegebenen Form stattgefunden hat, ist fraglich. Die konkordanten Fassungen in anderen Quellen zeigen in den meisten Fällen eine Schlüsselung, die eine Ausführung beider Stimmen im selben Register suggerieren.[88]

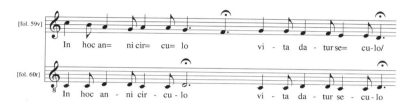

Tonabstände bis zu zwei Oktaven bei *Verbum caro*, fol. 59v

Doch ist dieser Abstand sangtechnisch zu bewältigen, wenn man von einer gemischten Sängergruppe, bespielsweise von Männern und Jungen, ausgeht. Da die Herkunft der mensural geschriebenen Lagen mit großer Wahrscheinlichkeit in einem Fraterhaus zu suchen ist, ist eine solche gemischte Gruppe Ausführender denkbar. Immerhin betreuten gerade die Brüder von Gemeinsamen Leben in Zwolle eine große Zahl von Schülern, die über mindestens drei Häuser verteilt waren.[89] Die Bewohner der Männer- und Frauenklöster der Devotio moderna dagegen werden wohl jeweils im gleichen Register gesungen haben.

Ein Blick auf die Geschichte der Notenschlüssel zeigt, daß sich eine Verbindung zwischen absoluter Tonhöhe und Notenschlüssel erst im Laufe des 15. bis 17. Jahrhunderts herausbildete.[90] Die Schreibweise der mensuralen Schlüssel in der Handschrift *Utrecht 16 H 34* dürfte einem Übergangsstadium zuzuweisen sein.

---

[88] Ausnahmen sind *Iubilemus singuli* und sein Kontrafakt *Philomena preuia*, die auch in konkordanten mehrstimmigen Fassungen mit verschiedenen mensuralen Schlüsseln geschrieben sind. Die Konkordanzen anderer Lieder wurden auch in Mensuralnotation mit Schlüsselbuchstaben geschrieben.

[89] Weiler 1997, 45.

[90] D. Hiley, Art. "clef" in: New Grove 6, 24–27.

g. *Puncti*

Ein weiteres Hilfsmittel der mensuralen Notation war der Punkt. Punkte wurden angebracht, um den Wert einer Note zu verlängern (*punctus additionis*) oder zur Trennung zweier Noten, damit der Wert der Nachbarnote nicht gekürzt wird (*punctus divisionis*). In der Handschrift *Utrecht 16 H 34* wurde der Punkt nur als *punctus additionis* eingesetzt, nicht als *punctus divisionis*. Der Umgang mit Puncti war den Notatoren offensichtlich nicht sehr vertraut. Von der Möglichkeit zu augmentieren, das bedeutet, einen zweizeitigen Wert mit Hilfe eines Punkts dreizeitig zu machen, wurde bei der Brevis kein Gebrauch gemacht. Punktiert wurden nur Semibreves und Minimae. Das führte zu Problemen, bespielsweise im Duplum des Lieds *Met desen nyen iare*. Da das ganze Lied auf der Ebene des Modus notiert ist, hätte an der Stelle, an der im Duplum der Text *die werlt* steht, eigentlich eine Möglichkeit bestehen müssen, die Brevis durch Punktierung dreizeitig zu machen. Da weder von Augmentierung noch von Kolorierung Gebrauch gemacht wurde, geriet die Koordination der Stimmen in Gefahr.

Met desen nyen iare, fol. 64v/65r

Auch der Notator des einzigen Liedes in Lage 5.2, *Philomena preuia*, hatte offensichtlich eigene Vorstellungen vom Gebrauch der Puncti. Am Ende der dritten Verszeile *tuo cantu leni* hätte im *inferior* statt einer punktierten Minima eine Semibrevis stehen müssen.

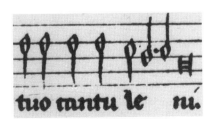

Philomena preuia, inferior, fol. 78r

Möglicherweise wollte der Notator lediglich eine lange Note von einer kürzeren unterscheiden. Das signalisierte er durch eine punktierte Minima, die auf eine unpunktierte Minima folgt und einer unpunktierten vorangeht.

3. Strichnotation

Ein Beispiel für eine nicht sehr häufig überlieferte Art der Notation findet sich in der Handschrift *Utrecht 16 H 34* in der dritten Stimme des dreistimmigen Refrains *Alleluya* auf fol. 93r.

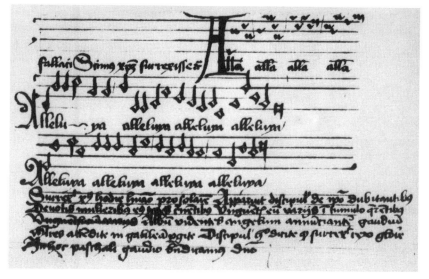

Alleluya mit Strichnotation, fol. 93r

Dieses *Alleluya* ist dem Osterlied *Surrexit christus hodie* vorangestellt, das direkt im Anschluß an das *Alleluya* als Text aufgezeichnet ist. Es liegt wahrscheinlich an der mehrstimmigen Ausführung, daß das *Alleluya* notiert ist. Die Funktion dieses *Alleluya* wird aus der Aufzeichnung in der Handschrift *Utrecht 16 H 34* nicht deutlich. Konkordante Fassungen in *Paris 1522*, *Brüssel II 2631* und in *Berlin 8⁰ 190* lassen jedoch übereinstimmend erkennen, daß es sich um einen Refrain handelt.[91]

---

[91] In *Paris 1522* steht über dem *Alleluia*: "post singulos precedentes versos" (fol. 62v).

Die drei Stimmen sind übereinander notiert, die beiden unteren
in Mensuralnotation, die dritte Stimme in Strichnotation. Der einfache Rhythmus im *tempus imperfectum cum prolatione maiore* besteht aus
abwechselnd langen und kurzen Werten, die durch Semibreves und
Minimae angegeben werden.

Die dritte Stimme ist in einem Notationstyp geschrieben, der
Gemeinsamkeiten mit der Strichnotation aufweist.[92] Im Gegensatz
zu älteren Quellen wie der *Gruuthuse-Handschrift*[93] und Pieter Potters
Trinklied[94] sind jedoch die einzelnen Noten nicht in der Form gera-
der vertikaler Striche wiedergegeben, sondern als leicht gebogene,
einzeln und doppelt angeordnete Häkchen. Solche Häkchen in der
Form von *stropha* und *bistropha* zur rhythmischen Unterscheidung
kurzer und langer Noten sind auch in anderen niederländischen
Quellen zu finden, die zum Teil ebenfalls mit der Devotio moderna in Verbindung gebracht werden.[95] Nähere Untersuchungen zur
rhythmischen Unterscheidung von *puncta* und *bipuncta* fehlen bisher,[96] während die Strichnotation schon längere Zeit Gegenstand
niederländischer und englischer Forschung ist.[97]

Ob die Notationen in Strichen und Häkchen in ihrer Intention
übereinstimmen und sich vielleicht nur in ihrer äußeren Erscheinungsform unterscheiden, ist bisher ebenfalls nicht untersucht wor-

---

[92] Den Begriff 'Strichnotation' habe ich auch in Hascher-Burger 1998a verwendet
(Hascher-Burger 1998a, 91–93). J. Wolf spricht allgemein von 'Strichen' (Wolf 1913,
I, 181), T. Seebaß spricht von 'Punktnotation' (Seebaß 1996, 493). Tatsächlich ist es
fraglich, inwieweit es sich bei diesen Notenzeichen um ein System handelt, das über
das Regelsystem jeder einzelnen Handschrift hinausreicht. Van Biezen und Vellekoop (1984) stellten fest: "Yet it is not a system in general use internationally and in
principle every writer can apply his own method" (S. 5). Da jedoch Basischarakteristi-
ca in der Anwendung der Striche allen so notierten Beispielen gemeinsam sind, halte
ich die Verwendung des Terminus 'Notation' auch für die Striche für gerechtfertigt.
Ich übersetze die in der niederländischen und englischsprachigen Forschung bereits
üblichen Termini 'streepjesnotatie' und 'strokenotation' als Strichnotation.

[93] Das aus dem 14. Jahrhundert stammende Manuskript ist ediert in Heeroma und
Lindenburg 1966.

[94] *Den Haag 436*, fol. 54v.

[95] Bruning u.a. 1963, XXIX, Husmann 1953. Es geht hier um die Quellen *Wien
12875* und *Berlin 8⁰ 190*. Auch die Handschrift *Den Haag 10 B 26* verwendet diese
Notation. Hierzu Hascher-Burger 1998a, 91–93.

[96] Bisher nur von E. Bruning und M Veldhuyzen untersucht in Bruning u.a. 1963,
XXIX.

[97] Eine Zusammenfassung der Forschungsgeschichte mit einer ausführlichen Bibliographie und Quellenübersicht findet sich bei Van Biezen und Vellekoop 1984.
Seither erschienen zu diesem Thema: Vellekoop 1992, Lutz 1994 (hierzu: Seebaß
1996), Schreurs 1995, Haggh 1997a und 1997b, Gerritsen 1997, Hascher-Burger
1998a.

den. J. Wolf ging davon aus, daß es sich um aufeinander folgende No-
tationsstadien handele.[98] Doch ist die sukzessive Verwendung dieser
Notationsformen unwahrscheinlich, wenn man bedenkt, daß im 15.
Jahrhundert sowohl Quellen mit Strichnotation als auch mit *puncta* und *bipuncta* oder mit Häkchen zu finden sind. Eher scheinen
die Unterschiede der verwendeten Formen darauf zu deuten, daß es
hier, wie Van Biezen und Vellekoop feststellten, um wenig kanoni-
sierte Notationen von der Hand einiger "non-specialized musicians"
geht, die von Handschrift zu Handschrift großen Schwankungen
unterworfen sind.[99] Da die bis vor kurzem bekannten Quellen mit
Strichnotation keinen professionellen Eindruck machen, geht man
bisher davon aus, es handle sich um eine Gebrauchsnotation.

Auffallend ist, daß in den Handschriften *Berlin 8° 190* und *Den
Haag 16 H 26* die Notation in *puncta* und *bipuncta* in Kombination
mit einem Text in *littera hybrida* anzutreffen ist, sich also auf einem
relativ hohem Schriftniveau befindet[100], während die Handschrift *Utrecht 16 H 34* Häkchen mit einer *littera cursiva* verbindet und die
Gruuthuse-Handschrift sowie das Trinklied von Pieter Potter eine Kombination von *littera cursiva* und Strichen aufweisen. Denkbar ist daher,
daß die Unterschiede im Erscheinungsbild dieser Gebrauchsnotatio-
nen ebenfalls mit dem Schriftgrad der Texte zusammenhängen. Der
Zusammenhang zwischen Schriftgrad des Texts und Notationsgrad
in den Neumenteilen der Utrechter Handschrift macht diesen Gedanken jedenfalls plausibel.

Ich gehe im folgenden davon aus, daß es sich bei der Notation in Strichen, Häkchen, *bipuncta* und *bistropha* um verschiedene
Erscheinungsformen derselben Notationsidee handelt. Dabei stütze
ich mich auf Forschungsergebnisse zur Strichnotation.[101]

Im *Alleluya* verdeutlichen senkrechte Divisionsstriche die Zuordnung der Notenhäkchen zum abgekürzten Text. Im Gegensatz zu
den meisten anderen kontinentalen Quellen sind in der Handschrift
Utrecht 16 H 34 Text und Strichnotation direkt untereinander geschrieben.[102] Auch in einigen englischen Quellen wie dem Saxilby-

---

[98] "Ist in diesen Liedern ein Häkchen an Stelle des punctum anzutreffen, so geht
dieses aus Gründen der Schreibbequemlichkeit im 15. Jahrhundert mehrfach in
einen Strich über." Wolf 1913, 181.

[99] Hogenelst und Rierink 1992, 32. Van Biezen und Vellekoop 1994, 5, siehe Anm.
92.

[100] *Berlin 8° 190*, fol. 108r. Facsimile in Wolf 1913, 182.

[101] Siehe Anm. 97.

[102] Van Biezen und Vellekoop 1984, 8. Auch in *Den Haag 16 H 26* erscheint der
Text direkt unter der Notation.

Fragment[103] ist der Text direkt unter die Notation geschrieben. Offen bleibt die Frage, ob die direkte Zuordnung von Text und Notation einfach durch die Anzahl der Stimmen bedingt ist oder ob unterschiedliche Traditionsstränge eine Rolle spielen, da der mehrstimmige Kontext eine eindeutige Zuordnung von Text und Strichen erfordert.

Die rhythmische Interpretation der Strichnotation ist am Beispiel des *Gruuthuse-Manuskripts* bereits mehrfach diskutiert worden. Der Annahme, diese Notation sei nicht durch einen streng mensural aufzufassenden Rhythmus wiederzugeben, steht die Beobachtung gegenüber, daß eine streng rhythmische Interpretation dieser Notation sehr wohl möglich ist.[104] Jüngere Quellen bestätigen die Möglichkeit einer eindeutigen rhythmischen Wiedergabe.[105] Diese Quellen suggerierten eine Äquivalenz zwischen einfachem Strich und mensuraler Semibrevis,[106] die Minima-Äquivalenz wurde für eine der englischen Quellen diskutiert.[107]

In der Handschrift *Utrecht 16 H 34* kann die Strichnotation dank der Kombination mit mensuraler Notation in zwei Stimmen in einem rein syllabischen Satz zweifelsfrei interpretiert werden. Hier entspricht der einfache Strich einer Minima, der doppelte Strich repräsentiert die Semibrevis, und den Schlußlongae in den beiden unteren Stimmen entspricht ein dreifacher Strich.

Aufschlußreiche Abweichungen des Utrechter Beispiels gegenüber den meisten bisher bekannten Zeugnissen der Strichnotation betreffen den sprachlichen und den musikalischen Kontext:

– Die meisten Quellen überliefern Strichnotation in Verbindung mit volkssprachlichen Texten. Daher wurde sie von J. Wolf in seiner Notationslehre in das Kapitel über "Die Choralnotation in der außerkirchlichen Musik" aufgenommen.[108] In der Handschrift *Utrecht 16 H 34* erscheint die Strichnotation dagegen in lateinischem, paraliturgischem Kontext. Bisher sind nur zwei weitere Quellen bekannt, die Strichnotation in lateinischem, liturgischem Kontext überliefern: das Fragment aus Saxilby aus dem

---

[103] Bent und Bowers 1981, 3–6.
[104] Die Diskussion über den Rhythmus der *Gruuthuse-Handschrift* ist zusammengefaßt in Van Biezen und Vellekoop 1984, 6f.
[105] Beispielsweise in *Den Haag 10 B 26.*
[106] Van Biezen 1972, 248.
[107] Bent und Bowers 1981, 9.
[108] Wolf 1913, 178–181.

15. Jahrhundert[109] und die ebenfalls aus dieser Zeit stammende Handschrift *Den Haag 10 B 26*, die den einfachen ternären
Rhythmus des einleitenden Tropus zu mehrstimmigen Lektionen mit Hilfe von *Bistropha* verdeutlicht.[110]
– Aus kontinentalen Quellen ist Strichnotation bisher vor allem als
Notation einstimmiger Musik bekannt.[111] Englische Quellen dagegen enthalten auch Beispiele mehrstimmiger Musik in Strichnotation.[112] In *Utrecht 16 H 34* erscheint diese Notation zwar auch
nur in einer Stimme, durch die Kombination mit der Mensuralnotation jedoch in mehrstimmigem Kontext. Bisher ist nur eine
weitere Quelle bekannt, in der ebenfalls eine Stimme in Strichnotation mit einer weiteren Stimme in Mensuralnotation kombiniert wird. M. Bent wies auf die Handschrift *Oxford, Bodleian Library, Ms. Digby 167* hin, die auf fol. 31v das zweistimmige Stück
Quene note enthält, dessen Tenor in Strichnotation und dessen
Cantus in Mensuralnotation geschrieben ist.[113] Auch in Pieter
Potters Trinklied stehen Strichnotation und Mensuralnotation
nebeneinander, doch wurden hier Elemente beider Notationen
in einstimmigem Kontext miteinander kombiniert. Darüberhinaus existieren Fassungen anderer Lieder, die in einer Quelle
mensural, in anderen in Strichnotation überliefert sind,[114] sowie Beispiele für eine sukzessive Verwendung von Strichnotation
und Mensuralnotation innerhalb einer Stimme.[115]

Die einfache Art der hier verwendeten Mensuralnotation, die im Refrain *Alleluya* auf die Verwendung dreier Zeichen beschränkt ist, bot
geeignete Voraussetzungen für die Kombination von Mensuralnotation und Strichnotation in der Handschrift *Utrecht 16 H 34*. Die Aufzeichnung des mensuralen Teils wurde hier nach denselben Gesichtspunkten vorgenommen wie die der Strichnotation: Zwei Minimae
auf derselben Tonhöhe ergeben zusammen den Wert einer Semibrevis. Da ihnen nur eine Textsilbe zugeordnet ist, wurden sie wahrscheinlich als ein Ton gesungen. Diesem Prinzip entspricht auch die

---

[109] Bent und Bowers 1981.

[110] Hascher-Burger 1998a, 103.

[111] Van Biezen und Vellekoop 1984, 19. Auch in *Den Haag 10 B 26* erscheint die
Strichnotation in mehrstimmigem Zusamenhang.

[112] Wolf 1913, 181. Bent und Bowers 1981.

[113] Wolf 1913, 181. Bent und Bowers 1981, 8 Anm. 5. Van Biezen und Vellekoop
1984, 8f., mit Transkription.

[114] Eine unveröffentlichte Beobachtung von E. Stam, die in Van Biezen und Vellekoop 1984, 9 wiedergegeben ist.

[115] Beispielsweise in *London 1512*, fol. 2. Hierzu Bent und Bowers 1981, 8 Anm. 5.

Strichnotation: Zwei Striche auf derselben Tonhöhe sind doppelt
so lang wie der vorangehende Ton. Die Schlußlonga wiederum ist
lediglich ein noch längerer Ton ohne exakten Wert. Auch die drei-
fach gestrichelte Schlußnote der Strichnotation repräsentiert einen
unbestimmten längeren Wert.

Die Notationsart des dreistimmigen *Alleluya* an dieser Stelle der
Handschrift ist unerwartet. Die ganze Lage ist immerhin in Neumen
notiert, Mensuralnotation und Strichnotation überraschen an dieser Stelle. Die Wahl der Mensuralnotation für die beiden unteren
Stimmen ist wohl durch den Wunsch nach einer rhythmischen Auf-
zeichnungsmöglichkeit bestimmt worden. Auch die Strichnotation
im obersten System ist als bewußte Wahl erklärbar. Diese Notation
nimmt nämlich wesentlich weniger Raum ein als die Aufzeichnung
in Semibreves und Minimae. Da der Notator für die dritte Stimme
nur eine halbe Zeile zur Verfügung hatte (in der ersten Hälfte der
Zeile steht das Ende des Texts des vorangehenden Gesangs), mußte
er den Text abkürzen und eine Notation wählen, die einerseits so
wenig Raum wie möglich einnimmt und andererseits doch auf einer
einfachen rhythmischen Ebene, nämlich hinsichtlich des Verhältnis-
ses zwischen Semibrevis und Minima Klarheit schafft. Bei der Strichnotation in der Handschrift *Utrecht 16 H 34* handelt es sich also um
eine Art musikalischer Stenographie, die wahrscheinlich aufgrund
rein praktischer Erwägungen für die Stimme im obersten System gewählt wurde.

4. Zur Aufzeichnung der mehrstimmigen Musik

Mehrstimmige Gesänge stehen in der Handschrift *Utrecht 16 H 34*
in den Lagen 3 bis 7. Die Lagen 4 und 5 sind mit einer Ausnahme[116] durchgehend mehrstimmig notiert, in den Lagen 3 und 6 sind
einstimmige und mehrstimmige Gesänge gemischt, und in Lage 7
erscheint ein einziger mehrstimmiger Nachtrag. In allen Lagen sind
mehrstimmige Gesänge so aufgeschrieben, daß beide Stimmen immer gleichzeitig gesungen werden konnten. Dennoch sind die Voraussetzungen für das Singen aus den einzelnen Lagen dank der unterschiedlichen Aufzeichnungsweisen verschieden.

In den Lagen 4, 5 und im Nachtrag zu Lage 7 sind die Stimmen
jeweils hintereinander oder nebeneinander notiert. Jeweils die erste

---

[116] *En trinitatis speculum* (Ed. Nr. 68).

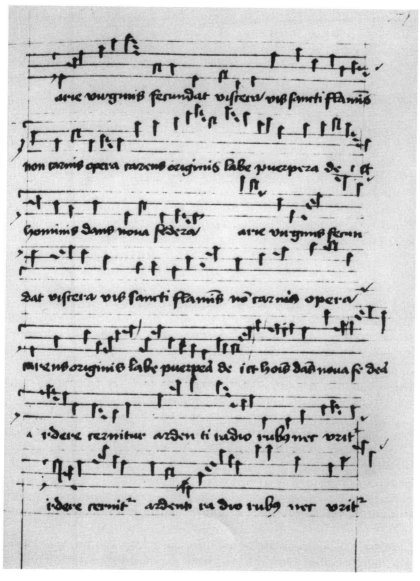

Beginn *Marie virginis*, fol. 51r

Strophe eines Lieds ist hier notiert, weitere Strophen folgen als unnotierte Textstrophen. Beide Stimmen sind so angeordnet, daß sie
immer zugleich sichtbar sind. Die Textstrophen können allerdings
mehr als eine Seite beanspruchen. Aus diesen Handschriftenteilen
konnte zweistimmig gesungen werden, wenn auch unter Umständen
nicht alle Strophen, wenn zwischendurch geblättert werden mußte
und auf der nächsten Seite nur noch Textstrophen stehen.

Die Lagen 3 und 6, in denen einstimmige und mehrstimmige
Aufzeichnungen im selben Handschriftenteil kombiniert sind, sind
durchgehend notiert, reine Textstrophen sind bei ihnen nicht zu
finden. Seitenwechsel und Zeilenwechsel geschehen in beiden Stimmen gleichzeitig, so daß aus diesen Lagen durchgehend zweistimmig
gesungen werden konnte. Diese beiden Vorgaben, die Kombination von einstimmiger mit mehrstimmiger Musik und der simultane
Zeilen- und Seitenwechsel, hatten in Lage 3 eine besonders originel-
le Aufzeichnungsform zur Folge, die am Beispiel der Gesänge *Marie
virginis fecundat viscera* und *Alleluya Vox exultationis* erläutert werden
soll.

Im *Alma mater*-Tropus *Marie virginis fecundat viscera* sind die beiden Stimmen auf dreierlei Weise angeordnet.[117] In der ersten Strophe stehen die Stimmen hintereinander, die untere Stimme wurde
zuerst notiert. In der zweiten Strophe sind die Stimmen übereinander in Partituranordnung notiert, wobei der Cantus als untere
Stimme notiert ist. Nach dem Seitenwechsel erscheinen die Stimmen
nebeneinander notiert auf den Seiten 51v und 52r. Der Wechsel geschieht in beiden Stimmen an derselben Stelle.

Offensichtlich wurden die Stimmen in dieser komplizierten
Form aufgezeichnet, damit sie immer gleichzeitig gelesen werden
konnten. Dies ist ein Indiz für den Zweck dieser Lage: der praktische Gebrauch stand im Vordergrund, was durch die Einteilung der
Seiten zu Anpassungen in der Aufzeichnung führte, die man so nicht
erwartet hätte. Dabei wurde nicht nur auf eine zweistimmige Ausführung Rücksicht genommen, sondern auch eine optimale Einpassung
in den einstimmigen Kontext angestrebt.

Ähnlich kompliziert aufgeschrieben ist *Alleluya Vox exultationis*,
das dem Wechsel einstimmiger und zweistimmiger Aufzeichnung
Rechnung tragen mußte. Im Gegensatz zur gebräuchlichen Aufzeichnungsform mehrstimmiger Tropen ist hier nicht nur der Tropus
selbst, sondern auch der durch ihn ergänzte einstimmige Choral voll-

---

[117] Ed. Nr. 62.

ständig aufgeschrieben und notiert.[118] Das stellt hohe Anforderungen an die Seiteneinteilung, besonders dann, wenn, wie in diesem Fall, auch noch aus der Handschrift gesungen werden soll.

Alleluya Vox exultationis beginnt einstimmig auf fol. 53r. Auffallend ist, wie stark auseinandergezogen die Notation am Ende der Seite erscheint: der Ligaturzusammenhang ist nicht mehr erkennbar. Möglicherweise geschah dies, um Platz aufzufüllen, da der zweistimmige Tropus erst auf den folgenden Seiten beginnt. Die Aufzeichnung des Tropus konnte bei aller Sparsamkeit nicht auf fol. 53r beginnen, da für zwei Stimmen zu wenig Raum gewesen wäre.

Die beiden Stimmen des Tropus *In superna* (fol. 53v/54r) sind auf zwei Seiten nebeneinander notiert:

Tropen *In superna* und *Lux doctorum* in *Alleluya Vox*, fol. 53v/54r

Nach *taberna-(culis)* in der Seitenmitte (Pfeil) findet der Übergang zum anschließenden einstimmigen Teil statt. Der Schreiber schreibt erst den Cantus auf der linken Seite bis *iustorum*. Bei der Aufzeichnung des Duplum auf der rechten Seite stellt er fest, daß seine Vorlage den einstimmigen Teil im Duplum nicht enthält. Das vermerkt

---

[118] Zu *Alleluya Vox* siehe auch S. 179–181. Ed. Nr. 65.

er am Rand von fol. 54r mit den Worten *Non plus inueni in exemplari*. Dann fährt er im Cantus mit dem einstimmigen Teil fort, jedoch so, daß er am Ende der Zeile auf der gegenüberliegenden Seite weiterschreibt: *Salue gemma confessorum augustine* ist durchlaufend über zwei Seiten einstimmig aufgeschrieben. Danach beginnt der zweite Teil des Tropus, *Lux doctorum,* wiederum zweistimmig über zwei Seiten verteilt. Nach dem Seitenwechsel wird die Aufzeichnung auf fol. 54v wiederum den Erfordernissen der Seiteneinteilung angepaßt: die Stimmen stehen übereinander. Die Aufzeichnung des einstimmigen Schlußteils ist der zweistimmigen angepaßt: wiewohl einstimmig, wurde dieser Teil des Chorals in beiden Stimmen aufgezeichnet. Das war wohl auch beim einstimmigen Mittelteil *tabernaculis iustorum* die Absicht, da der Notator das Fehlen der Stimme im *exemplar* extra am Blattrand vermerkt. Offenbar bestand die Vorlage aus zwei ganz getrennten Stimmen, vielleicht war sie sogar in zwei getrennten Büchern notiert.

Die Reihenfolge, in der die Stimmen in zweistimmigen Gesängen aufgezeichnet wurden, ist in der Handschrift nicht einheitlich. Die Lagen 3 und 6, ebenso wie *Philomena preuia* in Lage 5.2, verzeichnen zuerst den Cantus, danach das Duplum. In der vierten und fünften Lage dagegen sowie im Nachtrag der siebten ist die Reihenfolge umgedreht: sie verzeichnen zuerst das Duplum, danach den Cantus. Eine Ausnahme bildet *Dies est letitie nam processit hodie* zu Beginn der fünften Lage, in diesem Lied ist wie in der dritten Lage erst der Cantus, danach das Duplum aufgeschrieben.[119] In dreistimmigen Liedern erscheint erst das Triplum, anschließend der Cantus und zuletzt das Duplum.

Im allgemeinen sind die Stimmen in der Handschrift *Utrecht 16 H 34* nicht eigens bezeichnet. In zwei Gesängen (*Salue Virginalis castitas* und *Philomena preuia*) sind die Stimmen als *inferior* und *superior* überschrieben. In beiden Fällen wird als *inferior* die tiefere Stimme, als *superior* die höhere Stimme bezeichnet. In den übrigen Gesängen blieben die Stimmen ohne Kennzeichnung.

Die Notationen der Handschrift *Utrecht 16 H 34* zeichnen sich durch einen in erster Linie pragmatischen Charakter aus. Das zeigt sich im Gebrauch kursiver Elemente bei der Neumennotation ebenso wie bei der Verwendung von Strichnotation und bei den relativ einfachen mensuralen Aufzeichnungen, die ihrerseits wiederum von Ge-

---

[119] Hierzu Smits van Waesberghe 1966, 57–60.

pflogenheiten der Neumennotation beeinflußt sind. Auch die Aufzeichnung einiger mehrstimmiger Gesänge in der dritten Lage zeigt
die Kreativität einer 'pragmatischen Schriftlichkeit' im wörtlichen
Sinn, ein Stichwort, mit dessen Hilfe N. Staubach die Devotio moderna ganz allgemein charakterisierte.[120]

---

[120] Staubach 1991. Siehe oben S. 5 Anm. 17.

KAPITEL III

ASPEKTE DER FUNKTION

Im Gegensatz zu liturgischen Handschriften, deren Funktion aus der Anordnung der Gesänge, aus Rubriken und oft auch aus Titeln abgelesen werden kann, enthält die paraliturgische Handschrift *Utrecht 16 H 34* nur wenige Hinweise, aus denen man direkt auf ihre Funktion schließen könnte. Titel zu Beginn der einzelnen Sammlungen fehlen, die Anordnung der Gesänge macht einen willkürlichen Eindruck, und Rubriken sind nicht konsequent angebracht. Die Funktion der Handschriftenteile ist aus diesen Hinweisen nicht abzuleiten. Doch sprechen eine Reihe anderer Andeutungen für einen Kontext, der mit den intensiven Meditationsübungen modern-devoter Kreise in Verbindung stand, ohne daß doch ausgeschlossen werden kann, daß die Handschrift darüber hinaus auch noch anderen Zwecken dienen konnte.[1]

Der belgische Musikwissenschaftler C.E.H. de Coussemaker publizierte im Jahr 1856 drei Thomas a Kempis zugeschriebene Gesänge. Dabei äußerte er die Vermutung, die Überschrift *Quam dulcis est cogitare et cantare de infantia ihesu* zeige die Absicht des Autors, seinen Meditationen nicht nur durch Worte, sondern auch noch durch Gesänge Ausdruck zu verleihen.[2]

Auch der Niederlandist J. Knuttel vermutete in seiner im Jahr 1906 erschienenen Dissertation, einem bis heute gültigen Standardwerk für das mittelniederländische geistliche Lied, daß die Funktion der neun Lieder in *Die Gheestelicke melody* in der Handschrift *Wien 12875*, einer Liedersammlung mit Prosateilen,[3] die von ihm mit dem

---

[1] Zu denken wäre beispielsweise auch an eine Funktion im Schulalltag. Immerhin ist eine Verbindung der vierten und fünften Lage der Handschrift mit der Stadtschule in Zwolle und ihrem Leiter, Johan Cele, möglich, auf die im folgenden auch regelmäßig hingewiesen wird. Eine eingehende Untersuchung der Funktion im Schulalltag hätte den Rahmen dieser Dissertation jedoch überschritten. Vgl. S. 36 Anm.78.

[2] De Coussemaker 1856, 73: "Ce qui indique chez l'auteur l'intention d'exprimer ses méditations non plus seulement par des paroles, mais encore par des chants." Siehe auch Arbogast 1982, 136.

[3] *Die Gheestelicke melody* ist bisher aus vier Handschriften bekannt: in *Leiden Ltk. 2058* und *Den Haag 75 H 42* ohne Notation, in *Wien 12875* mit einstimmiger Notation. Edition: Obbema 1975; zu diesen Handschriften siehe Obbema 1996, 166–175.

Anhängerkreis der Devotio moderna in Verbindung gebracht werden, in der persönlichen Meditation der Bewohner eines Konvents gesucht werden müsse, da ein Teil der dort überlieferten Lieder jeweils durch einen kurzen Prosatext eingeleitet werde.[4]

Trotz dieser Ergebnisse spielt in der interdisziplinären Erforschung mittelalterlicher Meditation die Frage nach einem möglichen Anteil der Musik an den spirituellen Übungen der Devotio moderna bisher keine Rolle. So ist die Musik weder in M. Goossens Standardwerk über die Meditation in der Frühzeit der Devotio moderna[5] noch in dem vom gleichen Autor stammenden Artikel *Méditation* im *Dictionnaire de Spiritualité*[6] erwähnt. Auch M. Nicols Publikationen zur Meditation des Mittelalters und der frühen Neuzeit nennen keine Beteiligung der Musik.[7]

In der niederländischen Medioniederlandistik[8] allerdings wird im Zusammenhang mit der Erforschung des Umfelds mittelniederländischer geistlicher Lyrik des späten Mittelalters auch die Frage nach der Beteiligung der Musik bei der Meditation gestellt. P. Obbema vermutete, daß die Lieder in *Die Gheestelicke melody* eine Funktion bei der persönlichen Meditation hatten, so wie diese in Kreisen der Devotio moderna gepflegt wurde. Sein Hauptinteresse galt dabei der Frage, ob diese Lieder während einer Gemeinschaftsmeditation gesungen wurden oder eher während einer persönlichen Meditation.[9]

A.M.J. van Buuren nahm den Ansatz Obbemas auf und fragte, ob eine eventuelle Beteiligung der Musik an der Meditation hörbar gedacht werden müsse oder nicht. Er vermutete, daß diese Beteiligung wohl vorwiegend als "Gesang im Herzen" zu verstehen sei.[10] Demgegenüber gab ich jedoch zu bedenken, daß der Gebrauch von Orgeln an einem Ort wie dem Dormitorium und die Verwendung von No-

---

Ausserdem ist seit kurzem eine Handschrift aus dem 15. Jahrhundert in Privatbesitz von H. Mulder bekannt, die ebenfalls Auszüge aus *Die Gheestelicke melody* ohne Notation enthält (diplomatisch ediert in Mulder 2001, 166–171).

   [4] "We hebben hier dus niet een toevallige verzameling van een liefhebber, maar een boekje geschreven voor de devote oefeningen van de bewoners van een klooster." Knuttel 1906, 58.

   [5] Goossens 1952.

   [6] M. Goossens, Art. "Méditation II.1: La Devotio moderna" in *Dictionnaire de Spiritualité* 10, 914–919.

   [7] Nicol 1984; Ders., Art. "Meditation II" in *TRE* 22, 337–353.

   [8] Van Buuren 1992; Obbema 1996; Joldersma und Van der Poel 2000.

   [9] Obbema 1996, 173.

   [10] Van Buuren 1992, 252f.

tation darauf weisen, daß Gesang während persönlicher Übungen wohl hörbar war.[11]

H. Joldersma und D. van der Poel schließlich wiesen darauf hin, daß eine Typisierung der Liederhandschriften des späten Mittelalters Aufschluß darüber geben könnte, ob darin notierte Lieder gesungen oder meditiert wurden. Dabei trennten sie zwischen musikalisch hörbarer und meditativ stiller Ausführung.[12] Das von Joldersma und Van der Poel untersuchte Material steht zwar in Musikhandschriften, doch betrachteten sie diese aus der Sicht des Niederlandisten, der in erster Linie am Text interessiert ist.

Von kirchenhistorischer Seite beschäftigte sich E. Benz mit der Verbindung zwischen Musik und Meditation im *Chiropsalterium* des Johannes Mauburnus.[13] Diese Meditationsanleitung, ein Teil seiner Schrift *Rosetum exercitiorum spiritualium*,[14] behandelt in systematischer Weise die Verbindung der Psalmen mit bestimmten Musikinstrumenten. Benz' Darstellung basiert also nicht auf praktisch-musikalischen Quellen. R.R. Post widmete in seinem Standardwerk zur Geschichte der Devotio moderna zwei Kapitel der Meditation (er basierte seine Ausführungen in erster Linie auf den Ergebnissen Goossens), doch wies er dabei ebenso wenig auf die Musik wie in neuester Zeit F.O. Schuppisser in seiner Untersuchung zur Methodik der Passionsmeditation in der Devotio moderna.[15]

Auch in der Musikwissenschaft wurde die Frage nach einer Beteiligung der Musik an der Meditation in der Devotio moderna bis in die jüngste Zeit nicht gestellt. A. Geering stellte fest: "Die Pflege mehrstimmigen Gesangs taucht gleichzeitig mit den Bemühungen um die Verbreitung einer vertieften Frömmigkeit der Zisterzienser zu Ende des 13. Jahrhunderts bis hin zur Devotio moderna des 15. Jahrhunderts auf und dürfte damit in innerem Zusammenhang gestanden haben."[16] Der postulierte "innere Zusammenhang" wurde nicht näher erläutert. E. Bruning, M. Veldhuyzen und H. Wagenaar-Nolthenius vermuteten zwar einen Zusammenhang zwischen der Devotio moderna und den mittelniederländischen Liedern in *Berlin 8°
190* und *Wien 12875*, gingen auf die Funktion dieser Quellen jedoch nicht näher ein.[17] R. Ewerhart brachte die Funktion der Ge-

---

[11] Hascher-Burger 1998b, 256–258.
[12] Joldersma und Van der Poel 2000.
[13] Benz 1976.
[14] Druck Paris 1510 (*Utrecht Rar 6–56*).
[15] Post 1968, 521–550. Schuppisser 1993.
[16] Geering 1952, 2.
[17] Bruning u.a. 1963, XVIII.

sänge in der Handschrift *Trier 322/1994* aus dem Windesheimer
Kloster Eberhardsklausen bei Trier ausschließlich mit der Liturgie
in Verbindung.[18] Seine Dissertation enthält auch ein Kapitel über
die Musikpraxis in Windesheimer Klöstern, doch ist die Meditation
darin nicht erwähnt. J. Smits v. Waesberghe verwies nach der oben
zitierten Einschätzung Geerings, im übrigen vermutete er, daß es
sich bei der Musik der Handschrift *Utrecht 16 H 34* "weniger um ein
für das Kloster als ein für persönlichen Gebrauch bestimmtes Werk
handelt."[19] In neuerer Zeit streifte A. M. Busse-Berger das Thema
der Meditation bei ihrer Darstellung der mündlichen Wurzeln der
Musik des 12. Jahrhunderts aus der Pariser Kathedrale Notre-Dame.
Sie schilderte den Aufbau eines riesigen Fundus geistlicher Texte,
der Arche, den jeder Geistliche im Mittelalter für eigenen Gebrauch
anlegte: "Man kommunizierte mit Gott durch Meditation mit dem
Inhalt der Arche". Sie vermutete, daß diese Vorgehensweise auch die
Entstehung der Notre-Dame-Musik beeinflußt haben könnte, woraus
die pasticciohafte Struktur der Gesänge verständlich würde.[20] Damit erklärte sie jedoch nicht die Funktion der Musik, sondern nur
ihren Entstehungsprozeß, der sich möglicherweise nach denselben
Gesichtspunkten wie der Aufbau der "Arche" vollzog.

Eine Reihe von Hinweisen in der Handschrift *Utrecht 16 H 34* sowie in anderen Quellen aus dem 15. Jahrhundert läßt vermuten, daß
in Kreisen der Devotio moderna Musik und Meditation in einem gemeinsamen Kontext standen und daß die Funktion der vorliegenden
Handschrift in diesem Rahmen gesucht werden muß.[21] Nicht nur in
narrativen Quellen und Traktaten der Devotio moderna wie in dem
Chiropsalterium[22] und an anderen Stellen der Schrift *Rosetum exercitiorum spiritualium* des Johannes Mauburnus ist eine Verbindung der
Musik mit den Meditationsübungen erkennbar.[23] Sie wird auch sichtbar in musikalischen Quellen wie der Handschrift *Utrecht 16 H 34*, in
der sie ihre Spuren hinterlassen hat. Es ist daher mein Anliegen, zu
den bisherigen Ansätzen der Diskussion über Meditation und Musik einen Beitrag aus dem Blickwinkel des Musikwissenschaftlers auf

---

[18] Ewerhart 1955, 129.
[19] Smits v. Waesberghe 1966, 48 und 53.
[20] Busse-Berger 1998, 130 und 133.
[21] Siehe Hascher-Burger 1998b und 1999a.
[22] Benz 1976.
[23] An verschiedenen Stellen der Abhandlung sind lateinische Kontrafakte bekann-
ter Hymnen und Weihnachtslieder eingeschoben. Diese lateinischen Lieder wurden
meines Wissens in der Forschung bislang nicht aufgemerkt. Ihre Texte sind ediert in
AH 48, 515–534.

der Basis der Musik selbst zu liefern. Wichtig ist mir dabei vor allem, die bisher üblicherweise gestellten Fragen, die sich auf Probleme des gemeinsamen Singens und des hörbaren Singens während einer Meditation zugespitzt haben, um weitere Fragen zu erweitern.

Einleitend gebe ich eine kurze Übersicht über die Meditation in der Devotio moderna. Da dieses Thema hier natürlich nicht erschöpfend dargestellt werden kann, beschränke ich mich auf diejenigen Aspekte, die mir für die anschließende Frage nach der Beteiligung der Musik von Bedeutung zu sein scheinen.

1. Zur Meditation in der Devotio moderna

"Meditation meint ein methodisches, den Menschen ganzheitlich einbeziehendes, selbst noch nicht notwendig in der Anredeform des Gebets gestaltetes Nachsinnen des Einzelnen mit dem Ziel erfahrungsgemäßer Gottesbegegnung." So lautet die moderne, umfassende Definition des Begriffs Meditation des Kirchenhistorikers M. Nicol.[24] Er bemüht sich, die Ansätze und Zielsetzungen der Meditation vieler Jahrhunderte in dieser Definition zu vereinigen. Aus Kreisen der Devotio moderna gibt es keine umfassende Definition der Meditation. Die Vertreter dieser Bewegung sprechen von *meditatio* und *meditare*, wenn sie eine Stufe innerhalb eines umfassenderen spirituellen Kontexts meinen. In diesem Sinn beschreibt Gerhard Zerbolt van Zutphen, ein Priester aus dem Fraterhaus in Deventer (†1398), *meditatio* in seiner Schrift *De spiritualibus ascensionibus* als einen Vorgang, bei dem durch eifrige Wiederholung des Gelesenen oder Gehörten im Herzen die Begierde nach Gott entflammt und der Verstand erleuchtet wird:

> Meditatio vero dicitur, qua ea quae legisti vel audisti, studiosa ruminatione in corde tuo diligenter pertractas, et per ea affectum tuum circa aliquod certum inflammas vel illuminas intellectum.[25]

M. Goossens beschreibt die Meditation der Modernen Devoten dagegen viel weniger affektiv und allgemein als "in den geest beschouwen". Dieser allgemeinen Definition entsprächen, seiner Ansicht nach, die Auffassungen sowohl Gerhard Zerbolts van Zutphen als

---

[24] M. Nicol, Art. "Meditation II" in *TRE* 22, 338.

[25] *De spiritualibus ascensionibus*, cap. XLV, ed. Mahieu 1941, 228; engl. Übersetzung Van Engen 1988a, 288.

auch Geert Grotes.[26] Für die Beteiligung der Musik ist jedoch von
großer Bedeutung, daß aus der Lektüre und der *ruminatio* der Affekt gewonnen wird, der die Begierde nach Gott entflammen läßt.
Darum stellt der Affekt ein wesentliches Element der Meditation dar.

Die *meditatio* der Devotio moderna basiert auf einer jahrhunder-
telangen Tradition christlicher Meditation.[27] Diese erwuchs in der
Alten Kirche auf dem Boden monastischer Spiritualität, die in unterschiedlicher Weise mystisch geprägt war. *Meditatio* wurde als Übung
angesehen und war daher ein aktiver Vorgang unter wesentlicher
Beteiligung des Gedächtnisses.[28] Textauszüge wurden ins Gedächtnis
aufgenommen (*memorare*) und bei anderer Gelegenheit, zum Teil in
der Form kleiner und kleinster Texteinheiten, wieder aus dem Gedächtnis emporgeholt (*ruminare*).

In der christlichen Frühzeit bildeten die verschiedenen Stufen
der Meditation noch eine Einheit. Seit dem hohen Mittelalter jedoch
wurde der Gesamtvorgang in der westlichen Kirche eingeteilt in mehrere Stufen: *lectio—meditatio—oratio—contemplatio*.[29] Die *meditatio* wurde zu einer Stufe unter anderen, eine Entwicklung, die M. Nicol folgendermaßen zusammenfaßte: "War *meditatio* vormals ein vernehm-
bares und betendes Rezitieren von Schriftworten, so wurde die ver-
nehmbare Rezitation nun zur *lectio*, die betende Grundhaltung zur
Stufe der *oratio*. Die *meditatio* aber wird zu einem vornehmlich men-
talen Akt, einer *studiosa mentis actio*. Die *contemplatio* als unmittelbare
Gotteserfahrung gehört zur Meditation als erstrebtes Ziel. Aber sie
ist Gottes Gnade anheimgestellt und damit nicht methodisierbar."[30]

Die Meditation der Devotio moderna hatte nicht in erster Linie
die mystische Vereinigung mit Gott im Auge, sondern diente dem
praktischen Fortschreiten in der Tugend, dem persönlichen Heils-
fortschritt. Ziel war weniger eine *unio mystica* mit Gott im Leben als
vielmehr eine Verbindung mit Christus nach dem Tod.[31] Daher be-
schränkten sich die spirituellen Übungen vor allem auf die drei ersten Stufen, nämlich die Trias *lectio-meditatio-oratio*,[32] um dann nicht

---

[26] Goossens 1952, 78.

[27] Einen Überblick gibt Angenendt 1997, 560–577.

[28] Goossens 1952, 79. Zum Hintergrund dieser Praxis siehe Carruthers 1990 und
1998.

[29] Goossens 1952, 50. Nicol 1984, 19.

[30] Nicol 1984, 19.

[31] Dieser Gedanke liegt auch einigen Liedtexten aus *Utrecht 16 H 34* und verwandten Quellen zugrunde. Siehe Hascher-Burger 1998b.

[32] Nach Gerhard Zerbolt von Zutphen beginnt und endet jede geistliche Übung
mit *lectio, meditatio* und *oratio* (Goossens 1952, 81).

in erster Linie in die *contemplatio* zu münden, sondern die ideale praktische Handlung zu bewirken.[33] N. Staubach hebt hervor: "Neu an diesem Modell ist allerdings die Konsequenz, mit der die Affekte und das Handeln (*operatio*) zum alleinigen und gemeinsamen Zielpunkt der Stufenfolge gemacht werden: Die Lektüre liefert der Meditation geeigneten Stoff; die Meditation aber erweckt das religiöse Gefühl, das sich dann im Gebet artikuliert und zur Tat drängt,"[34] wie Gerhard Zerbolt van Zutphen in seiner Schrift *De reformatione virium anime* beschreibe:

> Siquidem lectio scripturarum meditationibus semen subministrat, unde meditatio affectum generet, affectus ad orationem recurrat, qua fructum verae virtutis impetret. Hae sunt utiles occupationes devotorum, si bene assumantur lectio, meditatio et oratio.[35]

Staubach sieht in "fructum verae virtutis", in der Frucht der wahren Tugend, offensichtlich bereits die aktive Handlung, die im Text jedoch nicht so eindeutig ausgedrückt ist.

Florens Radewijns (†1400), der erste Rektor des Fraterhauses in Deventer, schrieb in seinem *Tractatulus devotus*, das menschliche Herz bestehe aus Kräften und Gefühlsbewegungen, die gereinigt werden müssen, und aus ihrer Reinigung bestehe die Reinigung des Herzens:[36]

> In hijs viribus et affectionibus cor hominis consistit, et in harum purgacione et reformacione consistit purgacio vel puritas cordis.[37]

Diese Reinigung konnte erreicht werden durch die Erneuerung der Affekte und des Intellekts, und darin allein bestehe die perfekte Religion:

> Duo [...] in nobis purganda sunt: intellectus et affectus: intellectus ut noverit, affectus ut velit. [...] In hoc solum consistit perfecta religio vel religiosa perfectio.[38]

In diesem Prozeß stellte die Meditation ein wichtiges Mittel zur Überwindung der Fehler und zur Verbesserung der Tugenden dar:

---

[33] Vgl. Mertens 1989, 190.

[34] Staubach 1991, 436; hierzu siehe auch Goossens 1952, 142.

[35] Gerhard Zerbolt von Zutphen, *De reformatione virium animae*, cap. 35, 249f. Zitiert nach Staubach 1991, 436, Anm. 61.

[36] Goossens 1952, 157. Zum *Tractatulus devotus* siehe Mertens 1999. Die neueste Edition ist Legrand 1999.

[37] *Tract. dev.* cap. IV, ed. Legrand 1999, 70.

[38] Ibidem.

Meditaciones eciam nostras semper debemus dirigere ad expurgacio-
nem viciorum et concupiscienciarum et acquisicionem virtutum [...][39]

Das Gegenstück zur *meditatio* bildete die *ruminatio*, wörtlich übersetzt
als 'Wiederkäuen'. Die *meditatio* fand direkt anschließend an die *lectio*
statt, die *ruminatio*, die 'wiederkäuende' Wiederholung eines Themas
in Gedanken, konnte zu einem anderen Zeitpunkt stattfinden, z.
B. während der Handarbeit.[40] *Meditatio* und Arbeit sollten zudem
regelmäßig durch Stoßgebete unterbrochen werden.

Gegenstände der Meditation in der Devotio moderna waren neben dem Leben und Leiden Christi vor allem die 'Vier Letzten Dinge', nämlich Himmel, Hölle, Tod und Fegefeuer. Vor dem Schlafen-
gehen sollte man etwas über den Tod, das Leiden Christi, die Hölle
oder das Jüngste Gericht lesen oder darüber meditieren, um einen
reineren Schlaf zu haben.[41]

Eingebettet in das Tugend- und Vollkommenheitsstreben der
Devotio moderna spielte die Meditation eine zentrale Rolle im Leben ihrer Anhänger.[42] Die methodische Systematisierung der Meditation gilt dann auch allgemein als eine Leistung vor allem dieser
Bewegung.[43] Dabei werden zwei Aspekte unterschieden: In der ersten Zeit bemühte man sich vor allem um eine Systematisierung der
Meditationsstoffe. Gerhard Zerbolt von Zutphens Schrift *De spiritualibus ascensionibus* ist dieser Periode zuzurechnen. Danach strebte man
auch nach einer methodischen Strukturierung der Meditation. Höhepunkt dieser Entwicklung ist das *Rosetum exercitiorum spiritualium*
des Johannes Mauburnus (†1501), das viel Stoff systematisiert und
23 verschiedene Meditationsstufen unterscheidet.[44]

In der Frühzeit der devoten Bewegung wurde vor allem morgens
und abends meditiert, außerdem während der Messe und als Vorbereitung auf die einzelnen Horen des Offiziums.[45] Auch Berichte über
Meditation, die über den ganzen Tag verteilt stattgefunden hat, sind
überliefert. Einer dieser frühen Berichte ist das bekannte Zeugnis

---

[39] *Tract. dev.* cap. IX, ed. Legrand 1999, 82.
[40] Goossens 1952, 88–90.
[41] *Tract. dev.*, cap. XIV, ed. Legrand 1999, 91. Siehe unten S. 126 Anm. 134.
[42] Staubach 1991, 424.
[43] Ein kurzer Abriß über die verschiedenen Meditationsmethoden in der Devotio
moderna findet sich bei M. Goossens, Art. "Méditation II.1: La Devotio moderna",
in *Dictionnaire de Spiritualité* 10 (1980), 914–919; Post 1968, 521–550; Schuppisser
1993, 169–174.
[44] Nicol 1984, 19. Ders. Art. "Meditation" in *TRE* 22, 339. Schuppisser 1993, 200–
210. Quelle: *Rosetum*, wie S. 97 Anm. 14.
[45] Goossens 1952, 159.

des Johannes Kessel, eines Kochs aus dem Fraterhaus in Deventer. Aus seinem *Exercitium* erfahren wir, daß er bemüht war, den ganzen Tag über zu meditieren. Mehrfach nennt er dabei Gebet und geistliche Übungen während der Küchenarbeit.[46]

Vom 15. Jahrhundert an erstellte man vermehrt Wochenpläne, die präzise angaben, welches Thema an welchem Tag überdacht werden sollte.[47] Ein ähnliches Meditationsschema stellt auch das Büchlein von Nico Muden dar, einem 1457 verstorbenen Priester im Fraterhaus zu Deventer. Es befindet sich als zweite Lage eingebunden in unserer Handschrift.[48] Eingeteilt in Wochentage und weiter unterteilt in die Zeit vor und nach der Mahlzeit sind dort Meditationsthemen angeführt mit passender Literatur, die zu Meditationszwecken aufgesucht werden konnte.

Die in all ihren Äußerungsformen durch "pragmatische Schriftlichkeit"[49] gekennzeichnete Bewegung kannte auch auf dem Gebiet der Meditation vielfältige schriftliche Äußerungsformen. Neben den bereits genannten Meditationswochenplänen waren kleine Schriftdokumente, eine Art kleiner Notizbücher, in Gebrauch, die Rapiarien.[50] Anhänger der Devotio moderna waren gehalten, solche kleinen persönlichen Sammlungen wichtiger Meditationspunkte für den persönlichen Gebrauch anzulegen. Das konnten gebundene kleine Heftchen sein, die Sammlungen konnten aber auch aus losen Blättern bestehen.[51] Eine mögliche Verbindung der Rapiarien mit den traditionellen *florilegia* mittelalterlicher monastischer Kreise[52] wurde noch nicht eingehend untersucht. Jedoch scheinen die Rapiarien der Devoten ein eigenes literarisches Genre darzustellen,[53] das un-

---

[46] Pohl 1922, 306–317, zusammengefaßt in Goossens 1952, 16of.

[47] Van Dijk 1994 führt einige dieser Wochenpläne an.

[48] Dieses Meditationsschema wurde identifiziert und untersucht in Obbema 1996, 135–142. Siehe auch Kapitel I, Appendix: Lage 2 (S. 43f.).

[49] Zum Begriff der 'pragmatischen Schriftlichkeit' siehe Staubach 1991.

[50] Zur Etymologie des Begriffs 'Rapiarium' vgl. Mertens 1984, 153. Weitere Literatur zum Rapiarium: Mertens 1986, 397–406; Mertens 1988; Scheepsma 1997, 80–86.

[51] Schwesternviten aus dem Frauenkloster Diepenveen (HS *D*, 28b-c; ed. Brinkerink 1904, 50/51) berichten von einer Sammlung der Frau Van Runen, die aus einzelnen Zetteln bestand, die sie in einem Beutel barg: "Soe grote mynne hadde sie totter hilliger schrift, dat sie cleyne rullekens in horen budel droch die sommich soe cort weren als een vinger. Die hiete sie hoer schilde te wesen." Über Rapiarien bei den Bewohnerinnen des Klosters Diepenveen siehe Scheepsma 1997, 80–86.

[52] J. Deploige stellte beispielsweise die Frage, inwieweit solche Sammlungen möglicherweise auch dem Schrifttum der Hildegard von Bingen zugrunde gelegen haben können. Deploige 1998, 108–110.

[53] Mertens 1984, 154f.; Mertens 1986, 397–406; Mertens 1988.

ter dem Einfluß dieser Bewegung auch in einem größeren Bevölke-
rungskreis erhebliche Verbreitung fand. Die Art und Weise der Text-
anordnung, von Th. Mertens als "lose, parataktische Stapelstruktur"
beschrieben, bestimmt den Charakter dieses Literaturgenres.[54] Eingehende Untersuchungen dazu stehen zwar noch aus, doch können
nach Mertens' Ansicht zwei verschiedene Typen klassifiziert werden:
das chronologisch und das systematisch aufgebaute Rapiarium.[55]

Im Kontext geistlicher Übungen der modernen Devoten geschah das Anlegen eines Rapiarium zwischen der *lectio* und der *meditatio*. Bei der *lectio* gefundene *puncta* wurden ins Rapiarium übertragen, um während der *meditatio* und der *ruminatio* als Stoff zur
Verfügung zu stehen.

Rapiarien waren strikt persönlich und im allgemeinen nicht
übertragbar. Daher sind auch nur noch wenige Exemplare echter
Rapiarien erhalten. Dieses Genre ist heute vor allem in der Form be-
arbeiteter Sammlungen bekannt. Ein Beispiel ist das Rapiarium des
Gerlach Peters, das nach seinem Tod von seinem Mitbruder Johannes Schutken, mit dem er engen Kontakt hatte, zur heute bekannten
Schrift *Soliloquium* umgearbeitet wurde.[56]

2. *Hinweise in der Handschrift* Utrecht 16 H 34
auf den Kontext der Meditation

Einige auffallende Merkmale der musikalischen Aufzeichnung sprechen für eine Beziehung zwischen diesen kurz rekapitulierten Aspekten der Meditation und der Musik in der Handschrift *Utrecht 16 H
34*. Diese Merkmale sind in musikalischem Kontext eine Ausnahme, in außermusikalischem, literarischem Kontext jedoch durchaus
vertraut. Auf die Möglichkeit einer Beeinflussung der musikalischen
Aufzeichnungen durch diesen anderen Kontext soll im Folgenden
näher eingegangen werden.

1. *Die Glossen in Lage 1*

Die erste Lage enthält zwei Gesänge in einer ungewöhnlichen Form
musikalischer Aufzeichnung: In beiden Fällen wurde ein Gesang

---

[54] Mertens 1989, 193.
[55] Meine Ausführungen über die beiden Typen des Rapiariums orientieren sich
an Mertens 1984, 154f. und Mertens 1988, 118.
[56] Mertens 1988, 116. Edition: Kors 1996, 299–503.

ergänzt durch Glossen von derselben Hand, die auch die Gesänge aufschrieb. Die einstimmige Antiphon *Ista est speciosa*[57] und das in Lage 5 zweistimmig überlieferte, in Lage 1 jedoch ohne Notation wiedergegebene Weihnachtslied *Grates nunc omnes*.[58]

Glossen sind von Bibeln und Rechtstexten bekannt. Auch Schultexte wurden im Mittelalter mit Kommentar versehen, oft wurden auf diese Weise Übersetzungen lateininischer Schultexte vermittelt.[59] Dabei wurde zwischen Interlinearglossen (Kommentar zwischen den Zeilen) und Marginalglossen (Kommentar am Rand des Texts) unterschieden. Die Aufzeichnung in Glossen wurde bereits bei der Aufzeichnung des Textes berücksichtigt: bei Interlinearglossen wurden größere Abstände zwischen den Zeilen und den einzelnen Worten gelassen, bei Marginalglossen breite Ränder. Text und Kommentar unterschieden sich im Schriftgrad und manchmal in der Farbe.

Glossen zu Liedtexten mit Musik sind meines Wissens bisher nicht bekannt.[60] Daher kann angenommen werden, daß diese Art der Aufzeichnung aus anderen Bereichen übernommen wurde. Ob die Glossenschreibweise als Hinweis auf eine mögliche Schulumgebung gewertet werden darf, muß offen bleiben. Die wiederholt angesprochene enge Verbindung zwischen Fraterhäusern und Schule schließt einen solchen Einfluß nicht aus, wenn auch andere Zeichen eher auf eine Herkunft dieser beiden Glossenbeispiele aus einem Frauenkonvent deuten.[61]

a. Ista est speciosa

Zur Antiphon *Ista est speciosa* findet sich interlinear Kommentar geschrieben. Da er mit hellerer Tinte geschrieben wurde als die Antiphon selbst, kann er einem späteren Arbeitsgang zugerechnet werden. Die ursprüngliche Aufzeichnung hatte eine unkommentierte Fassung vor Augen, die sich rein äußerlich von den sie umgebenden Antiphonen nicht unterschied.[62]

---

[57] Fol. 9v (Ed. Nr. 21).

[58] Fol. 14v und 72v (Ed. Nr. 86).

[59] Zu glossierten Schultexten des späten Mittelalters siehe Henkel 1988, vor allem 49–56 und 65–73.

[60] Die vor allem unter Germanisten bekannten *Murbacher Hymnen*, eine glossierte Hymnensammlung aus dem ersten Viertel des 9. Jahrhunderts, können nicht als glossierte Musik gelten, da sie ohne Notation überliefert sind. Zu den *Murbacher Hymnen* siehe Henkel 1988, 67–73.

[61] Zu Verbindungen mit der Schule siehe beispielsweise S. 36 Anm. 78 und S. 95 Anm.1.

[62] Ich danke Herrn Dr. F. van Stam für seine freundliche Hilfe beim Entziffern des

Ista est speciosa mit Kommentar, fol. 9v

quia sanctitate et inestimabilibus prerogativis omnes creaturas rationabiles ex-
cellit/
Ista est speciosa inter filias/

id est autem sancte que in hac vita eternam vitam contemplantur
quia virtus eius videtur in eius laudibus proposita et ad eius/
beatitudinem inhiatur/

Hierusalem viderunt eam **filie syon** et **beatissimam predi-**/

id est que sua corpora bene regunt et aliis presunt
cauerunt Et **regine** faciem eius laudauerunt.

Der Text der Antiphon gibt in paraphrasierter Form den achten
Vers des sechsten Kapitels aus dem Hohenlied wieder. Von mir fett
wiedergegebene Stichwörter im Text sind mit einem Kommentar
versehen, der jeweils durch "quia" oder "id est" eingeleitet ist.

Im Gegensatz zur gebräuchlichen glossierten Literatur ist die
Aufzeichnung mit einer interlinearen Glosse zu *Ista est speciosa* nicht
planmäßig angelegt, denn für den Kommentar wurde kein extra
Raum zwischen den Zeilen reserviert.

Es ist unwahrscheinlich, daß die Glossen zu *Ista est speciosa* auf dieselbe Melodie gesungen wurden wie die Antiphon, da sie eine andere
Silbenanzahl umfassen als die kommentierten Stellen der Antiphon.
In diesem Zusammenhang können sie vielmehr darauf weisen, daß
diese Antiphon nicht nur gesungen wurde, sondern daß ihr Text
außerdem die Grundlage für eine Kontemplation der Art bot, wie
sie im Kommentar zum Abschnitt *filie Syon* angesprochen ist: "id est

---

extrem klein geschriebenen Kommentars.

autem sancte que in hac vita eternam vitam contemplantur."[63] Allerdings liefert die Quelle keinen Anhaltspunkt für die Frage, ob diese Betrachtung gleichzeitig mit dem Singen stattfand. Ebenso muß die Frage offenbleiben, ob der Hintergrund für die Betrachtung eher in persönlicher Meditation oder im Kontext einer Unterweisung anderer gesucht werden muß.

b. Grates nunc omnes cernui

Auch die Aufzeichnungsweise des unnotierten Weihnachtslieds *Grates nunc omnes cernui* weicht von der in *Utrecht 16 H 34* üblichen Art, Gesänge aufzuzeichnen, ab. Der Text ist nicht wie bei den übrigen Gesängen der Lage in durchlaufender Form, sondern in Versen untereinander geschrieben.[64] An beiden Rändern des Eintrags erscheinen lateinische Begriffe in zwei Kolumnen. Ob diese Art des Kommentars ebenfalls nicht geplant war, ist nicht eindeutig zu entscheiden. Die Aufzeichnung in Versen untereinander erleichtert die Zuordnung der Begriffe am Rand und weicht zudem von der sonst üblichen fortlaufenden Aufzeichnung der Texte ab. Eine bewußte Aufzeichnung in der Form einer Marginalglosse ist in diesem Fall also nicht ausgeschlossen, wenn auch die typische Differenzierung im Schriftgrad zwischen Text und Kommentar nicht festgestellt werden konnte.

Grates nunc omnes mit Kommentaren, fol. 14v

---

[63] Übersetzung: "Das bedeutet: die Heiligen, die in diesem Leben über das ewige Leben nachdenken."

[64] Ebenfalls in Versen untereinander geschrieben wurde der Text eines unnotierten Gedichts auf fol. 106r: *[O] dee cunctipotens.*

Die linke Kommentarreihe stellt eine Aufzählung verschiedener zum
Text des Weihnachtslieds in Beziehung stehender Tugenden dar. Von
der fünften Zeile an erscheinen am linken Blattrand auf der Höhe
der Verszeilen vierzehn asketische Begriffe:

contritio
confessio
puritas
charitas
tranquillitas
emulatio
meditatio
oratio
pietas
deuotio
obedientia
circumspectio
misericordia
mansuetudo

Diese Begriffe entstammen zum Teil Tugendkatalogen des Neuen
Testaments.[65] Auch stimmen sie überein mit dem Inhalt einiger Tu-
gendkataloge in Schriften modern-devoter Autoren. Sowohl ein lateinisches *collationale* des Dirc van Herxen, nämlich seine Schrift *Instructio religiosorum ex dictis doctorum*,[66] als auch Gerhard Zerbolts Schrift
De spiritualibus ascensionibus[67] führen einen Teil dieser Begriffe als
heilsnotwendige Tugenden auf.

   Im Tugendkatalog der Handschrift *Utrecht 16 H 34* ist jeder Begriff unterstrichen. Zu Beginn jeder Zeile steht ein neuer Begriff. Begriffe und Texte sind nicht sichtbar miteinander verbunden. Doch
haben die einzelnen Tugenden offenbar eine inhaltliche Beziehung
zu der Zeile, vor der sie stehen. So nimmt beispielsweise der Begriff *contritio* das erste Wort der fünften Verszeile, auf deren Höhe

---

[65] *puritas, pietas*: 2. Petr. 1,7; *charitas*: Col. 3,14; *misericordia*: 1. Petr. 3,8 und Eph.
2,4.

[66] Die *Instructio religiosorum* ist in den Handschriften *Utrecht 8 E 29* und *Brüssel
IV.124* erhalten, siehe Van Buuren 1993, 247. Dort auch weitere Literatur. Die *Instructio* enthält aus der Liste die Begriffe *contricio, confessio, oratio* und *obedientia*.

[67] Bei Gerhard waren nur die Begriffe *tranquillitas, circumspectio* und *mansuetudo*
nicht auffindbar. *Emulatio* wird als Laster aufgeführt. Gegenstand des Nacheiferns
kann ja sowohl gutes als auch schlechtes Verhalten sein: ebenso "Wetteifer" wie "Ei-
fersucht". Prof. Dr. Th. Mertens wies mich darauf hin, daß auch die Vitensammlung
aus dem Fraterhaus in Emmerich (ed. Van Engen 1988b, 195–217) nach Lastern
und Tugenden aufgebaut ist. Aus dem Tugendkatalog in *Utrecht 16 H 34* erscheinen
in den Emmericher Viten die Begriffe *puritas, oratio, obedientia, caritas* und *meditatio*.

er steht, auf: *Contriti cordis lachrimis de charitate feruidis eius mundabo
fetidos peccati sorde pannulos.* Auch die übrigen Begriffe stehen wahrscheinlich mit den jeweils eine Zeile umfassenden Sätzen inhaltlich
in Verbindung. Wie M. Goossens schreibt, bilden Tugenden nach
Auffassung Gerhard Zerbolts die unerläßliche Basis für den richtigen Affekt während der Meditation.[68] Die richtigen Affekte zu erlan-
gen ist ein wichtiges Ziel der Meditation, auf das ich weiter unten im
Zusammenhang mit der Musik näher eingehen werde.[69]

Auf der rechten Seite der Aufzeichnung, am Innenrand des
Blatts, erscheinen auf derselben Höhe Beschreibungen verschiede-
ner Handlungen, die mit Hilfe von Verbindungslinien zum selben
Text in Beziehung gebracht werden:

> Iste inuoluunt
> Iste reclinant
> Iste custodiunt
> Leuant de cuna
> Balneant et lauant
> deducant puerum
> Iste cibant

Die hier aufgeführten Handlungen stimmen jeweils mit dem Inhalt
einer Zeile überein. Weibliche Personen führen versorgende Tätigkeiten wie Füttern, Wickeln von Windeln, Wiegen, Hinlegen und
Wachen aus (*Iste*). Dieser Kommentar beschreibt Handlungen, die
ihrerseits wahrscheinlich Grundlagen für die Meditation waren. Der
geistliche Besuch in der Wochenstube Marias war ein besonders in
Frauenklöstern sehr beliebtes Meditationsthema.[70] Im hohen Mittelalter wurden Wiegen, Füttern und Versorgen des Kindes nicht real, sondern nur im Geiste nachvollzogen. In Frauenkonventen des
späten Mittelalters jedoch wurde diese Meditation auch real nach-
gespielt: hölzerne Christuskindfiguren wurden gewiegt, gewaschen
und angekleidet.[71] In *Grates nunc omnes* selbst wird auf die Meditation
über die Wochenstube verwiesen: eine Formulierung in der achten
Strophe des Gedichts spricht in der Ich-Form davon, das Kind im Innersten des Geistes zum Schlafen in die Krippe zu legen.[72] Ob sich der

---

[68] Goossens 1952,108.
[69] Siehe unten Abschnitt 4.2.
[70] H.M.Köster, Art. "Kindelwiegen" in: *Marienlexikon* 3, 552–556. Die mit dem Kindelwiegen verbundene Gesangspraxis ist ausführlich und materialreich beschrieben
in Janota 1968, 125–150.
[71] Ibidem, 554.
[72] "[…] in mee mentis intimo dormire da presepio." Siehe auch die Version in Ed.
Nr. 86.

Kommentar ebenfalls auf eine Meditation im Geiste bezieht, oder ob damit auch reale Handlungen beschrieben werden, kann hier nicht entschieden werden.

Weihnachtsmeditationen sind in Kreisen der Devotio moderna verschiedentlich belegt. So empfiehlt Johan Vos van Heusden in einem Brief an die Bewohner des Klosters Windesheim, immer montags (*feria secunda*) über den Beginn des Lebens Christi zu meditieren und diese Meditation auch am folgenden Tag noch fortzuführen.[73] Die Deventer Schwester Katheryna van Arkel betrachtete in der Weihnachtszeit den steinernen Waschtrog des Schwesternhauses als Krippe und meditierte davor.

Die devote Verehrung des Christkinds wird zurückgeführt auf die Weihnachtsmesse des Franciscus von Assisi im Jahr 1223, die als Anfang verschiedener Formen der Verehrung rund um die Weihnachtskrippe gesehen werden kann.[74] Auch in Kreisen vor allem weiblicher Anhänger der Devotio moderna lebte diese Verehrung von Stall und Krippe. C. Caspers beschreibt, wie das Jesuskind dadurch den Gläubigen näher rückte und die Kluft zwischen seiner historischen Geburt und der Gegenwart durch diese Verehrung aufgehoben werden konnte.[75] In einem weiteren Schritt konnte man die Krippe mit dem eigenen Herzen identifizieren, die Geburt fand dann nicht mehr fleischlich, sondern geistig im Herzen der Gläubigen statt. Dieser Gedanke wurde beispielsweise von Bonaventura ausgearbeitet, der in der geistlichen Geburt einen zentralen Punkt in der geistlichen Entwicklung jeder frommen Seele sah.[76]

Die beiden Kommentare zu *Grates nunc omnes* sind in derselben Tintenfarbe geschrieben, in der auch das Gedicht selbst erscheint. Offensichtlich wurde der Kommentar zusammen mit dem Gedicht aufgeschrieben, das heißt, dieser Gesang war, im Gegensatz zur nachträglich kommentierten Antiphon *Ista est speciosa*, von vornherein als Hilfe zur Meditation konzipiert. In diesem Zusammenhang ist es nicht ohne Bedeutung, daß dieses Lied als einziger Gesang der Lage ohne Notation aufgeschrieben wurde. Der Text von *Grates nunc omnes* in Lage 1 wurde wahrscheinlich nicht als zu singendes Lied aufgeschrieben, sondern als Meditationstext, der in zweierlei Weise funktionieren konnte: zum einen in der Form einer Meditation über die

---

[73] *Chron Wind.*, ed. Grube 1886, 230 und 231.
[74] Caspers 2000, 72.
[75] Caspers 2000, 73.
[76] Caspers 2000, 73f.

Geburt Christi (rechte Kommentarreihe), zum anderen als Nachvollzug damit verbundener Affekte (linke Kommentarreihe).

Diese Art der Aufzeichnung begegnet selten in liturgisch-musika-
lischem Kontext. Als einziges weiteres Beispiel ist mir ein Eintrag in
der Handschrift *Den Haag 129 E 4* bekannt. Bei dieser Handschrift
handelt es sich um ein kleines Konvolut, das eine Lebensregel, ein
Meditationsschema und drei zum Teil unnotierte Gesänge umfaßt.
Die in ihr enthaltenen *exercitia*, eine von Cornelis van Vianen, einem
Rektor des Fraterhauses in Harderwijk[77] geschriebene persönliche
Lebensregel, sind eine wichtige Quelle für Fragen der Beteiligung
der Musik an der Meditation, auf die ich später ausführlicher zu sprechen kommen werde.[78] In diesen *exercitia* wird beschrieben, wie man
über die Antiphon *Benedic domine domum istam* meditieren kann.[79]
Wie W. J. Alberts vermeldet, findet sich hier in margine zugefügt
ebenfalls eine Reihe von Tugenden: *sanctitas, castitas, virtus, victoria,
fides, spes, charitas, benignitas, temperantia, paciencia, specialiter disciplina*
und *obediencia*.[80] Obwohl von dieser Antiphon nur das Incipit ohne
Notation in die Lebensregel aufgenommen worden ist, bildete sie
offensichtlich eine so wichtige Meditationsquelle, daß die mit dem
Text assoziierten Tugenden am Blattrand hinzugefügt worden sind.[81]

2. *Rapiariumstrukturen in den Lagen 1, 6 und 7*

Allgemein bekannt ist, daß geistliche Musik aus dem späten Mittelalter in Liederbüchern, Chorbüchern und liturgischen Büchern überliefert ist. Doch nicht alle religiösen Gesänge dieser Zeit wurden in
dieser Weise festgehalten. Manche musikalische Quellen gerade des
15. und 16. Jahrhunderts zeigen eine andere Art der Aufzeichnung.
Mehrere äußere Kennzeichen lassen an Heftchen denken, in die Anhänger der Devotio moderna Aufzeichnungen zu Meditationszwek-
ken machten, die Rapiarien:[82]

---

[77] Ed. Alberts 1959; Siehe Post 1968, 400ff.; Staubach 1991, 432; Weiler 1997,
134 und 137.

[78] Siehe unten S. 124–127.

[79] In *Utrecht 16 H 34* auf fol. 122r (Ed. Nr. 105).

[80] Siehe Alberts 1959, 20.

[81] *Berlin 8° 190* überliefert auf fol. 69r ebenfalls Stichwörter am Rand beim Lied
Cum sponsa sponsum queritat, die sich aber eher auf die Ausführung weiterer Strophen
beziehen dürften als auf eine Meditation. Das schließe ich aus der mehrfachen
Wiederholung des Begriffs 'ternis' ('je drei') am äußeren Blattrand.

[82] Zur Überlieferung spätmittelalterlicher Literatur siehe Mertens 1989 und 1995.

– Ihre auf den ersten Blick ungeordnete, bunt zusammengewür-
felte Anlage,
– das kleine Format,
– die wenig auf äußeren Prunk gerichtete Aufmachung,
– eine nachweislich längere Zeit andauernde Überlieferung in un-
gebundener Form.

Rapiarien waren kleine Heftchen, die von Anhängern der Devotio
moderna als Gedächtnisstütze für ihre geistlichen Übungen angelegt wurden. Sie enthielten sogenannte "Punkte", Exzerpte aus Traktaten, Schriften und Predigten. Th. Mertens unterschied zwei Typen
von Rapiarien: das chronologisch angelegte und das systematisch
angelegte Rapiarium. Als chronologisch aufgebautes Rapiarium ty-
pisierte er Sammlungen, die in einer Reihe charakteristischer Merkmale übereinstimmen: die Exzerpte erscheinen in der Abfolge, in
der sie niedergeschrieben werden, und die Abfassung dieser Sammlungen erstreckte sich oft über einen längeren Zeitraum. Das ist erkennbar am Gebrauch verschiedener Tinten, unterschiedlichen Pa-
piers sowie an Spuren längeren Gebrauchs noch bevor die Heftchen
zusammengebunden wurden. Die Einträge des systematisch angelegten Rapiariums sind dagegen immer in irgendeiner Weise gruppiert:
thematisch, alphabetisch, nach Autor oder nach anderen Ordnungs-
merkmalen. Der Entwurf ist von vornherein klar konzipiert. Äußere
Kennzeichen sind leer gebliebene Stellen zwischen den Texten, die
für spätere Einträge freigelassen wurden, und marginal angebrachte Stichwörter analog zu einem bestimmten System des Aufbaus. Systematisch aufgebaute Rapiarien können sowohl gebunden als unge-
bunden sein. Soweit der Bestand an Rapiarien bisher zu überblicken
ist, scheinen die chronologisch aufgebauten Rapiarien die systematischen an Anzahl zu übertreffen. Immerhin sind auch systematisch
angelegte Rapiarien innerhalb eines Lemmas meist chronologisch
aufgebaut.[83]
Musikalische Rapiarien sind in der Forschung bisher unbekannt.
Die Anlage dreier Lagen in der Handschrift *Utrecht 16 H 34* spricht
jedoch dafür, daß nicht nur literarische Sammlungen devoter Kreise
den ungeordneten Aufbau eines persönlichen Rapiariums zeigen
können, sondern auch musikalische Sammlungen.
Dabei kann unterschieden werden zwischen reinen Musikhandschriften, die die Kennzeichen von Rapiarien zeigen und Textrapia-
rien mit einem musikalischen Anteil. Im folgenden habe ich, aus-

---

[83] Mertens 1984, 154f.

gehend von der Handschrift *Utrecht 16 H 34*, nur Handschriften mit Notation als eindeutigem Hinweis auf eine musikalische Ausführung berücksichtigt. Dabei ist jedoch nicht ausgeschlossen, daß auch aus Rapiarien ohne Notation gesungen wurde, wenn sie Liedtexte enthielten.[84]

Der Aufbau der Lagen 1, 6 und 7 der Handschrift *Utrecht 16 H 34* deutet darauf hin, daß in Kreisen der Devotio moderna auch musikalische Rapiarien bestanden haben können.

Lage 1 wurde über einen größeren Zeitraum hinweg in mehreren Etappen hintereinander von derselben Hand aufgezeichnet. Jeweils neue Ansätze zu Einträgen sind am Wechsel des Schriftgrads deutlich erkennbar.[85] Die Anordnung der überwiegend dem Offizium entnommenen Gesänge macht einen willkürlichen Eindruck, da sie weder nach liturgischen noch nach thematischen Gesichtspunkten angeordnet sind. Die verschiedenen Einträge schließen dicht hintereinander an. Nur am Ende der Lage blieben ein paar Seiten leer. Diese Kennzeichen entsprechen denen des chronologisch aufgebauten Rapiariums. Die rapiariumartige Anlage dieses Handschriftenteils wird noch deutlicher, wenn man bedenkt, daß die darin enthaltenen Rubriken nicht im ersten Aufzeichnungsdurchgang eingetragen wurden, sondern wahrscheinlich einem späteren Arbeitsgang zuzurechnen sind.

Lage 6 entspricht im Aufbau einem systematisch angelegten Rapiarium. Sie enthält Gesänge zum Osterfest. Auffallend ist hier die relativ große Zahl leer gebliebener Seiten zwischen den einzelnen Einträgen. Diese Seiten enthalten durchgehend Notensysteme, ein Hinweis darauf, daß die noch geplanten Einträge ebenfalls notiert werden sollten. Die Struktur eines systematischen Rapiariums erklärt auch die Aufzeichnungsweise des Osterlieds *Surrexit christus hodie* auf fol. 93r. Dieses Lied wurde an einer leer gebliebenen Stelle, die nur Platz bot für die drei Stimmen des Refrains *Alleluya*, nachträglich ein-

---

[84] Einen Grenzfall stellt die Handschrift *Köln W 28* dar, die eine Reihe von Liedtexten ohne Notation überliefert. Auf fol. 50r wurde auf drei notdürftig mit der freien Hand gezogenen Notenlinien der Beginn des Thomas a Kempis zugeschriebenen Gesangs *Celi cives attendite* (Pohl IV, 266) notiert. Der Rest der Strophe erscheint ohne Notation. Warum der Beginn notiert wurde, ist nicht klar (vielleicht diente er als Gedächtnisstütze), doch weist die Notation darauf, daß die anderen Lieder dieser Handschrift möglicherweise ebenfalls gesungen wurden, auch wenn ihre Melodien nicht aufgeschrieben sind (Abbildung S. 119).

[85] Vgl. hierzu die paläographischen Untersuchungen S. 28f. Auch in Lage 4 ist zu Beginn von fol. 57v (*Exulta terra*) ein Einschnitt in der Aufzeichnung erkennbar, wobei die Hand nicht wechselt.

gefügt. Die Liedstrophen wurden ohne Notation am unteren Blattrand eingetragen. Der knapp bemessene Raum zwang den Schreiber
zu Notmaßnahmen in der Aufzeichnung, die für Musikhandschriften ungebräuchlich sind, als Merkmal der Struktur systematischer
Rapiarien jedoch erklärt werden können.[86]

Alleluya, fol. 93r

[86] Siehe S. 83–88: Strichnotation.

Obwohl diese Lage als systematisches Rapiarium aufgebaut ist, läßt sie dennoch Züge auch des chronologisch angelegten Rapariumtyps erkennen: Die Lage ist thematisch angeordnet, dennoch ist sie in mehreren Etappen entstanden. Sie stammt von einer Hand, deren Duktus zwischen hybrider und kursiver Ausführung schwankt. Gut sichtbar ist dies beim zweistimmigen Tropus *Sanctus O quam dulciter*, dessen Cantus zunächst hybrid geschrieben ist, im Laufe der Aufzeichnung jedoch zunehmend kursiv wird.[87]

Lage 7 entspricht im Aufbau ebenfalls einem systematisch konzipierten Rapiarium. Auch sie wurde von einer Hand geschrieben. Sie ist nach thematischen Gesichtpunkten aufgebaut und umfaßt Gesänge zu Tod und Ewigkeit.[88] Auch eine *oratio prudentii* zu diesem Thema ist aufgenommen, ein Gedicht in Hexametern ohne Notation.[89] Dieses Gedicht stammt zwar von derselben Hand wie die musikalischen Einträge, wurde aber nachträglich am unteren Rand von fol. 106r eingefügt, wo noch Raum freigeblieben war. Auch hier fällt der hohe Anteil leer gebliebener Seiten oder Halbseiten auf. Die Art, in der die *oratio prudentii* eingetragen ist, läßt vermuten, daß auch diese leeren Stellen noch gefüllt werden sollten. Doch ist es fraglich, ob auf diesen leergebliebenen Seiten Einträge für Musik vorgesehen waren, da die später eingetragene *oratio prudentii* ohne Notation aufgeschrieben wurde. Auch in codicologischer Hinsicht ist diese Lage nicht als Musiksammlung konzipiert. Zwar erscheint jeweils die erste Strophe der Lieder mit Notation, doch fehlt eine Liniierung für Texte oder für Musik.[90] Es ist also denkbar, daß der Schreiber ein gemischtes Büchlein vor Augen hatte, das sowohl Musik als auch unnotierte Texte zum Thema 'Tod und Ewigkeit' enthalten sollte: eingetragen ist die Musik, die Texte fehlen bis auf die nachgetragene *oratio prudentii*.

---

[87] Siehe S. 28f., mit Abbildung auf S. 29.

[88] Zur Endzeiterwartung im späten Mittelalter siehe Burger 2001.

[89] Das Gebet beginnt: *[O] dee cunctipotens anime dator o dee christe*. Es ist mir bisher nicht gelungen, diesen Text, der gut auch von einem "Pseudo-Prudentius" stammen kann, zu identifizieren. Ob diese *oratio* gesungen wurde, steht nicht fest. J. Oosterman hat die These aufgestellt, daß Gebete und Lieder unterschiedlichen Überlieferungscircuits angehören und daß Gebete daher normalerweise nicht gesungen wurden (Oosterman 1995, 40f). Die Aufzeichnung der *oratio* ohne Notation bestätigt möglicherweise Oostermans These der getrennten Überlieferungscircuits. Ihr Erscheinen in einem rein musikalischem Überlieferungszusammenhang widerspricht dagegen seinen Beobachtungen. Dem Hinweis *oratio* allein ist nicht zu entnehmen, ob das Gedicht gesungen oder gesprochen wurde.

[90] Siehe oben S. 21 und S. 46.

Nachträge zu Hauptcorpora und diese an Rapiarien erinnern-
den Strukturen können in meinen Augen aufgrund mehrerer Indi-
zien voneinander unterschieden werden:

- Nachträge sind vom Hauptcorpus deutlich abzugrenzen. Rapiarien dagegen sind Textsammlungen, die nicht in Hauptcorpus
  und Nachtrag eingeteilt werden können.
- Nachträge stammen vorzugsweise aus späterer Zeit als das Hauptcorpus und wurde von anderer Hand geschrieben. Rapiarien
  sind von einer Hand angelegt, wenn auch manchmal zu unterschiedlichen Zeiten.
- Nachträge sind thematisch gesehen meist uneinheitlich. Die Einträge in Rapiarien, vor allem des systematischen Typs, passen in
  inhaltlicher Hinsicht zueinander.
- Nachträge sind aufgrund ihres das Hauptcorpus ergänzenden
  Charakters nicht als selbständige codicologische Einheiten überliefert. Die Lagen 6 und 7 der Handschrift *Utrecht 16 H 34* dagegen bilden selbständige codicologische Einheiten mit thematisch geschlossener Anlage.

Rapiariumstrukturen finden sich in der Handschrift *Utrecht 16 H 34*
vor allem in Lagen mit einstimmiger Musik. Die Lagen mit mehrstimmiger Musik sind thematisch angelegte Liedersammlungen. Eine Verbindung zu Rapiarien fällt weniger ins Auge. Ihre thematische
Konzeption jedoch haben sie mit systematischen Rapiarien gemeinsam. Möglicherweise waren diese Sammlungen nicht für die Einzel-
meditation, sondern—was die Mehrstimmigkeit nahelegt—für die
gemeinsame Andacht bestimmt. Den Hintergrund hierfür konnten
beispielsweise die Bestimmungen für das Chorgebet bei den Brüdern vom Gemeinsamen Leben bilden, die nicht nur im Chor in der
Kirche sangen, sondern auch zu zweit oder zu dritt in den Zellen
das Offizium feierten.[91] Auch das Verbot des Orgelspiels im Dormitorium der Windesheimer Klöster aus dem Jahr 1464[92] kann auf das
Bestehen einer Praxis des 'Andachtsliedes' im Sinne eines 'Liedes für
die Andacht' bereits in Kreisen der Devotio moderna weisen. Setzte dieses Verbot doch voraus, daß nicht nur in der Kirche, sondern
auch im Dormitorium regelmäßig gesungen wurde.

Das im 17. Jahrhundert verbreitete protestantische Andachtslied
könnte in den Gesängen dieser Lagen einen Vorläufer haben. Darauf

---

[91] Siehe S. 155–159.
[92] *Acta Cap. Wind.*, ed. Van der Woude 1953, 66. Siehe hierzu auch Hascher-Burger
1998b, 257f.

weist eine Ausgabe des Thomas a Kempis zugeschriebenen Werks *De imitatione Christi* in deutscher Sprache aus dem Jahr 1678, die den Text mit Generalbaßliedern kombiniert.[93] Das Titelblatt dieser Ausgabe nennt eine Verwendung als Andachtslieder in Verbindung mit der Schrift des Thomas:[94]

> Klahre Andeutung Und wahre Anleitung Zur Nachfolge Christi [...] Aus des Thomas von Kempen dreien Büchern / solcher gestalt ausgeführet / Auch mit XXXVIII Andachts=Liedern / und fast so vielneuen Melodeien ausgezieret / Daß nunmehr von wahren Evangelischen Christen alles ohn Irrung gelesen / ohn Hinderung verstanden / und zur Andachts=übung nüzzlich kan gebrauchet werden [...].

Doch ist die Verbindung zwischen der Musik der Devotio moderna und dem Andachtslied des 17. Jahrhunderts auf die Funktion beschränkt. In musikalischer Hinsicht unterscheiden sich die Gesänge stark.

3. *Rapiariumstrukturen in anderen Handschriften mit Musik*

Gemischte Quellen, die Musik und Texte miteinander kombinieren, sind in Kreisen der Devotio moderna öfter anzutreffen. Bisher hat die Forschung den musikalischen Anteil in diesen gemischten Sammelhandschriften nur ungenügend wahrgenommen, wie auch der Gesamtinhalt dieser Handschriften im allgemeinen nur unzureichend untersucht ist. Eine detaillierte Bestandsaufnahme wäre dringend erwünscht, da wahrscheinlich ein nicht unerheblicher Teil der Überlieferung lateinischer Gesänge in Kreisen der Devotio moderna mit Hilfe dieser gemischten Handschriften erfolgte.[95] Im Rahmen dieser Untersuchung muß ich mich darauf beschränken, auf ein paar Quellen zu verweisen, die ich habe finden können, ohne systematisch zu suchen. Dabei unterscheide ich Handschriften mit einer Kombination aus notierten Gesängen und Gedichten ohne Notation sowie solchen, die notierte Gesänge mit unnotierten Prosatexten kombinieren.

---

[93] Ich gehe hier auf die Diskussion um die Autorschaft des Thomas a Kempis nicht näher ein. Die Diskussion ist ausführlich dargestellt bei Post 1968, 524–533.

[94] Arbogast 1991. Das Titelblatt ist dort auf S. 70 abgebildet.

[95] Als Beispiel sei hier auf die Überlieferung von *Philomena preuia* (Ed. Nr. 89) verwiesen, die im 15. Jahrhundert auch in ansonsten reinen Texthandschriften mit Notation überliefert ist. Siehe Hascher-Burger 2000, 140.

Beispiele für Handschriften, die notierte Gesänge und unnotierte Prosatexte miteinander kombinieren, sind die Quellen *Brüssel IV 421*, *Den Haag 129 E 4*, *Hattem 1025* und *Zwolle Em VI*.

Brüssel IV 421 ist eine in Kreisen sowohl der Niederlandistik als auch der Musikwissenschaft bekannte Quelle aus dem Windesheimer Regularkanonikerkloster *Ter Nood Gods* in Tongeren. Der codicologische Aufbau und der inhaltliche Zusammenhang zwischen den bunt zusammengewürfelten Textteilen und den musikalischen Einträgen in dieser Quelle sind bisher nicht näher erforscht.[96] Lediglich zu den mittelniederländischen Liedern liegen bisher eingehendere Untersuchungen vor.[97] Doch enthält diese Handschrift neben mittelniederländischen Liedern auch lateinische Gesänge und umfangreiche Teile mit Prosatexten. Eingehendere codicologische Untersuchungen könnten Aufschluß darüber geben, ob und inwiefern auch dieser Quelle rapiariumartige Strukturen zugrunde liegen und ob diese auf die Kombination von Text und Musik Einfluß hatten.

Die Handschrift *Den Haag 129 E 4* enthält neben den bereits genannten *exercitia* des Cornelis van Vianen[98] auch ein Meditationsschema und daran anschließend, von derselben Hand geschrieben, drei lateinische Gesänge, von denen einer zweistimmig notiert ist.[99] Zwei Gesänge sind ohne Notation geblieben, obwohl der Raum dafür ausgespart war. W. J. Alberts bezeichnet in seiner Edition der *exercitia* die Handschrift als Rapiarium.[100] Auch hier könnten nähere Untersuchungen eine Antwort geben auf die Frage, inwieweit die Kombination von Texten und Musik ein Kennzeichen (musikalischer) Rapiarien sein könnte.

Besonders auffallend ist in diesem Zusammenhang der Aufbau der Handschrift *Hattem 1025*, einer Sammelhandschrift aus dem Jahr 1523, die vor allem juristische Texte wie Urkundenabschriften und Listen von Schöffen, aber auch drei notierte einstimmige Marienantiphonen und die Abschrift eines Briefes von Martin Luther überliefert.[101] Diese Handschrift stammt von der Hand des Johannes Custos, der Stadtschreiber und Lehrer in Hattem war. Sie steht daher nicht

---

[96] Eine kurze Darstellung findet man in Stooker und Verbeij 1997, II, 395–397.

[97] Indestege 1951; Bruning 1955.

[98] Siehe S. 111.

[99] *Exulta terra mare* (161v), 2stg.; *Ad perhennis vite fontem* (165r), nur Text; *Graui me terrore pulsat* (166r), nur Text. Die einzige bisher bekannte Konkordanz des Weihnachtsliedes *Exulta terra* steht in *Utrecht 16 H 34*.

[100] Alberts 1959, VIII.

[101] Siehe Hascher-Burger und Kouwenhoven 2000, mit einer Transkription der drei Antiphonen.

im unmittelbaren Kontext einer Institution der Devotio moderna, sondern ist eher bürgerlichen Kreisen zuzuordnen, die jedoch, wie Th. Mertens festgestellt hat, das Instrument des Rapiariums für einen anderen Kontext übernahmen.[102]Auch in diesem Fall steht die Musik in enger Verbindung mit Prosatexten als Teil einer Privatsammlung verschiedener Dokumente.

Die einzige Handschrift in dieser Reihe, die Prosatexte zwischen notierte Gesänge aufgenommen hat, befindet sich im Konvolut *Zwolle Em. VI* aus dem Fraterhaus in Zwolle, das unter anderem Gerhard Zerbolt van Zutphens Schrift *De spiritualibus ascensionibus* enthält.[103] Der Codex überliefert als letzten Teil auf 31 Folia eine Reihe einstimmiger Gesänge über die 'Vier Letzten Dinge' (Himmel, Hölle, Tod und Fegefeuer).[104] Auf fol. 3r (S. 275) steht zwischen zwei Gesängen eine *Ammonicio*, ein Prosatext über die Reinigung des Herzens, auf fol. 31v (S. 334) ein Auszug aus dem dritten Buch des Thomas a Kempis zugeschriebenen Werks *De imitatione Christi*.

Einen Gesang mit Notation in Kombination mit Gedichten ohne Notation findet man in der Handschrift *Köln W 28*, auf den ich bereits an früherer Stelle verwiesen habe.[105] Sie enthält zwischen allerlei unnotierten Gedichten, die zum Teil in anderen Quellen mit Notation erscheinen,[106] drei mit der freien Hand gezogene Notenlinien, um den Beginn des Thomas a Kempis zugeschriebenen Liedes *Celi cives attendite* behelfsmäßig einstimmig festzuhalten:

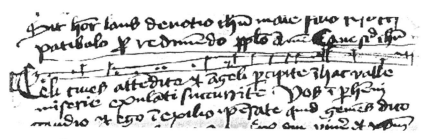

Der Beginn von *Celi cives attendite* in *Köln W 28*, fol. 50r.

---

[102] Th. Mertens beschreibt, daß Rapiarien in späterer Zeit über den rein religiösen Kontext hinaus auch in anderen Lebensbereichen Anwendung fanden (Mertens 1988, 118).

[103] Beschreibung der Quelle in Hermans und Lem 1989, 53.

[104] Eine Edition dieses Handschriftenteils wird durch Verf. vorbereitet.

[105] Siehe oben S. 113 Anm. 84.

[106] *Ave puer paruule* (fol. 47r) erscheint in *Utrecht 16 H 34* als *Aue iesu paruule* (fol. 74v) einstimmig notiert, in *Nijmegen 309* (fol. 188r) als Gedicht ohne Notation. *Tota vita ihesu christi* (fol. 49v) steht in *Brüssel IV 421* (fol. 97v) als einstimmiger *ymnus de passione christi ad imitationem*.

Der provisorische Charakter dieses Eintrags läßt vermuten, daß
die Grenzen zwischen Textaufzeichnung und musikalischer Aufzeichnung in Quellen mit Rapiarium-ähnlichem Aufbau fließend waren. Genauere codicologische und paläographische Untersuchungen müßten erweisen, ob auch diese Handschrift möglicherweise
nach den Gesetzmäßigkeiten eines (chronologisch aufgebauten) Rapiariums entstanden ist.[107]
    Rapiarien wurden als Gedächtnisstütze für die persönliche Me-
ditation angelegt. Die spezielle, an Rapiarien erinnernde Anlage einiger musikalischer Quellen legt den Schluß nahe, daß auch diese
Quellen einen Platz in der täglichen Meditation gehabt haben können. Einträge in das Rapiarium haben nach Ansicht von Th. Mertens ihren Platz zwischen der *lectio* und der *meditatio*. Was in der
lectio, dem *studium*, gelesen wurde, wurde in das Rapiarium eingetragen, um andernorts während der *ruminatio* wieder meditativ ins
Gedächtnis gerufen werden zu können.[108] Auf Musikhandschriften
übertragen bedeutet das, daß die Gesänge während der *lectio* oder
im Anschluß daran in kleine Heftchen übertragen wurden,[109] um
anschließend während der *ruminatio* wieder ins Gedächtnis gerufen
werden zu können. Die Wortwahl verschiedener Berichte über Musik und Meditation sowie über Musik und Handarbeit (*ruminare*), auf
die ich unten näher eingehen werde, weist darauf, daß der Gesang
mit der Stufe der *ruminatio* verknüpft war.[110]

4. *Meditationen mit Notation*

Nicht nur ihre Aufzeichnung in Rapiarium-ähnlichen Heftchen verweist darauf, daß ein Großteil der Gesänge aus der Handschrift *Utrecht 16 H 34* dem Bereich der Meditationsübungen angehört haben
dürfte, sondern auch die· Formulierungen der Gesangstexte selbst
deuten auf eine Verwendung in diesem Rahmen.
    Der Text der Passionsmeditation *Philomena preuia*[111] beispielswei-
se legt nahe, daß der Gesang an der Meditation beteiligt war. Die-

---

[107] Weitere Handschriften, die notierte lateinische Gesänge zusammen mit unnotierten Texten überliefern, sind *Darmstadt 80* und *Köln W 75*.
    [108] Mertens 1988, 117.
    [109] Einen Hinweis darauf, daß die Musik der Handschrift *Utrecht 16 H 34* jeden-
falls teilweise aus anderen Quellen kopiert wurde, findet man auf dem Außenrand
von fol. 54r: "non plus inueni in exemplari" ("mehr habe ich in der Vorlage nicht
gefunden").
    [110] S. 141–146.
    [111] Fol. 77v (Ed. Nr. 89).

ses dem Franziskaner und Erzbischof von Canterbury John Peckam (†1292) zugeschriebene, 90 Strophen umfassende Gedicht ist bereits im 13. Jahrhundert belegt und in Handschriften des 15. Jahrhunderts, darunter *Utrecht 16 H 34*, mit Musik überliefert.[112] Es beschreibt das Martyrium der christusminnenden Nachtigall, die singend den Tod Christi nachvollzieht und dabei selbst den Märtyrertod erleidet, um—noch immer singend—als Braut Christi in die himmlischen Chöre aufgenommen zu werden. Im Mittelalter konnte der Passion Christi auf zweierlei Weise gedacht werden: auf dem Weg der *imitatio* (Nachahmung) und mittels der *compassio* (Betrachtung).[113] Beide Möglichkeiten sind in der Passionsmeditation *Philomena* anzutreffen. Während die singende Nachtigall die *imitatio* in ihrer konsequentesten Form, nämlich als Nachvollzug des Todes, lebt, gibt sich der Betrachter der *compassio* hin. Er betrachtet das Leiden und Sterben sowohl Christi als auch der Nachtigall. In der Handschrift *Utrecht 16 H 34* ist die Musik sowohl mit der *compassio* als auch mit der *imitatio* verbunden. Durch den stets wiederholten Hinweis auf den Todesgesang der Nachtigall wird die Verbindung der *imitatio* mit der Musik unterstrichen. Überdies legt die Notation die Vermutung nahe, daß auch der der *compassio* hingegebene Betrachter seinerseits singt, wodurch eine musikalische Einbettung auch der *compassio* gegeben ist. Im gesamten Text wird die Verbindung von Musik und Meditation zudem nachhaltig unterstrichen durch die regelmäßige Verwendung musikbezogener Termini in Kombination mit meditationsbezogenen Begriffen (diese Termini sind im folgenden kursiv gedruckt):

[24] Oci *cantat* tale cor gaudens in pressura
dicens/ quia dignum est ut a creatura
diligatur opifex talis/ mente pura
ei cum extiterit de se tanta cura/

[25] Sic mens hoc diluculum transit *meditando*.
sed ad primam transferens *voce exaltando*
tempus acceptabile pie ruminando.
in quo venit dominus carne se velando

[87] Quicquid tamen alii dicunt frater chare.
istam nouam/ martirem libens *imitare*
cumque talis fueris christum deprecare
ut te cantus martirum doceat cantare

---

[112] Zur musikalischen Überlieferung dieser im Mittelalter weit verbreiteten Meditation siehe Hascher-Burger 2000.
[113] Köpf 1993, 39.

[89] Ergo soror tuum cor ita *cytariset*
se baptiset lachrimis planctu martiriset
christo totis viribus sic nunc *organiset*
ut cum christo postea semper *solemniset*

Die in der Handschrift *Utrecht 16 H 34* fehlende Schlußstrophe zu
dieser Meditation, die in den Handschriften *Köln GB 8° 58* und
Darmstadt 80 aufgenommen ist, weist nochmals zusammenfassend
darauf hin, daß die Nachtigall den Märtyrertod stirbt, während sie
die Passion Christi singt und rezitiert:

Philomena moritur ut prius audisti
cantans atque recitans passionem christi
sic se facit martirem sed non corde tristi
sic concede mori nos christe quos lauisti.[114]

Der Tod der singenden Märtyrerin Philomena ist nicht ohne Beziehung zum Alltag der Devotio moderna, wie der Bericht über den
Tod der Schwester Jutte van Culemborg (†1503), einer Chorfrau
aus dem Windesheimer Frauenkloster Diepenveen, zeigt. Jutte wählte Responsorien aus der Karfreitagsliturgie, um sie während ihres
Sterbens zu singen. Das geschah nach W. Scheepsmas Ansicht nicht
zufällig, da sie in ihrer eigenen letzten Stunde noch einmal das Sterben Christi singend nacherleben wollte.[115]

Die Formulierung anderer Texte in der Handschrift *Utrecht 16
H 34* beschränkt sich auf Aspekte der Meditation, ohne eigens auf
Gesang zu verweisen. Durch ihre Kombination mit Notation jedoch
liegt eine Verbindung von Musik und Meditation auch bei ihnen
nahe.

Der Text der Sequenz *O dulcissime iesu*[116] verweist auf die Meditation

Hee sunt vere delicie
fidelis anime
sepe mente reuoluere
humilia tua iesu christe

ebenso wie Formulierungen der Hymne *Iesu dulcis memoria:*[117]

---

[114] *Darmstadt 80*, fol. 135v. *Köln GB 8° 58*, fol. 5v.
[115] Scheepsma 1997, 54f. Allgemein zum Prozeß des Sterbens bei Mitgliedern der
Devotio moderna vgl. Breure 1987 und 1989. Die Untersuchung L.P. Grijps "Zingend
de dood in" macht deutlich, daß Singen während des Sterbens ein kulturübergrei-
fendes Phänomen war, das uns heute nur noch in Ausnahmefällen vertraut ist (Grijp
1997).
[116] Fol. 4r (Ed. Nr. 1).
[117] Fol. 59r (Ed. Nr. 73).

Nil *canitur suauius*
auditur nil iocundius
nil cogitatur dulcius
quam iesus dei filius.

Zum Schluß sei in diesem Zusammenhang noch auf eine ungewöhn-
liche musikalische Quelle verwiesen, deren Funktion eigentlich erst
begreiflich wird, wenn man sie im Kontext der Meditation sieht: eine
gereimte Beschreibung des Lebens Geert Grotes, die auch Musik enthalten haben muß, von der aber nur der Text in Edition zugänglich
ist. Die Quelle selbst ist seit einiger Zeit leider unauffindbar.[118] So wie
die Schwesternviten des Klosters Diepenveen als Vorbilder für spätere Generationen dienten,[119] hatte auch diese Fassung der Lebens-
geschichte eines der Gründerväter der devoten Bewegung zugleich
erbaulichen und pädagogischen Charakter. Was konnte die Begei-
sterung und Motivation zu einem devoten Leben besser schüren als
diese *vita* zu singen?

5. *Besondere Rubriken in Lage 1*

Weitere Hinweise auf eine Verbindung von Musik und Meditation
finden sich wiederum in Lage 1 in der Form ungewöhnlicher Rubriken.

Rubriken in liturgischen Büchern weisen auf den liturgischen
Ort, die liturgische Zeit und die Gattung der Gesänge in Messe und
Offizium. Spuren dieser gebräuchlichen Art der Rubrizierung finden
sich in der Handschrift *Utrecht 16 H 34* in Lage 1, Lage 3 und in
den Lagen 8 und 9. Obwohl keiner dieser Handschriftenteile dem
liturgischen Kontext zuzurechnen ist, sind doch teilweise liturgische
Rubriken übernommen, beispielsweise *De Magdalena* (fol. 13v) oder
De Ursula et sodalibus eius. Antiphona ad Magnificat (fol. 8v).[120]

An drei Stellen in Lage 1 finden sich Rubriken, die nicht dem
liturgischen Bereich entnommen sind. Die Überschrift über dem
ersten Gesang der ersten Lage, *O dulcissime iesu*, verweist auf die
Gattung der Sequenz, vor allem aber auf affektive Werte: *De dulcedine
iesu et de plenitudine gratiarum et omnium virtutum quas habuit Sequentia.*

---

[118] Mit freundlichem Dank an Frau Dr. J. Verbij-Schillings, die mich auf diese Quelle
aufmerksam machte. Carasso-Kok 1981, nr. 215 mit weiteren Literaturhinweisen.
Goudriaan 2000, 13f.

[119] Zu den Schwesternviten siehe Scheepsma 1997.

[120] Auf Aspekte der Rubrizierung gehe ich im folgenden Kapitel näher ein (S.
163f.).

Zur Antiphon *Benedictum sit dulce nomen domini* erscheint der Hinweis: *pro graciarum actione de omni opere bono* (fol. 6v). Dem Gesang *Nullus labor durus* ist die Rubrik *De labore in dei servitio* zugeordnet (fol. 7r). Alle Rubriken sprechen wichtige, in devoten Kreisen regelmäßig meditierte Themen an: die Verehrung des süßen Jesus, die äußere und innere Arbeit im Dienst Gottes und die guten Werke.

Mit dieser Art von Rubriken steht die Handschrift *Utrecht 16 H 34* nicht alleine. Die Handschrift *Brüssel IV 421* aus dem Windesheimer Regularkanonikerkonvent *Ter Nood Gods* überliefert ebenfalls Gesänge zu wichtigen devoten Themen. Die Rubrik *De beata virgine maria amica sancte solitudinis Antiphona* zum Gesang *Maria pudoris sui custos*[121] weist auf die zentrale Bedeutung der *solitudo* hin, wie sie beispielsweise auch in *De imitatione Christi* angesprochen wird.[122] Ein eindeutiger Hinweis auf die Meditation ist die Rubrik *Ymnus de passione christi ad imitationem*, die dem Gesang *Tota vita ihesu christi crux fuit et martirium* vorangeht.[123] Doch auch Überschriften wie *Responsorium de silencio*[124] und *Pro confortatione in aduersis Responsorium*[125] verweisen auf einen außerliturgischen Kontext.

3. *Die Handschrift* Utrecht 16 H 34
und die exercitia *aus dem Fraterhaus in Harderwijk*

Für einige der in der Handschrift *Utrecht 16 H 34* überlieferten Gesänge ist eine Einbettung in Meditationsabläufe im einzelnen nachweisbar. Die Basis hierfür liefert eine zu Beginn des 16. Jahrhunderts geschriebene und bereits mehrfach genannte Quelle, die die geistlichen Übungen (*exercitia*) des Cornelis van Vianen, eines Rektors des Fraterhauses in Harderwijk, in der Form eines Tagesplans ausführlich beschreibt. Diese *exercitia* finden sich in der bereits mehrfach genannten Handschrift *Den Haag 129 E 4*, die außer den *exercitia* unter anderem auch ein Meditationsschema und drei zum Teil notierte Ge-

---

[121] *Brüssel IV 421*, fol. 144r. In der Handschrift *Utrecht 16 H 34* erscheint diese Antiphon ohne Rubrik (Ed. Nr. 56).

[122] *De imitatione Christi* Buch I, cap. 20: *De amore solitudinis et silentii*. Ed. Pohl 1904, 38: "Claude super te ostium tuum: et voca ad te Iesum dilectum tuum. Mane cum eo in cella: quia non invenies alibi tantam pacem. Si non exisses nec quicquam de rumoribus audisses. Ex quo nova delectat aliquando audire: oportet te exinde turbationem cordis tolerare."

[123] *Brüssel IV 421*, fol. 97v.

[124] *Brüssel IV 421*, fol. 145v.

[125] *Brüssel IV 421*, fol. 147r.

sänge enthält.[126] Die *exercitia* geben Aufschluß darüber, welche Rolle
liturgische und paraliturgische Gesänge im Laufe eines Tages bei der
Meditation spielen.[127] Es geht hier um die persönlichen *exercitia* des
Cornelis van Vianen, einen schriftlichen Tagesplan, der zur wieder-
holten Lektüre bestimmt war.[128] Obwohl diese Quelle bereits seit 40
Jahren in Edition vorliegt, wurde sie meines Wissens bisher nie im
Blick auf die Rolle, die Gesänge bei der Meditation im Harderwijker
Fraterhaus offensichtlich spielten, ausgewertet.

R.R. Post widmete dieser Quelle drei Seiten seiner umfangreichen Darstellung der Devotio moderna, ohne jedoch auf die darin
erwähnte Musik einzugehen.[129] Seiner Zusammenfassung ist zu entnehmen, daß es sich bei dieser Handschrift auch um eine Abschrift
einer älteren Quelle handeln könnte. Posts Ansicht nach ist das in
ihr enthaltene Tagesprogramm ein Beispiel für die *ruminatio* und
noch nicht für die methodische Meditation.[130] Es lasse sehen, wie
die Ideale der Devotio moderna dank einer den ganzen Tagesablauf durchziehenden Frömmigkeit in das tägliche Leben umgesetzt
werden konnten.[131]

Bei dieser Devotion spielte Musik eine wichtige Rolle. In meiner Darstellung interessiert die Quelle in erster Linie im Blick auf
Gesänge, die auch in der Handschrift *Utrecht 16 H 34*—zum Teil
als Unica—enthalten sind. Eine umfassende Evaluation der *exercitia*
steht noch aus.

Der Text der *exercitia* ist durchzogen von Incipits liturgischer und
paraliturgischer Gesänge, die zu vielen Gelegenheiten gesungen wurden. Empfohlen wird beispielsweise, man solle sich zu Tagesbeginn
während des Ankleidens bekreuzigen mit den Worten *Nos cum prole
pia benedicat Virgo Maria*:

> Deinde vestiens te, signa te signo sancte Crucis et dic *Nos cum prole pia
> benedicat Virgo Maria.*[132]

---

[126] Siehe oben S. 111 und S. 118.

[127] Ed. Alberts 1959, 14–36. Die *exercitia* sind dort als *consuetudines* bezeichnet. Zu
Problemen der literarischen Gattung der *consuetudines* vgl. Staubach 1991, 432 Anm.
46.

[128] Staubach 1991.

[129] Post 1968, 399–402.

[130] Die methodische Meditation ist eher der Spätzeit der Devotio moderna zuzurechnen, siehe oben S. 102.

[131] Post 1968, 399.

[132] Alberts 1959, 14.

Dieses Stoßgebet steht in der Handschrift *Utrecht 16 H 34* mit Notation als extrem kurze Antiphon in Lage 1 zwischen weiteren ebenso kurzen Gesängen, die wahrscheinlich ebenfalls als Stoßgebete dienten.[133]

Im Anschluß an die Matutin soll man als Bekenntnis der in der Nacht begangenen Sünden auf dem Boden ausgestreckt das *Pater noster* oder das *Ave Maria* lesen:[134] *Ave Maria gratia plena*, eine im späten Mittelalter weitverbreitete Antiphon zu Marienfesten und zur Adventszeit,[135] ist ebenfalls in die erste Lage der *Utrecht 16 H 34* aufgenommen.[136] Im Rahmen der *exercitia* wurde sie mehrfach am Tag, auch wiederholt hintereinander, gelesen.[137]

Auch wenn man in dieser Beziehung Maria gegenüber nichts zu büßen habe, so solle man dennoch hiernach zur Buße das *Salve Regina* lesen, damit Maria für die begangenen Sünden eintritt:

> Et quando de gloriosa Virgine Maria non habes aliquid pro penitentia, tunc penitentia lecta, lege *Salve regina*, ut ipsa intercedat pro peccatis nostris.[138]

Eine andere Gelegenheit, diese im späten Mittelalter weit verbreitete marianische Antiphon im Rahmen der *exercitia* zu beten, ergab sich in der Zeit nach der Vesper, zu Beginn der Zeit der Handarbeit:

> Post vesperas stude in studio tibi concesso usque quartam hora[m]. Quarta signata incipe opus manuum et lege has orationes de Domina *Salve Regina*.[139]

Die dritte Lage der Handschrift *Utrecht 16 H 34* enthält einen zweistimmigen und elf einstimmige Tropen zum *Salve Regina*.[140] Zwar ist im Zusammenhang der *exercitia* lediglich von *Salve Regina* die Rede, doch ist nicht ausgeschlossen, daß auch eine tropierte Fassung der Antiphon gelesen werden konnte.

---

[133] Fol. 7r (Ed. Nr. 6).

[134] Alberts 1959, 18. Im Zusammenhang mit den nächtlichen Sünden verweisen die *exercitia* auf *dicta* des Johannes Gerson. Gemeint ist wohl der Traktat *De pollutione nocturna et praeparatione ad missam*. Siehe Burger 1986, 65.

[135] Die elektronische Datenbank *Cantus* (http://publish.uwo.ca/~cantus/) verzeichnet 473 Belege.

[136] Fol. 10r (Ed. Nr. 24).

[137] Alberts 1959, 24, 29, 30.

[138] Alberts 1959, 19f.

[139] Alberts 1959, 28f.

[140] Fol. 41r–47v (Ed. Nr. 44–55).

Zum Abschluß der Gebete nach der Matutin raten die *exercitia* zur Lektüre des Responsoriums *Benedic Domine domum istam*, das in der Handschrift *Utrecht 16 H 34* zu Beginn der achten Lage mit Musik steht:[141]

> Postremo lege *Benedic Domine domum istam et omnes habitantes in ea, sitque in ea sanctitas, sanitas, humilitas, obedientia, patientia, victoria etc.*[142]

Wenn die sechste Stunde zur Hälfte verstrichen war, wurde zur Messe geläutet. Während der Messe wurden wiederum verschiedene persönliche Gebete gesprochen. Beim Verlassen der Kirche war man gehalten, *Benedictum sit dulce nomen Domini* zu sprechen. Diese Antiphon steht in der Handschrift *Utrecht 16 H 34* in der ersten Lage.[143]

> Te exeunte dic *Benedictum sit dulce nomen Domini nostri Jhesu Christi et dulcissime Virginis Marie et tota celesta curia sit benedicta in eternum et ultra.*[144]

Aus den Harderwijker *exercitia* wird deutlich, daß die Rezitation von Gebeten und Liedtexten über den ganzen Tag verteilt stattfand, während der Handarbeit ebenso wie während der *lectio* oder während der Messe.

Obwohl die aufgeführten Gesänge großenteils der Liturgie entnommen sind, hatten sie im Harderwijker Fraterhaus doch einen festen Platz im außerliturgischen Teil des Tagesablaufs als Bestandteil devoter Übungen. Der Vorgang der Meditation wird in den Anweisungen des Cornelis van Vianen umschrieben als *dicere* oder *legere*. Doch besteht zu allen aufgeführten Gesängen in der Handschrift *Utrecht 16 H 34* eine Fassung mit Notation. Auf die Frage der Ausführung werde ich an späterer Stelle näher eingehen.[145]

4. *Literarische Quellen zur Funktion der Musik in der Meditation*

Wir haben Hinweise auf eine Verbindung zwischen Musik und Meditation in musikalischen Aufzeichnungen der Handschrift *Utrecht 16 H 34* und anderer Quellen gesehen und Spuren von Musik in den täglichen devoten Übungen des Harderwijker Rektors Cornelis van Vianen festgestellt. Ein dritter zu behandelnder Aspekt ist

---

[141] Fol. 122r (Ed. Nr. 105).
[142] Alberts 1959, 20.
[143] Fol. 6v (Ed. Nr. 5).
[144] Alberts 1959, 24.
[145] Siehe S. 141–146.

die Frage, wo und inwieweit einige literarische Quellen der Spätantike und der Devotio moderna auf eine Verbindung zwischen Musik und Meditation verweisen. In diesen Quellen steht die Musik nicht im Mittelpunkt, sondern wird lediglich tangiert im Zusammenhang mit manchen Tätigkeiten. Doch werfen auch die aus diesen Quellen gewonnenen Hinweise ein neues Licht auf die Frage nach den Hintergründen der Musikpraxis in Kreisen der Devotio moderna.

1. *Die Musik in Traktaten und Alltagsquellen der Devotio moderna*

Florens Radewijns weist in seiner Schrift *Tractatulus devotus* innerhalb seiner Ausführungen über die Meditation darauf hin, daß die Handarbeit nicht an der Meditation hindere, wie auch viele Heilige sprächen und wie es in den Viten der Väter stehe.[146] Wie Augustin schon sagte, könnten während der Handarbeit fromme Lieder gesungen werden. Meditieren (*meditari*) und lobsingen (*psallere*) werden in einem Atemzug als diejenigen Tätigkeiten genannt, die während der Handarbeit am besten ausgeführt werden können:

> Cessante manu ab opere, spiritus laboret vel orando vel meditando, quamvis in ipso labore idipsum facere teneatur. Nec eciam labor manuum impedit sanctas meditaciones, ymmo ad eas habendas multum iuvat, sicut patet cuilibet experto, et multi sancti communiter dicunt, et maxime habetur in *Collacionibus*, in *Institutis et Vitis patrum*.

> Unde eciam sic dicit beatus Augustinus in libro *De opere monachorum*: Cantica vero divina cantare eciam manibus operantes facile possunt, et ipsum laborem tamquam divino celeumate consolari. [...] Quid ergo impedit servum Dei manibus operantem in lege Dei meditari, et psallere nomini Domini altissimi; ita sane ut ad ea discenda que memoriter recolat, habeat seposita tempora?[147]

In welchem Verhältnis Gesang und Meditation zueinander zu stehen haben, wird nicht näher erläutert. Offen bleibt hier, ob Singen an sich schon einen Teil der Meditation bildet, oder ob wir von zwei grundsätzlich verschiedenen, einander jedoch ergänzenden Tätigkeiten ausgehen müssen.

Ein Meditationsschema des Windesheimer Priors Johan Vos von Heusden trennt zwischen Meditation und Gesang, nennt jedoch beide in enger Verbindung miteinander. Dieses Meditationsschema in der Form eines Briefes über das Leben und Leiden Christi an die

---

[146] Zum *Tractatulus devotus* siehe oben S. 101 Anm. 36.
[147] *Tract. dev.* cap. XXIV, ed. Legrand 1999, 110.

Bewohner des Klosters Windesheim wurde von Johannes Busch in sein *Chronicon Windeshemense* aufgenommen. Darin rät Johan Vos, dienstags (*feria tercia*) zunächst ebenso wie am vorangehenden Tag die Engel und anschließend die Geburt Christi zu bedenken (*cogitare*). Dabei sollen die Adressaten zusammen mit den Engeln laut das *Gloria in excelsis deo* singen, bevor sie fortfahren, Aspekte des Leidens Christi zu betrachten:[148]

> Cogita, frater, quomodo dulcis et sanctus ille puerulus vilibus pannis fuerit involutus, in presepio super fenum fuerit reclinatus, pastoribus ab angelis nunciatur, et quomodo ipsi tunc in Bethlehem cum festinacione venerunt testimonium de puero perhibentes, quod ipse esset salvator mundi. Exalta vocem tuam nunc cum laude et cum angelis decanta: "Gloria in excelsis deo." Deinde meditare domini comprehensionem, quam humiliter et quam libenter propter te se passus est ligari [...][149]

Auch hier werden Gesang (mit lauter Stimme: "exalta vocem tuam [...] et [...] decanta") und Meditation nebeneinandergestellt. Beide Aktivitäten sind miteinander verbunden, aber offensichtlich nicht miteinander identisch. Der Gesang steht zwischen zwei Meditationen über die Kindheit Jesu und über Aspekte der Passion. H.M. Franke beschreibt die Wechselwirkung zwischen Musik und Meditation an dieser Stelle recht allgemein als Aufforderung: "So soll nach Möglichkeit die Zeit dazu benützt werden, um an Hand von Hymnen, Antiphonen oder Responsorien das innere Leben zu nähren."[150] Doch geht er auf das genaue Verhältnis zwischen Gesang und Meditation nicht ein.

Eine weitere Formulierung aus demselben Brief des Johan Vos mag verdeutlichen, daß Singen und Meditieren offensichtlich eng miteinander verbunden waren. An dieser Stelle fordert er dazu auf, das *Ave Maria* zu singen und gleichzeitig das *Missus est* zu überdenken (er verwendet den für die Meditation spezifischen Ausdruck *ruminare*).

> Item cogitabis de inicio vite Ihesu de eius incarnacione [...] Quam humilime ipsa [cf. Maria] respondit, quomodo inelevata permansit in seipsa, quamvis agnosceret et firmiter crederet illud magnum miraculum, quod deus secum operabatur, quod creatorem suum et deum suum conceperat et paritura erat et virgo permansura! Et cane cum iubilo "Ave Maria", evangelium "Missus est" devote ruminando.[151]

---

[148] *Chron. Wind.*, ed. Grube 1886, 227–243.
[149] *Chron. Wind.*, ed. Grube 1886, 231f.
[150] Franke 1981, 65.
[151] *Chron. Wind.*, ed. Grube 1886, 230.

In der lateinischen Syntax wird das Gerundium *ruminando* verwendet, das den gleichzeitig stattfindenden Vorgang *cane* ergänzt: *cane ruminando*. Doch entsteht ein praktisches Problem dadurch, daß
unterschiedliche Themen gesungen und meditiert werden sollen:
das *Ave Maria*[152] gesungen und *Missus est*[153] meditiert. Diese beiden
Vorgänge können menschlich gesehen nicht gleichzeitig stattfinden,
da nicht zwei Texte gleichzeitig bedacht und formuliert werden können. Diese syntaktische Konstruktion deutet darauf, daß die beiden
Vorgänge des Singens und des Meditierens offenbar eng miteinander verknüpft waren, ohne deshalb jedoch identisch zu sein.

En dieselbe Richtung weisen Ausführungen Gerlach Peters'
(†1411) in seiner Schrift *Breviloquium*. Er beschreibt verschiedene
einander ergänzende Meditationshandlungen, die sich an die *lectio*
anschließen sollen. Er rät, nicht zu lange Zeit ausschließlich zu lesen,
sondern aus dem Gelesenen Affekte zu erwecken und hierdurch zum
Gebet zu gelangen, der dritten Stufe in der Trias *lectio—meditatio—
oratio*. Mit Hilfe kurzer Gebete solle die Lektüre mehrmals unterbrochen werden, ebenso wie durch Aufschreiben und Auswendiglernen,
durch die Besinnung auf eigene Fehler und durch Singen mit leiser
Stimme:

> Non nimis diu vna vice legere, sed ex leccione affectum elicere et ora-
> cionem formare, ac sic interim sepius breuiter orando leccionem inter-
> rumpere, aut ali|quid ex leccione signando memorie commendare, pro-
> positi sui sancti aliquid dictitare, defectus suos retractare, exercicia pro-
> ponere, deuote, submissa voce cantare, et consimilia interim actitare.[154]

Auch hier wird Gesang mit Handlungselementen der Meditation in
einem Atemzug genannt.

Auf eine Verbindung von Meditation und Musik weisen auch einige Alltagsquellen, die über die Meditationspraxis besonders from-
mer und vorbildlicher Menschen erzählen und dabei immer wieder
die Musik streifen. Henricus Krell, ein Geistlicher aus dem Fraterhaus in Deventer, unterbrach seine Arbeit regelmäßig, um für die
Devotion und um seine Starrheit loszuwerden Antiphonen zu singen:

---

[152] Die Antiphon *Aue Maria gratia plena* steht in *Utrecht 16 H 34* auf fol. 1or (Ed. Nr.
24).
[153] Luc. 1, 26ff: "In mense autem sexto, missus est angelus Gabriel a Deo in civitatem
Galilaeae, cui nomen erat Nazareth [...]"
[154] Gerlach Peters, *Breviloquium*, Vers 206–211, ed. Kors 1996, 235–297, hier: 261.
Ich danke Herrn Prof. Dr. Th. Mertens für den Hinweis auf diese Stelle.

Rursus a signo usque tertiam intendo operi, aliquotiens propter devotionem, vel torporem expellendum canto antiphonas.[155]

Von Wilhelm Vornken († 1455), dem vierten Prior des Klosters Windesheim, wird in der *Frensweger handschrift* berichtet, daß er manchmal fünf Stunden und länger im Chor blieb, ohne diesen zu verlassen. Manchmal unterbrach er seine Meditation durch lautes Weinen und manchmal durch Gesang:

> Ende se saghen oen somtijt meer dan vijf uren in den choer volherden, nerghent gaende, noch om noetsake der naturen, oec des winters niet uutten choer gaende. […] Waer omme hy somtijt uut desen compunctien uutbrac toe screyen, ende als die zuden wyndt wayede in vroelicheit des herten ende in sueten sanghe.[156]

In den angeführten Quellen stehen Gesang und Meditation eng nebeneinander, doch ist nirgends die Rede von einer gesungenen Meditation. Beide Aspekte scheinen einander zu ergänzen, doch werden sie nicht als identische Vorgänge beschrieben.

Diese Art der Verbindung von Gesang und Meditation kann die Aufzeichnungsweise von *Ista est speciosa* erklären.[157] In diesem Fall ist eine notierte Antiphon nachträglich interlinear kommentiert. Der Kommentar wurde nicht gesungen, während des Gesangs konnten die Glossen nicht bedacht werden. Doch sind beide als Einheit überliefert.

2. *Musik und* affectio

Die enge Verbindung zwischen Musik und Meditation ist kein Zufall. Auch ist sie nicht erst in Kreisen der Devotio moderna entstanden. Sie reicht zurück bis in frühchristliche Zeit, als Meditation und Liturgie noch eine Einheit bildeten.[158] Von zentraler Bedeutung für diese Verbindung scheint mir die bereits in der Antike bekannte Verbindung von Musik und Affekt zu sein.[159] Der Affekt bildet das Bindeglied zwischen Musik und Meditation. Bevor ich hierauf näher eingehe, will ich erst die Bedeutung der *affectio* in der Meditation der Devotio moderna beschreiben.

---

[155] *Den Haag 70 H 79*, ed. Alberts 1959, 3. Zu dieser Handschrift siehe Geurts 1984, Nr. 34. Weiler 1997, 203.

[156] Alberts und Hulshoff 1958, 134.

[157] Siehe oben S. 105–107.

[158] Zu frühchristlichen Entwicklungen des Offiziums siehe Grisbrooke 1992, 404–406.

[159] Zu Musik und Affekt vgl. Vellekoop 1994 und 1998.

a. *Die Notwendigkeit der* affectio

> Est enim oratio hominis Deo adhaerentis affectio, et familiaris quaedam
> et pia allocutio.

schreibt Gerhard Zerbolt van Zutphen in seinem Traktat *De spiritualibus ascensionibus*: das Gebet ist eine Gemütsbewegung des Gott an-
hängenden Menschen.[160] Ohne *affectio* ist ein Gebet in seinen Augen
nicht echt, es kommt nicht aus dem Herzen und ist daher wirkungs-
los. Die *affectio* ist, wie M. Goossens formuliert, "Wesenselement des
Gebets."[161] Die auf das Gebet vorbereitende Stufe, die die *affectio* her-
beiführen soll, ist die *meditatio*.

Eine Voraussetzung für die *affectio* sind für Gerhard Zerbolt innere Tugenden, deren man sich erfreuen kann, wenn die unsauberen
Begierden aus dem Herzen vertrieben sind. Diese Tugenden können
beispielsweise aus Liebe, Reinheit und Demut bestehen:

> Haec est autem tutissima via, in hoc securissima devotio, dulcissima et
> pura affectio, cum videlicet inordinatis affectionibus ab anima repulsis
> delectamur actibus virtutum internis, hoc enim est vere in Domino de-
> lectari, in charitate scilicet, castitate et humilitate. Aliae vero interdum
> devotiones possunt esse deceptoriae.[162]

Die *affectio* spielt bei Lesung, Meditation und Gebet die Hauptrolle.
In der *lectio* wird die Basis gelegt für die *affectio*, aus der heraus man
aufsteigt zum Gebet:

> Item ut lectionem immediate dirigas ad puritatem, saepius lectionem
> oratio interrumpat, ut de lectione formes affectum et de affectu surgas
> ad orationem.[163]

Von *meditatio* spricht Gerhard, wenn das, was man gehört oder gelesen hat, eifrig im Herzen bewegt und durch die hierdurch ent-
standene *affectio* der Affekt entflammt und der Intellekt erleuchtet
wird:

---

[160] *De spiritualibus ascensionibus* cap. XLIII, ed. Mahieu 1941, 220; engl. Übersetzung
Van Engen 1988a, 286.
[161] Goossens 1952, 107.
[162] *De spir. asc.* cap. XLIX, ed. Mahieu 1941, 252; engl. Übersetzung Van Engen
1988a, 293. Siehe auch Goossens 1953, 108.
[163] *De spir. asc.* cap. XLIV, ed. Mahieu 1941, 228; engl. Übersetzung Van Engen
1988a, 288. Goossens 1952, 110.

Meditatio vero dicitur, qua ea quae legisti vel audisti, studiosa rumina-
tione in corde tuo diligenter pertractas, et per ea affectum tuum circa
aliquod certum inflammas vel illuminas intellectum.[164]

Auch Florens Radewijns weist in seinem *Tractatulus devotus* auf die
immense Bedeutung der *affectiones*, da der Mensch durch den Intellekt zwar Gott erkennen, jedoch nur durch den Affekt oder durch
den Willen Gott lieben könne:

Nam erant sibi primo dati intellectus et affectus, memoria et alie affectiones, sicut amor, timor, odium, spes, gaudium et meror etc. ut videlicet
Deum per intellectum cognosceret, per affectum vel voluntatem ama-
ret, et per memoriam in eo quiesceret.[165]

Durch den Sündenfall sind die natürlichen *affectiones* des Menschen
verformt und zum Bösen geneigt. Daher müssen sie und mit ihnen
das menschliche Herz gereinigt werden. Durch die Reinigung des
Herzens kann die Liebe zu Gott wiederhergestellt werden. Darin allein besteht die *perfecta religio* oder die *religiosa perfectio*.[166] Folglich
muß man danach trachten, *affectiones* zu erwecken, die mit dem Inhalt der erstrebten geistlichen Übung oder Meditation übereinstimmen. Um dieses Ziel zu erreichen, steht Florens ein breites Spektrum
an *affectiones* vor Augen.[167]

Da die *affectiones* sowohl bei Florens Radewijns als auch bei Gerhard Zerbolt von Zutphen von zentraler Bedeutung sind, spricht
M. Goossens bei beiden Autoren von "affektiver Frömmigkeit" und
von "affektivem Gebet in der ursprünglichen Bedeutung dieses erst
im 17. Jahrhundert entstandenen Terminus".[168]

Die wichtige Rolle der *affectio* für das Gebet wird auch in dem
bereits erwähnten Zitat aus dem *Breviloquium* des Gerlach Peters unterstrichen.[169] Die fromme Lektüre soll mehrmals unterbrochen werden, um die für das Gebet gewünschte *affectio* bilden zu können. Die
Tätigkeiten, die in Zusammenhang mit dieser Unterbrechung zur
Affektbildung genannt werden, sind Aufschreiben und Auswendiglernen des Gelesenen, Überdenken der Sünden (*compunctio*) sowie
devotes, leises Singen. Alle diese Tätigkeiten beziehen sich auf die

---

[164] *De spir. asc.* cap. XLV, ed. Mahieu 1941, 228; engl. Übersetzung Van Engen
1988a, 288. Goossens 1952, 78.
[165] *Tract. dev.* cap. IV, ed. Legrand 1999, 68.
[166] *Tract. dev.* cap. IV, ed. Legrand 1999, 70.
[167] Goossens 1952, 110f.
[168] Goossens 1952, 107.
[169] Zitat siehe oben S. 130.

ungenannt gebliebene Zwischenstufe zwischen *lectio* und *oratio*, nämlich die *meditatio*. Implizit ist damit ausgedrückt, daß Meditation den
Zweck der Affektbildung hat, um zum Gebet überleiten zu können.
In dieser Hinsicht stimmen die Ausführungen Gerlach Peters' überein mit Erwägungen Florens Radewijns' und Gerhard Zerbolts von
Zutphen. Neu an der Ausführung des Themas im *Breviloquium* ist,
daß die Musik in Form leisen Gesangs ausdrücklich einen Platz sowohl innerhalb der Meditation als auch bei der Bildung des Affekts
erhält.

Affectio ist ein umfassender Begriff, der nicht leicht zu übersetzen
ist. Für Gerhard Zerbolt ist *affectio* synonym mit *devotio*. Die *devotio*
in ihrer Reinform besteht in einer gefühlsmäßigen Neigung zum
Guten:

> [...] sciendum quod devotio in proposito dicitur dulcis quaedam affec-
> tio, vel inclinatio affectuosa ad bonum [...].[170]

Affectio steht in enger Verbindung zum devoten Tugendsystem und
ist unverzichtbar für das Gebet. Der Sündenfall führte dazu, daß das
Herz des Menschen vor allem negative *affectiones* birgt. Daher geht
es in der *religiosa perfectio*, dem Tugend- und Vollkommenheitsstreben der Devotio moderna, um die Reinigung und Transformation
der *affectiones* für einen wirkungsvollen Kontakt mit Gott im Gebet.
Synonym mit *affectiones* kann der Begriff *affectus* gesehen werden.
Der *Tractatulus devotus* spricht im Zusammenhang mit der Handarbeit davon, daß der *affectus* aus der *lectio* gebildet werde und aus ihm
die *oratio* entstehe,[171] derselbe Vorgang, den Gerhard Zerbolt von
Zutphen der *affectio* zuschreibt.

b. *Musik und Handarbeit*

Die Handarbeit spielte eine wichtige Rolle im Tageslauf eines An-
hängers der Devotio moderna. Da niemand ausschließlich meditieren könne, so argumentiert der *Tractatulus devotus*, sei es wichtig,
zwischen Meditation und Handarbeit abzuwechseln.[172] Die Handarbeit ihrerseits wiederum solle regelmäßig unterbrochen werden von
Meditation und Gebet. Unter Berufung auf Bernhard von Clairvaux
formuliert Florens Radewijns, der Mensch solle aus der *lectio* den

---

[170] *De spir. asc.* cap. XLIX, ed. Mahieu 1941, 254; engl. Übersetzung Van Engen
1988a, 293. Siehe auch Goossens 1952, 108.
[171] *Tract. dev.* cap. VII, ed. Legrand 1999, 78.
[172] *Tract. dev.* cap. XXIV, ed. Legrand 1999, 110.

affectus erfahren, aus dem er dann das Gebet bilden soll, damit er zwischen *lectio* und Arbeit beten könne:

> Eciam debet homo ad hoc niti secundum Bernardum, aliquando de lectione facere affectum, de affectu oracionem, ut oret infra lectionem et studium.[173]

Dieser Gedanke findet sich auch bei Gerlach Peters' *Breviloquium*:

> Non nimis diu vna vice legere, sed ex leccione affectum elicere et orationem formare [...][174]

Auch in den *Consuetudines* des Zwoller Fraterhauses wird auf die notwendige Verbindung zwischen Handarbeit und *affectio* hingewiesen:

> Et licet debeamus esse continui, non tamen nimii vel importuni, ne spiritum extinguamus; immo debemus niti, manere, si non in continua bona *meditatio*ne, saltem in bona affectione, sepius erigendo cor nostrum ad Deum per breves orationes, quas jaculationes vocat beatus Augustinus.[175]

Diese notwendigen meditativen Unterbrechungen der Handarbeit können problemlos mit dem Singen geistlicher Gesänge kombiniert werden:

> Nec eciam labor manuum impedit sanctas meditaciones, ymmo ad eas habendas multum iuvat, sicut patet cuilibet experto, et multi sancti communiter dicunt, et maxime habetur in *Collacionibus*, in *Institutis* et *Vitis patrum*.

> Unde eciam sic dicit beatus Augustinus in libro *De opere monachorum*: Cantica vero divina cantare eciam manibus operantes facile possunt, et ipsum laborem tamquam divino celeumate consolari.[176]

Dieses Zitat geht, wie Florens selbst vermerkt, auf Ausführungen Augustins in seiner Schrift *De opere monachorum* zurück:

> Cantica vero divina cantare, etiam manibus operantes facile possunt, et ipsum laborem tanquam divino celeumate consolari [...] Quid ergo impedit servum Dei manibus operantem in lege Domini meditari et psallere nomini Domini Altissimi [...] ?[177]

---

173 *Tract. dev.* ed. Goossens 1952, 220.
174 *Breviloquium*, ed. Kors 1996, 261. Siehe oben S. 130.
175 *Consuetudines domus clericorum* ed. Schoengen 1908, 245: *de labore.*
176 *Tract. dev.* cap. XXIV, ed. Legrand 1999, 110.
177 PL XL, 565.

Es hat einen festen Platz in Ausführungen verschiedener Autoren aus Kreisen der Devotio moderna über die Handarbeit. In den Traktaten Gerhard Zerbolts *De spiritualibus ascensionibus* und *De reformatione anime*[178] ist es ebenso zu finden wie auch in Florens Radewijns' *Tractatulus devotus* und in der *Instructio religiosorum* des Dirc van Herxen.[179] Da man sich auch während der Arbeit innerlich der Erneuerung der (geistigen) Kräfte hingeben müsse, solle man Gerhards Rat zufolge meditieren und regelmäßig beten.

Auf einen anderen Aspekt des Gesangs während der Arbeit spielt er mit dem Hinweis an, wie Augustin bereits sage, könne man während der Arbeit meditieren und geistliche Lieder singen, die ebenso wenig von der Arbeit abhalten wie weltliche Lieder in weltlichen Kreisen:

> Imo etiam secundum Augustinum, de opere monachorum, poteris infra opus devote aliquid decantare. Nec enim opus manuum ista plus impedit quam seculares a suis carminibus impediuntur manibus laborantes.[180]

Gesang während der Arbeit kann also als allgemeines kulturhistorisches Phänomen gesehen werden, das in geistlichen und in weltlichen Kreisen auftrat. Darüberhinaus wurde in geistlichen Kreisen mit einer spirituellen Zielsetzung gesungen, die ihren Platz im allgegenwärtigen Ablauf von *lectio—meditatio—oratio* hatte.

c. *Spätantike Einflüsse: Augustins* De opere monachorum *und Isidors* Etymologiae

Die Verbindung zwischen Musik und Affekt hat eine lange Geschichte. Ihr Zusammenhang war bereits in der antiken Musiktherorie bekannt und wurde auf dem Weg über die Kirchenväter bis ins späte Mittelalter in zahlreichen musiktheoretischen Traktaten vermittelt.[181]

---

[178] Zur Meditation bei Zerbolt von Zutphen siehe Goossens 1952, 81–83; Van Buuren 1992, 240 und 241. Van Buuren führt als weiteres Beispiel die Statuten von 1451 des Erzbischofs von Köln für den Kölner Schelenkonvent an, einem Haus für Schwestern vom Gemeinsamen Leben. Anweisungen dieser Statuen über Gesang bei der Arbeit beziehen sich ebenfalls auf Augustin (Van Buuren 1992, 400, Anm. 39).

[179] Der Hinweis auf Gesang während der Handarbeit findet sich in *Utrecht 8 E 29*, fol. 46v. Siehe oben S. 108 Anm. 66.

[180] *De spir. asc.* cap. LXVII, ed. Mahieu 1941, 354; engl. Übersetzung Van Engen 1988a, 311.

[181] Eine chronologische Übersicht über einschlägige Traktate vom 4. Jahrhundert

Das Bild von den erschöpften Ruderern ("Siquidem et remiges cantus hortatur"), die durch die Macht des Gesangs zum Durchhalten ermuntert werden, wurde von Anhängern der Devotio moderna mit dem Hinweis auf Augustins *De opere monachorum* übernommen.[182] Der dahinter verborgene Gedanke, die Musik könne hart arbeitende Menschen wie beispielsweise Seeleute zum Durchhalten motivieren, wurde übertragen auf die Mitglieder religiöser Konvente.

Worin die motivierende Kraft des Gesangs besteht, beschreibt Isidor von Sevilla in der ersten Hälfte des 7. Jahrhundert in seinen *Etymologiae*. Auch er verwendet das Bild vom erschöpften Ruderer, um zu beschreiben, daß Musik die Affekte sowohl von angestrengten Ruderern (*remiges*) als auch von allgemein durch Arbeit (*labor*) Erschöpften beeinflusse:

> Musica movet affectus, provocat in diversum habitum sensus. In proeliis quoque tubae concentus pugnantes accendit, et quanto vehementior fuerit clangor, tanto fit ad certamen animus fortior. Siquidem et remiges cantus hortatur, ad tolerandos quoque labores musica animum mulcet, et singulorum operum fatigationem modulatio vocis solatur.[183]

Auf diese Stelle aus Isidors *Etymologiae* wird in den einschlägigen Traktaten der Devotio moderna nicht verwiesen. Die bei ihm erwähnte Verbindung von Affekt, Musik und Arbeit, die derjenigen Augustins entspricht, lebte jedoch auch in der Vorstellungswelt der Devotio moderna. Das ergibt sich aus dem Kontext, der Anweisungen zum Gesang mit Anweisungen zur Notwendigkeit der Meditation, der Affektbildung und des Gebets während der Arbeit verbindet.

Die einschlägigen, auf Augustins Schrift *De opere monachorum* zurückgehenden Anweisungen zur Handarbeit in devoten Traktaten lassen den Schluß zu, daß Musik dabei eine wichtige Funktion einnahm. Sie sollte zur Bildung des für die Meditation richtigen Affekts beitragen, damit auf ihm ein Gebet zu Gott aufgebaut werden konnte. Mit ihrer Hilfe konnten die müden Arbeiter wie Ruderer ermutigt werden, dieser ständigen Gebetspflicht nachzukommen. Kurz und treffend wird diese Situation zusammengefaßt in der Antiphon *Nullus labor durus* in der ersten Lage der *Utrecht 16 H 34*, die rubriziert ist: *De labore in dei servitio*:

---

v. Chr. bis zum Beginn des 16. Jahrhunderts gibt E. Vetter in Vetter 2000, 105. Zu Musik und Affekt bei Augustin, Cassiodor und Isidor vgl. auch Vetter 2000, 80–84.

[182] Siehe Zitat S. 135: "et ipsum laborem tanquam divino celeumate consolari [...]"

[183] *Etymologiae* liber III, XVII. Ed. Lindsay 1911, lib. III, XVII, 2. Vgl. Vellekoop 1994 und 1998.

Nullus labor durus, nullum tempus longum videri debet quo eternitatis gloria acquiritur. et eterna damnatio declinatur. stemus ergo in accepto proposito certaminis nostri.[184]

So häufig diese Gedanken in Kreisen der Devotio moderna auch geäußert wurden, sie scheinen dennoch nicht spezifisch gewesen zu sein für diese Kreise, sondern mehr oder weniger Allgemeingut in der zweiten Hälfte des 15. Jahrhunderts. Darauf wenigstens deutet ein Traktat des Musiktheoretikers und Musikers Johannes Tinctoris aus dem letzten Viertel des 15. Jahrhunderts, dessen Funktion und Benutzerkreis bis heute nicht geklärt sind: der *Complexus effectuum musices*.[185] Diese Schrift, wie hier nur kurz angerissen werden soll, besteht aus einem *Prologus*, 20 Kapiteln und einer *Conclusio*. In 20 Kapiteln wird die vielfältige Wirkung der Musik auf unterschiedliche Lebensbereiche dargestellt. In unserem Zusammenhang sind vor allem Kapitel VI: *Musica animos ad pietatem excitat*, Kapitel XI: *Musica terrenam mentem elevat*, Kapitel XII: *Musica voluntatem malam revocat* und Kapitel XV: *Muscia labores temperat* von Interesse. Tinctoris behandelt dieselben Themen wie die Schriftsteller der Devotio moderna, doch führt er andere Belege an als diese. Außer anderslautenden Belegen aus Schriften Augustins und Bernhards von Clairvaux zitiert er unter anderem auch Schriftsteller der Antike (in Kapitel XII beispielsweise Cicero und Quintilian), die in Werken der Devotio moderna zu diesen Themen fehlen.[186] Nur in der Referenz an die ermüdeten Ruderer in Verbindung mit der Arbeit stimmt Tinctoris mit den Traktaten der Devotio moderna überein.[187]

d. *Gefahren der Musik*

So segensreich der Einfluß der Musik sich auswirken konnte, wenn sie die erwünschte *affectio* bewirkte, so gefährlich war Musik in den Augen der Modernen Devoten für diejenigen, die den mit ihr verbundenen Text aus dem Auge verloren. Den Ausführungen Gerhard Zerbolts zufolge mußte man die *affectio*, mittels derer man zum Gebet aufsteigen konnte, aus der *lectio* bilden.[188] Die *affectio* war also an

---

[184] Fol. 7r (Ed. Nr. 9).

[185] *Compl. eff. mus.* ed. Strohm und Cullington 1996, 51–80.

[186] *Compl. eff. mus.* ed. Strohm und Cullington 1996, 57 und 72. Quellennachweise zur ganzen Schrift ebenda S. 62–66.

[187] *Compl. eff. mus.* ed. Strohm und Cullington 1996, 58 und 73.

[188] *De spir. asc.* cap. XLIV, ed. Mahieu 1941, 228: "[...] ut de lectione formes affectum et de affectu surgas ad orationem."; engl. Übersetzung Van Engen 1988a, 288. Goossens 1952, 110.

einen Text gebunden. Ein gesprochener oder geschriebener Text mußte affektiv dem erstrebten Ziel entsprechen. Unterstützt werden konnte dieser Vorgang dadurch, daß der Text gesungen wurde. Bei einem gesungenen Text drohte jedoch immer die Gefahr, daß der Musik ein höherer Stellenwert eingeräumt wurde, als dem mit ihr verbundenen Text.[189]

Als im Jahr 1464 auf Beschluß des Generalkapitels in allen Klöstern des Kapitels von Windesheim das Orgelspiel sowohl in der Kirche als auch im Dormitorium verboten wurde, geschah dies mit der Begründung, das Orgelspiel führe zu zuviel Aufregung:

> Sicuti non admittimus organa in divino officio, ita nec in dormitorio causa excitationis.[190]

'Aufregung' war gefährlich, da die Musik zwar für die Bildung des zum Gebet dringend erforderlichen Affekts erwünscht war, jedoch die Aufmerksamkeit vom Text abzulenken drohte. Diese Gefahr erkannte bereits Augustin, als er in seinen *Confessiones* die Wirkung der Musik auf seinen Geist beschrieb und die damit verbundene Gefahr, die Musik höher einzuschätzen als das Wort. Zwar sollte die Musik nützliche Affekte bewirken, doch durfte sie keinesfalls dominieren, um nicht vom Textinhalt abzulenken und dadurch unerwünschte Affekte hervorzubringen. Dann war es immer noch besser, keinen Gesang anzuhören:

> Ita fluctuo inter periculum voluptatis et experimentum salubritatis magisque adducor non quidem inretractabilem sententiam proferens cantandi consuetudienm approbare in ecclesia, ut per oblectamenta aurium infirmior animus in affectum pietatis adsurgat. Tamen cum mihi accidit, ut me amplius cantus quam res, quae canitur, moveat, poenaliter me peccare confiteor et tunc mallem non audire cantantem.[191]

Offenbar war durch die Verbindung von Gesang und Orgelspiel das Risiko, den Text und damit die richtige *affectio* aus dem Auge zu verlieren, enorm gestiegen. Das führte logischerweise zu einem Verbot der Orgeln in Windesheimer Klöstern.[192]

---

[189] Auf dieses Problem gehe ich auf S. 202–205 näher ein.

[190] *Acta capituli Windeshemensis*, ed. Van der Woude 1953, 66.

[191] *Confessiones* liber X, ed. Bernhart 1980, 564/566.

[192] Diesem Verbot begegnet man auch im Windesheimer Ordinarius aus dem Jahr 1521 (*Nijmegen P. Inc. 28*, fol. XLIv/XLIIr): "Propter quod nec organa iudicamus aliquo modo admittenda."

Auch auf die Komposition mehrstimmiger Musik in Kreisen der
Devotio moderna hatte diese Sorge einen großen Einfluß. Viel
spricht dafür, daß aufgrund der Funktion der Musik in der Meditation die für den richtigen Affekt verantwortlichen Texte immer
deutlich zu hören und zu verstehen sein sollten. Sonst bestand die
Gefahr, daß der falsche Affekt gebildet wurde, wodurch das Gebet
sinnlos wurde. Durch diese Einstellung wurden, wie wir noch sehen
werden, auf dem Gebiet der mehrstimmigen Musik erhebliche Opfer
gebracht.[193]

Im 16. Jahrhundert gab es Bestrebungen, die strengen Bestimmungen hinsichtlich des Orgelspiels zu lockern—beinahe erfolglos.
Das Verbot des Orgelspiels wurde im Jahr 1538 nur für die Klöster
wieder aufgehoben, die mit Erlaubnis des Kapitels bereits eine Orgel
besaßen. Allerdings durfte die Orgel nur von weltlichen Organisten
gespielt werden, nicht von einem Organisten, der Profeß abgelegt
hatte:

> Capitulum mandat omnibus domibus suis de beneplacito eiusdem or-
> gana habentibus, ut organistas habeant seculares et non professos, qui
> autem organa habent sine licentia capituli, ea tollant, non habentes
> vero neque sibi procurent aut assumant.[194]

Im Jahr 1545 wurde nochmals unterstrichen, die alten Regelungen
gälten weiterhin für alle Häuser, die nicht mit Zustimmung des Kapitels Orgeln besitzen würden. Diese sollten auch keine Orgeln an-
schaffen:

> Mandat capitulum ne quis posthac petere praesumat a capitulo licen-
> tiam habendi organa in conventu suo, quum velit capitulum in hac re
> statuta patrum observari.[195]

Musikausübung in der Devotio moderna bedeutete eine Gradwan-
derung zwischen optimaler Ausnutzung der affektbildenden Möglichkeiten der Musik für das Gebet, und der drohenden Gefahr, vom
Text abgelenkt zu werden, zu leerem Genuß überzugehen und durch
den falschen Affekt das Seelenheil in Gefahr zu bringen.

In diesem Zusammenhang seien nochmals die Glossen zum
Weihnachtslied *Grates nunc omnes* in Lage 1 der *Utrecht 16 H 34* herangezogen, die Tugenden aufzählen in Verbindung mit dem Lied-

---

[193] Siehe unten Kapitel V, S. 206–235.
[194] *Acta capituli Windeshemense* ed. Van der Woude 1953, 145.
[195] *Acta capituli Windeshemense* ed. Van der Woude 1953, 149.

text.[196] Zum Verständnis ihrer Funktion sind wiederum Ausführungen von Gerhard Zerbolt hilfreich. Gerhard unterscheidet zweierlei Arten von *affectio*: die erste Form ensteht schnell, ist jedoch nicht von Dauer. Er verbindet sie daher auch mit Anfängern, Frauen und gefühlvollen Naturen. Die zweite Art dagegen kann nur durch lange und geduldige Übung in den Tugenden erworben werden und ist daher als nicht vorübergehende Form weit höher einzuschätzen als die kurzlebige erste Art.[197] Sie führt zu wahrer Devotion und spielt bei Lesung, Meditation und Gebet die Hauptrolle.[198] Aus der Verbindung dieser vor allem erstrebten zweiten Form der *affectio* mit den Tugenden kann möglicherweise eine Funktion der marginalen Glossen in *Grates nunc omnes* abgeleitet werden: Bei der Lektüre des Texts wird der Textinhalt auf die daraus zu destillierende Tugend reduziert, um daraus maximalen Gewinn zu ziehen für diese zweite Art der *affectio*. Musik spielt in diesem Zusammenhang eine andere Rolle als in der von Augustin introduzierten Verwendung als Gesang während der Arbeit. Der Affekt kommt bei *Grates nunc omnes* nicht durch den Klang zustande, sondern durch den Text. Gesänge können also auf zweierlei Weise zur Meditation beitragen: als Klang, der im Sinne Isidors von Sevilla den zum Gebet notwendigen Affekt bewirkt, aber auch als Text, der, mit Tugenden in Verbindung gebracht, seinerseits wiederum zur Affektbildung beitragen kann. In diesem Sinne hatten wohl die meisten Gesänge der Handschrift *Utrecht 16 H 34* eine doppelte Funktion bei der Affektbildung.

5. Cantare, legere *und* dicere

Die Musik der Handschrift *Utrecht 16 H 34* ist in zweierlei Kontext belegt: als Gesang während der Handarbeit (*ruminatio*) und als Meditation in Verbindung mit der Liturgie (*meditatio*). Autoren devoter Traktate behandeln die Musik vor allem im Rahmen der Handarbeit. Darüberhinaus führen die *exercitia* des Cornelis van Vianen aus dem Fraterhaus in Harderwijk auch eine Beteiligung der Gesänge an liturgischen Feiern an, die mit persönlicher Meditation verbunden sind. Für Gesang während der Handarbeit ebenso wie bei liturgischen Handlungen wurden dieselben Gesänge verwendet, die unter anderem in der Handschrift *Utrecht 16 H 34* überliefert sind. Mög-

---

[196] Siehe oben S. 107–111.
[197] Goossens 1952, 109.
[198] Goossens 1952, 110.

licherweise wurden für beide Situationen sogar dieselben Aufzeich-
nungen verwendet. Doch bestehen Unterschiede zwischen beiden
Bereichen hinsichtlich der Terminologie, die die Ausführung der
Gesänge beschreibt.

Augustins Zitat in *De opere monachorum* folgend sprechen Autoren der Devotio moderna in ihren Traktaten von *cantare*, wenn sie
eine musikalische Ausführung im Rahmen der Handarbeit beschreiben. Auch in anderen Quellen ist in Zusammenhang mit Arbeit die
Rede von *cantare* oder *canere*.[199] Auch während der Arbeit im Freien
wurde laut gesungen—manchmal sogar zu laut, wie das Beispiel von
vier sangesfreudigen Schwestern aus dem Kloster Diepenveen ver-
anschaulicht. Der Rektor des Klosters, Johannes Brinckerinck fühlte
sich durch den lauten Gesang unangenehm getroffen:

> Op een tijt weren hier vier susteren in zwaren arbeit inden velde doe
> vermackeden sie hem wat ende songhen ende sie lieten die stemme
> soe lude uutghaen dattet niet devoetlick en ludde ende sie lietent
> vrilicke opghaen om hoer scone stemmen toe horen ende heer Johan
> Brinckerinck en was niet veer van hem ende waert daer wat in besto-
> ten.[200]

Viel spricht für Van Buurens Vermutung, die Kritik Brinckerincks
habe sich nicht darauf gerichtet, daß die Gesänge keine geistlichen
Lieder gewesen sein sollten, sondern auf die Art der Ausführung.
Die Schwestern wollten ihre schönen Stimmen hören—ein Zweck,
der vom eigentlich intendierten, nämlich den Affekt für das Gebet
zu bewirken, weit entfernt war und vielmehr den falschen Affekt der
Eitelkeit bewirkte. Kein Wunder, daß Brinckerinck mit dem Gesang
nicht glücklich war.

Solange leise gesungen wurde und in der Weise, daß der Eitelkeit kein Vorschub geleistet wurde, war hörbarer Gesang (*cantare*) offenbar willkommen. Der Gesang während der Handarbeit fiel unter
die *ruminatio*. Möglicherweise war hörbares Singen nicht beschränkt
auf die Handarbeit allein, sondern Teil auch anderer Momente der
ruminatio. Hierfür spricht in meinen Augen, daß in den Meditati-
onsanweisungen des Johan Vos van Heusden an die Bewohner des

---

[199] Der Gesang des Priesters Henricus Krell im Fraterhaus in Deventer während
der Arbeit in seiner Zelle wird ebenfalls mit *cantare* umschrieben. Ed. Alberts 1959,
3. Zitat siehe oben S. 131.
[200] Aus dem zweiten Buch mit Schwesternviten des Klosters Diepenveen, Handschrift DV: *Deventer 101 E 26*. Das Zitat ist übernommen aus Van Buuren 1992, 248.
Er gibt eine Übersetzungshilfe für "bestoten" an: "onaangenaam getroffen" (unangenehm getroffen).

Klosters Windesheim der Begriff *ruminatio* in Verbindung mit der Aufforderung *cane cum iubilo* verwendet wurde.[201]

Auch in Fraterhäusern wurden bei der persönlichen Feier des Stundengebets in der eigenen Zelle und während der Messe Gesänge und Meditation miteinander verbunden. Die Aufzeichnungen der *exercitia* aus dem Fraterhaus in Harderwijk lassen sehen, daß diese liturgischen Feiern eingebettet waren in paraliturgische Meditation. Diese devote Einbettung einer liturgischen Handlung wird in den *exercitia* wiederholt beschrieben. Während jedoch für Gesang während der Arbeit die Begriffe *cantare* oder *canere* verwendet wurden, wählten die *exercitia* durchgehend die Begriffe *legere* und *dicere*, wenn sie von der Ausführung der Gesänge während dieser Meditationen sprechen.

Die wechselnden Bezeichnungen für die Ausführung von Liedtexten waren öfter schon Gegenstand der Forschung. Nach Ansicht D. A. Brinkerinks sind die beiden Begriffe nicht austauschbar. Aus der häufig anzutreffenden Kombination der Begriffe in Quellen leitet er eine Ausführung als Sprechgesang ab.[202] P. Obbema ist der Auffassung, daß die Begriffe *singen* und *lesen* auswechselbar sind.[203] Seine These stützt sich auf die Einleitung zu *Die Gheestelicke melody*. *Die Gheestelicke melody* stellt eine Sammlung mittelniederländischer Gedichte und Prosatexte in der Folge der Wochentage dar. Für jeden Tag der Woche ist ein Gedicht aufgenommen, dem ein kurzer Prosatext vorangeht, für den Sonntag erscheinen zwei Gedichte. Von dieser Sammlung sind vier Überlieferungen aus dem 15. Jahrhundert in voneinander abweichenden Fassungen bekannt.[204] Die Sammlung *Wien 12875* verbindet die Gedichte mit einstimmiger Notation, die beiden anderen Sammlungen überliefern nur den Text. Die Einleitung zu *Wien 12875* spricht davon, daß das Lesen oder Bedenken dieser Lieder dabei helfen solle, den Versuchungen des Teufels zu widerstehen.[205] Die Vermutung Obbemas geht dahin, daß Singen und Lesen bzw. Rezitieren auswechselbar seien. Seine These

---

[201] Zitat S. 129.

[202] Brinkerink 1904, 113, Anm. 7: "lesen (gebruikt van het koorgebed en andere gebeden, ook van gewijde zangen en liederen), *bidden of reciteeren: met eene bepaalde cadans opzeggen, half zingende half zeggende spreken.* Het werkwoord "lesen" wordt meermalen met singen verbonden."

[203] Obbema 1996, 173 Anm. 21.

[204] Siehe S. 95 Anm. 3.

[205] "Grijp naar de liederen als gij bekoord wordt", zitiert nach Obbema 1996, 169a. In diesem Fall haben die Lieder die Funktion von Stoßgebeten.

wurde von Van Buuren bestätigt und durch weitere Literaturbeispiele ergänzt.[206]

Die konsequente Anwendung der Begriffe *legere* und *dicere* in den Harderwijker *exercitia* einerseits und des Terminus *cantare* im *Tractatulus devotus* und im *Breviloquium*[207] andererseits spricht in meinen Augen jedoch dafür, daß zwischen diesen Begriffen unterschieden wurde, und daß sie in einem unterschiedlichen Zusammenhang ihren Platz hatten.

Dieses Problem behandeln auch die Ausführungen U. Mehlers zu *dicere* und *cantare*.[208] Er stellte fest, daß die Begriffe *dicere* und *cantare* in sicherem Sinn austauschbar sind.[209] Doch liegen ihnen unterschiedliche Konnotationen zugrunde, auch wenn beide Begriffe, so wies er nach, einen musikalischen Vortrag bezeichnen konnten. Kurz zusammengefaßt plädierte Mehler dafür, daß *dicere* einen übergeordneten Begriff darstellte, der allgemein eine liturgisch notwendige Vortragsart mit der Stimme bezeichnet,[210] wobei der Hauptakzent nicht auf der Art der Ausführung liegt, sondern auf der damit implizierten Heilstat. Mehler schreibt: "Der "innere Kern der Liturgie" wird, soweit er vom Priester vorgetragen wird, mit 'dicere' für den Orationston bezeichnet. Es ist aber die Frage, ob 'dicere' an dieser Stelle eine musikterminologische Bedeutung hat oder ob es nicht vielmehr die liturgische Tätigkeit des Betens, vielleicht sogar nicht nur den Ausdruck des Betens, sondern auch dessen Wirkung meint."[211] *Dicere* kann nach Ansicht Mehlers durchaus eine gesungene Ausführung bezeichnen, doch soll mit diesem Terminus nicht die Musik unterstrichen wird, sondern der geistig-liturgische Vorgang. Dagegen bezeichnet *cantare* oder *canere* eine gesungene Ausführung, bei der die Tatsache unterstrichen wird, daß Musik erklingt. Das Verhältnis beider Termini zueinander beschreibt Mehler folgendermaßen: "In der liturgischen Praxis wechselt fortwährend die Terminologie, je nachdem, ob man (mit 'dicere') den ideellen, oder (mit 'cantare') den musikalischen Ausdruck durch den Choral meint. Auf diese Weise erklären sich so widersprüchlich schei-

---

[206] Van Buuren 1992, 253.

[207] Die mittelniederländische Fassung des *Breviloquium* verwendet für *submissa voce* den Ausdruck *binnens monts*, "mit leiser Stimme".

[208] Mehler 1981, hier vor allem Kapitel 1 und 2.

[209] Mehler 1981, 31: Sowohl der *Thesaurus linguae latinae* als auch das Handwörterbuch von *Georges* nennen beim Lemma *dicere* als synonyme Möglichkeit *cantare* beziehungsweise *singen*.

[210] Mehler 1981, 56.

[211] Mehler 1981, 67.

nende Rubriken wie 'dicere cum cantu', 'dicere in cantu', oder Bezeichnungen wie "dicendo vel canendo" (Reckow, Anonymus 4, I, S.
72, 5), bei eindeutig gleichem musikalischem Zusammenhang und
bei sicher erscheinender Verwendung des 'vel' als disjunktive und
nicht kopulative Konjunktion."[212] *Legere* schließlich kann ebenfalls
synonym gebraucht werden mit *dicere*, aber mit anderer Funktion.
Legere bezeichnet den Erkenntnissen Mehlers zufolge den rezitativi-
schen Lektionsvortrag, also keine ausgebildete Musik.[213]

Die unterschiedliche Akzentsetzung in der Begriffswahl *dicere*,
legere oder *cantare* hat für unsere Frage Bedeutung. Vor dem Hintergrund der Untersuchungen Mehlers liegt es nahe, daß in den *exercitia*, die Meditation in Zusammenhang mit der Liturgie beschreiben
und daher wohl in erster Linie an einer Verbindung zur Heilswir-
kung der Liturgie interessiert sind, der Begriff *dicere* verwendet wird.
Dagegen verwenden der *Tractatulus devotus* und der Bericht des Io-
hannes Brinckerick über die vier singenden Schwestern den Terminus *cantare*. Beide beschreiben Meditation während der Arbeit, also unabhängig von der Liturgie. Auch das *Breviloquium* spricht von
cantare bei seiner Beschreibung der Meditation, in diesem Zusammenhang ist ebenfalls keine Liturgie erwähnt. Die Wahl der Termini
dicere oder *cantare* in den von mir herangezogenen Quellen hing also
möglicherweise davon ab, ob sie im Kontext der Liturgie verwendet
worden sind.

Interessant sind in diesem Zusammenhang auch Beobachtungen
von H. Joldersma und D. Van der Poel zur paraliturgischen Handschrift *Brüssel II 2631*.[214] Einige Rubriken dieser Handschrift verwenden den Begriff *cantare*.[215] Diese Lieder werden von den Verfasse-
rinnen des Aufsatzes vorsichtig in Verbindung gebracht mit Meditation während der Handarbeit: das Singen schließe das Meditieren
nicht aus, doch gebe die Handschrift hierfür keine eindeutigen Hinweise.[216] Auch in dieser Handschrift wurde also möglicherweise der
Begriff *cantare* im Zusammenhang mit der Meditation während der
Arbeit, nicht während der Liturgie, gewählt.

Der dritte Begriff, *legere*, deutet nach Mehlers Meinung einen re-
zitativischen Vortrag an. Doch ist diese Interpretation bei den von

---

[212] Mehler 1981, 69.
[213] Mehler 1981, 65f.
[214] Joldersma und Van der Poel 2000.
[215] Joldersma und Van der Poel 2000, 122ff.
[216] "Het zingen tijdens de arbeid sluit overigens het overdenken van de inhoud van
het lied niet uit, maar het handschrift geeft niet expliciet aan dat dat de bedoeling
is". Joldersma und Van der Poel 2000, 127.

mir herangezogenen Quellen nicht ohne weiteres nachvollziehbar. Immerhin werden in den *exercitia* aus Harderwijk, die *legere* abwechselnd mit *dicere* verwenden, Gesänge aufgeführt, die in liturgischem Zusammenhang durchaus gesungen werden und nicht rezitiert. Ob sie allerdings als Meditation in einer Art musikalischer Rezitation vorgetragen wurden, oder ob *legere* und *dicere* in dieser Quelle synonym gebraucht werden, kann hier nicht entschieden werden.

KAPITEL IV

VON LITURGISCHER ZU PARALITURGISCHER
AUFZEICHNUNG: ÜBERGANGSFORMEN BEI DEN
EINSTIMMIGEN GESÄNGEN

1. *Zu den lateinischen Gesängen der Devotio moderna*

Zwei unterschiedliche musikalische Genres haben ihre Spuren im
musikalischen Repertoire der Devotio moderna hinterlassen: das
weltliche Lied und der liturgische Gesang. Ihr Einfluß auf die Musik
der Devotio moderna ist unterschiedlich gut untersucht.

Das weltliche niederländische Lied und sein Einfluß auf die
volkssprachlichen geistlichen Lieder der Devotio moderna weckte
schon vor mehr als hundert Jahren reges Interesse.[1] Ein Standardwerk zu diesem Repertoire ist noch immer J.A.N. Knuttels Dissertation über *Het geestelijk lied in de Nederlanden voor de kerkhervorming*.[2]
Von Seiten der Germanistik ist die einschlägige Studie J. Janotas zur
Funktion des deutschen geistlichen Liedes zu nennen.[3] Einen Einblick in das geistliche niederländische Liedrepertoire zweier Handschriften aus dem 15. Jahrhundert, die mit der Devotio moderna in
Verbindung gebracht werden, erlaubt die reich illustrierte Edition
von E. Bruning, M. Veldhuyzen und H. Wagenaar-Nolthenius.[4] Aus
dem Blickwinkel des Literaturhistorikers untersuchte G.G. Wilbrink
volkssprachliche Lieder aus Kreisen der Devotio moderna, doch ohne auf Fragen der Musik einzugehen.[5] Auch F. van Duyse, L.P. Grijp
und W. Bonda streiften dieses Repertoire, es nahm in ihren Untersuchungen jedoch keinen zentralen Platz ein.[6] In neuerer Zeit gingen
u.a. F. Willaert, H. Joldersma, J. van Dongen, W. P. Gerritsen und
D. van der Poel unter verschiedenen Gesichtspunkten auf geistliche

---

[1] Zum Beispiel Hoffmann von Fallersleben 1854, Acquoy 1886, Bäumker 1888.
[2] Knuttel 1906, reprint 1974.
[3] Janota 1968.
[4] Bruning u.a. 1963 über die Handschriften *Berlin 8° 190* und *Wien 12875*. Vgl.
auch Bruning 1941, 1948 und 1955.
[5] Wilbrink 1930 über *Berlin 8° 185*.
[6] Van Duyse 1902; Grijp 1991; Bonda 1996.

mittelniederländische Lieder ein, wenn auch nicht in allen Unter-
suchungen die Musik berücksichtigt ist.[7] Nicht zuletzt ist auch das
umfangreiche *Repertorium van het Nederlandse lied tot 1600*, das im
Meertens-Instituut, Amsterdam, in Zusammenarbeit mit der UFSIA
Universität Antwerpen erstellt wurde, ein Beweis dafür, daß die nie-
derländische Liedkultur, der auch das volkssprachliche geistliche
Lied aus Kreisen der Devotio moderna angehört, sich eines breiten
Interesses erfreut.[8]

Die Situation des lateinischen Musikrepertoires der Devotio moderna dagegen bietet ein ganz anderes Bild. In der musikwissenschaftlichen Forschung wurde in erster Linie die lateinische mehrstimmige Überlieferung untersucht. Die Arbeiten A. Geerings,
R. Ewerharts, J. Smits van Waesberghes und J. Valkestijns behandeln
nahezu ausschließlich die Mehrstimmigkeit.[9] Das einstimmige Material blieb bisher weitgehend unberücksichtigt, obwohl sein Umfang
das mehrstimmige Repertoire um ein Mehrfaches übersteigt. Nicht
zuletzt die Tatsache, daß ein dem Quellenrepertorium niederländischer Lieder vergleichbares Instrument für die lateinischen Gesänge
bisher nicht in Angriff genommen wurde, zeigt, daß dieser Bestand
in der Forschung eine untergeordnete Rolle spielt.

Einstimmige lateinische Gesänge in notierten Handschriften aus
Kreisen der Devotio moderna bestehen zu einem großen Teil aus lateinischen Prosatexten, die dem liturgischen Bereich entnommen
sind. Diese wurden meines Wissens von Choralwissenschaftlern bisher nicht ins Auge gefaßt. Von nicht geringem Einfluß dürfte hierbei
die Einschätzung der spätmittelalterlichen Liturgie in der Liturgiewissenschaft spielen. Wie A. Angenendt bemerkt, gründet sich die
bisherige Deutung der Liturgie des späten Mittelalters als einer Periode des Verfalls auf dem zunehmenden Subjektivismus dieser Zeit
und dem Verlust des Gemeinschaftscharakters liturgischer Feiern.
Die in den letzten Jahrzehnten feststellbare Neubewertung des späten Mittelalters[10] wurde, so Angenendt, von der Liturgiewissenschaft
bisher nicht aufgenommen.[11] Lateinische Gesänge in Handschriften

---

[7] Beispielsweise die beiden Sammelbände Willaert 1992 und Willaert 1997, Joldersma 1997, Gerritsen u.a. 2000, Joldersma und Van der Poel 2000, Van Dongen
2002.

[8] De Bruin und Oosterman 2001.

[9] Geering 1952; Ewerhart 1953; Smits van Waesberghe 1959, 1961 und 1966;
Valkestijn 1964, 1965 und 1966.

[10] Eine Neubewertung des späten Mittelalters findet beispielsweise bei Oberman
1977 und 1986 statt.

[11] Angenendt 1999, 878.

wie *Utrecht 16 H 34* sind zu einem Großteil der Liturgie des Offiziums entnommen und könnten daher auch für die Liturgiewissenschaft einen Untersuchungsgegenstand bilden.

Hymnologische Publikationen werden Handschriften wie *Utrecht 16 H 34* ebenfalls nur ungenügend gerecht. Sie weisen zwar unter anderem auch auf die lateinische Dichtung der Devotio moderna,[12] jedoch ohne Berücksichtigung der Musik. Überdies machen gesungene Gedichte nur die Hälfte des einstimmigen Repertoires der Handschrift *Utrecht 16 H 34* aus. Die andere Hälfte besteht aus Prosatexten.[13] Die Aussage J. Szöverffys, das geistliche Liedrepertoire der Devotio moderna gründe sich vor allem auf *pia dictamina*, Leselieder und Reimgebeten, stimmt also mit dem Bestand der Handschrift *Utrecht 16 H 34* und auch anderer Handschriften nicht überein.[14]

Über die einstimmigen lateinischen Gesänge, die drei Viertel des musikalischen Umfangs der Handschrift *Utrecht 16 H 34* ausmachen, ist bisher nur wenig bekannt. Daher stehen im folgenden Aspekte dieses Repertoires vor allem in seiner Beziehung zur Liturgie zentral.

1. Das Offizium als Basis für das einstimmige lateinische Repertoire

Die Melodien des weltlichen Lieds fanden auf dem Weg der Kontrafaktur vielfältig Eingang in das volkssprachliche Liedrepertoire der Devotio moderna. Dieses ist zu einem überwiegenden Teil in der Form von Gedichten mit Melodieverweisen überliefert. Ebenso wie weltliche Lieder bestehen auch volkssprachliche geistliche Gesänge der Devotio moderna vor allem aus regelmäßig akzentuierenden Strophenliedern.[15] Die Struktur dieser Lieder ist, abgesehen von sporadisch auftretenden kleinen Notengruppen, überwiegend sylla-

---

[12] Beispielsweise stehen in AH 48 Thomas a Kempis (475–514) und Johannes Mauburnus (515–534) zugeschriebene Gedichte, Szöverffy 1965 behandelt Gesänge des Dionysius Cartusianus (403–414) und ebenfalls Thomas a Kempis zugeschriebene Hymnen (415–418).

[13] 62 Gesänge der Handschrift haben Prosatexte, 59 Gesänge einen gebundenen Text.

[14] Szöverffy 1983, 61: "In klösterlichen Gemeinschaften und in den Kreisen der Mystiker bzw. der *Devotio moderna* werden Pia Dictamina, Reimgebete und Leselieder bevorzugt; manche der paraliturgischen Hymnentexte werden mit Melodien versehen und dienen zu Privatandachten und Privatliturgien solcher Gruppen." Der Anteil an Prosatexten relativiert diese Aussage beispielsweise auch für die Handschriften *Berlin 8° 190, Brüssel II 2631, Brüssel IV 421, Wien 12875* und *Zwolle Em. VI.*

[15] Zu Rhythmus und Metrum des niederländischen Lieds im ausgehenden Mittelalter bis zum 17. Jahrhundert siehe Grijp 1991, 239–255.

bisch.[16] Neben diesen der weltlichen Volkskultur entnommenen Melodien besteht ein kleiner Teil des volkssprachlichen Repertoires aus Übersetzungen und Kontrafakten einiger ebenfalls syllabischer und strophisch konzipierter lateinischer Hymnen und Lieder.[17] In manchen dieser Lieder ist, wie E. Bruning und H. Wagenaar-Nolthenius bemerkten, in melodischer Hinsicht ein Einfluß der Gregorianik beispielsweise auf die Tonart festzustellen, doch sind derartige Reminiszenzen selten.[18]

Von ganz anderer Art ist das einstimmige lateinische Repertoire der Devotio moderna, zu dem bisher so gut wie keine Untersuchungen bekannt sind.[19] In *Utrecht 16 H 34* basiert es großenteils auf den gregorianischen Gesängen des *officium divinum*, woher auch die neukonzipierten lateinischen Gesänge der Handschrift wichtige Impulse erhielten: die einstimmigen lateinischen Gesänge sind entweder nachweislich liturgischer Herkunft oder formal nach dem Vorbild liturgischer Gesänge konzipiert. Während die Texte der mehrstimmigen lateinischen Gesänge wie Lieder in der Volkssprache strophisch und rhythmisch konzipiert sind, bestehen zwei Drittel der einstimmigen Gesänge aus Prosatexten in der Form von Antiphonen oder Responsorien, ein Drittel ist in der ebenfalls strophischen Form von Tropen, Hymnen und Sequenzen aufgeschrieben.[20] Der liturgische Einfluß auf das einstimmige lateinische Repertoire der Handschrift *Utrecht 16 H 34* reicht also viel weiter als bei den von Bruning untersuchten niederländischen Liedern.[21]

Die enge Anbindung an liturgische Gesänge des Offiziums verwundert nicht, wenn man die enge Verknüpfung von Liturgie und Devotion im späten Mittelalter und dann besonders in von der Devotio moderna beeinflußten Kreisen bedenkt. Bereits in frühchristlicher Zeit ist eine Verbindung von Liturgie und meditativer Devotion gerade bei der Entstehung des Chorgebets zu beobachten. W. J. Grisbrooke stellte fest, daß das frühchristliche monastische Chor-

---

[16] Als Vergleich zog ich die Ausgabe von Bruning u.a. 1963 heran.

[17] Bruning u.a. 1963, Nr. 10, 11, 12, 14, 31, 53, 57, 59, 60.

[18] Bruning u.a. 1963, XX. Zur Melodik des niederländischen Lieds siehe Van Duyse 1902; Bonda 1996, Teil 2: Teksten en melodieën

[19] Szöverffy 1965 behandelt einige Thomas a Kempis zugeschriebene Gesänge, jedoch ohne Berücksichtigung der Musik.

[20] 61 Gesänge weisen einen Prosatext auf, in 31 Fällen sind Versstrukturen erkennbar.

[21] Bruning u.a. 1963, XX: "De juist gesignaleerde Gregoriaanse contrafacten ontlenen hun formeel en tonaal aspect uiteraard aan de eenstemmige kerkmuziek, [...], hetzij in de formule-techniek van het ⟨melodisch rijm⟩, hetzij in cadensformules [...], hetzij in sequentia-formules [...]"

gebet weniger eine Form des gemeinsamen Gottesdienstes war, als vielmehr eine gemeinsam praktizierte Hilfe zur privaten Meditation.[22] Im Gegensatz zur Messe enthielt das Chorgebet von Anfang an ein Element der persönlichen Meditation. Diese Verbindung erreichte im späten Mittelalter einen Höhepunkt.

2. Frömmigkeit und Liturgie im täglichen Leben der Modernen Devoten

Ein Merkmal der stark persönlich ausgerichteten Frömmigkeit des späten Mittelalters ist ihre alles durchdringende Kraft. Sie bestimmte das gesamte Leben auch der Anhänger der Devotio moderna. Diese Frömmigkeit, unterstützt von der täglichen Lesung und Meditation mit dem Ziel des innigen Gebets, hatte Auswirkungen auf die Lebensführung allgemein, aber speziell auch auf das Erleben der täglichen liturgischen Verpflichtungen, die von Devotion durchtränkt waren.

Privatgebete werden von altersher zuhause gelesen, vom 14. Jahrhundert an auch während der Messe, um die Gläubigen stärker von der Bedeutung der Eucharistie zu durchdringen.[23] So solle die Passion Christi nach Meinung Gerhard Zerbolts von Zutphen vor allem während der Messe meditiert werden:

> [...] ut tempore quo peragitur vel recolitur in Ecclesia memoria dominicae passionis tu te Ecclesiae conforma, meditationes formans amaritudinum et passionum Christi.[24]

Hochaltäre mit Tafelbildern sollten die Gläubigen während der Messe zur Devotion anregen. S. Hilpisch faßte die Entwicklung vom Hochmittelalter zum späten Mittelalter folgendermaßen zusammen: "Nicht decor, sondern affectus, Innerlichkeit, wurde die Losung der neuen Frömmigkeit. Es bedurfte für die gottliebende Seele, die trunken war von ihrer Liebe zum Bräutigam, keiner äußeren Hilfsmittel. Sie schuf selber in ihrem Herzen das Reich, in dem sie unter den Liedern der Liturgie und ihren Zeremonien mit ihrem Geliebten lustwandelte. Nach wie vor war die Liturgie das Land der gläubigen Seele, in dem sie lebte; aber sie lebte doch nicht mehr einzig aus ihren Kräften. Die Liturgie war gleichsam die Musik, die das Liebeslied der Seele begleitete, das diese in ihrem Innersten dem Herrn sang. Die Seele erhielt noch Anregungen und Motive aus der Litur-

---

[22] Grisbrooke 1992, 404: "[...] they were not forms of corporate worship, but aids to private meditative prayer to be practised in common."

[23] Oosterman 1995, 239.

[24] De spir. asc. cap. 45, ed. Mahieu 1941, 230; hierzu auch Schuppisser 1993, 170.

gie, sie fand in ihren Feiern und Gesängen ihre eigenen Erlebnisse
gesinnbildet, oder sie deutete durch die anderen die eigenen Emp-
findungen und Erfahrungen."[25] Diese spätmittelalterliche Form der
Frömmigkeit ist allgemein feststellbar in Klöstern der spätmittelalterlichen Observanzbewegung und in Kreisen der Devotio moderna. In
diesem Licht wird verständlich, daß in Diepenveener Schwesternviten die regelmäßige Teilnahme der ältesten Schwesterngeneration
am täglichen Offizium den jüngeren Generationen wiederholt zum
Vorbild gestellt wurde.[26]

   In Kreisen der Devotio moderna führte jedoch die ebenfalls aus-
geprägte Hochschätzung der Meditation manchmal zu einer Kon-
kurrenz zwischen liturgischen Verpflichtungen und täglichen Meditationsübungen. Daher wird in der Forschung das Bestreben mancher reformwilliger Klöster, die Liturgie zugunsten der persönlichen
Devotion zu kürzen, gerne in Verbindung gebracht mit dem Einfluß
modern-devoter Kreise: E. Brouette sah in der Kritik an den über-
langen, die Zeit für die Meditation einschränkenden Offizien der
Benediktiner des Klosters Subiaco ein mögliches Zeichen für den
Einfluß der Devotio moderna.[27] P. Ochsenbein bemerkte über die
Reform des Klosters St. Matthias in Mainz, wie auffällig es sei, "welchen wichtigen Platz nun ebenfalls die persönliche, stille *recollectio* beziehungsweise *devota meditatio* im Tagesablauf der Mönche erhält."[28]
Johannes Mauburnus bewertete nach Ansicht P. Nissens die Meditation sogar höher als die Liturgie und empfahl daher, das Chorgebet,
um das ein Kanoniker nicht umhin könne, möglichst konzentriert
und innig zu gestalten.[29]

   Einschlägige Quellen aus Windesheimer Klöstern belegen, daß
Frömmigkeit und Liturgie in Kreisen der Devotio moderna eng miteinander verbunden waren. Oft blieben die Kanoniker und Kanonikerinnen länger im Chor, als das Chorgebet selbst es erforderte,
um im Anschluß daran noch zu meditieren. Von Wilhelm Vornken
(†1455), dem vierten Prior von Windesheim, wird berichtet, er habe
sich gewöhnlich nach der Prim, Terz oder Vesper noch eine zeitlang
im Chor aufgehalten, um zu lesen, zu beten oder zu meditieren.[30]
Darin sei er für viele ein Vorbild gewesen:

---

[25] Hilpisch 1938, 269.
[26] Beispielsweise in Brinkerink 1904, 20. Zum Chorgebet in Diepenveen siehe
Scheepsma 1997, 53f.
[27] Brouette, Art. 'Devotio moderna I', in: *TRE* 8, 608.
[28] Ochsenbein 1992, 478.
[29] Nissen 1984, 219.
[30] Siehe auch oben S. 131.

Ende ghemeenlike na der primen of tercie nae der tijt, ende nae der vesper bleef hy in den choer in sinen stoel op sinen voeten sittende, ende binnen lesende, denkende, of bedende of contemplierende toe sinen eyghenen voertganc ende den brueders in een exempel. Hy hadde oec daer in vele navolghers, die in sulker devocien Gode begheerden te behaghen.[31]

Das Chorgebet wurde mit Hilfe der Meditation vorbereitet.[32] Die Windesheimer *constitutiones* schrieben vor, daß Chorherren und Chorfrauen sich durch Meditation auf die mitternächtlichen Nokturnen vorbereiten sollten.[33] Die modernen Devoten waren bestrebt, das Chorgebet als für die Seele nutzbringend zu erfahren. Im Zentrum stand die persönliche Andacht des Einzelnen.[34]

Die Verschmelzung liturgischer Aufgaben mit devoten Übungen war nicht auf den Kirchenraum beschränkt. Sie wirkte sich auch im täglichen Leben aus. So war Schwester Trude van Beveren aus dem Kloster Diepenveen so sehr erfüllt von einer während der Nokturn gesungenen Antiphon, die ihr beim Wasserschöpfen wieder in den Sinn kam, daß sie darüber beinahe ihre Arbeit vergaß:

Op een tijt soe stont sie ende puttede; doe quam hoer een vers in, dat sie des nachtes in der noctornen gelesen hadde dat was: "Gy sult die wateren in blijschappen putten wt den fonteynen des gesontmakers Ende gy sult seggen inden dagen: 'belyet den heren ende anroepet sinen namen.'" Daer was sie soe vurich mede, dat sie byna alle den arbeyt vergat ende puttede soe vurichlike, dat sie nauwe en wiste wat sij dede.[35]

Auch bei der Chorfrau Katharina van Naaldwijk aus demselben Kloster ist ein Einfluß der Liturgie auf die private Meditation feststellbar. Mit großem Verlangen nach dem ewigen Leben sang sie oft heim-

---

[31] *Het Frensweger Handschrift*, ed. Alberts und Hulshoff 1958, 131.

[32] Zur Vorbereitung des Chorgebets durch die Meditation siehe S. 124–127 und S. 141–146.

[33] *Constitutiones Capituli Windeshemensis*, 3.3, fol. 51r: "[...] devotis oracionibus seu meditacionibus [...] cordis intencionem convertunt ad Dominum [...]" Zitat nach Van Dijk 1986, 396f. *Constitutiones monialium* 3.4.20–22, ed. Van Dijk 1986, 783: "[...] bonis meditacionibus seu oracionibus animum sacris vigiliis preparent [...]". Siehe hierzu auch Goossens 1952, 166 und Scheepsma 1997, 88.

[34] Hilpisch 1938, 276.

[35] *Handschrift D* ed. Brinkerink 1904, 193–194. Die entsprechende Stelle in *Handschrift DV* (*Deventer 101 E 26*), fol. 164rv (Scheepsma 1997, 54) überliefert den lateinischen Text *Haurietis aquas in gaudio de fontibus salvatoris*. Es handelt sich um eine Antiphon, die während der Matutin der zweiten Feria der vierten Adventswoche gesungen wurde (CAO 3020). Diese Antiphon steht im Antiphonar *Utrecht 406* auf fol. 16r.

lich ein Responsorium mit dem niederländischen Text *Leyde wt, here, myne ziele vanden kercker om te belyen dinen hilligen namen.*[36]

Die vielfältigen Beziehungen zwischen den Meditationsübungen und der Liturgie in Kreisen der Devotio moderna waren eine Folge der zunehmenden Subjektivität der spätmittelalterlichen Liturgie. A. Angenendt beschreibt, wie im täglichen Leben des Dominikaners Heinrich Seuse (†1366), dessen Schrift *Horologium Aeternae Sapientiae* in modern-devoten Kreisen häufig rezipiert wurde,[37] Meditation und Liturgie in besonderer Weise ineinander übergingen.[38] Den Mittelpunkt des geistlichen Lebens Seuses bildete nach Ansicht Angenendts eine Kapelle, in der er in visionär-meditativer Weise Liturgie feierte.[39] Diese Liturgie erlebte Seuse als Paraliturgie, die nicht mehr an die liturgische Zeit und den liturgischen Ort der Kirche gebunden war.[40] Die Zeit nach den *laudes*, die Zeit des Frühschlafs, nutzten die Frommen von altersher für besondere Gebete und Meditationen. In dieser Zeit empfing auch Seuse Visionen himmlischer Liturgie,[41] in der er ebenfalls visionär liturgische Feste feierte. "Ihm wurden Schauungen zuteil, die eine Teilhabe an der himmlischen Liturgie bedeuteten"[42] in der Form, daß Seuse selbst am Gesang der Engelchöre teilnahm. Dieses Visionserlebnis war mit der Zeit des Frühschlafs nicht abgeschlossen, sondern setzte sich sogar noch während der darauf folgenden Mahlzeit fort.[43]

Auch aus Kreisen der Devotio moderna sind paraliturgische Visionen überliefert. Verwiesen sei beispielsweise auf die *Apokalypse* des

---

[36] "Sie hadde soe grote begeerte ten ewigen leven te comen ende by onsen lieven heren te wesen Dat sie dicke, als sie ergent allene was, dit respons heymelike plach te singen: 'Leyde wt, here, myne ziele vanden kercker om te belyen dinen hilligen namen!'" *Handschrift D,* ed. Brinkerink 1904, 119. Dieser niederländischen Fassung liegt eine lateinische zugrunde: das Responsorium *Educ de carcere animam meam *ut confiteatur nomini tuo domine.* (*Utrecht 406,* f. 85v, CAO 6622). Es wurde in der Woche des 5. Sonntags Quadragesimae, in der Vesper gesungen.

[37] Auch im Meditationsschema der zweiten Lage in *Utrecht 16 H 34* wird das *Horologium* auf fol. 28r, 28v und 33v angeführt. Siehe Obbema 1996, 141, Nr. 17.

[38] Angenendt 1999, 886–888; siehe hierzu auch Van Aelst 2000.

[39] Über die Bedeutung der von Seuse beschriebenen Kapelle mit dem sie umgebenden Kloster und der Pforte bestehen unterschiedliche Auffassungen. A. Angenendt spricht von Imaginationen (Angenendt 1999, 879), J. van Aelst dagegen sieht in den genauen Ortsbeschreibungen einen Hinweis darauf, daß es um reale Örtlichkeiten des Konstanzer Dominikanerklosters ging (Van Aelst 2000, 91 Anm. 26).

[40] Angenendt 1999, 879f.

[41] Angenendt 1999, 882.

[42] Angenendt 1999, 888.

[43] Angenendt 1999, 892.

Hendrik Mande (†1431), die eigentlich die Vision einer himmlischen Prozession während der Meditation darstellt.[44]

Wenn das Erleben der Liturgie, wie uns die Beispiele Seuses und Mandes lehren, im späten Mittelalter nicht länger auf traditionelle Formen der Liturgie beschränkt war, wenn umgekehrt während liturgischer Handlungen meditiert wurde, dann lag auch die Übernahme liturgischer Gesänge in den paraliturgischen Kontext der Meditation nahe, vor allem dann, wenn die Sänger aufgrund ihrer Verpflichtung zum täglichen Chorgebet mit der lateinischen Sprache und dem liturgischen Repertoire vertraut waren.[45]

3. *Zum Offizium bei den Brüdern vom Gemeinsamen Leben*

Um lateinische liturgische Gesänge singen zu können, mußte man regelmäßig am Offizium teilnehmen. Das war in erster Linie gewährleistet bei Ordensangehörigen, also bei den Chorfrauen und Chorherren des Kapitels von Windesheim. Auch die Kleriker unter den Brüdern vom gemeinsamen Leben beherrschten Latein und waren an ein tägliches Stundengebet gewöhnt. In weit geringerem Maß galt das für die Konversen und Konversinnen der Windesheimer Klöster, die Schwestern vom Gemeinsamen Leben und die Tertiarier und Tertiarissen,[46] die im allgemeinen kein Latein konnten. Sie lasen ein verkürztes paraliturgisches Offizium mit Hilfe des Stundenbuchs in der Landessprache.[47]

Die für die würdige Ausgestaltung des *officium divinum* notwendigen Ämter des *cantors* beziehungsweise der *cantrix* und der *sacrista* fehlten dann auch in Brüder- wie in Schwesternhäusern.[48] Daher ist es verständlich, daß Liederbücher mit geistlichen Liedern in der Volkssprache, die in Schwesternhäusern und Tertiarissenkonventen lokalisiert werden, meist keine Gesänge enthalten, die auf der Liturgie des Offiziums beruhen.[49] Die Handschrift *Berlin 8° 185*, die

---

[44] Beschrieben und interpretiert bei Mertens 1996, 131–133 und Goudriaan 2000, 14–16.

[45] J. Janota untersuchte umgekehrt die Stellung des (deutschsprachigen) geistlichen Liedes in der Liturgie (Janota 1968).

[46] Gemeint sind in meinen Ausführungen immer die Tertiarier und Tertiarissen des Kapitels von Utrecht, das nachweislich einen Strom der Devotio moderna bildete. Siehe dazu Koorn 1996 und Goudriaan 1998 und 2000.

[47] Rehm 1985, 210f. Scheepsma 1997, 53.

[48] Rehm 1985, 206f.

[49] Ein Problem ist in diesem Zusammenhang, daß viele Musikhandschriften mit Gesängen in der Volkssprache nicht genau lokalisiert werden können. Oft kann die Lokalisierung nur aufgrund anfechtbarer inhaltlicher Begründungen vorgenommen

wahrscheinlich aus dem Lamme van Diese-Haus, einem Haus der
Schwestern vom Gemeinsamen Leben in Deventer, stammt,[50] gibt
einen Einblick in das musikalische Repertoire eines Schwesternhauses: das Manuskript enthält mittelniederländische Kontrafakte mit
Melodieverweisen.

Die Gestaltung des Chorgebets der *presbyteri* und *clerici*,[51] der Kleriker unter den Brüdern vom Gemeinsamen Leben, nahm eine Zwi-
schenposition ein zwischen der gemeinsam gesungenen Feier aller
Horen bei den Augustiner Chorherren und Chorfrauen und dem
privat gelesenen Stundengebet der Säkularkleriker. Zur Feier des
Chordienstes bei den Brüdern vom Gemeinsamen Leben sind mir
keine Untersuchungen bekannt. Auch ich werde an dieser Stelle nur
einige Beobachtungen präsentieren können zu einem Gebiet, das
sicherlich mehr Aufmerksamkeit verdient. Immerhin ist nicht ausgeschlossen, daß gerade diese Zwischenstufe zwischen gemeinsamer
und privater Feier des Chorgebets die Verbindung zur Meditation in
besonderer Weise nahelegt.

Das Stundengebet in den Bruderhäusern scheint, im Gegensatz
zur einheitlich gestalteten Liturgie der Windesheimer Klöster, unterschiedlich ausgeführt worden zu sein. Die *presbiteri* und *clerici* unter
den Brüdern eines Fraterhauses, in dem A. Hyma das Fraterhaus in
Deventer zu erkennen glaubte,[52] feierten im allgemeinen täglich die
Messe und das Stundengebet gemeinsam in der Kirche. Ausgenommen waren die Terz und die Sext an normalen Wochentagen, die
privat gefeiert wurden:

> Persolvendo autem horas legemus vel cantabimus modeste et moderate
> [...] Semper autem presbiteri et clerici de mane dicunt matutinas et
> primas de tempore simul in ecclesia et alias horas sequentes postea

---

werden (beispielsweise Knuttels Lokalisierung der Handschrift *Wien 12875*, die von
Obbema (1996, 173) widerlegt wurde).

[50] Wilbrink 1930, 18.

[51] Es geht hier um Geistliche unterschiedlicher Weihegrade. Im Fraterhaus St.
Maartensdal bei Leuven hatten *presbyteri* die Priesterweihe, *clerici* waren dort Geistliche mit niederen Weihen, die sich in der Ausbildung zum Priester befanden. (Lourdaux 1963, 8). Das Fraterhaus St. Martini in Wesel unterschied sogar drei Gruppen:
die Geistlichen mit dem höchsten Weihegrad waren die *presbyteri*, gefolgt von den
accoliti mit einem etwas niedrigeren Grad und den *clerici* unbekannten Weihegrades
(Kock 1997, 202).

[52] Hyma 1965, 440 (erstmals publiziert 1924) lokalisiert die *constitutiones* dieses
Hauses in Deventer, Goossens 1952, 63 bezweifelt diese Zuordnung. Die *constitutiones*
sind in der Handschrift *Den Haag 73 G 22* überliefert und nach dieser Quelle ediert
in Hyma 1965, 440ff.

eciam in ecclesia similiter suis temporibus, excepto quod ferialibus diebus tantum terciam et sextam seorsum servamus.[53]

Die Laien dieses Fraterhauses waren aufgrund der schweren körperlichen Arbeit, die sie verrichten mußten und die ihnen kein umfangreiches Stundengebet erlaubte, zu einem weniger ausführlichen Programm verpflichtet. Sie beteten nur die Matutin und Prim der Liturgie vom Heiligen Kreuz und das Marienoffizium, beide außerhalb der Kirche:

> Omni eciam tempore legunt qui sacerdotes non sunt, omnes simul matutinas et primas de Sancta Cruce et de Domina extra ecclesiam cum psalmo pro defunctis, ut consuetum est post primas de primas [sic!] de tempore.[54]

Die Nokturnen des zweiten und vierten Wochentags wurden, wenn kein Festtag darauf fiel, von den *clerici* und *presbiteri* gemeinsam im Chor gebetet, an Festtagen oder den diesen vorangehenden Tagen dagegen privat. Außerdem betete jeder der Brüder die Nokturnen mindestens einmal privat:

> Dicimus pariter in ecclesia per totum annum vigilias feriis secundis et quartis, dum in eis nec festum sit nec profestum, excepto quod per quadragesimam hora tercia post meridiem eas dicimus omni die preter in dominica in choro, sed in aliis festis vel profestis tunc occurrentibus in privato. Preter hoc dicet quisque fratrum per se ad minus semel vigilias in privato pro eis quibus supra.[55]

An die Matutin wie an die Vesper sollte sich das Überdenken eines Abschnitts (*particula*) aus dem täglichen Meditationsprogramm anschließen:

> Addentes tunc particulam de materia conpunctionum aut alias, ut tempus exigit. Simili modo eciam post vesperas de tempore in choro finitas dicent vesperas de sancta ... cum aliis ut supra de matutinis et ... dicitur.[56]

Im Blick gerade auf die mehrstimmige Musik in *Utrecht 16 H 34* sind einige Verordnungen aus den *constitutiones* des Zwoller und des Emmericher Fraterhauses von besonderer Bedeutung. Darin ist festgelegt, daß die *presbiteri* und *clerici* in Zwolle an Festtagen im *oratorium*

---

[53] *Constitutiones* ed. Hyma 1965, 444.
[54] *Constitutiones* ed. Hyma 1965, 444
[55] *Constitutiones* ed. Hyma 1965, 444.
[56] *Constitutiones* ed. Hyma 1965, 444. Mit den Punkten gibt Hyma beschädigte Stellen der Handschrift *Den Haag 73 G 22* an.

zusammenkommen sollten, um gemeinsam das kanonische Stundengebet und den *Cursus Beate Marie Virginis* zu beten. An Wochentagen
dagegen galten für jede Gruppe getrennte Bestimmungen: die *presbiteri* sollten auch an diesen Tagen gemeinsam, die *clerici* jedoch jeweils
zu zweit privat beten:

> Festivis diebus conveniunt presbiteri et clerici in oratorium ad legen-
> dum horas canonicas cum cursu Beate Virginis. Ferialibus vero diebus
> presbiteri simul legunt, clerici vero seorsum duo et duo [...][57]

Im Fraterhaus in Emmerich sollten die *clerici* das Stundengebet an
Ferialtagen zu zweit oder zu dritt zusammen in ihren Räumen feiern:

> In diebus ferialibus legant presbiteri simul in loco communi, clerici
> vero in duabus vel tribus cameris ad hoc deputatis.[58]

Diese wahrhaft 'semireligiose' Zwischenform des Offiziums bei den
Brüdern vom Gemeinsamen Leben hatte zwei entscheidende Vor-
teile für diese Lebensform: Zum einen blieb der erstrebte traditionelle Gemeinschaftscharakter des Chorgebets erhalten, andererseits
konnte durch die erhöhte Flexibilität kleiner Gruppen der Arbeits-
zeit und dem Arbeitspensum Rechnung getragen werden. Mußten
doch die Brüder vom Gemeinsamen Leben, im Gegensatz zu den
Kanonikern und Kanonikerinnen der Windesheimer Klöster, selbst
durch ihrer Hände Arbeit für ihren Lebensunterhalt sorgen und hatten daher weniger Zeit für das Chorgebet als diese. Die Einteilung in
kleine Gruppen von zwei bis drei Personen wirft ein neues Licht auf
die wiederholt gestellte Frage, ob es außer der privaten Meditation
auch eine Gemeinschaftsmeditation gegeben habe.[59] Für mehrstimmige Lieder, die für die Meditation aufgeschrieben worden sind,
ergibt sich daraus ein neuer Funktionszusammenhang. Bedenkens-
wert ist dann vielleicht auch, daß Gesänge in Quellen der Devotio
moderna, die mehr als drei Stimmen umfassen, bisher nicht bekannt
sind.

Die bereits in Kapitel III behandelten *exercitia* aus dem Fraterhaus in Harderwijk berichten von Meditation in engem Zusammen-

---

[57] *Narratio de inchoatione domus fratrum clericorum in Zwollis* ed. Schoengen 1908,
242.
[58] *Fontes historiam domum fratrum Embricensis aperientes* ed. Alberts und Ditsche 1969,
87.
[59] Diese Frage wurde vor allem von Seiten der Niederlandistik aufgeworfen. Van
Buuren 1992, 242f; Obbema 1996, 173.

hang mit liturgischen Vorgängen.[60] Alle Lebensbereiche, auch die Liturgie, sollten der Harderwijker Quelle zufolge mit persönlicher Meditation und Devotion gefüllt werden.[61] Zu diesen Meditationen wurden regelmäßig Gesänge herangezogen, die dem Offizium entstammen. Die Möglichkeit, im Zwoller und Emmericher Fraterhaus sogar einige Teile des Offiziums selbst in kleinen Gruppen zu zweit oder zu dritt zu feiern, eröffnet darüber hinaus die Möglichkeit, auch die mehrstimmigen Gesänge dieser Kreise in den liturgischen Kontext einzubeziehen.

Zusammenfassend kann gesagt werden, daß für Anhänger der Devotio moderna, besonders für die Brüder vom Gemeinsamen Leben, Devotion und Liturgie, Meditation und Stundengebet ineinander übergingen. Vor diesem Hintergrund ist es nicht erstaunlich, daß auch das liturgische und das devote Repertoire einander nicht nur berühren, sondern regelrecht überlappen und beeinflussen. Wie das in *Utrecht 16 H 34* geschah, soll im folgenden an einigen Beispielen verdeutlicht werden.

2. Formen der Anpassung liturgischer Gesänge in der Handschrift Utrecht 16 H 34

Aus den angeführten Quellen wird eine Verflechtung des Offiziums mit der täglichen Meditation sichtbar, die in der Handschrift *Utrecht 16 H 34* möglicherweise zu der Übernahme liturgischer und an liturgische Vorbilder sich anlehnender lateinischer Gesänge für den Kontext der Meditation geführt hat. Dennoch sind die musikalischen Repertoires des Offiziums und der Meditation nicht identisch. Neben liturgischem Gut besteht ein nicht geringer Anteil der paraliturgischen Gesänge aus Neuschöpfungen. Diese bildeten den Nährboden für vielfältige musikalische Übergangsformen. Ein Großteil der in der Quelle *Utrecht 16 H 34* überlieferten Gesänge entstammt der Liturgie. Diese Gesänge waren, dem liturgischen Zusammenhang entrückt, zahlreichen Anpassungen an den nichtliturgischen Rahmen unterworfen. Diese Anpassungen wurden in den verschiedenen Handschriftenteilen in unterschiedlicher Weise ausgeführt. Ein allen Handschriftenteilen gemeinsames, diese von liturgischen Handschriften unterscheidendes Merkmal betrifft die Anordnung

---

[60] Auf diese Quelle und ihre Bedeutung für die Funktion der Musik in *Utrecht 16 H 34* bin ich auf S. 124–127 näher eingegangen.
[61] Post 1968, 399.

der Gesänge, die nicht wie in liturgischen Büchern dem Ablauf des
liturgischen Jahres entspricht.

Da die liturgischen Gesänge der Handschrift *Utrecht 16 H 34*
bis auf wenige Ausnahmen[62] dem *officium divinum* entnommen sind,
ist der Bereich der Messe in meinen Untersuchungen nicht berücksichtigt. Das bedeutet jedoch nicht, daß nicht vielleicht auch hier
Übergänge zwischen Messe und Devotion zu finden wären.

1. *Die Verteilung biblischer und devoter Liedtexte über die Handschrift*

Die Handschrift *Utrecht 16 H 34* enthält sowohl auf der Bibel basie-
rende Texte als auch frei formulierte devote Texte. Biblisch beeinflußte Texte finden sich vor allem bei Gesängen, die der Liturgie
entstammen. Das gilt vor allem für die Lagen 8 und 9, deren Gesänge beinahe ausschließlich einer wesentlich älteren Entstehungs-
schicht entnommen sind.[63] Immerhin sind sie bereits im Utrechter
Antiphonar *Utrecht 406* aus dem späten 12. Jahrhundert enthalten
und wurden gut 300 Jahre später ohne signifikante Abweichungen
in den devoten Kontext übernommen. Darüberhinaus kennzeichnen Rubriken und eine bewußt gewählte Anordnung diesen Handschriftenteil und stellen ihn darum rein äußerlich gesehen in die Nähe liturgischer Handschriften. Andererseits weist die Beobachtung,
daß die planmäßige Anordnung der Gesänge nicht dem Kirchenjahr entspricht, auf einen sicheren Abstand zu liturgischen Quellen.[64]

Hinsichtlich der—allerdings erst später eingetragenen—Rubriken und des durchgehend gregorianischen Repertoires stehen auch
die Gesänge der Lage 1 dem liturgischen Kontext nahe. Auch in dieser Lage sind vorwiegend Prosatexte in antiphonaler oder respon-
sorialer Form enthalten. Ein Großteil der Gesänge entstammt dem
Offizium, doch sind hier auch einige neu konzipierte, rein devote
Gesänge zu finden.

---

[62] *Alleluya Vox exultationis* in Lage 3 stammt in seiner untropierten Form aus der
Messe, in Lage 6 ist eine Tropus zum Sanctus aufgenommen: *Sanctus O quam dulciter.*
Beide Meßgesänge begegnen auch andernorts in paraliturgischem Kontext (siehe
die Quellenübersicht im alphabetischen Initienverzeichnis).

[63] Ausgenommen sind zwei singulär überlieferte Gesänge zu Ehren des heiligen
Lebuinus. Vgl. Kapitel I, Appendix: Lage 8 und 9.

[64] Auch J. Szöverffy weist wiederholt auf den stark persönlichen Charakter vieler
Gesangtexte aus der Devotio moderna, die eine Verbindung zur liturgischen Hym-
nentradition in vielen Fällen vermissen lassen (Szöverffy 1965, 416f).

Das andere Extrem zu diesen Handschriftenteilen bilden die Lagen 4 und 5, die vor allem strophisch konzipierte zweistimmige Weihnachtslieder überliefern.[65] Diese erscheinen ohne Rubriken und ohne Hinweise auf einen liturgischen Hintergrund. Ihre Überlieferung in Handschriften wie dem Antiphonar *Utrecht BMH 27* läßt erkennen, daß diese *carmina* dennoch namentlich im Weihnachtsoffizium einen Platz haben konnten.

Die Gesänge in den Lagen 3, 6 und 7 lassen vielfältige Übergangsformen zwischen Prosatexten und Strophenliedern, gregorianischer Melodik und Liedmelodik erkennen. Vor allem in diesen Lagen wird die Kreativität erkennbar, dank derer devote Gesänge seit der zweiten Hälfte des 15. Jahrhunderts ständiger Veränderung und Entwicklung unterworfen waren. Sie enthalten neben biblisch-liturgischen Texten vor allem allgemein geistliche, devote Texte, deren Thematik stark persönlich gefärbt ist im Stil der spätmittelalterlichen Frömmigkeit. Hier werden persönliches Heilsverlangen, Endzeiterwartung und Marienfrömmigkeit angesprochen, aber auch die erhoffte Hilfe zur Bewältigung der Schwierigkeiten im persönlichen Leben.

2. Das Fehlen von Hinweisen auf eine liturgische Identität

Bereits in den Lagen 8 und 9, dem ältesten Teil der Handschrift, ist eine Anpassung der durchwegs liturgischen Gesänge an den außerliturgischen Kontext feststellbar. Zwar zeigt der Vergleich mit dem Antiphonarium *Utrecht 406* aus dem späten 12. Jahrhundert, daß die Gesänge dieser Lage in musikalischer wie textlicher Hinsicht noch ganz übereinstimmen mit dem liturgischen Repertoire des hohen Mittelalters, dem sie entnommen sind, doch sind sie in einigen formalen Aspekten dem liturgischen Bereich entrückt. Deutlich zu sehen ist dies am Fehlen der Psalmtondifferenzen der Antiphonen, die in liturgischem Kontext die Überleitung zum Psalm bilden. Die Responsorien, die in diesen Lagen die überwiegende Mehrheit der Gesänge bilden, sind alle mit einer Doxologie versehen.

Lage 1 enthält vor allem Antiphonen ohne Psalmtondifferenzen. Von den fünf Responsorien der Lage erscheinen zwei mit Doxologie (*Vox tonitrui* und *Armilla perforata*) und drei ohne (*Ora pro nobis, Impius hanc cesar* und *Tuam deus*). Das Fehlen der Doxologie ist möglicherweise ein weitere Schritt weg vom liturgischen Kontext.

---

[65] *En trinitatis speculum* ist einstimmig, *Iubilemus singuli* dreistimmig.

Die Lagen 3, 6 und 7 weisen noch weniger Anzeichen liturgischer Einbettung auf. Ein Responsorium ist in Lage 6 (*Discubuit iesus*) und zwei sind in Lage 7 (*Esto mihi domine iesu* und *Domine iesu*) überliefert. *Discubuit iesus* ist mit Doxologie aufgenommen, *Domine iesu* und *Esto mihi* ohne. Lage 3 enthält keine Responsorien. Keine der Antiphonen dieser drei Lagen ist mit einer Psalmtondifferenz ausgestattet.

Doch nicht nur mit Hilfe von Psalmtondifferenzen und der kleinen Doxologie sind Gesänge liturgisch verankert, auch in die Texte der Gesänge selbst ist oft eine liturgische Verweisung eingebaut. Gerade dann jedoch, wenn es sich darum handelt, liturgische Gesänge zu übernehmen und dem devoten Kontext anzupassen, lassen sich in *Utrecht 16 H 34* verschiedentlich Ansätze zu einer Art "liturgischer Neutralisierung" beobachten.[66] Zeuge hierfür sind zwei Beispiele aus Lage 1 und Lage 7, in denen die Verweisung nach einer Heiligen in den devoten Kontext der *Utrecht 16 H 34* nicht übernommen ist.

In der Antiphon *Ferculum fecit* ist aufgrund der Textkürzung die Namensnennung der heiligen Margareta weggelassen, der Teil des Textes also, der die Zuspitzung auf ein liturgisches Fest birgt. Da auch die Psalmtondifferenz nicht aufgenommen ist, ist der Text in *Utrecht 16 H 34* inhaltlich wie formal stärker allgemein gehalten als im Antiphonar *Zutphen 6*.

Utrecht 16 H 34, fol. 9v	*Zutphen 6*, fol. 94v
Ferculum fecit sibi rex Salomon ex lignis Libani columnas eius fecit argenteas reclinatorium aureum ascensum purpureum media charitate constravit propter filias Hierusalem.	Ferculum fecit sibi rex Salomon ex lignis Libani columpnas eius fecit argenteas reclinatorium aureum *et* ascensum purpureum media charitate construit propter filias Hierusalem *per cuius ascensum sancta Margareta ascendit ad Christum uere regem pacificum. euouae. P. Magnificat.*

Auch wenn man die Überlieferungen des Responsoriums *Domine iesu christe* in *Utrecht 16 H 34* und in dem Antiphonar *Den Haag 68 A 1* miteinander vergleicht, fällt auf, daß Hinweise auf eine liturgische Identität der Gesänge in der Quelle *Utrecht 16 H 34* fehlen. Der Beginn des Responsoriums ist in beiden Quellen identisch. Nach dem

---

[66] Im Fehlen der Psalmtondifferenz bei Liedern Hildegards von Bingen sieht L. Welker ebenfalls einen Hinweis darauf, daß die Verbindung der Antiphon mit dem Psalm unterbrochen ist: siehe Welker 1998, 8ab.

Melisma über *consilii* jedoch trennen sich textlich wie musikalisch die Wege. Während die liturgische Fassung zu einem Lobgesang auf die heilige Cäcilia ansetzt, entwickelt sich die Version von *Utrecht 16 H 34* zu einem Lob auf die *castitas*. Das Lob auf eine Heilige ist ersetzt durch das Lob auf eine Tugend:

Utrecht 16 H 34, fol. 111r	*Den Haag 68 A 1*, fol. 157v
Domine iesu christe pastor bone seminator casti consilii insere cordi meo amorem castimonie ac florem pudicie.	Domine iesu christe pastor bone seminator casti consilii *suscipe seminum fructus quos cecilia seminasti.*
Casta enim tibi semper placuit vita et immaculata sanctorum conuersatio.	*Cecilia famula tua quasi apis tibi argumentosa deseruit.*
V. Munda me Domine ab omni labe corporis et anime ut castis te diligam semper mentibus. Casta.	*V. Nam sponsum quem quasi leonem ferocem accepit ad te quasi agnum mansuetissimum destinauit. Ce.*

Diese Beispiele können jedoch nicht verallgemeinert werden. Die Texte und Rubriken vieler Antiphonen in Lage 1 verweisen ebenso auf Heilige wie in den Lage 8 und 9.

3. Rubriken

Rubriken weisen auf den liturgischen Kontext eines Gesangs. Mit ihrer Hilfe können Gesänge liturgisch eingeordnet werden. In der Handschrift *Utrecht 16 H 34* verweisen Rubriken jedoch nicht immer auf den ursprünglichen liturgischen Kontext.

Die Gesänge der Lagen 8 und 9 sind durchgehend rubriziert. Sie nennen die liturgische Gattung (*responsorium* oder *antiphona*) sowie die liturgische Zeit, referieren jedoch nicht an den liturgischen Ort.

Lage 1 zählt ebenfalls einige liturgische Rubriken, doch ist diese Lage nicht durchgehend rubriziert. Die Hinweise beschränken sich auf die Gattung und die Zuweisung zu Heiligen. Rubriken zum liturgischen Ort und zu anderen Feiern als Heiligenfesten fehlen. Ausnahmen sind einige Antiphonen, die auf das in der Vesper gesungene *Magnificat* verweisen: *ad magnificat antiphona*.

Unterschiede bestehen auch hinsichtlich der Rubrizierung der Responsorien, vor allem die Kennzeichnung des Verses. Dieser ist im ältesten Handschriftenteil wie in liturgischen Handschriften mit dem Zeichen *V.* rubriziert, in Responsorien der ersten Lage fehlt dieser

Hinweis. Responsorien sind in der ersten Lage allein noch erkennbar an der Repetenda. Wo auch diese wegfällt, wird die Gattung der Gesänge undeutlich. Auf dieses Problem werde ich an späterer Stelle eingehen.

Die Rubriken der dritten Lage weisen nur auf die Gattung der Gesänge hin, alle anderen Angaben fehlen. Es handelt sich hier um eine Sammlung von Tropen, die jedoch nicht nach dem liturgischen Jahr angeordnet ist, sondern thematisch und unter dem Gesichtspunkt der Gattung. Die Lagen 4, 5, 6 und 7 sind ohne Rubriken.

4. *Probleme der Abgrenzung von Genres: Antiphonen und Responsorien*

Gleichzeitig mit dem Rückgang der Rubriken in den verschiedenen Teilen der *Utrecht 16 H 34* ist auch ein Schwinden der Gattungsgrenzen zu beobachten. Dadurch, daß Psalmtondifferenzen, die Doxologie und die Kennzeichnung von Vers und Repetenda fehlen, entsteht ein einstimmiger paraliturgischer Gesang gregorianischer Färbung ohne spezifische Form. Erkennbar wird eine Tendenz zur formalen Vereinfachung. Ob ein Gesang als Antiphon gelten kann oder als Responsorium, dessen Repetenda weggefallen ist, ist in manchen Fällen schwierig feststellbar.

Verbum caro beispielsweise erscheint in *Utrecht 16 H 34* als zweistimmiges, zweiteiliges Weihnachtslied, während es in der Handschrift *Brüssel IV 421* in der Form eines zweistimmigen Responsoriums mit Vers und Repetenda aufgezeichnet ist:[67]

Utrecht 16 H 34, fol. 59v	*Brüssel IV 421*, fol. 128v
Verbum caro factum est de maria virgine	Verbum caro factum est de virgine maria
In hoc anni circulo vita datur seculo nato nobis paruulo ex virgine maria	*V.* In hoc anni circulo vita datur seculo Nato nobis paruulo ex virgine maria Verbum.

Ein anderes illustratives Beispiel ist der einstimmige Gesang *Virgo flagellatur*, das im Antiphonarium *Zutphen 6* als Responsorium mit der

---

[67] Siehe auch S. 226–228 (Ed. Nr. 74).

Repetenda *Fragiat* steht, in *Utrecht 16 H 34* dagegen als unbenannter Gesang in der Form einer Antiphon oder eines Responsoriums ohne Repetenda. Der Gebrauch einer Kadelle *S* bei *Sponsus,* dem Wort, das in der Zutphener Handschrift den Vers einleitet, und die angedeutete Rubrizierung des Buchstabens *f* bei *flagrat,* dem Beginn der Repetenda der liturgischen Handschrift, weisen darauf, daß auch der Fassung der Handschrift *Utrecht 16 H 34* ursprünglich eine responsoriale Form zugrunde gelegen hat:

Utrecht 16 H 34, fol. 7v

Zutphen 6, fol. CLXVr

Virgo flagellatur crucianda fame
religatur carcere clausa manet lux
celica fusa refulget flagrat odor
dulces cantant celi agmina laudes

Sponsus amat sponsam salvator
visitat illam

R. Virgo flagellatur crucianda fame
religatur carcere clausa manet lux
celica fusa refulget fragiat odor
dulces cantant celi agmina laudes.

V. Sponsus amat sponsam salvator
visitat illam.

Fragiat

Während für die Rubrizierung liturgischer Handschriften feste Regeln gelten, geschah die Rubrizierung musikalischer Meditationshandschriften der *Devotio moderna* individuell verschieden. Auch der Umfang, in dem liturgische Kennzeichen eines Gesangs in den devoten Kontext eingeflossen sind, ist in jeder paraliturgischen Handschrift anders. So steht *Lauda relauda* in der ebenfalls paraliturgischen Handschrift *Brüssel IV 421* als Antiphon mit einer notierten Psalmtondifferenz. In der ersten Lage der Quelle *Utrecht 16 H 34* erscheint sie dagegen als amorpher Gesang:[68]

Utrecht 16 H 34, fol. 7r

Brüssel IV 421, fol. 98r

Antiphona

Lauda relauda lauda relauda
anima mea dominum modicum est
modicum est quicquid laudaueris
tamen lauda relauda.

Lauda relauda lauda relauda
anima mea dominum modicum est
modicum est quicquid laudaueris
tamen lauda relauda.

Euouae

---

[68] Ed. Nr. 8.

Ein Grund für das Schwinden der Gattungsgrenzen ist möglicherweise die große Anzahl von Gesängen, die nicht liturgischen
Ursprungs sind, sondern als allgemein devote Gesänge für paraliturgische Zwecke konzipiert wurden. Diese neuen Texte, die oft
dem Gedankengut einschlägiger modern-devoter Schriften entsprechen, sind musikalisch vor allem mit der Form verbunden, die im
liturgischen Kontext *antiphona* genannt wird. Für einige dieser neu-
en Antiphonen wurde die liturgische Bezeichnung übernommen,
doch die meisten erscheinen ohne Rubrik. Ein Beispiel für einen
solchen nicht näher bezeichneten devoten Gesang ist *Iesus et Maria
sint mecum semper in via*, dessen kurzer Text wörtlich mit einem Teil
eines Gebets aus Thomas a Kempis' Schrift *Vallis liliorum* übereinstimmt:

> Post hec eciam hunc dulcem versiculum pro viatico ciborum assume et
> quasi baculum in manu firmiter tene et sepe orans deuote lege: "*Ihesus et
> Maria sint mecum semper in via*, in omni loco et in omni tempore pro bona
> custodia, ne forte per deuia errem et dispergar per multa fantasmata
> intus et extra."[69]

Ein Vorteil der Antiphon gegenüber anderen liturgischen Gesangs-
gattungen war, daß sie aufgrund ihrer einfachen formalen Struktur
mit jedem Text verbunden werden konnte. Diese Form findet sich
in Lage 1 bei *Maria pudoris*, einem Gesang asketischen Inhalts in
der Form einer Antiphon.[70] Er behandelt am Beispiel Marias die
Tugend der Keuschheit und des zurückgezogenen Lebens. In der
Handschrift *Utrecht 16 H 34* erscheint der Gesang ohne Rubrik, eine
konkordante Fassung steht in Brüssel *IV 421*, fol. 144r rubriziert als
De beata virgine Maria amica sancte solitudinis Antiphona.

Auffallend bei vielen dieser neu geschaffenen devoten Antiphonen ist ihre Länge, die eine in mehrere Teile gegliederte Struktur
zur Folge hat. In musikalischer Hinsicht ist diese Gliederung nicht
erkennbar, im Text der Utrechter Fassung wird sie erkennbar an der
Unterteilung in einzelne Sätze, deren Beginn jeweils durch Großbuchstaben gekennzeichnet ist, in der Brüsseler Fassung an der Interpunktion:

---

[69] *Vallis liliorum* ed. Van Geest 1996, 401 Z. 321–324. Die Kursivierung stammt von
mir (Ed. Nr. 7).

[70] Ed. Nr. 56.

Utrecht 16 H 34, fol. 47v

Brüssel IV 421, fol. 144r

De beata virgine maria amica sancte solitudinis Antiphona

Maria pudoris sui custos fidelissima
sicut turtur erat solitaria elongans
et fugiens atque in solitudine cordis
secum commanens nidulo castitatis
insidens ac sancte meditationis
pullos ad robur consummate
virtutis fructibus contemplationis
enutriens

Hec mitissima maria secreti amica
quietis studiosa in cubiculo assidua
in publico rarissima

Hec humilima maria tumultus
oderat occursus fugiebat ne sepius
visa etsi non conscientie vel fame
maculam contraheret   .

Eya gemma pudicitie confer nobis
sic viuere

Maria pudoris sui custos fidelissima
sicut turtur erat solitaria elongans
et fugiens atque in solitudine cordis
secum commanens nidulo castitatis
insidens ac sancte meditationis
pullos ad robur consummare
virtutis fructibus contemplationis
enutriens.

hec mitissima maria secreti amica
quietis studiosa in cubiculo assidua
in publico erat rarissima.

hec humillima maria tumultus
oderat occursus fugiebat. ne sepius
visa et si non conscientie vel fame
macula contraheret.

Eya gemma pudicicie confer nobis
sic viuere.

Andere Beispiele für diese neue Art der Antiphon sind *O Maria cuius oratio,* ein Gebet in freier Form, dessen musikalische Form ebenfalls bei der Antiphon anschließt,[71] und die Gesänge *Igitur libenter laborabo, Seruiat tibi* und *Nullus labor durus.*[72]

Responsorien mit devoten Texten sind seltener anzutreffen als Antiphonen, möglicherweise weil die responsoriale Form mit Vers und Repetenda komplizierter ist als die Form der Antiphon mit durchgehendem Text. Zwei Responsorien der siebenten Lage, *Esto mihi* und *Domine iesu,* sind devote Gesänge in der Form eines Responsoriums.[73]

Die Aufweichung der Gattungsmerkmale bei den Gesängen der *Utrecht 16 H 34* und anderen devoten Gesängen kann mit einem breiteren literarischen Kontext in Verbindung gebracht werden. In der formalen Struktur spätmittelalterlicher Literatur stellte Th. Mertens vergleichbare Tendenzen fest. Auch hier ist eine Unterscheidung nach Genres nicht mehr möglich. Andererseits haben die Gattun-

---

[71] Ed. Nr. 57.
[72] Ed. Nr. 100, 99, 9.
[73] Ed. Nr. 96, 102.

gen seinen Beobachtungen zufolge eine polymorphe Funktion erhalten: "Een genre-indeling is niet geschikt als uitgangspunt omdat
er in deze periode geen voorafgegeven verband is tussen de vorm
en de andere eigenschappen. De vorm is hol geworden, niet meer
dan een 'literaire inscenering', en kan allerlei inhouden bevatten
en allerlei functies dienen; anderzijds zijn de functies polymorf. Het
begrip 'genre' is daardoor een loos begrip geworden."[74]

5. Übergänge zum Strophenlied

Ein noch weiter führender Hinweis auf eine Entliturgisierung der
Texte und Formen und dem Schwinden der Gattungsgrenzen, verbunden mit einer zunehmenden formalen Straffung, bilden die
Übergänge von Prosatexten zu strophischen Formen und deren zu-
nehmende musikalische Durchdringung. Gerade in musikalischer
Hinsicht nimmt dieser Übergang im paraliturgischen Repertoire vielerlei Formen an. Im Gegensatz zu hymnologischen Untersuchungen, die einseitig am Text orientiert sind,[75] werde ich in dieser Frage
primär musikalische Gesichtspunkte berücksichtigen, die eine zusätzliche Differenzierung der Textentwicklung erlauben.

Hinsichtlich strophischer Strukturen können in *16 H 34* drei
Gruppen unterschieden werden, bei denen verschiedene Über-
gangsstadien zwischen Prosatext und Strophenlied festgestellt werden können:

Die erste Gruppe wird von den Lagen 8 und 9 gebildet. Hier
sind keine Ansätze zum Strophenlied feststellbar. In Gruppe 2 (Lagen 1, 3 und 6) sind Übergangsformen feststellbar. Die Lagen 4, 5
und 7 schließlich bilden die dritte Gruppe, die regelmäßig gebau-
te Strophenlieder enthält. Die Aufzeichnung dieser Gruppe unterscheidet sich von der der strophischen Gesänge in Gruppe 2 rein
äußerlich dadurch, daß in dieser alle Strophen durchgehend notiert
sind, während in den Gesängen der dritten Gruppe jeweils nur die
erste Strophe mit Musik erscheint. Alle weiteren schließen als reine
Textstrophen an. Diese Art der Aufzeichnung impliziert eine konsequente Wiederholung der Musik der ersten Strophe auch bei den
übrigen Strophen.

Mich interessierten hier vor allem die verschiedenartigen Ansätze zu Strophenliedern in der zweiten Gruppe. Dabei können zweierlei Übergangsformen unterschieden werden, nämlich Gesänge, die

---

[74] Mertens 1989, 187.
[75] Szöverffy 1983, 1985a, 1985b.

nur im Text strophische Ansätze zeigen und Gesänge, die auch in
der Musik strophische Strukturen erkennen lassen. Den Ausgangspunkt für eine Entwicklung strophischer Strukturen in *Utrecht 16 H
34* bildeten die Antiphon und der Tropus. Das Responsorium mit seiner spezifischen Wiederholungsstruktur war hierfür wahrscheinlich
weniger naheliegend.

Zur ersten Gruppe zählen Beispiele, deren Ansätze zu strophischer Struktur auf den Text beschränkt sind. Hierzu können vielleicht mehrfach unterteilte Gesänge wie die bereits angeführte Antiphon *Maria pudoris* gerechnet werden.[76] Der Text dieser Antiphon
ist in verschiedene lange Abschnitte unterteilt, deren Beginn durch
Großbuchstaben gekennzeichnet ist. Die Musik ist jedoch durchkomponiert, das heißt, jede Strophe ist mit anderer Musik verbunden und
auch Verseinteilungen und Reimschemas sind in in der Musik nicht
berücksichtigt.

Sicher kann der Alma mater-Tropus *Tota pulchra* dazu gerechnet
werden, bei dem Prosatexte mit rhythmischen Texten kombiniert
werden, ohne daß die strophische Struktur in der Musik aufgegriffen
ist.[77]

Alma Tota pulchra es amica mea et macula non est in te
Pulchra vt luna electa vt sol adolescentule dilexerunt te
Vox tua dulcis et facies tua decora ecce tu pulchra
Trahe me post te

A denigrante vicio grate preseruaris
cum miro privilegio maria nominaris

In radiante solio alte sublimatis
dum christi in consortio regina predicaris *Sumens. Alma*

Die vier ersten Zeilen des Tropus werden von Prosatexten auf der Basis des Hohenliedes gebildet.[78] Sie zeigen viel Ähnlichkeit mit liturgischen Hoheliedbearbeitungen. Diese Prosazeilen werden ergänzt
durch zwei weitere Strophen in iambischem Rhythmus mit Reim und
Binnenassonanz, die die Aussagen des Hohenliedes auf Maria zuspit-
zen. Diesen Text konnte ich in keiner weiteren Quelle finden. Die
auffallende Textkombination läßt vermuten, die beiden letzten Strophen könnten nachträglich hinzugefügt worden sein.[79]

---

[76] Siehe oben S. 167.
[77] Ed. Nr. 60.
[78] Cant. cant. 4,7; 6,9; 6,8; 2,14.
[79] Das Initium stimmt überein mit der Antiphon *Tota pulchra es amica*, die als
Fragment auch in der ersten Lage der *Utrecht 16 H 34* erscheint. In musikalischer

Einen anderen Übergang von der Antiphon zum Strophenlied
zeigt die singulär überlieferte Antiphon *O nardus odorifera*. Sie umfaßt drei Strophen zu je vier Versen. Ein regelmäßiger iambischer
Rhythmus mit ebenso regelmäßiger Reimstruktur aber etwas unre-
gelmäßig verteilter Silbenanzahl kennzeichnet diesen Text:[80]

> O nardus odorifera
> plena suauitate
> nos solue de pestiferi
> noxii grauitate
>
> O florens rosa germine
> virgo sine pare
> nos accepto carmine
> et eos fac consolari
>
> O lilium conuallium
> mater carens labe
> nos tegat tuum pallium
> ast excusatos habe

Das Prinzip des Strophenliedes ist im Text konsequenter durchgeführt als in der Musik. Der Beginn der zweiten und dritten Strophe wird eingeleitet durch einen Großbuchstaben und ist somit vom
vorangehenden Text abgesetzt. Auch die Struktur des Textes als gebundene Form, nicht als Prosatext, entspricht der Konzeption der
Strophenlieder. In der Musik wurde dieser Formansatz nur teilweise
durchgeführt. Die erste Strophe hat eine eigene Melodie, die zweite
und dritte Strophe stimmen, abgesehen vom Strophenanfang, musikalisch weitgehend überein. Doch ist in diesen Strophen eine unterschiedliche Verteilung der Töne über die Silben festzustellen. Diese
Verteilung orientiert sich an Worteinheiten und an der Akzentverteilung, ein Prinzip der gregorianischen Melodik, das in dieser Antiphon wie in einer Reihe anderer Gesänge der *Utrecht 16 H 34* auf
die Struktur des Strophenlieds übertragen wird. Darauf werde ich an
späterer Stelle näher eingehen.

Durch die Wiederholung musikalischer Abschnitte aus Strophe
2 in Strophe 3 wird das Prinzip des antiphonal durchkomponier-
ten Aufbaus, das beim Übergang von der ersten zur zweiten Strophe
erkennbar ist, von Strukturen des Strophenlieds unterwandert. Diese führten nicht nur zu einer Wiederholung in den beiden letzten

---

Hinsicht jedoch und in der Fortführung des Texts weicht diese Fassung von der
liturgischen Antiphon ab.
[80] Fol. 10v (Ed. Nr. 30).

Strophen, sondern möglicherweise auch dazu, daß Strophe 3 ebenso wie Strophe 2 auf dem Ton *a* endet, obwohl der ganze Gesang im authentischen *f*-Modus steht, dessen Finalis ja gebräuchlicherweise ein *f* ist. Dieser Abschluß ist in gregorianischem Zusammenhang ungebräuchlich[81] und möglicherweise daher erklärbar, daß dem Notator vorrangig daran gelegen war, auch musikalisch eine Strophenstruktur mit Wiederholungscharakter zu bilden, wobei er das Prinzip der *ouvert-clos* – Schlußwendung, vielleicht aus Unkenntnis, nicht anwendete.

6. *Musikalische Wiederholungsstrukturen*

Zahlreiche Übergangsformen zum Strophenlied in Text und Musik finden sich bei den 12 *Salve Regina*-Tropen der dritten Lage in *Utrecht 16 H 34*. Die Tropen zu der Marienantiphon *Salve Regina* bestehen aus jeweils drei Strophen, von denen immer eine vor jede der drei Anrufungen *o clemens, o pia, o dulcis Maria* eingeschoben ist. Daraus ergibt sich eine dreiteilige Anlage jedes Tropus. Der Aufbau eines *Salve Regina* mit Tropus sieht folgendermaßen aus:

Salve regina misericordie
vita dulcedo et spes nostra salve
ad te clamamus exules filii eve
ad te suspiramus gementes et flentes in hac lacrimarum valle
eya ergo advocata nostra illos tuos misericordes oculos ad nos converte
et ihesum benedictum fructum ventris tui nobis post hoc exilium ostende
[ ] o clemens [ ] o pia
[ ] o dulcis maria.[82]

Interessant ist es zu sehen, in wie weit diese dreiteiligen Tropen eine textliche und musikalische Einheit im Sinn eines Strophenlieds bilden und welche Rolle bei dieser Frage die Aufzeichnung spielt.

In ein paar Fällen ist die Anwendung eines cento-artigen musikalischen Strukturprinzips zu beobachten, das eine Verwandtschaft zwischen den einzelnen Anrufungen erkennen läßt, ohne jedoch der Form des Strophenlieds in strengem Sinn zu entsprechen. In diesen

---

[81] Zwar kann, wie I. de Loos zeigte, auch ein liturgischer Gesang in manchen Quellen irregulär enden, doch scheint es hierbei um wenig erklärbare Fälle zu gehen. Im vorliegenden Fall scheint mir vor allem die erstrebte Strophenstruktur der Grund für die Schlußwendung auf *a* zu sein. Vgl. De Loos 1999, 6 und 9.

[82] Der Text ist entnommen aus der Handschrift *Utrecht 418*, fol. 171v, einem Psalter aus der Utrechter Mariakerk aus dem 14. Jahrhundert. Ich danke Dr. I. de Loos dafür, daß sie mir ihre Transkription dieses Texts überlassen hat. Die eckigen Klammern geben an, wo der Text tropiert wird.

Fällen sind Anfang und Ende der Strophen individuell gestaltet,
während die Mittelteile weitgehend übereinstimmen.

Dieses Prinzip begegnet in den Tropen *Salue Iusum fructum, Salue
Salue mater, Salue Maria tuum filium* und *Salue O gloriosissima*. Drei dieser Tropen scheinen singulär überliefert zu sein, *Salue Iusum fructum*
steht auch in der Handschrift *Amsterdam I B 50*.

Als Beispiel gehe ich auf den Tropus *Salue Iusum fructum* näher
ein:[83]

> *Salue* V. Iusum fructum tuum dignum
>   nobis iudicem benignum
>   post huius vite terminum
>   ostende   *O*
>
>   O maria mater pia
>   virgo dulcis vite via
>   nos ad celi gaudia
>   duc post hoc exilium   *O*
>
>   Iesu fili summi patris
>   ab amorem tue matris
>   nobis confer cum beatis
>   eternale gaudium

Der vierte Vers der ersten Strophe blieb in *Utrecht 16 H 34* und
Amsterdam I B 50 unvollständig, woraus auf einen Überlieferungszusammenhang beider Fassungen geschlossen werden kann. Die Texte der drei Strophen zeigen, bedingt durch eine wechselnde Zahl
von Silben, einen etwas holpernden trochäischen Rhythmus. Jede
Strophe besteht aus vier Versen mit der Reimstruktur a-a-a-b, wobei die Endreime der beiden vollständigen Strophen 2 und 3 einander wiederum entsprechen. In musikalischer Hinsicht sind zwar
Wiederholungsstrukturen zwischen den Strophen erkennbar, doch
sind sie nicht konsequent durchgeführt, sondern den Erfordernissen
des Textes angepaßt. Worteinheiten, Silbeneinheiten und Akzentverteilung spielen dabei eine wichtige Rolle. Dieses Ineinandergreifen
verschiedener Faktoren soll am Beispiel der Strophenenden in Strophe 1, 2 und 3 demonstriert werden.

---

[83] Ed. Nr. 47.

Salue Iusum fructum: Ende der Strophen 1, 2 und 3, fol. 42v/43r

In allen drei Strophen sind dieselben Töne verwendet, doch sind sie unterschiedlich über den Text verteilt. Die Lesarten der zweiten und dritten Strophe stimmen weitgehend überein, doch weist Strophe 3 eine Silbe mehr auf als Strophe 2. Daher wird bei *cum beatis* der Ton *f* wiederholt. Abweichend konstruiert ist diese Stelle in Strophe 1. Möglicherweise geschah das aufgrund der anderen Akzentverteilung dieser Strophe. Berücksichtigt man nämlich, daß Silben mit Hilfe mehrtöniger Gruppen musikalisch hervorgehoben werden können, wird eine unterschiedliche Verteilung der Noten einleuchtend: In der ersten Strophe wird die zweite Silbe akzentuiert, weshalb der Ton *a* in der Ligatur *g-a* eine Silbe früher erscheint als in den anderen Strophen, bei denen erst die dritte Silbe akzentuiert ist und eine Ligatur trägt (*a-b*). Auch *vite* trägt auf der ersten (betonten) Silbe eine Ligatur. Doch wird dieses Prinzip nicht konsequent angewendet. Auch in den Strophen 2 und 3 erscheint an dieser Stelle nämlich die Ligatur *a-g*, obwohl damit jeweils eine unbetonte Silbe verbunden ist. Ebenso hätte der Notator bei einer konsequenten Übereinstimmung von Ligatur und Akzent in Strophe 1 über der ersten, akzentuierten, Silbe von **ter**-*minum* eine Ligatur schreiben müssen. Darauf verzichtete er jedoch und wählte einen Einzelton. Auch in der zweiten Strophe erscheint über der betonten Silbe **gau**-*dia* ein Einzelton, während in der dritten Strophe bei *beatis* Akzent und Ligatur wiederum zusammenfallen.

Durch die Vernachlässigung des Akzents verstieß der Notator zwar gegen eine wichtige Gesetzmäßigkeit des gregorianischen Chorals,[84] doch erreichte er dadurch eine größere musikalische Übereinstimmung. Im Spannungsfeld zwischen einer musikalischer Angleichung der Strophen im Strophenlied und der Rücksichtnahme auf

---

[84] D. Hiley, Art. "Responsorium", in: MGG, Sachteil Bd. 8, 176–200, hier: 185f.

die Textverteilung im gregorianischen Choral gab der Schreiber an
dieser Stelle offensichtlich der musikalischen Übereinstimmung der
Strophen den Vorrang.

Eine größere Übereinstimmung der Strophen wird bei *Salve Virgo mater* sichtbar, einem ebenfalls singulär überlieferten und stärker
melismatisch gebauten Tropus.[85] Die Folge der Töne ist mit Ausnahme der Schlußwendung und des Anfangsmelismas in den drei
Strophen identisch, doch können sie je nach Erfordernis des Textes
verschieden über die Silben verteilt sein:

Salue Virgo mater:
Beginn der Strophen 1, 2 und 3 (ohne *Salue*), fol. 41v/42r

Verallgemeinernd kann die musikalische Struktur dieser Salve-Tropen in einer schematischen Übersicht zusammengefaßt werden. Unabhängig von der Anzahl der Verse ist in jeder Strophe ein dreiglied-
riger Aufbau erkennbar, der aus einem relativ konstanten Mittelteil
und zwei stärker variierten Beginn- und Endpartien besteht:[86]

$$(1)\ \alpha—A—a$$
$$(2)\ \beta—A'—b$$
$$(3)\ \gamma—A''—c$$

Der Notator bemühte sich um Kompromisse zwischen den entge-
gengesetzten Erfordernissen der Akzentverteilung und der musikalischen Wiederholung, die auch bei holperndem Versmaß möglichst
konsequent sein sollte. Ansätze zur musikalischen Entsprechung der
Strophen sind in diesen Tropen erkennbar, aber nicht konsequent
durchgeführt.

---

[85] Ed. Nr. 45.

[86] α, β und γ bezeichnen die voneinander abweichenden Strophenanfänge, A-A'-
A" ist der hinsichtlich der Wort- und Silbeneinheiten entsprechend variierende, aber
im großen und ganzen übereinstimmende Mittelteil, a, b und c sind die wiederum
abweichenden Strophenschlüsse.

7. Die Tropenanschlüsse

Der Übergang vom Tropus zum dreiteiligen Strophenlied bei den *Salve Regina*-Tropen der Handschrift ist auch daran ablesbar, in welchem Umfang die Anschlüsse zur Antiphon in die Aufzeichnung aufgenommen sind. Bei allen Tropen ist das Initium *Salue* erkennbar, obwohl es im Fall von *Salue celi digna* so sehr in den Text der ersten Strophe integriert ist, daß es zweifelhaft ist, ob hier ein Anschluß angezeigt werden soll, oder ob die erste Strophe, ebenso wie die beiden folgenden, ihrerseits mit *Salue* beginnt und der Anschluß selbst fehlt.[87]

Die Verbindung der Tropen mit dem *Salve Regina* ist allerdings nicht in allen Quellen so eindeutig erkennbar wie in der Handschrift *Utrecht 16 H 34*. Das wird durch die Überlieferung des einstimmigen Salve-Tropus *Aue spes* belegt. In der Quelle *Utrecht 16 H 34* erscheint dieses dreistrophige Gedicht über Marias Rolle als Fürsprecherin am Ende des Lebens[88] als *Salue*-Tropus mit den üblichen Anschlüssen: Zu Beginn steht ein notiertes Initium *Salue* mit dem Hinweis auf den Beginn des Tropus in der Form eines *Versus*-Kürzels (*V.*) und nach jeder Strophe die Andeutung einer der drei Anrufungen *O clemens, O pia, O dulcis Maria* in der Form des Buchstabens *O* ohne Notation.

Salue V. Aue spes et salus infirmorum desperatorum renouatrix
      salue lux celestis luminosa copiosa consolatrix
      lauda plus laudabilis celi et terre giro nominaris
      virgo venerabilis materque sine viro nuncuparis
      stella maris tu vocaris tu nauigantibus portum paris   *O*

      Summi regis mater plasmatoris sedes amoris trinitatis
      aberrati sumus in hac via virgo maria male stamus
      da tuo iuuamine delectamenta carnis superare
      ut sine grauamine die nouissimo queamus stare
      coram iusto iudice congaudendo et non flendo cum damnatis *O*

      Hoc perpendat homo puluis leuis quod vita breuis cito cedit
      mors perhennis hanc imitatur et non terminatur malos ledit
      breuis delectatio peccantibus suauis deputatur
      longa castigatio post in penis dire preparatur
      a qua nos digneris custodire maria fac nos ire cum beatis   *O*

---

[87] Für die zweite Möglichkeit spricht, daß das erste Wort nach *Salue*, nämlich *celi*, mit einem Kleinbuchstaben beginnt, während bei allen anderen Salvetropen der Beginn des Tropenteils durch die Verwendung eines Großbuchstabens gekennzeichnet ist (fol. 42r; Ed. Nr. 46).
[88] Ed. Nr. 50. Siehe Burger 2001, 42f.

Im Gegensatz zu den bisher genannten Salvetropen ist *Aue spes* syllabisch und konsequent als Strophenlied konzipiert in dem Sinn, daß dem durch vielfache Binnenreime gegliederten Text auch musikalisch ein klar strukturierter Aufbau zugrundeliegt in der Form a-a-b-b-a, etwas abweichend von der Form eines Virelai (a-b-b-a-a). Zu diesem Strophenlied ist aus fünf Handschriften Musik bekannt. Darüber hinaus kennt es eine Verbreitung ohne Notation in Gebetbüchern.[89] Die notierten Quellen überliefern das Lied mit unterschiedlicher Strophenzahl und voneinander abweichendem Strophenbau. Die Anschlüsse an das *Salve Regina* sind in den anderen Liederhandschriften stärker reduziert als in *Utrecht 16 H 34*. In *Köln 979* erscheint am Ende jeder Strophe der Rest einer Anrufung in der Form eines unnotierten Fragments *O* bzw. *O clemens*. In *Amsterdam I B 50* referiert lediglich am Ende der dritten Strophe ein *O* mit Neumen an die Verbindung mit dem *Salve Regina*. Die einzige in *Wien 12875* überlieferte Strophe erscheint ohne jede Bindung an die Marienantiphon. Die Aufzeichnung im *Wienhäuser Liederbuch* ist der des Strophenlieds am weitesten angenähert: nur die erste Strophe ist hier notiert, die übrigen schließen als Textstrophen an, während in den anderen Konkordanzen einschließlich der Handschrift *Utrecht 16 H 34* alle Strophen durchgehend notiert sind. Auch die Verbreitung des Tropus ohne Notation als Gebet in Gebetbuchhandschriften des späten Mittelalters deutet auf eine Überlieferung unabhängig von der Antiphon.[90] Eine liturgische Identität von *Aue spes* als Tropus zur Antiphon *Salve Regina* ist daher nur in *Utrecht 16 H 34* eindeutig erkennbar aufgrund des Beginns (*Salue*) und an der dreimaligen Angabe *O*, die an die drei Anrufungen referiert.

Eine in ähnlicher Weise mehrdeutige Überlieferungssituation läßt *Salue celi digna* erkennen, das ebenfalls in *Utrecht 16 H 34* als Salvetropus, in *Berlin 8⁰ 190* dagegen als reines Strophenlied ohne Anschlüsse an die Antiphon aufgenommen ist.[91]

---

[89] Notierte Quellen: *Amsterdam I B 50, Köln 979, Utrecht 16 H 34, Wien 12875, Wienhäuser Liederbuch.* Für die unnotierten Gebetbuchquellen: *www.dbilink.de,* zu suchen unter dem Initium *Ave spes.*

[90] Auch in AH 1, 54 wird *Ave spes* als "regelmäßiger Leich" typisiert, nicht als Tropus.

[91] Ed. Nr. 46.

Salue celi digna
mitis et benigna
que es christi flosculus
amenitatis et riuulus
Salue mater pia
et clemens O maria

Salue pulchrum lilium
tuum placa filium
ut nos purget a crimine
pro tuo pio viuamine
Salue mater pia
et dulcis O maria   *O*

Salue christi cella
nobis mundi mella
semper da despicere
et servum hostem vincere
Salue mater pia
et mitis O maria   *O*

Dieser Tropus besteht aus drei Strophen zu je sechs paarweise ange-
ordneten Versen. Jeweils die zwei letzten Verse bilden einen Refrain.
Die Silbenanzahl schwankt wie bei den meisten Tropen, das trochäi-
sche Versmaß holpert daher auch hier ein wenig.

Jede Strophe beginnt mit dem Ruf *Salue*, die liturgische Anbindung an die Marienantiphon ist nur am Ende von Strophe 2 und 3
in der Form eines *O* zu sehen. Dennoch ist die Verbindung zum *Salve
Regina* deutlich erkennbar an Reminiszenzen, die in den Tropentext
aufgenommen sind. Nicht nur nämlich ist das *Salue* in die Strophenanfänge integriert, auch die Anschlüsse *O clemens, O pia* (hier: *mitis*)
und *O dulcis Maria* werden in den Refrains paraphrasiert, allerdings
in den Strophen 2 und 3 in umgekehrter Reihenfolge.

Die Überlieferung in anderen Liederhandschriften behandelt
den Tropus unterschiedlich: sowohl in *Amsterdam I B 50* als auch in
Köln 979 erscheint er mit der liturgischen Einbettung der Anschlüsse
O und *O clemens, O pia*, jeweils ohne Musik. Die Handschrift *Berlin
8° 190* dagegen überliefert den Tropus als reines Strophenlied ohne
liturgische Einbindung.

Während andere Konkordanzen Tropen auch als reine Strophenlieder wiedergeben, sind in *Utrecht 16 H 34* keine Tropen überliefert, die ganz aus dem liturgischen Kontext gelöst sind.

Einer auffallenden Metamorphose war auch die weit verbreitete
Sequenz *Aue sidus lux dierum* unterworfen, die bisher, abgesehen
von der Handschrift *Utrecht 16 H 34*, in keiner anderen paraliturgi-

schen Musikhandschrift gefunden werden konnte. Sie ist sowohl als
Sequenz in einer Reihe von Missalien und Gradualien des 13. bis 15.
Jahrhunderts, als auch als Gebet ohne Musik in verschiedenen Gebetbüchern des späten 15. Jahrhunderts dokumentiert.[92] Anders als
in diesen Quellen erscheint *Aue sidus* in der Handschrift *Utrecht 16
H 34* als Tropus zur Marienantiphon *Ave regina*. Die Form entspricht
dort der eines dreistrophigen Lieds. Je zwei Verse der Sequenz sind
zusammengefaßt zu einer Strophe, gefolgt von einem ebenfalls notierten Anschluß an die Antiphon *Ave regina*. So besteht die Fassung
in *Utrecht 16 H 34* aus drei achtzeiligen Strophen mit identischer Musik. Aus einer sechs Strophen umfassenden Sequenz wurde ein Tropus in der Form eines dreiteiligen Strophenliedes mit liturgischen
Anschlüssen.[93]

> Aue sidus lux dierum
> ave gemma mulierum
> que lactasti regem verum
> genitorem filia
> aue verbi sancta parens
> aue rosa spina carens
> per te mundus viret arens
> per te datur venia   *Salue*
>
> Salue verbi dei cella
> mundi decus maris stella
> nos custodi a procella
> huius mundi noxia
> mundum ouans miro flore
> florem paris miro more
> virgo manens cum pudore
> noui floris gracia   *Gau*
>
> Mater regis et regina
> morum dux et disciplina
> de malorum nos sentina
> perduc ad celestia
> dele culpas o maria
> regem placa prece pia
> nobis per te detur via
> ad eterna gaudia   *Vale*

---

[92] dbi-link (wie Anm. 89) gibt folgende melodielose Überlieferung in Gebetbuchhandschriften an: *Berlin, Diez 13 Sant. 16*, 104r; *Darmstadt 521*, 273v und *2242*, 101r;
Ebstorf IV 17, 106r; *Frankfurt Praed. 169*, 321v.
[93] Ed. Nr. 64.

Noch einen Schritt weiter geht die Aufzeichnung von *Aue mundi domina*. Dieses nicht näher bezeichnete Strophenlied ist in der Handschrift *Utrecht 16 H 34* in einer musikalisch singulär überlieferten Fassung enthalten, deren Text in der Handschrift *Berlin 8° 190* mit einer anderen Melodie erscheint. Die Utrechter Version steht in der dritten Lage zwischen anderen Tropen, hat jedoch keinen liturgischen Anschluß. Die Aufzeichnung gibt keinen Aufschluß darüber, ob es sich hierbei ebenfalls um einen Tropus des *Ave regina* handelt, oder um ein selbständiges Marienlied. In *Utrecht 16 H 34* wie in *Berlin 8° 190* erscheint der Gesang als Strophenlied.

Die Überlieferung dieser Gesänge läßt erkennen, daß Aufbau und Funktion dieser spätmittelalterlichen Marienlieder polymorpher Art war, wodurch eine Einteilung in Gattungen problematisch ist.

Zum Schluß sei ein Tropus angeführt, dessen liturgische Einbettung in *Utrecht 16 H 34* vollständig aufgenommen ist: *Alleluya Vox exultationis* mit dem Tropus *In superna celorum curia*.[94]

Alleluya Vox exultationis et salutis

In superna celorum curia
Ibi pax est et concordia
Eterna lux atque gaudia

Ibi nulla est tristitia
Ibi semper est letitia
Dies una super milia

Agmina celica dulce canentia
Iubilant iugiter dei presentia
Talia gaudia dantur in taberna-

-culis iustorum.
Salue gemma confessorum augustine

Lux doctorum forma clericorum
Norma morum hostis errorum

Tu malleus hereticorum
Disciplina tu monachorum

Speculum peccatorum penitentium
Nunc consors sanctorum deum canentium

presul beatissime

---

[94] Fol. 53r (Ed. Nr. 65).

Der erste Teil des *Alleluya* ist einstimmig und ohne Tropus bereits in liturgischen Handschriften vor 1100 überliefert.[95] In untropierten Quellen lautet der Text *Alleluia Vox exultationis et salutis in tabernaculis iustorum*. Der zweite, bei *Salue gemma confessorum* beginnende, Teil wiederholt in melodischer Hinsicht den ersten Teil. Er ist bisher nur aus der Handschrift *Utrecht 16 H 34* bekannt und möglicherweise ein Zusatz des Notators der dritten Lage.

Beide Teile des *Alleluya* sind mit einem zweistimmigen Tropus interpoliert. Der erste Tropus, *In superna celorum curia*, besteht aus drei Strophen zu je drei Versen. Diese Strophen wiederholen jedoch nicht, wie sonst bei Strophenliedern gebräuchlich, in jeder Strophe von neuem die Musik der ersten Strophe, sondern die drei Verse jeder Strophe wiederholen jeweils dreimal denselben kurzen Abschnitt. Der musikalische Aufbau des Tropus lautet also: aaa/bbb/ccc. Auch der Tropus des zweiten Teils, *Lux doctorum forma clericorum*, ist in dieser Weise aufgebaut, allerdings umfaßt jede der drei Strophen nur zwei Verse. Ihr musikalischer Aufbau, der ansonsten mit dem ersten Tropus übereinstimmt, lautet: aa/bb/cc.

Alleluya Vox exultationis zeigt besonders anschaulich, daß Strophenlieder in der dritten Lage einerseits vollständig liturgisch eingebettet sein können und gleichzeitig musikalisch gesehen den Rahmen des gregorianischen Chorals verlassen können.

Obwohl diese Tropen von *Alleluya Vox* bisher nirgenwo anders nachgewiesen werden konnten, enthält die Handschrift *Amsterdam 206 A 10* einen einstimmigen Tropus, der den Tropen in *Utrecht 16 H 34* sehr nahe kommt.[96] Auch in der Amsterdamer Handschrift ist das *Alleluya* in tropierter Form aufgenommen. Dieser Tropus ist als einstimmige Interpolation in der Form eines Dialogs zwischen einem *chorus* und *cantores* zwischen die Silben -*na* und -*culis* des Wortes *tabernaculis* eingeschoben, an derselben ungewöhnlichen Stelle, an der auch in der Fassung von *Utrecht 16 H 34* der Übergang vom Tropus zum *Alleluya* stattfindet:

---

[95] MMMAe VII (Alleluia-Melodien I, bis 1100), 552 und 626.
[96] Einen Hinweis auf diesen Tropus fand ich auf der website von I. De Loos: *Chant behind the dikes*: http://www.knoware.nl/users/ikedl/chant/:contents/special topics/simple polyphony/Amsterdam, Toonkunstbibl. 206 A 10.

Alleluya Vox exultacionis et salutis
(ibi sonant sanctorum organa)
chorus *in taberna*
cantores (sanctus clamant celi agmina)
a
(qui es dei sapientia)
a
(huius mundi post naufragia)
a
(cum patre omnia regnans per secula)
a
(sanctis associa nos taber *naculis iustorum*[97]

Die Texte der Tropen beider Handschriften sind nicht identisch, doch ist ihre Thematik gleich: es geht um eine Beschreibung der himmlischen Seligkeit. Hinsichtlich der Musik reicht die Übereinstimmung sogar noch weiter: die einstimmige Fassung in der Amsterdamer Handschrift entspricht dem Cantus im Utrechter Manuskript, wobei immer zwei Verse dieselbe Melodie tragen.

Die Utrechter Fassung des tropierten *Alleluya Vox exulationis* basiert also möglicherweise auf einer einstimmigen Fassung, die bis *iustorum* reichte. Der Text der Tropen sowie der zweite Teil des *Alleluya*, der musikalisch den ersten wiederholt, wären dann neu hinzugekommene Zusätze. Diese Umstände werfen ein neues Licht auf die Bemerkung *non plus inueni in exemplari* nach dem ersten Teil in der Quelle *Utrecht 16 H 34*: sie ist nicht nur ein Hinweis darauf, daß der Schreiber eine Vorlage benutzte, sondern verrät darüberhinaus, daß diese Vorlage möglicherweise nur den ersten Teil umfaßte.

Die Aufzeichnung der Strophenlieder und der Übergangsformen zwischen Strophenliedern und Antiphonen in Lage 3 geschah durchgehend nach dem gängigen Prinzip, in dem Tropen im Mittelalter aufgezeichnet sind. Das heißt, auch in musikalischer Hinsicht strophisch aufgebaute Tropen wie *Salue Aue spes* wurden, obwohl sie in anderen Handschriften wie Strophenlieder aufgeschrieben sind, hier wie Prosatexte durchgehend notiert.[98] In Lage 7 dagegen sind Strophenlieder auch äußerlich als solche erkennbar:[99] jeweils die erste Strophe ist notiert, die übrigen erscheinen daran anschließend als

---

[97] Die Klammern sind der Handschrift entnommen. Die letzte Klammer ist nicht geschlossen.

[98] Ein Beispiel für diese Art der Aufzeichnung ist *Aue spes* in der Handschrift *Wienhausen 9*.

[99] Die Handschrift *Zwolle Em. VI* überliefert ebenfalls diese Art von strophischen

Text. Durch diese Aufzeichnungsweise ist das Prinzip des Strophenliedes in Lage 7 weiter entwickelt als in Lage 3 mit all ihren musikalischen Übergangsformen, denn die musikalische Identität der
Strophen steht in der siebenten Lage durch die Art der Aufzeichnung fest.

8. *Ein chronologisches Gefälle?*

Aufgrund codicologischer Untersuchungen können die einzelnen
Teile der Handschrift *Utrecht 16 H 34* verschiedenen Zeiten und möglicherweise auch verschiedenen Orten zugeordnet werden. Das Verhältnis der Gesänge zu ihren liturgischen Vorbildern zeigt in den einzelnen Handschriftenteilen ein unterschiedliches Bild. Diese Unterschiede können lokal bedingt sein, aber möglicherweise auch chronologischen Ursprungs sein. In chronologischer Hinsicht ergibt sich
ein Gefälle, das hypothetisch erörtert werden soll. Weitere Forschungen am lateinischen einstimmigen Material devoter Handschriften
können meine Hypothese in der Zukunft stützen oder verwerfen.

Aufzeichnung und Überlieferung der lateinischen Gesänge der
Handschrift *Utrecht 16 H 34* lassen eine Entwicklung vermuten von
der nahezu unveränderten Rezeption des (einstimmigen) gregorianischen Chorals aus liturgischen Quellen des Offiziums in den Lagen 8 und 9 als dem ältesten Teil der Handschrift (1. Hälfte des
15. Jahrhunderts), über die diesem Repertoire ebenfalls nahestehen-
den, aber bereits von Anpassungen an den außerliturgischen Kontext geprägten Gesänge der Lage 1 (zweite Hälfte des 15. Jahrhunderts), bis hin zu dem Experimentierfeld vielfältiger Mischformen
lateinischer Gesänge in den Lagen 3 und 6 (um 1500) und den
Strophenliedern in Lage 4, 5 und 7 (ebenfalls um 1500 oder Beginn
des 16. Jahrhunderts).

Im Einzelnen ergibt sich hypothetisch ein chronologisches Gefälle
bei folgenden Aspekten:

– Der Anteil der Responsorien am devoten Repertoire sinkt von
  einer vorherrschenden Position in der ersten Hälfte des 15. Jahrhunderts (Lagen 8 und 9) zu nur noch sporadischem Auftreten
  um 1500 (Lagen 6 und 7).

Gesängen und betitelt sie als *ymni* (fol. 1r: "Incipiunt ymni petri Damiani De quattuor
nouissimis"), wohl in Anlehnung an die ebenfalls strophisch aufgebauten Hymnen
der Liturgie.

– Die Aufzeichnung der kleinen Doxologie im Anschluß an die Responsorien ist im Lauf der Zeit ebenfalls im Rückzug begriffen.
– Es ist eine Tendenz feststellbar, die reicht von einer größeren Vielfalt der Rubriken in der ersten Hälfte des 15. Jahrhunderts (Lagen 8 und 9) zu einer zunehmenden Einschränkung liturgischer Reminiszenzen in den jüngeren Handschriftenteilen.
– Auch die Vielfalt der Feste, aus deren Repertoire Gesänge übernommen sind, scheint einem chronologischen Gefälle unterworfen zu sein. Sind im ältesten Teil der Handschrift neben Gesängen für Heilige auch Responsorien beispielsweise zum Fest der *dedicatio* aufgenommen, verweisen Rubriken in der ersten Lage nur noch nach Heiligen. In Lage 3 beziehen sich die Rubriken nur auf die Gattung der Gesänge (*versus*).
– Der Anteil der paraliturgischen, rein devoten Gesänge nimmt im Lauf der Zeit zu. Die Lagen 8 und 9 enthalten rein liturgisches Material, die Lagen 4, 5 und 7 rein devotes. Ein gemischtes Repertoire findet sich in der ersten, dritten und sechsten Lage.
– Diese Entwicklung führt, ausgehend vom liturgischen Kontext, auf den zunächst noch verwiesen wird, immer stärker zum individuell gestalteten, frommen (Strophen-)Lied und zum breit einsetzbaren Meditationsgesang ohne spezifische Form und ohne liturgische Bindung.

KAPITEL V

ASPEKTE DER MEHRSTIMMIGEN MUSIK

1. *Zur Haltung der Devotio*
moderna gegenüber mehrstimmiger Musik

Die Beurteilung der mehrstimmigen Musik der Devotio moderna in
der Forschung zeigt ein inkohärentes Bild. Ein Teil der Forscher beschreibt diese Musik als homophon und einfach.[1] Andere sehen in
ihr vor allem den improvisierten Charakter.[2] Wieder andere heben
hervor, daß mehrstimmige Musik in Kreisen der Devotio moderna
verboten war.[3] Ein vierter Aspekt wird vor allem in der älteren Forschung unterstrichen, wenn eine retrospektive Machart der devoten Mehrstimmigkeit beschrieben wird.[4] Diese Typisierungen betreffen Teilaspekte des devoten mehrstimmigen Repertoires, die miteinander in Verbindung stehen. Retrospektive, homophone, einfache
Machart kann erklärt werden durch Improvisation, oder allgemei-
ner: durch mündliche Überlieferung. Doch möchte ich im Folgenden nicht auf die Frage eingehen, in wie weit und unter welchen
Aspekten die mehrstimmige Musik der *Utrecht 16 H 34* bestimmt war
durch mündliche Konzeption und Überlieferung. Vielmehr möchte
ich mich der Frage zuwenden, ob diese mehrstimmige Musik, wie
bisher angenommen wird, wirklich als solche verboten war, oder ob
nicht eher bestimmte Aspekte mehrstimmiger Musik abgelehnt wurden. Diese Frage kann nicht beantwortet werden ohne eine Reihe

---

[1] Schreurs und Bouckaert 1995, 45: "[…] tweestemmige Latijnse strofische liederen, geconcipieerd in een eenvoudige homofone stijl, die zeer geliefd was binnen
de stroming van de Moderne Devoten."

[2] Meyer 1989, 165: "Le caractère improvisé […] explique probablement la rareté
des documents musicaux que nous transmettent les recueils de chants spirituels issus
de la *Devotio moderna*."

[3] Ewerhart 1955 beeinflußte die Sichtweise einer Reihe ihm nachfolgender Forscher mit seiner Annahme, in devoten Kreisen sei Mehrstimmigkeit mit Ausnahme
der Christnacht verboten gewesen.

[4] Smits van Waesberghe 1966, 47: "Die mehrstimmigen "Cantiones" in den Liederbüchern der Windesheimer Kongregation sind durch den retrospektiven Organumstil gekennzeichnet."

von Quellen innerhalb und außerhalb der Devotio moderna erneut zu untersuchen. Der bisher zu beobachtenden Widersprüchlichkeit in dieser Frage liegt nämlich nicht zuletzt eine terminologische Unklarheit hinsichtlich dreier Schlüsselbegriffe in einschlägigen Quellen aus dem Umkreis der Devotio moderna zugrunde. Mein Ziel ist es, die in der Forschung in Verbindung mit dem "Verbot der Mehrstimmigkeit" häufig angeführten Begriffe *uniformitas, fractio vocis* und *discantus* zu untersuchen, um in einem zweiten Schritt Charakteristica der mehrstimmigen Musik in *Utrecht 16 H 34* heraus zu arbeiten und zu den Ergebnissen der terminologischen Untersuchungen des ersten Teils in Beziehung zu setzen.

1. Das "Verbot der Mehrstimmigkeit"

Seit Jahrzehnten schon geht ein Teil der Forschung davon aus, daß in Kreisen der Devotio moderna Mehrstimmigkeit verboten war. Bis heute bestimmen in dieser Hinsicht die Untersuchungsergebnisse J.G.R. Acquoys[5] und R. Ewerharts[6] das Bild von der Musikpflege in Windesheimer Klöstern. Ihren Forschungsergebnissen zufolge war Mehrstimmigkeit in Windesheimer Kreisen verboten. Da gerade diese Forscher die eingehendsten Beiträge zur Musik der Devotio moderna geschrieben haben (Acquoy im Zuge seiner Übersichtsdarstellung des Kapitels von Windesheim, Ewerhart in seiner Dissertation zur Musik einer Handschrift aus dem Windesheimer Kloster Eberhardsklausen bei Trier),[7] konnte sich bis heute die Ansicht halten, in Kreisen der Devotio moderna sei mehrstimmige Musik nur an Weihnachten erlaubt gewesen—trotz der reichen Überlieferung mehrstimmiger Musik für das gesamte Kirchenjahr.[8] Schwerwiegend für die Forschungsgeschichte war, daß sich nach den Untersuchungen Ewerharts "zur Musikpflege der Windesheimer Kongregation" niemand mehr das mehrstimmige Repertoire der Devotio moderna auf dieses Problem hin untersuchte.[9] Hierzu dürfte auch J. Huizingas prägendes Bild von der stillen, gleichmäßig grauen Welt der Devotio

---

[5] Acquoy 1875, 1876 und 1880.
[6] Ewerhart 1955, 132–157: Anhang "Die Windesheimer Kongregation und ihre Musikpflege".
[7] Siehe Anm. 5 und 6.
[8] Ein rezentes Beispiel findet sich in der Dissertation J. W. Bondas (Bonda 1996), 213: "[...] als we bedenken dat meerstemmigheid in de devote liedbundels uitsluitend wordt aangetroffen bij kerstliederen [...] "
[9] J. Smits van Waesberghe veröffentlichte 1966 die Transkriptionen eines Teils der mehrstimmigen Lieder der Handschrift *B 113* (heute *Utrecht 16 H 34*), doch auch

moderna ("stille, effen grijze sfeer der modernen devotie")[10] beige-
tragen haben, ein Bild, in das das Verbot der Mehrstimmigkeit nach
Ansicht B. Kahmanns nahtlos paßt:[11] fromm und beschränkt.

Die Quellen zeigen jedoch ein anderes Bild. Obwohl die einstimmigen Gesänge überwiegen, ist der Anteil mehrstimmiger Musik
so groß, daß er mit einem generellen Verbot der Mehrstimmigkeit
schwer zu vereinbaren ist.[12] Diesen Widerspruch probierte R. Ewerhart durch den Hinweis zu lösen, das Verbot, mehrstimmig zu singen,
sei zwar ausgesprochen, aber nicht eingehalten worden.[13] Im allgemeinen war man aber in Windesheimer Klöstern bemüht, Regeln
streng einzuhalten.[14] Das Nichteinhalten von Regeln wurde in Konventsversammlungen regelmäßig angeprangert. So wurde im Kloster
Albergen beispielsweise wiederholt bedauert, daß beim Chorgesang
das Tempo zu hoch sei und die Pausen nicht lang genug eingehalten
würden.[15] Wäre ein Verbot, mehrstimmig zu singen (und gar noch
zu schreiben), so regelmäßig und in so großem Umfang negiert worden, wie Ewerhart annahm, dann wäre das mit Sicherheit ein Punkt
auf der Agenda so mancher Konventsversammlung gewesen.[16] Da
in diesen Berichten Mehrstimmigkeit mit keinem Wort erwähnt ist,
nehme ich an, daß gegen ein Verbot der Mehrstimmigkeit nicht verstoßen wurde.

---

er ging davon aus, daß Mehrstimmigkeit in Kreisen der Devotio moderna eigentlich
verboten war (Smits van Waesberghe 1966, 49).

[10] Huizinga 1975a, 271.

[11] "Ook de Moderne Devoten hadden hun grote reserves tegen meerstemmigheid en orgelmuziek. Het past niet in de 'stille, grijze sfeer der moderne devotie'."
Kahmann 1987, 24.

[12] In *Utrecht 16 H 34* sind von insgesamt 121 Gesängen 28, also rund ein Viertel,
mehrstimmig.

[13] R. Ewerhart formuliert mit dem Blick auf die von ihm untersuchte Quelle
Trier 322/1994, die nahezu ausschließlich mehrstimmige Gesänge enthält: "Mit der
konsequenten Anwendung dieser Vorschriften in der Praxis der Klöster scheint man
es nicht immer sehr genau genommen zu haben." (Ewerhart 1955, 152).

[14] Van Dijk 1986, I, 432.

[15] Konventsversammlungen wachten streng über die musikalische Ausführung beispielsweise der Psalmen. Die Chronik des Johannes van Lochem, Prior des Windesheimer Klosters Albergen, berichtet: "Item in cantu fratres pausas seruent et modum,
ut scilicet ferialibus diebus ferialiter et festiuis diebus festiualius cantent etc. Et omnia secundum debitum modum et rectum ordinem fiant. etc" Albergensia 1878, 25
(niederländische Übersetzung: Schildkamp 1995, 483). Siehe auch unten S. 191.

[16] Doch auch Musikhandschriften, die mit Windesheimer Klöstern in Verbindung
gebracht werden, wie die aus dem Windesheimer Kloster *Ter Nood Gods* in Tongeren
stammende Handschrift *Brüssel IV 421* (Indestege 1951; Bruning 1955) und die
früher im Windesheimer Kloster Eberhardsklausen befindliche Handschrift *Trier
322/1994* (Ewerhart 1955) überliefern mehrstimmige Gesänge.

Die Annahme, mehrstimmige Musik sei in Kreisen der Devotio moderna verboten gewesen, basiert auf der Interpretation der drei Termini *uniformitas, fractio vocis* und *discantus,* die in verschiedenen Quellen der Devotio moderna verwendet wurden. *Uniformitas* war gefordert, *fractio vocis* und *discantus* waren verboten. Bisher wurden diese Begriffe nicht näher untersucht. Darum will ich diese Begriffe im folgenden einer genaueren Untersuchung unterziehen, mit dem Ziel, dadurch der Auffassung devoter Quellen über mehrstimmige Musik näher zu kommen. Dazu habe ich auch einige Quellen der zeitgenössischen Musiktheorie herangezogen und auf ihren Wortgebrauch hin untersucht.

2. *Untersuchung der Begriffe* uniformitas, fractio vocis *und* discantus

a. uniformitas

Richtungweisend für die Frage nach der *uniformitas* waren die Ausführungen J.G.R. Acquoys in seinem dreibändigen Übersichtswerk *Het Klooster te Windesheim en zijn invloed.*[17] Mehrere Bestimmungen des Windesheimer Ordinarius von 1687[18] wurden von ihm als Verbot der Mehrstimmigkeit bzw. als Gebot der Einstimmigkeit interpretiert. Von weitreichendem Einfluß auf die jüngere Forschung war vor allem seine Interpretation der folgenden Stelle:

> Et propter uniformitatem in omnibus cantandis, uel incipiendis uirgula rubea in singulis libris, cui quisque cedere debet, est facienda.

> In omni cantu uniformitas uocum semper est obseruanda, ita ut nemo audeat cantare aliquo gradu supra uel infra quam conuentus canit. Idcirco quantum fieri potest moderandus est cantus ut omnibus conueniat.[19]

---

[17] Acquoy 1875–1880.

[18] Diese Ausgabe des Windesheimer Ordinarius wird in der Forschung häufig herangezogen. Die älteste bekannte Ausgabe des Ordinarius stammt aus dem 15. Jahrhundert (Vgl. Persoons und Lourdaux 1966, 404, die eine Übersicht über erhaltene Handschriften geben). Der Windesheimer Ordinarius wurde untersucht von Franke (1981), eine Edition steht noch immer aus. Ich habe im folgenden ergänzend eine Ausgabe des Ordinarius aus dem Jahr 1521 herangezogen: *Nijmegen P.Inc.28.*

[19] Ordinarius 1687, fol. 41v. Zitiert nach Acquoy 1876, 249 Anm. 2 uind 3. Übersetzung: Und für die *uniformitas* sollen in allen Gesängen oder Liedanfängen rote Kommata angebracht werden [...] Bei jedem Gesang ist immer die *uniformitas* der Stimmen zu beachten, sodaß niemand es wage, eine Stufe höher oder tiefer als der Konvent zu singen. Aus diesem Grund soll, wenn es geht, der Gesang mäßig [=in mäßiger Höhe] ausgeführt werden, damit es allen paßt. Im Ordinarius aus dem Jahr 1521 (Cap. xxxij: De his qui aliquid singulariter cantant/De modo et uniformitate

Acquoys freie Übersetzung läßt erkennen, daß er diese Stelle als Forderung nach Einstimmigkeit versteht. *Uniformitas* ist für ihn gleichbedeutend mit *unisonitas*, Einstimmigkeit:

Voorts moesten allen te gelijk beginnen, gelijk zingen, te gelijk eindigen. En vooral: het strengste unisono moest worden gehandhaafd; niemand mocht eenige tonen hooger of lager gaan dan de overigen; daartoe moest de voorzanger zooveel mogelijk op eene voor allen geschikte hoogte inzetten, en zich desnoods niet ontzien, naar behoefte van het oogenblik den toon te verhoogen of te verlagen.[20]

R. Ewerhart übernahm diese Interpretation. Auch er verstand *uniformitas* als Verbot der Mehrstimmigkeit und ergänzte die von Acquoy angeführte Stelle um ein Zitat aus der recht spät geschriebenen Chronik des Klosters Bödeken (1731):

In cantu etiam et psalmodia nullus vocem suam ultra alios cantantes levet vel deprimat subtus alios.[21]

Uniformitas wurde von Acquoy und Ewerhart als *Einstimmigkeit* übersetzt. Dieser Übersetzung kann ich mich jedoch nicht anschließen. Der fragliche Begriff bezieht sich nämlich nicht auf die Addition von Stimmen, sondern auf ihre Verschmelzung. *Uniformitas* bedeutet wörtlich übersetzt *Ein-förmigkeit* im Sinne von *Gleichförmigkeit*. Bei näherer Betrachtung ist damit ein gleichförmig verlaufender Vorgang gemeint an dem verschiedene Personen teilhaben, die dieselbe Form anstreben. In diesem Sinn verwenden die bereits in Kapitel IV genannten *constitutiones* eines Fraterhauses in einer Handschrift aus der Mitte des 15. Jahrhunderts diesen Begriff:[22]

Et quia missam cotidie consuevimus audire, studeant se sacerdotes sollicite preparare, ut hora sexta simul et uniformiter possint celebrare ita ut quasi simul incipi[...] simul incipiant et quasi ...[23]

---

cantandi), fol XLIv, lautet diese Stelle gleich.

[20] Acquoy 1876, 249.

[21] Johannes Probus, *Chronicon monasterii Bödecensis*, München 1731, 54, zitiert nach Ewerhart 1955, 150, Anm. 82. Übersetzung: Beim Gesang und auch bei der Psalmodie soll niemand seine Stimme über die der anderen Sänger erheben oder darunter sinken lassen.

[22] *Den Haag 73 G 22*. Ediert in Hyma 1965, Appendix C, 440ff. Zur Herkunft der *constitutiones* siehe Kap. IV. Anm. 52. Siehe auch Weiler 1997, 6 und 204.

[23] Hyma 1965, 445. Leider ist die Handschrift *Den Haag 73 G 22* an dieser Stelle beschädigt, sodaß der Text abbricht und erst weiter hinten fortgeführt wird. Die Punktierung stammt von Hyma. Übersetzung: Die Priester sollen danach streben, sich sorgfältig vorzubereiten, damit sie zur sechsten Stunde alle zugleich und *uniformiter* zelebrieren können, um zugleich zu beginnen.

In diesem Zitat sind zwei einander ergänzende Begriffe von zentraler Bedeutung: *simul* und *uniformiter*: die Priester sollen danach streben, gleichzeitig (*simul*) und in Übereinstimmung (*uniformiter*) einzusetzen (*ita ut simul incipi simul incipiant*). Von Gesang ist hier nicht eigens die Rede, es geht in dieser Quelle allgemein um einen in gegenseitiger Übereinstimmung vorgenommenen liturgischen Vorgang.

Auch beim Gesang steht die Gleichförmigkeit (*uniformitas*) zentral. Die oben zitierte Stelle aus dem Windesheimer Ordinarius bezieht sich auf den Gesangsvortrag.[24] Dort besteht *uniformitas* darin, daß niemand einen 'unbestimmten Abstand' (*aliquo gradu*) höher oder tiefer singt als der Konvent. Mehrstimmigkeit setzt jedoch einen 'bestimmten Abstand' zwischen zwei Stimmen voraus. Sie verläuft geordnet und nicht *aliquo gradu*. Ebenso wie im ersten Zitat aus dem Windesheimer Ordinarius Übereinstimmung hinsichtlich Anfang und Schluß gemeint waren, ist hier Gleichförmigkeit hinsichtlich der Tonhöhe gefordert, jedoch nicht im Sinne einer Einstimmigkeit im Gegensatz zur geordneten Mehrstimmigkeit, sondern einer Einstimmigkeit im Gegensatz zu einer ungeordneten "Vielstimmigkeit". Moderne Chorleiter nennen dieses Anliegen das Streben nach einem einheitlichen Chorklang.

Ein einheitlicher Chorklang wird im wesentlichen durch zwei Elemente bestimmt: Intonation und Artikulation. Der Windesheimer Ordinarius bezieht sich auf die Intonation: um *uniformitas* zu erreichen, müssen alle Sänger auf derselben Tonhöhe singen, keiner darf zu hoch oder zu tief singen. Daher muß auch eine Tonhöhe gewählt werden, die für alle Sänger paßt. Das Streben nach reiner Intonation ist jedoch unabhängig von der Zahl der Stimmen: im einstimmigen Kontext wird sie genauso angestrebt wie im mehrstimmigen.

Der zweite Aspekt der *uniformitas*, die Artikulation, wird in einem Passus der oben genannten Fraterhausstatuten behandelt:

> Persolvendo autem horas legemus vel cantabimus modeste et moderate, non nimis cursorie, nec nimis tractim, facientes pausam modicam in medio versus, solliciti uniformiter legere et cantare sine confusione, ut devocioni et maturitati et exultacioni deserviat.[25]

Bei Gesang und Lesung soll darauf geachtet werden, daß in der Mitte des Verses eine Pause gemacht wird, ansonsten soll ohne Konfusion einheitlich gesungen und gelesen werden. Hier geht es nicht um

---

[24] S. 188 Anm. 19.
[25] Hyma 1965, 444, siehe oben S. 156f.

Intonationsfragen des Gesangs, sondern um das Problem der einheitlichen Artikulation bei Gesang und Lesung (*legere et cantare*).

Das Streben nach einheitlicher Deklamation war eine große Sorge derer, die für den liturgischen Ablauf verantwortlich waren. Die Chronik des Johannes van Lochem aus dem Windesheimer Kloster Albergen zu Beginn des 16. Jahrhunderts berichtet von einigen Ermahnungen zu diesem Thema während der Konventsversammlungen:

> Vt fratres sint vniformes in ritu celebrandi injungitur omnibus ut ordinarium diligenter inspiciant et secundum eum se habeant cet (!).[26]
>
> Item in cantu et lectione horarum seruentur pause et debita mensura.[27]
>
> Item in cantu fratres pausas seruent et modum, ut scilicet ferialibus diebus ferialiter et festiuis diebus festiualius cantent etc. Et omnia secundum debitum modum et rectum ordinem fiant. etc.[28]

Der Begriff *uniformitas* wurde von Acquoy und Ewerhart gleichgesetzt mit dem Begriff Einstimmigkeit (möglicherweise unter dem Einfluß des Begriffs *unisonus*, der Identität der Tonhöhe bedeutet). Einschlägige Quellen lassen jedoch erkennen, daß er keine Forderung nach Einstimmigkeit, sondern nach Gleichförmigkeit von Intonation und Artikulation sowohl gesungener als auch gesprochener Texte bezeichnet.

b. fractio vocis

Auch den Begriff *fractio vocis* interpretierte Ewerhart in engem Zusammenhang mit Mehrstimmigkeit. In freier Übertragung einer weiteren Stelle aus dem bereits genannten Windesheimer Ordinarius von 1687 übersetzte er *fractio vocis* als Mehrstimmigkeit schlechthin. *Plano et simplici modo* verband er mit Einstimmigkeit, möglicherweise setzte er *plano modo* gleich mit *cantus planus*, dem einstimmigen Choral:

---

[26] Albergensia 1878, 351. "Allen moeten de Ordinarius ijverig bestuderen en zich ernaar gedragen, opdat de broeders op gelijke wijze de mis celebreren." Übersetzung Schildkamp 1995, 483.

[27] Albergensia 1878, 350. "Bij het zingen en het lezen van de getijden moeten de rustpauzes in acht genomen worden, en wel de juiste duur". Übersetzung Schildkamp 1995, 483.

[28] Albergensia 1878, 25. "Bij het zingen moeten de broeders de pauzes in acht nemen en ook de 'modus' waarop namelijk op de doordeweekse dagen feestelijk en op feestdagen nog feestelijker dient gezongen te worden. En alles moet op de voorgeschreven wijze en ordelijk geschieden." Übersetzung Schildkamp 1995, 233.

Nullus fractis vocibus audeat curiositatem vel levitatem ostendere, sed plano et simplici modo qui gravitate preferat omnis cantus depromendus est.[29]

Bei genauerer Betrachtung verbietet der Windesheimer Ordinarius hier eine Bewegung mit *fractis vocibus*. Vorgezogen wird eine Bewegung *plano et simplici modo*. Die Anzahl der Stimmen wird nicht angesprochen. *Fractio vocis* zielt auf eine Unterteilung der Notenwerte über einer Silbe, wie es beispielsweise in der verbreiteten Diminutionspraxis geschah.[30] Wegen der Leichtigkeit und der *curiositas* sollen Töne nach Ansicht des Ordinarius nicht unterteilt werden, sondern *plano et simplici modo* gesungen. *Plano et simplici modo* ist in der Formulierung des Ordinarius das Gegenteil zu *fractis vocibus*. Es geht um ein Verbot zu kunstvoller Musik. Ob diese einstimmig war oder mehrstimmig, ist aus diesem Passus nicht ersichtlich.

Mit der Ablehnung der *fractio vocis* stehen die Windesheimer nicht allein. Auch in Kartäuserkreisen stand man ihr ablehnend gegenüber. In der Musikforschung häufig herangezogen und zusammengefaßt werden Aussagen des Kartäusers Dionysius (1402–1471) aus dem 20. Kapitel seiner Schrift *De vita canonicorum*:

Praeterea quaeri potest, an discantus seu fractio vocis laudabiliter admittantur in Deitatis obsequio. Quocirca in praefata notabiliter scribitur Summa: Reprehensibilis videtur esse in cantu fractio vocis [...] Fractio vocis signum videtur animi fracti.[31]

Dionysius setzt *fractio vocis* gleich mit *discantus*. Daraus leitete bereits J. Huizinga ein Verbot der Mehrstimmigkeit ab,[32] ebenso wie R. Ewer-

---

[29] Ordinarius 1687, fol. 55r. In der Übersetzung Ewerharts: "Der Ordinarius lehnt sie [cf. die Mehrstimmigkeit, Anm. Verf.] gänzlich ab wegen der damit verbundenen Leichtfertigkeit und der auffälligen Kuriosität." (Ewerhart 1955, 150 Anm. 82) Der Ordinarius von 1521, fol. XLIv, zeigt denselben Wortlaut (Cap. xxxij: De modo et uniformitate cantandi).

[30] G.Garden und R. Donington, Art. "Diminution", in: New Grove 7, 352.

[31] *De vita canonicorum* art. XX, ed. Kartäuser 1909, 197aD/197b/A. Schon früher herangezogen von Ewerhart 1955, 152; Huizinga 1975a, 279; Kahmann 1986, 24; Meyer 1989,164.

[32] Huizinga 1975a, 179: "Dionysius was een dergenen, die de invoering der moderne, meerstemmige muziek in de kerk afkeurden. Het breken der stem (fractio vocis), spreekt hij een oudere na, schijnt het teken ener gebroken ziel [...]; louter ijdelheid. Sommigen, die zulk veelstemmig zingen beoefend hadden, hadden hem toevertrouwd, dat daarin een hoogmoed en een zekere wulpsheid des gemoeds (lascivia animi) gelegen waren. Hij erkent, dat er vromen zijn, die door melodieën ten sterkste tot contemplatie en devotie opgewekt worden, weshalve de Kerk orgels toelaat. Maar indien de kunstige muziek dient om het gehoor te behagen, en vooral om de aanwezigen, de vrouwen met name, te vermaken, dan is zij zonder twijfel verwer-

hart und B. Kahmann. Kahmann setzt Mehrstimmigkeit gleich mit *Polyphonie*, einem Begriff, den er mit Kompositionen Guillaume Dufays, Johannes Ockeghems und Jacob Obrechts verbindet.[33] *Fractio vocis* bezeichnet in seinen Augen "dat veelsoortige, veelstemmige zingen"[34] Undeutlich ist, ob er damit eine satztechnische Aussage macht (*polyphon* im Gegensatz zu *homophon*), oder ob er *Polyphonie* und *Mehrstimmigkeit* als synonyme Termini verwendet.

Die Übereinstimmung von Verordnungen aus Kartäuserkreisen mit solchen der Devotio moderna ist in den Augen R. Ewerharts und C. Meyers nicht zufällig.[35] Aus zahlreichen Verbindungen zwischen beiden Kreisen[36] leiten sie eine mögliche Beeinflussung der musikalischen Auffassungen in Kreisen der Devotio moderna durch Schriften von Kartäusern wie Heinrich Eger von Kalkar oder Dionysius ab. So sieht Meyer in den Ausführungen des Kartäusers Heinrich Eger von Kalkar über mehrstimmigen Gesang in seinem *Cantuagium* gewisse Parallelen zum einfachen homophonen Stil der Devotio moderna.[37] Ewerhart führt an, daß die liturgischen Bücher der Windesheimer Klöster, einem Bericht der Windesheimer Chronik des Johannes Busch zufolge, zu einem beträchtlichen Teil auf Vorlagen der Kartäuser zurückgehen.[38] Dagegen spricht jedoch die Ansicht H. Rüthings, daß eine Beeinflussung der Windesheimer Konstitutionen durch die Kartäuserstatuten auf spirituellem Gebiet weniger

---

pelijk." (Übersetzung Huizinga 1975b, 392f: "Dionysius gehörte zu denen, die die Einführung der modernen mehrstimmigen Musik in der Kirche mißbilligten. Das Zerbrechen der Stimme (fractio vocis)—so redet er einem Älteren nach—scheint das Zeichen einer gebrochenen Seele [...]; nichts als Eitelkeit. Einige, die bei solch vielstimmigem Gesang mitgewirkt hatten, hätten ihm anvertraut, daß Hochmut und eine gewisse Wollust des Gemüts (lascivia animi) darin liege. Er erkennt an, daß es Fromme gibt, die durch Melodien aufs stärkste zu Kontemplation und Devotion angeregt werden, weshalb die Kirche auch Orgeln zuläßt. Wenn aber die kunstvolle Musik dazu dient, dem Ohre wohlzutun und vor allem die Anwesenden, namentlich die Frauen, zu ergötzen, dann ist sie ohne Zweifel verwerflich.")

[33] Kahmann 1987, 23.

[34] Kahmann 1987, 24.

[35] Ewerhart 1955, 128: "Für die Windesheimer Kongregation galten die Anordnungen des Ordinarius und der Constitutiones, welche die mehrstimmige Ausübung rundweg verneinten und in dieser Forderung sich an die Strenge der Kartäuser anschlossen." Meyer 1989, 160: "[...] que les communautés liées à la *Devotio moderna* ont été très attentives aux usages cartusiens dans le domain du chant liturgique."

[36] Meyer 1989, 160–164.

[37] Meyer 1989, 163: "Les écrits issus des milieux proches de la *Devotio moderna* documentent assez précisément le goût pour le chant et la pratique instrumentale que l'on manifestait dans ces groupes, mais aussi la volonté de simplicité qui animait ces pratiques."

[38] *Chron. Wind.*, ed. Grube 1886, 98. Ewerhart 1955, 141.

deutlich nachweisbar ist als auf organisatorischer Ebene.[39] Immerhin
wäre denkbar, daß in musikalischer Hinsicht eine übereinstimmende
Einstellung allgemein innerhalb Reform-orientierter Gemeinschaften herrschte, ohne daß deshalb in dieser Hinsicht schon explicit ein
Einfluß der Kartäuser auf die Musik der Devotio moderna angenommen werden müßte.[40] Meine Annahme wird unterstützt durch die
Beobachtung Smits van Waesberghes, daß die einfache Note-gegen-
Note-Mehrstimmigkeit in vielen Klöstern, vor allem Westdeutsch-
lands und der Niederlande, in der Periode vom 13. bis 16. Jahrhundert angetroffen wird.[41]

Dagegen interpretiert C. Meyer die einschlägigen Stellen bei
Dionysius nicht als generelles Verbot der Mehrstimmigkeit, vielmehr
bringt er sie mit den satztechnischen Vorgaben seines Ordensbru-
ders Heinrich Eger von Kalkar in Verbindung.[42] Er kommt zu dem
Schluß, bei den Kartäusern des 15. Jahrhunderts seien die "pratiques
polyphoniques savantes" verboten gewesen.[43] In diesem Licht sieht
er auch ein Plädoyer des Thomas a Kempis für den "einfachen Stil"
in seiner Schrift *Vallis liliorum*:[44]

> Vidi simplices in oratione ex deuotione flere et alte clamentes et dis-
> cantantes nil tale in corde sentire. [...] Vox simplicis cordis apud Deum
> in celo, vox vagi cordis et dissoluti cantoris coram hominibus inuicis et
> plateis ciuitatis.[45]

Insgesamt denke ich, daß ein Verbot der *fractio vocis* kein Hinweis
auf eine Ablehnung der Mehrstimmigkeit als solcher ist. Vielmehr
schließe ich mich der Interpretation C. Meyers an, der im Verbot der
fractio vocis eine satztechnische Bestimmung sieht. In erster Linie soll
wohl die Praxis der Diminution, wie sie unter anderem in mensuraler Musik anzutreffen ist, ausgeschlossen werden.[46] Die Verbindung

---

[39] Rüthing 1985, 208.
[40] Auch Meyer hält diese Möglichkeit am Ende seines Artikels offen (Meyer 1969,
170): "Ces quatre pièces, [...], témoignent du degré d'élaboration des techniques
d'improvisation auquel on était parvenu dans certaines communautés religieuses à
la veille de la Renaissance."
[41] Smits van Waesberghe 1966, 48. R. Strohm bemerkte, daß Gesänge im alten
Organumstil auch in Klöstern Österreichs des späten Mittelalters zu finden sind.
Strohm 1984, 205f.
[42] Meyer 1989, 164.
[43] Meyer 1989, 161.
[44] Meyer 1989, 164.
[45] *Vallis liliorum*, Cap. XXI: De claro intellectu sacre scripture, ed. Van Geest 1996,
413f.
[46] Meyer 1989, 165.

zur Mehrstimmigkeit ist dadurch gegeben, daß mensurale Musik in
großem Umfang gerade in mehrstimmigen Kompositionen zur Anwendung kam. Daher verbindet Dionysius den Begriff *fractio vocis* mit
dem des *discantus*: er spricht von *discantus seu fractio vocis* und bezeichnet damit diejenige Art des *discantus*, die die Töne "bricht", d. h. in
kleinere Werte unterteilt. Diminuierte mehrstimmige Musik ist vor
allem in der polyphonen Kunstmusik des späten 15. Jahrhunderts
zu finden. Doch ist diese Musik nicht Mehrstimmigkeit schlechthin.
Aus einem Verbot der *fractio vocis* läßt sich nicht ein Verbot mehrstimmiger Musik ableiten, sondern lediglich ein Verbot rhythmisch
unterteilter Musik. Tatsächlich entspricht die Machart eines Groß-
teils mehrstimmiger Musik aus der Devotio moderna genau diesen
Anforderungen: sie ist "homophon", syllabisch und "retrospectiv",
verglichen mit den satztechnischen Möglichkeiten des 15. Jahrhunderts. Subtile Ausnahmen macht Handschrift *Utrecht 16 H 34*, die, wie
wir sehen werden, teilweise abweicht von dem Ideal, für das Heinrich
Eger von Kalkar, Dionysius und Thomas a Kempis sich einsetzten.

c. discantus

Der zweite Begriff, der in der Erforschung der Musik der Devotio
moderna ein Verbot signalisiert und manchmal in Verbindung mit
fractio vocis gebraucht wird, ist *discantus*. Als wichtiger Hinweis auf
ein Verbot des *discantus* wird verschiedentlich eine Stelle aus der
Windesheimer Chronik herangezogen, die eine Verordnung Johan
Celes, des Rectors der Stadtschule von Zwolle (1374/75–1417), für
seine Schule wiedergibt:[47]

> Cantum ecclesiasticum per certas mensuras voluit decantari nullum
> discantum preter lectiones in nocte natalis Christi et "Benedicamus"
> per ipsa festa propter festi illius leticiam in ecclesia faciliter admittens.[48]

Hier spricht Johannes Busch über Bestimmungen Celes für den Gesang der Schüler der Stadtschule, die täglich in der Zwoller Stadtkirche St. Michael zu singen hatten und von Brüdern vom Gemeinsamen Leben betreut wurden.[49] Verboten war der *discantus* an allen
Tagen mit Ausnahme des Weihnachtsabends.

Acquoy und unter seinem Einfluß auch ein Großteil der neueren
Forschung geht davon aus, daß der Einfluß Celes auf die Windeshei-

---

[47] Acquoy 1876, 247f; Ewerhart 1955, 143, Anm. 49; Bonda 1996, 213, Anm. 78.
[48] *Chron. Wind.*, ed. Grube 1886, 207.
[49] Weiler 1997, 39–47; Hendrikman 1998, 20–22.

mer Kongregation so groß war, daß Bestimmungen, die er für seine
Schüler aufgestellt hatte, auch für Windesheimer Klöster gelten sollten. Diese Annahme wirkt auch in der jüngeren Forschung nach.
R. Ewerhart und J. Smits van Waesberghe ebenso wie in neuester
Zeit C. Meyer und J.W. Bonda tradieren das Bild vom Einfluß des
Johan Cele auf die Mehrstimmigkeit in der Devotio moderna und
auf deren Ablehnung: ihrer an Acquoy angelehnten Interpretation
des Berichts von Johannes Busch ist es zu danken, daß in der Forschung die Vorstellung lebt, mehrstimmig sei in Kreisen der Devotio
moderna nur in der Christnacht gesungen worden.[50]
      Der Einfluß Johan Celes auf das Musikverständnis der modern-
devoten Bewegung ist bisher nicht genauer untersucht. Aus den Berichten des *Chronicon Windeshemense* läßt sich einiges ableiten über
sein Verhältnis zu Vertretern der Devotio moderna. So war er beispielsweise ein enger Freund Geert Grotes, des Hauptinitiators der
modern-devoten Bewegung.[51] Auch fühlte sich Cele vor allem zu den
Brüdern vom Gemeinsamen Leben in Zwolle hingezogen, deren Gespräche er sehr schätzte[52] und mit denen er während des Rektorats
von Dirc van Herxen als *familiaris* verbunden war.[53] Auch wurde er
auf eigenen Wunsch nach seinem Tod im Kloster Windesheim begra-
ben.[54] Selbst war er jedoch nie Frater und nie Mitglied des Klosters
Windesheim gewesen, auch wenn ein reger Austausch bestand zwischen dem Fraterhaus und der Stadtschule, da eine beträchtliche
Zahl ihrer Schüler in den Konvikten des Fraterhauses lebten.[55] Seine
Bestimmungen galten dem Kreis seiner Schüler und deren liturgischer Aufgabe in der Stadtkirche von Zwolle. Ein direkter Einfluß
seiner Ansichten auf die Musik der Fraterhäuser der Devotio moderna und der Klöster des Kapitels von Windesheim liegt in meinen
Augen nicht ohne weiteres auf der Hand und müßte jedenfalls genauer untersucht werden.

---

[50] Ewerhart 1955, 140: "Daß Johannes Cele, der selbst Geistlicher, aber nicht
Priester war, mit seinen Lehren und Ansichten über die Musik einen großen Einfluß
auch auf die Musikpflege der Windesheimer Kongregation ausgeübt hat, dürfen wir
mit Recht annehmen." Vgl. auch Acquoy 1876, 248; Smits van Waesberghe 1966, 45;
Meyer 1989, 164; Bonda 1996, 213.
[51] Zum Verhältnis zwischen Cele und Grote siehe beispielsweise Post 1968, 91–97
und Van Dijk 1985.
[52] *Chron. Wind.*, ed. Grube 1886, 219.
[53] In dieser Funktion ist er nachgewiesen für das Jahr 1410, siehe Van Buuren
1993, 246.
[54] *Chron. Wind.*, ed. Grube 1886, 221.
[55] Weiler 1997, 39–47.

Um die terminologische Unsicherheit hinsichtlich des Begriffs *discantus* in der Forschung nach der Musik der Devotio moderna besser in den Griff zu bekommen, möchte ich zunächst versuchen, anhand der Forschungen vor allem von K.-J. Sachs und M. Haas eine kurze Übersicht über die Geschichte des Terminus *discantus* zu geben, so wie sie sich mir aus dem Blickwinkel der devoten Quellen darstellt. Dabei liegt mir keineswegs an Vollständigkeit, zu der ich mich schon deshalb nicht berufen fühle, da eine erschöpfende Darstellung der historischen Entwicklung dieses Begriffs bisher fehlt.[56] Vielmehr ist mir wichtig, daß sowohl die Entstehung der Mißverständnisse um diesen Begriff, als auch die mutmaßliche Intention der devoten Quellen, in Übereinstimmung mit der überlieferten Musik, deutlicher werden.

Der Begriff *discantus* bezeichnete im Verlauf des Mittelalters zu verschiedenen Zeiten verschiedene Dinge. Die sogenannten "Diskanttraktate" aus dem 13. bis 16. Jahrhundert unterweisen allgemein, wie eine zweite Stimme zu einer—bereits vorgegebenen—ersten Stimme nach bestimmten Regeln konstruiert werden soll.[57] Ein wichtiges Kennzeichen des *discantus* gegenüber dem *organum* ist in diesen Traktaten die Bewegung der Stimmen *Note gegen Note*. Eine systematische, auf die Praxis anwendbare Diskantlehre wurde von der mittelalterlichen Musiktheorie jedoch nicht erarbeitet.[58] Der Terminus entstand wahrscheinlich im 12. Jahrhundert als Übersetzung des griechischen Wortes *diaphonia*. Damals bezeichnete *discantus* sowohl eine zum Cantus hinzugefügte Stimme als auch den vollständig mensurierten mehrstimmigen Satz. Als Zusammenspiel verschiedener Cantus bedeutete der *discantus* im 13. Jahrhundert beinahe die Mehrstimmigkeit schlechthin.[59]

Doch kristallisiert sich zur selben Zeit bereits eine Unterteilung heraus, in der der *discantus* nicht die Mehrstimmigkeit schlechthin bedeutet, sondern eine spezielle *species* derselben.[60] Johannes de Garlandia geht in seiner Schrift *De mensurabili musica* (ca. 1240)[61] zur

---

[56] Eine kurze Übersicht über die Entwicklung des Terminus *discant* gibt S. Kenney in Kenney 1959, 28–30. Ziemlich ausführlich ist D. Hofmann-Axthelm, Art. "Discantus I–III", in MGG, Sachteil 2, 1273–1293. In HMT fehlt bisher ein Beitrag zum *discantus*.

[57] Ein Großteil dieser Diskanttraktate ist publiziert in CS.

[58] Vgl. Haas 1984, 154f.

[59] Sachs 1974, 36.

[60] Haas 1984, 153. Er bezieht sich auf cap. 1, Satz 3 von *De mensurabili musica* des Johannes de Garlandia.

[61] Ed. CS I 97–117.

Erörterung der Notationsprobleme vom *discantus* aus. Dieser bildet
zusammen mit *copula* und *organum* das *genus organum* im Sinn der
Mehrstimmigkeit.[62] Der *discantus* im Sinne Garlandias ist der "mehrstimmige, modalrhythmisch konzipierte Satz" *nota contra notam*, nicht
das melismatische Organum:[63]

> Discantus est aliquorum diversorum cantuum sonantia secundum mo-
> dum et secundum aequipollentis sui aequipollentiam.[64]

Im 14. Jahrhundert ist eine Verschiebung im Gebrauch des Begriffs
discantus festzustellen. Als zur gleichen Zeit der Begriff *contrapunctus* aufkommt, bezeichnet *discantus* den Ausführungen K.-J. Sachs'
zufolge noch den mehrstimmigen Satz schlechthin.[65] Mit der Verbreitung des neuen Begriffs *contrapunctus* jedoch entsteht eine ter-
minologisch komplizierte Situation, weil jetzt *discantus* mehrere Bedeutungen haben konnte. Frühe Vertreter der neuen Lehre des *contrapunctus* setzten *discantus* gleich mit *contrapunctus* in dem Sinn, daß
beide Termini eine Gegenstimme zum vorgegeben Cantus bezeichnen.[66] Als Stimmennamen werden die Begriffe synonym gebraucht.
Als Satzbezeichnungen jedoch—und das ist in der Frage nach den
Vorgaben zur Mehrstimmigkeit der Devotio moderna von ausschlag-
gebender Bedeutung—differieren sie.[67] Ein anonymer Traktat aus
dem 15. Jahrhundert formuliert das Verhältnis beider Sätze zueinander folgendermaßen:

> contrapunctus est fundamentum discantus. [...] sicut quis non potest
> edificare, nisi prius faciat fundamentum, sic aliquis non potest discan-
> tare, nisi prius sciat contrapunctum.[68]

Der *discantus* bezeichnet in diesen Quellen nicht mehr die Mehrstimmigkeit schlechthin, sondern diejenige Mehrstimmigkeit, deren
Fundament der *contrapunctus* ist.[69] Der *Discantus* bildet den Aufbau
auf den *contrapunctus*. Der Unterschied zwischen beiden Satzformen
liegt in der Art der Stimmfortschreitung. *Contrapunctus* bezeichnet
den Satz *nota contra notam*, bei dem alle Stimmen konsonant sind und

---

[62] Zur Erklärung der Termini *genus* und *species* siehe Haas 1984, 126.
[63] Haas 1984, 154.
[64] Cap. 1 Satz 4, zit. nach Haas 1984, 154 Anm. 253.
[65] Sachs 1974, 37.
[66] Sachs HMT, 1b.
[67] Sachs 1974, 37.
[68] CS III 60 B, zitiert nach Sachs 1974, 39.
[69] Siehe auch Hoffmann-Axthelm in MGG (wie Anm. 56), 1292.

gleichzeitig fortschreiten. Dieser Satz wird 1477 von Johannes Tinctoris *contrapunctus simplex* genannt, der einfache Kontrapunkt, die Basis der gesamten Kontrapunktlehre.[70] *Discantus* dagegen bezeichnet in den oben genannten Traktaten des 15. Jahrhunderts Satzarten, bei denen die "Bindungen an gleichzeitiges und rein konsonantes Fortschreiten der Stimmen entfallen".[71]

Doch wurde der Satz, dessen *fundamentum* der *contrapunctus* ist, in diesen Traktaten nur selten erwähnt. Er trat außerdem unter verschiedenen Namen auf. Einer davon ist *cantus fractibilis*:

> ipsis [discordantibus] non utimur in contrapuncto sed bene eis utimur in cantu fractibili in minoribus notis.[72]

> discordantie ... nullo modo in contrapuncto usitande sunt ... Usitandum tamen in cantu fractibili.[73]

Discantus und *cantus fractibilis* bzw. *cantus fractus* bezeichnen also dieselbe Art von Mehrstimmigkeit. Diese zeichnet sich dadurch aus, daß ihre Stimmen rhythmisiert sind, nicht gleichzeitig fortschreiten und Dissonanzen zulassen. Der *contrapunctus* diente als konsonantes Satzgerüst, das mit Hilfe der Diminution musikalisch angereichert wurde.[74] Dieser musikalisch angereicherte *contrapunctus* wurde *discantus* genannt, oder *cantus fractibilis*.

Der Terminus *contrapunctus*, als Fundament für den *discantus* verstanden, erfuhr im Lauf des 14. und 15. Jahrhunderts eine Bedeutungserweiterung in dem Sinn, daß der Begriff *contrapunctus* für alle Satzarten verwendet wurde, wobei *contrapunctus simplex* und *contrapunctus diminutus* voneinander unterschieden wurden.[75]

Johannes Tinctoris (*Liber de arte contrapuncti*, 1477)[76] systematisierte schließlich diese Tendenz der Bedeutungserweiterung des Begriffs *contrapunctus*. Er formulierte eine umfassend ausgerichtete Satzlehre, die die herkömmlichen Anweisungen zum Note-gegen-Note Satz erweiterte um die Lehre vom diminuierten Satz. Die beiden Satzarten bezeichnete er als *contrapunctus simplex* und *contrapunctus diminutus*.[77] Der Terminus *discantus* als Bezeichnung für den dimi-

---

[70] Johannes Tinctoris, *Liber de arte contrapuncti* (1477), ed. CSM 22, II.
[71] Sachs 1974, 39.
[72] CS III 27a, siehe Sachs 1974, 39. Die eckige Klammer stammt von Sachs.
[73] CS III 197a, siehe Sachs 1974, 40.
[74] Sachs HMT, 17.
[75] Sachs HMT, 18.
[76] Siehe Anm. 73.
[77] Sachs HMT, 18.

nuierten Satz ist seit Tinctoris endgültig abgelöst durch den Begriff *contrapunctus diminutus.*

Mein Versuch einer Übersichtsdarstellung der Termini *discantus* und *cantus fractibilis* bzw. *fractio vocis* hat Konsequenzen hinsichtlich der Bestimmungen des Windesheimer Ordinarius und der Bestimmungen Celes:

Im 15. Jahrhundert, als die erste Redaktion des Ordinarius entstand, Johannes Busch seine Windesheimer Chronik schrieb und auch Dionysius Cartusianus seinen Traktat *De vita canonicorum* verfaßte, bezeichnete der Terminus *discantus* einschlägigen musiktheoretischen Traktaten zufolge nicht mehr die Mehrstimmigkeit schlechthin, sondern den diminuierten Satz. Gleichbedeutend mit *discantus* war zur selben Zeit *fractio vocis.* Der Terminus *discantus* trat jedoch im Lauf des 15. Jahrhunderts immer mehr zugunsten des neuen Begriffs *contrapunctus diminutus* zurück, bis das ganze System am Ende des Jahrhunderts durch Tinctoris schließlich systematisiert wurde.

Offensichtlich verwenden die Windesheimer Quellen eine Terminologie aus der Mitte des 15. Jahrhunderts. Folgt man diesem Sprachgebrauch, dann war nicht die Mehrstimmigkeit schlechthin verboten, sondern der diminuierte Satz, der in der Mitte des 15. Jahrhunderts. *fractio vocis* oder *discantus* genannt wurde.

3. Die Terminologie der devoten Quellen

Die Anweisung des Windesheimer Ordinarius, keine *fractio vocis* zu gebrauchen, kann auf zwei Arten verstanden werden. Er kann mit diesem Gebot die unverzierte Ausführung (einstimmiger) liturgischer Gesänge gemeint haben, oder—sofern damit eine mehrstimmige Ausführung gemeint gewesen sein sollte—eine Anweisung für den *contrapunctus simplex* im Auge gehabt haben:

> Nullus fractis vocibus audeat curiositatem vel levitatem ostendere, sed plano et simplici modo qui gravitate preferat omnis cantus depromendus est.[78]

Nicht mit diminuierten Noten soll gesungen werden, sondern Note gegen Note.[79] Die Begriffe *plano* und *simplici modo* können ver-

---

[78] Siehe oben S. 192.

[79] Den Begriff *discantus simplex* verwendet Petrus dictus Palma Ociosa, der früheste sicher datierbare Zeuge der Kontrapunktlehre (1336) in seinem *compendium discantus*: "Simplex discantus, qui nihil aliud est quam punctus contra punctum sive notula naturalibus instrumentis formata contra aliam notulam." (zitiert nach Sachs HMT, 3).

schieden interpretiert werden. Neben einer synonymen Bedeutung beider Begriffe ist auch eine additive denkbar:

1 *planus* im Sinne von *cantus planus* bezeichnet den einstimmigen Satz. Dies geschieht beispielsweise im dreistufigen Modell des Johannes Gallicus (um 1460), der unterscheidet zwischen *cantus planus, contrapunctus* und *fractio vocis sive cantus figuratus*.[80] Nach dieser Einteilung verweist *plano (modo)* auf den einstimmigen Choral als Alternative zum mehrstimmigen Gesang.

2 *planus* im Sinn von *discantus planus* dagegen bezeichnet einen Satz, der vorwiegend in Parallelen verläuft und somit dem *contrapunctus simplex* entspricht. Anonymus 4 unterscheidet am Ende des 13. Jahrhunderts zwischen *discantatores plani*, die in Parallelen singen, und *discantatores veri*, deren Gesang in Gegenbewegung verläuft.[81] Diese Interpretation richtet sich auf den einfachen mehrstimmigen Satz. Sie ist für die Handschrift *Utrecht 16 H 34* insofern von Bedeutung, als die mehrstimmigen Stücke dieser Handschrift, wie noch zu sehen sein wird, zu einem nicht geringen Teil auf Parallelstrukturen beruhen.

Auch die eingangs zitierte Bestimmung Johan Celes für die Stadtschule in Zwolle verbietet den *discantus.*

Cantum ecclesiasticum per certas mensuras voluit decantari nullum discantum preter lectiones in nocte natalis Christi et "Benedicamus" per ipsa festa propter festi illius leticiam in ecclesia faciliter admittens.[82]

Cele wollte den *cantus ecclesiasticus* in *certas mensuras* gesungen wissen und nicht als *discantus.* Das kann ein Hinweis sein auf eine rhythmische Ausführung in "festen Mensuren". Vielleicht ist damit aber auch dasselbe gemeint wie beim Windesheimer Ordinarius, der die *fractio vocis* verbietet: keine verzierende Unterteilung der Noten, und damit möglicherweise auch keinen *contrapunctus diminutus.* Soweit stimmen die verwendeten Termini mit denen der Theoretiker, des Windesheimer Ordinarius und der Kartäuser überein.

Eine Ausnahme im Gebrauch des *discantus* wird zugestanden bei Lektionen und *Benedicamus* in der Christnacht. Er ist hier zugestanden wegen des besonders feierlichen Charakters dieses Fests. Tatsächlich wurden die Lektionen der Weihnachtsnacht häufig mehr-

---

[80] Sachs HMT, 17b.
[81] Ed. Reckow 1967, 75. Siehe Fuller 1978, 248.
[82] *Chron. Wind.*, ed. Grube 1886, 207. Siehe oben S. 195.

stimmig gesungen, aber nicht im Stil des *contrapunctus diminutus*, sondern als *contrapunctus simplex*, Note gegen Note.[83] Möglicherweise
verwendete Busch hier noch die alte Terminologie, in der *discantus* schlichtweg Mehrstimmigkeit bedeutet. Die Interpretation des
discantus-Verbots auch hinsichtlich des *Benedicamus*[84] jedoch deutet
eher darauf, daß die Ausführenden *discantus* im Sinn des 15. Jahrhunderts verstanden und in der Christnacht im *contrapunctus diminutus* sangen. Eine schlüssige Erklärung dieser Aussagen Buschs kann
hier jedoch nicht gegeben werden.

Zusammenfassend kann nun festgehalten werden, daß das Verbot von *discantus* und *fractio vocis* in Kreisen der Devotio moderna, sofern man den Aussagen musiktheoretischer Schriften der Zeit folgt,
denselben Sachverhalt umschreibt: verboten ist nicht die Mehrstimmigkeit schlechthin, sondern die Mehrstimmigkeit, die die Stimmen
unterteilt (*fractio*), die Mehrstimmigkeit, die in der Terminologie von
Johannes Tinctoris nicht im *contrapunctus simplex* komponiert ist, sondern im *contrapunctus diminutus*—dem *discantus*.[85]

4. *Gründe für ein Verbot des* discantus

Für ein Verbot des *discantus* gibt es verschiedene Gründe. Der Kartäuser Heinrich Eger von Kalkar (1328–1408) verbindet diesen Stil
am Ende seines *Cantuagium* mit *lascivia*, die er, ebenso wie den Gebrauch von Musikinstrumenten, der Jugend zubilligt, sich selbst aber
versagt. Der *discantus* gehört zu einem Bereich, der ihm als Geistli-
chem verwehrt ist.

> Discantus autem discere vel musicis instrumentis insistere, licet multum
> esse pro iuvenibus, non audeo persuadere, quia religiosus sum, ne forte
> occasionem dem lasciviae.[86]

Eine Unterteilung in zwei Bereiche schwingt auch bei Thomas a
Kempis mit, der in der bereits genannten Schrift *Vallis liliorum* den

---

[83] Göllner 1969, II, 15–64.

[84] Bonda 1996, 213. Bonda sieht einen Zusammenhang zwischen Weihnachtsliedern und Benedicamus, da die ältesten Weihnachtslieder oft auf Benedicamustropen
basieren. Anders Meyer 1989, 164. Er sieht einen Zusammenhang zwischen dem Benedicamus und Schlußversen der Vesper und der Laudes, die nicht auf Weihnachten
beschränkt sind, sondern allgemein das *officium divinum* beschließen.

[85] Zum Vergleich: Auch in Österreich ist das späte Organum im monastischen
Umfeld überliefert. Doch findet sich in denselben Klöstern, im Gegensatz zur Devotio
moderna, auch polyphone Musik. Siehe Strohm 1984.

[86] Hüschen 1952, 67.

discantus mit der *vox vagi cordis* gleichsetzt, der er die *vox simplici cordis* gegenüberstellt:

> Vidi simplices in oratione ex deuotione flere et alte clamentes et discantantes nil tale in corde sentire. […] Vox simplicis cordis apud Deum in celo, vox vagi cordis et dissoluti cantoris coram hominibus inuicis et plateis ciuitatis.[87]

In seinen Augen können die *discantantes* in ihrem Herzen nicht so viel fühlen wie die *simplices*. Diese sind mit ihrer Stimme bei Gott im Himmel, jene auf den Plätzen der Stadt, also in der "Welt". Der *discantus* hält die Menschen davon ab, sich mit Gott im Himmel zu verbinden, er gehört zur "Welt".

Ähnliche Kritik äußert Dionysius der Kartäuser wenn er *fractio vocis* ablehnt als Zeichen eines *animi fracti.*

> Unde in Legenda habetur S. Sebastiani: Putasne illum inter Christicolas numerandum, qui tonsorem diligit, comam colit, sapores quaerit et vocem frangit? Fractio vocis signum videtur animi fracti.[88]

Kahmann interpretiert diese Kritik zurecht als Ablehnung des "polyphonen Linienspiels", das die Verständlichkeit behindere.[89] Dieser Ablehnung liegt ein tieferes Problem zugrunde. Obwohl Dionysius zugibt, daß diese Musik manche Menschen durchaus zu Devotion stimuliere, lenke sie die meisten doch von der Kontemplation ab:

---

[87] Siehe oben S. 194.

[88] Dionysius *De vita canonicorum* XX, ed. Kartäuser 1909, 197aD/197bA.

[89] "Waar Dionysius zich in feite duidelijk aan stoort bij het beluisteren van polyphonie is het ontbreken van doorzichtige, gave eenheid en begrijpelijkheid. Hij vindt dat typerend voor het melodisch verstrengeld lijnenspel. Zijn muzikale tijdgenoten— ze werden al genoemd—kenden daar inderdaad de geheimen van en doen ons nu nog verbaasd staan over de gecompliceerde werkwijze waarmee ze hun compositis tot een sluitend geheel maakten. Het zijn de complicaties tussen woord en muziek die Dionysius in de weg staan. Hij ervaart dat eerder als aardse zwaartekracht die hem belemmert in zijn opgang naar het on-aardse Licht." Kahmann 1987, 26. Auch E. Schreurs wies kurz darauf hin, daß mehrstimmige Werke aus Kreisen der Devotio moderna wohl deshalb meist homophon und syllabisch konzipiert seien, weil dann die Verständlichkeit der Texte garantiert war. In der komplizierten Polyphonie werde das öfter als Problem erfahren. Das zugrundeliegende Problem, daß die Meditation behindert werden konnte, wurde von ihm nicht angesprochen. Schreurs beruft sich auf Äußerungen des Erasmus von Rotterdam, der in seiner Jugend kurze Zeit ein Zögling der Brüder vom Gemeinsamen Leben in Deventer war, dort die Kapitelschule von St. Lebuinus besuchte und später einige Jahre im Augustinerkloster Stein bei Gouda verbrachte. Schreurs und Bouckaert 1995, XII/XIX. Zu Erasmus' Kritik an der Musik, die weitgehend übereinstimmt mit den Vorstellungen modern-devoter Kreise, siehe Weiler 2000.

Denique, quamvis discantus provocet specialiter quosdam ad devotionem et contemplationem coelestium, multum tamen revocare videtur ac impedire ab advertentia sensus etiam propriae orationis ejus qui audit et orat.[90]

Wie schon Bernhard von Clairvaux gesagt habe, nütze es wenig, wenn nur die Stimme singe ohne Beteiligung des Herzens. Gott schätze nämlich nicht die Beweglichkeit der Stimme, sondern die Reinheit des Herzens:

> Hinc sanctus ait Bernardus: Parum prodest voce sola cantare sine cordis attentione. Deus enim cui non absconditur quidquid illicite perpetratur, non quaerit vocis lenitatem, sed cordis puritatem. [91]

Das verbindende Element zwischen der Aussage von Thomas a Kempis und der des Dionysius ist die Kontemplation. Wie ich bereits in Kapitel III dargestellt habe, bringt diese, in Kreisen der Devotio moderna als Meditation regelmäßig gepflegt, den Kontakt zwischen dem Herzen des sündigen Menschen und Gott zustande. Sie ist für das persönliche Heil eines jeden Christen unverzichtbar. Es spricht daher viel für die Annahme Kahmanns, die mangelnde Textverständlichkeit polyphonen Gesangs sei den Kartäusern ein Stein des Anstoßes gewesen. Dasselbe Problem bestand in der Devotio moderna, orientierte sich Meditation in diesen Kreisen doch am Text. Die Wirkung von Musik, deren Text nicht verständlich war, konnte nicht kontrolliert werden. Sie gefährdete die Effektivität der Meditation und wurde deshalb in Kreisen der Devotio moderna abgelehnt.[92]

Doch nicht nur monastische und semimonastische Kreise strebten im 15. und 16. Jahrhundert danach, daß während des gottes-

---

[90] *De vita canonicorum* XX, ed. Kartäuser 1909, 197bC.

[91] *De vita canonicorum* XX, ed. Kartäuser 1909, 197bC.

[92] Eine Stellungnahme des Franziskaners E. Clop (Clop 1906) zur Frage der Mehrstimmigkeit in Konventskirchen macht deutlich, daß dieselben Fragen in monastischen Kreisen auch zu Beginn des 20. Jahrhundert noch spielen. Für den Gebrauch einstimmiger Musik führt Clop dieselben Argumente an wie Dionysius und Thomas: "La monodie traduit avec plus de réalité les sentiments du chrétien, elle souligne avec plus de sincérité ses dispositions; surtout elle est la voix sonore de la pénitence, de la simplicité, de l'amour." (S. 4b/5a) In der Polyphonie dagegen kann für Konventsmitglieder Gefahr lauern: "Avec le chant elles attirent le concours de la curiosité, où les âmes sont en danger; car l'apparat est vain et frivole, les voix venimeuses, les modes profanes [...] Comment pourra-t-elle être agréable à Dieu celle qui charme les hommes par ses chants?" (S. 5a). Aus diesem Grund plädiert auch Clop dafür, daß polyphone Musik einen "tolerierten Luxus" darstelle, der nur an Festtagen zugestanden sein solle (S. 5b). Er faßt sein Plädoyer zusammen: "Oui, Dieu sera plus honoré par la simplicité de nos chants que par la vanité d'une musique trop savante et mal rendue." (S. 6a)

dienstlichen Singens der Text verständlich war, sondern auch der Weltklerus. Die Ablehnung des *discantus* wegen mangelnder Verständlichkeit der Texte ist auch in einer Klage um 1500 über den Gesang des Zeven-Getijdencolleges in der Pieterskerk in Leiden anzutreffen, in der die *muysique*, wie der *discantus* in niederländischen Quellen manchmal auch genannt wird,[93] abgeschafft werden sollte:

> Ende om mijn heeren een weynich advertancie te gheven alsoe wij die sake langhe ghehandelt Soe wair wel onse meenyng ende guetduncken dat men die muysique cesseren soude ende maken een heerlick choor van achte eerlijcke priesteren ende achte ofte ses koralen ende die souden singen staetelick sonder haesten datment verstaen mochte ende pauseren inden midden vanden versen als betaemt ende behoirlick is ende als in anderen kercken ghedaen wort dair guet regiment is.[94]

Mangelnden Einsatz bei den Leidener *getijdenzangers* ("grote Arroren confuys dwalingh ende negligencie") versuchten die Getijdenmeister dadurch zu bekämpfen, daß sie in einem Klagebrief den Richter, die Bürgermeister und die Schöffen der Stadt Leiden um Beistand ersuchten in ihrer Bemühung, die mehrstimmige Musik (die in diesem Fall im *contrapunctus diminutus* geschrieben ist) wieder abzuschaffen und einen Chor zusammenzustellen, der aus acht Priestern und acht oder sechs Chorknaben bestehen solle. Dieser Chor solle feierlich und getragen singen und die Pausen gut in acht nehmen, sodaß jeder den Text gut verstehen könne.[95]

Die Alternative zur *muysique* ist der (einstimmige) Choral, dessen getragener Vortrag mit langen Pausen ein Anliegen auch verschiedener Windesheimer Klöster war.[96] Der Überlieferungsbefund der Handschrift *Utrecht 16 H 34* und anderer Musikhandschriften aus Kreisen der Devotio moderna weist auf eine weitere Alternative: die als "retrospektiv" eingestufte homorhythmische Mehrstimmigkeit eines *contrapunctus simplex*, bei der die Texte aller Stimmen zugleich deklamiert werden und daher von der kontemplativen Versenkung nicht ablenkt.

---

[93] Siehe Forney 1987, 13 Anm. 40: "[...] twee blancken van een misse int musieck, [...] met het Communio singen in het musieck".

[94] *Leiden inv. no. 206*, zitiert nach Jas 1997, 160. Der Brief ist ohne Datum und wird von verschiedenen Seiten aufgrund sekundärer Merkmale in den Zeitraum von 1450 bis 1508 datiert (Jas 1997, 56 Anm. 159).

[95] Diese Zusammenfassung basiert auf derjenigen von E. Jas (Jas 1997, 56).

[96] Beispielsweise im Kloster Albergen, siehe oben S. 191.

2. Mehrstimmige Gesänge in der Handschrift Utrecht 16 H 34

1. Die Überlieferung

a. Übersicht über die mehrstimmigen Gesänge[97]

Folio	Incipit	Lage	Ed. Nr.	Stimmenzahl
41r	Salue Virginalis castitas	3	44	2
51r	Marie virginis	3	62	2
53r	Alleluya Vox exultationis	3	65	1
	mit Tropus: In superna			2
54v	Puer nobis nascitur	3	66	2
55r	Puer nobis nascitur	4	67	2
55v	Dies est leticie in ortu	4	69	2
56v	Puer natus in bethleem	4	70	2
57r	Puer natus in bethleem	4	71	2
57v	Exulta terra mare sol	4	72	2
59r	Iesu dulcis memoria	4	73	2
59v	Verbum caro/ In hoc anni circulo	4	74	2
60v	Iubilemus singuli	4	75	3
61v	In dulci iubilo	4	76	2
62v	Gaudeamus in domino	4	77	2
63r	Nunc exultando pariter	4	78	2
63v	Ioseph ginck van nazareth	4	79	2
64v	Met desen nyen iare	4	80	2
65v	Vniuersalis ecclesia	4	81, 82	2, (3)
71	Dies est leticie nam	5	84	2
71v	Peperit virginitas	5	85	2
72v	Grates nunc omnes	5	86	2
73v	Cum iam esset	5	87	2
74v	Aue iesu paruule	5	88	2
77v	Philomena preuia	5	89	2
93r	Surrexit christus hodie	6	91	Text
	mit Alleluya			3
93v	Dicant nunc iudei	6	92	2
97v	Sanctus O quam dulciter	6	93	2
121v	Puer natus est hodie	6	104	2

[97] In der Handschrift *Utrecht 16 H 34* tragen mehrstimmige Gesänge keine Gattungsbezeichnung. Eine Bezeichnung sowohl für einstimmige als auch für mehrstimmige Tropen findet sich zu Beginn der dritten Lage: *Versus super Salue* (41r). Zeitgenössische Quellen verwenden verschiedene Begriffe: *Utrecht BMH 27: carmina nativitatis*; *Trier 516/1595* bezeichnet *Met diesen nuwen Jaire* (143v) als *Anni noui canticum*; *Cant. Traj.: carmina*; *Brüssel 4585–87: carmen*. Insgesamt dominiert der Ausdruck

Von den insgesamt 121 Gesängen, die die Handschrift *Utrecht 16 H 34* enthält, ist ungefähr ein Viertel, nämlich 28 Gesänge, mehrstimmig. Davon sind 26 zweistimmig und zwei dreistimmig notiert. Zwei Gedichte erscheinen ohne Notation: das Weihnachtslied *Grates nunc omnes* in der ersten Lage (14v)[98] und die bereits genannte 18 Zeilen umfassende, ungereimte *oratio prudentii* in Hexametern (106r).[99] Die meisten der mehrstimmigen Gesänge stehen über die Lagen 3 bis 6 verteilt. Lage 7 ist einstimmig, doch wurde am Ende dieses Handschriftenteils von anderer Hand ein zweistimmiges Weihnachtslied nachgetragen. Diese Lagen entstanden um 1500. Die älteren Teile der Handschrift, die Lagen 1 und 8–9, sind rein einstimmig.———

Von den 28 mehrstimmigen Gesängen haben 25 einen lateinischen Text. Zwei zweistimmige Lieder sind in mittelniederländischer Sprache geschrieben: das Unicum *Iozeph ginck van nazareth to bethleem*[100] und das weit verbreitete Weihnachtslied *Met desen nyen iare*. Das ebenfalls weit verbreitete, zweistimmige Weihnachtslied *In dulci iubilo* hat einen lateinisch-mittelniederländisch gemischten Text.[101]

Das Zahlenverhältnis zwischen der einstimmigen und mehrstimmigen Musik in der Handschrift *Utrecht 16 H 34* entspricht dem vieler Liederhandschriften mit devotem Repertoire. Ausnahmen sind die Handschriften *Trier 322/1994*[102] und *Brüssel II 270*[103], die überwiegend mehrstimmige Lieder enthalten.

---

carmen, Lied. Ich spreche im Folgenden von *Liedern*, wenn es um außerliturgische, syllabische und gereimte Gesänge geht (vor allem um Weihnachts*lieder*). Mit dem neutralen Begriff *Gesänge* bezeichne ich sowohl die liturgische Mehrstimmigkeit als auch beide Gruppen zusammen. Die für lateinische Strophenlieder oft verwendete Bezeichnung *cantio* ist mir aus Quellen im Umkreis der Devotio moderna nicht bekannt. Daher benutze ich sie auch nicht.

[98] Zu *Grates nunc omnes cernui* siehe oben S. 107–111.

[99] Siehe oben S. 115 Anm. 89.

[100] Diesen Gesang konnte ich in keiner anderen Quelle finden. Van Duyse verweist auf ein drei Strophen umfassendes Gedicht in einer Quelle, die später als 1620 entstand: *Het klein prieel der geest. mel.*, Luyck z.j., fol. 13 (Van Duyse 1907, 2047, auch aufgeführt bei Bonda 1996, 574). Die erste Strophe dieses Gedichts zeigt eine entfernte Ähnlichkeit mit dem in der Handschrift *Utrecht 16 H 34* überlieferten Text, doch sind die Unterschiede zwischen beiden Fassungen erheblich.

[101] Eine Fassung mit rein lateinischem Text findet sich in *Berlin 8° 280*, abgedruckt in Pohl 1918, 377f.

[102] Diese Handschrift ist untersucht und ediert in Ewerhart 1955.

[103] Die zehn mehrstimmigen mittelniederländischen Lieder dieser Handschrift sind ediert bei Van Dongen 2002.

b. *Verteilung der Texte*

Die Mehrzahl der mehrstimmigen Gesänge besteht aus Weihnachtsliedern (20), die übrigen Gesänge haben eine Meditation (2), Maria
(2), Ostern (3) und das Himmlische Jerusalem (1) zum Inhalt.[104]

Ed.Nr.	Incipit	Gattung	Konkordanzen
44	*Salue Virginalis castitas*	Tropus (Maria)	3
62	*Marie virginis fecundat*	Tropus (Maria)	2
65	*Alleluya Vox exultationis*	Tropus (Weihnachten)	
	mit Tropus: *In superna*		1
66, 67	*Puer nobis nascitur rector*	Weihnachtslied	17
69	*Dies est leticie in ortu*	Weihnachtslied	19
70, 71	*Puer natus in bethleem*	Weihnachtslied	12
72	*Exulta terra mare sol*	Weihnachtslied	1
73	*Iesu dulcis memoria*	Meditationslied	6
74	*Verbum caro factum/*	Weihnachtslied	4/(3)
	In hoc anni circulo		
75	*Iubilemus singuli*	Weihnachtslied	5
76	*In dulci iubilo*	Weihnachtslied	8
77	*Gaudeamus in domino*	Weihnachtslied	–
78	*Nunc exultando pariter*	Weihnachtslied	–
79	*Ioseph ginck van nazareth*	Weihnachtslied	–
80	*Met desen nyen iare*	Weihnachtslied	7
81, 82	*Vniuersalis ecclesia*	Weihnachtslied	2
84	*Dies est leticie nam processit*	Weihnachtslied	12
85	*Peperit virginitas*	Weihnachtslied	–
86	*Grates nunc omnes*	Weihnachtslied	–
87	*Cum iam esset*	Weihnachtslied	–
88	*Aue iesu paruule*	Weihnachtslied	2
89	*Philomena preuia*	Passionsmeditation	4
91	*Surrexit christus hodie*	Osterlied	3
	mit *Alleluya*		
92	*Dicant nunc iudei*	Osterantiphon	5
93	*Sanctus O quam dulciter*	Tropus (Ostern)	7
104	*Puer natus est hodie*	Weihnachtslied	–

Der Inhalt dieser Gesänge entspricht dem der Handschriftenlagen,
in denen sie enthalten sind. Sie erscheinen im gleichen Kontext wie

---

[104] Auch *Berlin 8° 190* und *Wien 12875* enthalten neben Weihnachtsliedern einige
mehrstimmige Gesänge, die nicht dem Weihnachtskreis zugeordnet werden können,
z.B. Tropen zum *Salve Regina, Regina celi, Alma redemptoris mater* und *Quam pulchra es*.
Außerdem stehen in *Berlin 8° 190* eine zweistimmige Hymne zu Ehren der heiligen
Barbara (*Digne colat ecclesie*, 30r) sowie *Amoris domicilium* (41r), eine zweistimmige
Hymne auf die heilige Katharina. (Entnommen aus Bruning u.a. 1963, XXXV)

die einstimmigen Gesänge: Die dritte Lage besteht vor allem aus
Tropen zu Mariengesängen, die vierte und fünfte aus Weihnachtsliedern und die sechste Lage aus Ostergesängen. Für zwei Lieder gilt
dies mit Einschränkung: das zweistimmige Weihnachtslied *Puer natus est hodie* wurde von anderer Hand am Ende der siebenten Lage
nachgetragen. Sein Inhalt stimmt mit dem Thema der Lage, die Gesänge zu den 'Vier Letzten Dingen' enthält, nicht überein. Auch die
Jesusmeditation *Iesu dulcis memoria* geht inhaltlich über den Rahmen
des Weihnachtsfests hinaus. Doch wird sie sowohl in der Handschrift
Utrecht 16 H 34 als auch in anderen Handschriften zusammen mit
Weihnachtsliedern überliefert.

Von allen mehrstimmigen Liedern sind ein paar der Weihnachtslieder am weitesten verbreitet. Am beliebtesten war *Dies est letitie in
ortu regali*, das in neunzehn weiteren von mir herangezogenen Handschriften überliefert ist, dicht gefolgt von *Puer nobis nascitur* (sieb-
zehn Konkordanzen), *Dies est letitie nam processit hodie* (zwölf Konkordanzen) und *In dulci iubilo* (acht Konkordanzen).[105] Gerade diese
Weihnachtslieder begegnen darüberhinaus in vielen weiteren Handschriften, die ich nicht herangezogen habe.[106] Doch auch innerhalb
des vorliegenden begrenzten Überlieferungsrahmens ist die große
Beliebtheit dieser Weihnachtslieder erkennbar.

Dagegen begegnen mehrstimmige Lieder, die nicht dem Weihnachtskreis zugeordnet werden können, seltener in anderen Quellen: Die in devoten Kreisen beliebte Meditation *Iesu dulcis memoria*
ist in sechs weiteren Fassungen überliefert, *Sanctus O quam dulciter*
in sieben weiteren Handschriften. *Marie virginis fecundat viscera* (ein
Tropus zum *Alma redemptoris mater*) und der *Salve Regina*—Tropus
Virginalis castitas erscheinen in zwei bzw. drei weiteren Quellen.

c. *Unica*

Lieder werden im Mittelalter oft ohne Notation oder nur mit einem
Melodieverweis überliefert. Sie sind keine feststehenden Gebilde im
Sinn moderner Kompositionen, sondern können in textlicher wie
musikalischer Hinsicht stark variieren. Ein Text kann in mehr als einer musikalischen Version begegnen. Das bezieht sich nicht allein
auf die Anzahl der Stimmen, sondern auch auf die Sätze selbst. Die-

---

[105] Berücksichtigt sind bei diesen Zahlen nur diejenigen Handschriften, die ich zur
Grundlage meiner Untersuchungen gemacht habe.

[106] Zur handschriftlichen Überlieferung des Weihnachtslieds *In dulci iubilo* siehe
Kornrumpf 2000, 175–187.

se Art der Überlieferung anonymen mittelalterlichen Liedguts, zu
dem auch die Musik der vorliegenden Handschrift zu rechnen ist,
macht es nötig, in dreierlei Hinsicht Unica zu unterscheiden, nämlich hinsichtlich des Texts, des vorgegebenen Cantus und der weiteren Stimmen. Im Folgenden spreche ich dann von einem Unicum,
wenn in einem Gesang entweder ein neuer Text, ein neuer Cantus
oder ein neues Duplum[107] festgestellt werden konnten. Oft sind mehrere Überlieferungsebenen, manchmal alle, neu gestaltet.

Die Zahl der Unica in *Utrecht 16 H 34* ist relativ groß. Von den
insgesamt 26 verschiedenen Sätzen[108] sind sieben Gesänge Unica in
textlicher wie musikalischer Hinsicht. Sie zeigen zusätzlich zu der
singulär überlieferten Musik auch einen sonst bisher nicht nachweis-
baren Text:

Folio	Incipit	Ed. Nr.
53v	*Alleluya Vox. In superna*	65
62v	*Gaudeamus in domino*	77
63r	*Nunc exultando*	78
63v	*Ioseph ginck van nazareth*	79
71v	*Peperit virginitas*	85
72v	*Grates nunc omnes*	86
73v	*Cum iam esset*	87
121v	*Puer natus est hodie*	104

Ein Sonderfall ist der Tropus *In superna celorum curia* zum *Alleluya Vox
exultationis*.[109] Er erscheint einstimmig, jedoch mit einem anderen
Text, auch in der Quelle *Amsterdam 208*. Die einstimmige Melodie
entspricht dem Cantus des Tropus in der Handschrift *Utrecht 16 H
34*.[110]

Von fünf Sätzen sind zwar die Texte auch aus anderen Quellen
bekannt, doch habe ich von der Melodie beider Stimmen bisher
keine Konkordanzen gefunden:

Folio	Incipit	Ed. Nr.
56v	*Puer natus in bethleem*	70
59v	*Iesu dulcis memoria*	73

---

[107] Zur Bezeichnung der Stimmen siehe S. 92.
[108] Wegen einiger Kontrafakte ist die Anzahl der Sätze kleiner als die der damit
überlieferten Texte. Andererseits sind von *Puer nobis nascitur* und *Puer natus in bethleem*
jeweils zwei Bearbeitungen aufgenommen.
[109] Fol. 53v, Ed. Nr. 65.
[110] Zu diesem Tropus siehe oben S. 179–181.

In elf Fällen wurden zu einem auch andernorts überlieferten Text und einer vorgegebenen Stimme eine beziehungsweise zwei neue Stimmen geschrieben:

Nur fünf Gesänge stimmen in Text und Satz mit Fassungen anderer Quellen überein, zwei davon sind weit verbreitete Weihnachtslieder:

Texte konnten auch innerhalb der Handschrift *Utrecht 16 H 34* mit verschiedenen musikalischen Sätzen verbunden sein. Beispiele dafür sind die Weihnachtslieder *Puer nobis nascitur* (fol. 54v, fol. 55r) und *Puer natus in bethleem* (fol. 56v, fol. 57r), die beide zweimal direkt hintereinander aufgeschrieben wurden. *Puer nobis nascitur* verwendet zweimal denselben *Cantus* mit unterschiedlichem *Duplum*. [112] *Pu-*

---

[111] *Exulta terra* in der Handschrift *Den Haag 129 E 4* stimmt melodisch gesehen weitgehend mit der Fassung in *Utrecht 16 H 34* überein, zeigt jedoch erhebliche rhythmische Abweichungen, die Stimmen verlaufen in dieser Quelle synchron.
[112] Smits van Waesberghe (1966, 49/50) schätzt die Fassung auf fol. 54v jünger ein als die von fol. 55r.

er natus in bethleem verwendet in der zweiten Fassung einen auch aus anderen Quellen bekannten Cantus mit neuem Duplum, während in der ersten Version beide Stimmen neu konzipiert sind.

d. *Kontrafakte*

In musikalischem Zusammenhang bedeutet ein Kontrafakt einen Liedtext, der auf eine bereits bestehende Melodie geschrieben wurde. Häufig geht es dabei um einen geistlichen Text, der mit einer Melodie aus dem weltlichen Liedrepertoire kombiniert wird.[113] Während jedoch in der Handschrift *Utrecht 16 H 34* regelmäßig zu einem bestehenden Text neue Musik geschrieben wurde, konnten in dieser Handschrift nur wenige Kontrafakte gefunden werden. Das überrascht einigermaßen, wenn man die Beliebtheit der Kontrafakte in spätmittelalterlichen Liederhandschriften bedenkt.[114] Doch muß berücksichtigt werden, daß es sich bei diesen Quellen vor allem um unnotierte Handschriften handelt, die Texte in der Volkssprache, versehen mit einem Melodieverweis, überliefern. Dadurch ist der Überlieferungskontext dieser Kontrafakte viel stärker an mündlicher Tradition orientiert[115] als die nahezu vollständig notierten lateinischen Gesänge der Utrechter Quelle.[116]

Unter den mehrstimmigen Gesängen sind drei Kontrafaktpaare zu finden:

Folio	Incipit	Ed. Nr.
59v	*Iesu dulcis memoria*	73
72v	*Grates nunc omnes*	86
71v	*Peperit virginitas*	85
73v	*Cum iam esset bethleem*	87
60v	*Iubilemus singuli*	75
77v	*Philomena preuia*	89

---

[113] Grijp 1991, 23.

[114] Siehe zu diesem Thema vor allem Grijp 1991.

[115] Zur oralen Tradition der Kontrafakte siehe Grijp 1991, 45ff.

[116] Kontrafakte sind nicht auf den volkssprachlichen, außerliturgischen Kontext beschränkt, auch aus liturgischen Büchern sind sie bekannt. Ein Beispiel für ein liturgisches Kontrafakt findet sich in *Den Haag 68 A 1* (139r): Zum Text der Hymne *Hymnum cantemus gracie*, geschrieben am Anfang des 16. Jahrhunderts, wurde von einer Hand vermutlich im späten 16. Jahrhundert der Text der Hymne *Eterne rex altissime* hinzugefügt. Beide Texte erscheinen untereinander geschrieben unter den Noten, die von der früheren Hand stammen.

Die Sätze der beiden ersten Paare sind auf die Handschrift *Utrecht 16 H 34* beschränkt. Drei der Liedtexte sind singulär überliefert, der vierte, *Iesu dulcis memoria*, war im späten Mittelalter weit verbreitet.[117] Die Lieder der beiden ersten Paare stehen jeweils in derselben Lage, ihre Sätze sind Unica.

Das dritte Paar, *Iubilemus singuli* und *Philomena preuia*, besteht aus einem zweistimmigen und einem dreistimmigen Lied. Cantus und Duplum von *Iubilemus singuli* sind nahezu identisch mit dem zweistimmigen Satz *Philomena preuia*. Beide Lieder sind auch anderweitig überliefert, manchmal jedoch mit anderer Musik.[118] Auch treten sie in der Handschrift *Utrecht 16 H 34* nicht innerhalb derselben Lage auf. Welche Lieder Modelle bilden und welche Kontrafakte, konnte ich nicht eruieren.

Das mehrstimmige Repertoire der vorliegenden Quelle ist in hohem Maß individuell konzipiert. In der Mehrzahl der Fälle handelt es sich nicht um Kopien anderer Vorlagen, sondern um autographische Neuschöpfungen. Die Individualität der Quelle hinsichtlich mehrstimmiger Gesänge liegt dabei weniger auf dem Gebiet der Texte als vielmehr bei der Neukonzeption von Musik. Gerade auf dem Gebiet der mehrstimmigen Musik zeichnet sich die Handschrift *Utrecht 16 H 34* großenteils durch einen experimentellen Charakter aus. Das soll im Folgenden verdeutlicht werden anhand der Verteilung des Repertoires über vier Gruppen unterschiedlicher musikalischer Konzeption.

2. *Gruppierung der Sätze*

Bereits J. Smits van Waesberghe wies darauf hin, daß in der Handschrift *Utrecht 16 H 34* unterschiedliche Stile anzutreffen sind. Dabei unterscheidet er zwischen einer "konservativen Gruppe" Organa und einem "neuen Organumstil".[119] Ich möchte im folgenden probieren, diese eher allgemein gehaltene Einteilung zu verfeinern und für alle mehrstimmigen Gesänge durchzuführen. Ausgangspunkt für meine Gruppierung sind die Interpretationsmöglichkeiten des Begriffs *discantus*. Daraus ergaben sich folgende Fragen für die Analyse der mehrstimmigen Sätze:

---

[117] Vgl. Van Biezen und Schulte Nordholt 1967, 305, mit Hinweisen auf weitere Literatur.

[118] Vgl. Hascher-Burger 2000.

[119] Smits van Waesberghe 1966, 51f.

– Welche Lieder sind im *contrapunctus simplex* geschrieben und
  welche im *contrapunctus diminutus* (*discantus*)?
– Ist ein Zusammenhang feststellbar zwischen der Satzart und dem
  Inhalt eines Liedes?
– Ist das Verbot des *discantus* bzw. *contrapunctus diminutus* in der
  mehrstimmigen Musik der Handschrift *Utrecht 16 H 34* wieder-
  zufinden und in welcher Form?
– In welchem Verhältnis steht hierzu die Überlieferung der Gesänge in anderen Quellen?
– Sind Sätze, die in der Utrechter Handschrift als *contrapunctus
  diminutus* erscheinen, in dieser Form auch in anderen Quellen
  überliefert?

Neben der Frage nach dem *contrapunctus diminutus* hatten meine Untersuchungen auch zum Ziel, den individuellen Charakter der mehrstimmigen Musik dieser Quelle festzustellen. Ohne den Charakter
der herangezogenen konkordanten Quellen im einzelnen genauer
erarbeiten zu können (das hätte den Rahmen dieser Arbeit einmal
mehr gesprengt, so wünschenswert eine solche Untersuchung für
das Verständnis der Handschrift *Utrecht 16 H 34* auch wäre), möchte
ich doch probieren, anhand der Überlieferung einzelner Lieder die
Stellung der Gesänge der Handschrift *Utrecht 16 H 34* im Kontext
ihrer Überlieferung zu verankern.

   Die Untersuchung der Satztechnik ergab eine Verteilung der 28
mehrstimmigen Gesänge über vier Gruppen. Diese Gruppen sind in
aufsteigender Folge angeordnet, beginnend bei einem Satz in parallelen Quinten (Gruppe I) und Sätzen im *contrapunctus simplex* (Gruppe II) über eine Zwischenstufe, die Ansätze zu einem *contrapunctus
diminutus* zeigt (Gruppe III), zur Gruppe der Lieder, die wichtige
Aspekte der Satztechnik des *discantus* durchgehend im ganzen Lied
aufweisen (Gruppe IV).

Gruppe	Folio	Incipit	Ed. Nr.	Unica*
I	97v	*Sanctus O quam dulciter voces*	93	
II	41r	*Salue Virginalis castitas*	44	u
	51r	*Marie virginis fecundat viscera*	62	u
	53v	*In superna celorum curia*	65	u
	93v	*Dicant nunc iudei*	92	u
III	55r	*Puer nobis nascitur*	67	
	55v	*Dies est leticie in ortu*	69	u
	59v	*Verbum caro/ In hoc anni*	74	u
	61v	*In dulci iubilo*, Teil 1	76	u

	65v	*Vniuersalis ecclesia*	81	u
	71r	*Dies est leticie nam processit*	84	
	71v	*Peperit virginitas*	85	u
	73v	*Cum iam esset*	87	u
	77v	*Philomena preuia*	89	
	93r	*Alleluya (Surrexit christus)*	91	u
	121v	*Puer natus est hodie*	104	u
IV	54v	*Puer nobis nascitur*	66	u
	56v	*Puer natus in bethleem*	70	u
	57r	*Puer natus in bethleem*	71	u
	57v	*Exulta terra mare sol*	72	
	59v	*Iesu dulcis memoria*	73	u
	60v	*Iubilemus singuli*	75	u
	61v	*In dulci iubilo*, Teil 2	76	u
	62v	*Gaudeamus in domino*	77	u
	63r	*Nunc exultando pariter*	78	u
	63v	*Ioseph ginck van nazareth*	79	u
	64v	*Met desen nyen jare*	80	u
	72v	*Grates nunc omnes*	86	u
	74v	*Aue iesu paruule*	88	u

(* Gesänge, in denen mindestens eine Stimme singulär überliefert ist.)

Auf diese vier Gruppen werde ich im Folgenden jeweils unter vier Aspekten näher eingehen:

- Intervallbehandlung
- Textdeklamation
- Kadenzbildung
- Vergleich mit konkordanten Quellen

Die spezifischen Kennzeichen jeder Gruppe werde ich jeweils anhand eines Beispiels verdeutlichen.

a. *Gruppe I*

Folio	Incipit	Ed. Nr.	Gattung
97v	*Sanctus O quam dulciter voces*	93	Sanctus-Tropus

Die erste "Gruppe" besteht aus nur einem Gesang, dem Sanctustropus *O quam dulciter*. Dieser Tropus steht in der sechsten Lage zwischen den Gesängen zum Osterfest. Weitere mehrstimmige Beiträge in dieser Lage sind der dreistimmige Refrain *Alleluya* des als Text nachgetragenen Osterlieds *Surrexit christus hodie* und eine zweistimmige Fassung der Osterantiphon *Dicant nunc iudei*.

Sanctus   O quam dulciter voces ibi resonant
               ubi omnes sancti laudem deo decantant
               dicentes

Sanctus   Sic et nos laudemus dominum in terris
               quem angeli sancti laudant in ecclesiis[120]
               dicentes

Sanctus   Tu qui facis mundum de immundo
               munda nos quam diu sumus in hoc mundo
               quia tu solus sanctus

dominus deus.

Der Tropus ist in gotischer Choralnotation unrhythmisch notiert. In Analogie zu den drei Sanctusanrufungen besteht er aus drei Teilen, ist jedoch musikalisch nicht konsequent strophisch aufgebaut. Vielmehr besteht er aus einzelnen kleinen Versatzstücken, die in variabler Folge aneinandergehängt sind. Diese Art des Aufbaus ist eine Eigenart gregorianischer Melodien, der man auch bei *responsoria prolixa* begegnet.[121]

Auffallend ist der nahezu ausschließlich in Quintparallelen verlaufende zweistimmige Satz, der nur vereinzelt durch Einklänge, Oktaven und Quarten unterbrochen wird. Wo sich die Stimmen kreuzen, erscheinen Einklänge. Diese Machart spiegelt in extremer Weise den *contrapunctus simplex* wider, reduziert auf weitgehend perfekte Konsonanzen, unter denen die Quint besonders hervortritt. Die Stimmen bewegen sich dabei meist leicht melismatisch. Eine graphische Übersicht über die verwendeten Intervalle macht die Vorherrschaft der Quint deutlich:[122]

---

[120] Statt *ecclesiis* steht im Duplum *excelsis*.
[121] Vgl. D. Hiley, Art. "Responsorium", in: MGG, Sachteil Bd. 8, 176–200, hier vor allem 188–191.
[122] Folgende Intervalle wurden verwendet: 6 Einklänge, 2 Quarten, 108 Quinten, 1 Sext und 3 Oktaven. Drei parallele Sexten über dem Wort *dulciter* sind nicht eindeutig lesbar. Berücksichtigt man die Schriftrichtung der Neumen, dann sind auch drei Quinten denkbar.

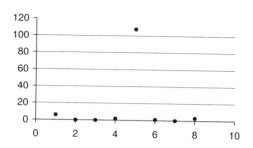

A. Geerings Beobachtungen zufolge sind Gesänge mit parallelen Quinten im Repertoire der von ihm untersuchten späten Organa nicht selten.[123] Besonders häufig begegnen sie in mehrstimmigen Lektionen.[124] Quintenfolgen kennzeichnen nach Auffassung vieler den retrospektiven Charakter dieser Gesänge.[125] Doch muß diese Einschätzung mit Vorsicht behandelt werden. Zweistimmige Lektionen einer aus dem 15. Jahrhundert stammenden liturgischen Sammelhandschrift im Museum Meermanno in Den Haag lassen erkennen, daß die dort ebenfalls in großer Zahl anzutreffenden Quintparallelen einer späteren Redaktion zu verdanken sind. Die erste Fassung, die später radiert und überschrieben wurde, zeigt mehr Gegenbewegung und eine weit größere Vielfalt der Intervalle.[126] Bei diesen Lektionen wurde nicht altes, Quintenfolgen verwendendes Material weitertradiert, sondern ursprünglich vielfältiger gestaltetes Material nach neuen Maßstäben in Quintparallelen umgestaltet. Quintparallelen können also nicht eo ipso mit einem "retrospektiven" Satz gleichgesetzt werden, wenn sie, wie in diesem Fall, nicht eine alte Satzweise weitertradieren, sondern Quintparallelen als neuen Satz introduzieren.

Der Fassung des Tropus *Sanctus O quam dulciter* in der Handschrift *Utrecht 16 H 34* am nächsten steht die Variante in *Berlin 8° 190*, die ebenfalls in Quintparallelen verläuft und bis auf wenige Ab-

---

[123] Geering 1952, 45. Er führt außer *Sanctus O quam dulciter* 15 weitere Beispiele an.

[124] Zu mehrstimmigen Lektionen siehe Göllner 1969.

[125] "Gerade die Häufigkeit der Quintenfolgen ist es, was dem ganzen Komplex an Kompositionen, die hier zur Behandlung stehen, ihren retrospektiven Charakter verleiht, da sie doch der Überlieferung und zum grossen Teil auch ihrer Entstehung nach aus einer Zeit stammen, die das Verbot der Konsonanzenfolgen kannte." (Geering 1952, 46)

[126] *Den Haag 10 B 26*, fol. 106v–108v. Siehe Hascher-Burger 1998a.

weichungen mit der Fassung *Utrecht 16 H 34* identisch ist. Die Spielarten in *Vilnius 22.95* und *Oxford lit d I* weichen dagegen stärker ab,
doch basieren beide ebenfalls auf der Quintstruktur. In *Vilnius 22.95*
steht ebenso wie in *Utrecht 16 H 34* das Duplum eine Quint über dem
Cantus, die Stimmen verlaufen jedoch stärker in Gegenbewegung.
In *Oxford lit d I* ist das Duplum eine Quint unter dem Cantus notiert. Auch hier ist eine stärkere Gegenbewegung zu konstatieren als
in *Utrecht 16 H 34*. Die Dupla der vier Fassungen weichen stärker
voneinander ab als die Cantus.

   In niederländischen Handschriften ist dieser Tropus zweistimmig überliefert. Einstimmig begegnet man ihm beispielsweise in der
aus dem Schweizer Benediktinerkloster Engelberg stammenden
Handschrift *Engelberg 314* aus dem 14. Jahrhundert.[127] Die einstimmige Fassung dieser Quelle entspricht dem Cantus der zweistimmigen
niederländischen Sätze, wenn sie auch melismatischer ist als diese.

   Sanctus O quam dulciter stellt einen Extremfall schriftlich tradier-
ter Quintparallelen dar, aber innerhalb des Repertoires devoter Liederhandschriften nicht den einzigen: *In dulci iubilo* erscheint in einer Reihe von Handschriften mit einer großen Zahl von Quintparallelen[128] und auch *Iesu dulcis memoria* wird in *Trier 516/1595* mit
Quintparallelen überliefert. Für beide Lieder wurde in *Utrecht 16 H
34* eine andere satztechnische Lösung gefunden.[129]

   Mit den Quintparallelen eng verwandt ist in den Augen Geerings
die Verwendung paralleler Terzen, die seiner Ansicht nach einen
"jüngeren Stil" gegenüber dem "ältesten stilistischen Erbe" der
Quintparallelen repräsentieren.[130] Deutlich wird dieser Unterschied
vor allem bei der fehlenden Kadenzbildung: *O quam dulciter* kadenziert nicht, auch die Versschlüsse enden in Quintparallelen:

Sanctus O quam dulciter, fol. 97v/98r

---

[127] *Engelberg 314*, fol. 116v. Facsimileausgabe: Arlt und Stauffacher 1986.
[128] *Berlin 8° 190, Berlin 8° 280, Brüssel IV 421* und *Trier 516/1595*.
[129] Beide Lieder gehören zu Gruppe IV.
[130] Geering 1952, 46.

Dagegen werden die Schlußwendungen in den Gesängen mit Terz-
parallelen, wenn sie mensural notiert sind, entweder als einfache
Leittonkadenzen auf der Intervallfolge Terz-Einklang beziehungsweise Sext-Oktav oder als Vorhaltskadenzen gebildet:

Puer nobis nascitur, fol. 54v   *Exulta terra*, fol. 57v

Doch gibt es Gründe, beide Arten der Parallelbewegung nicht wie
Geering in erster Linie chronologisch voneinander abzusetzen, sondern vor allem als Zeugnisse oraler Tradition zu sehen. Viel spricht
nämlich dafür, daß *Sanctus O quam dulciter* die schriftlich fixierte
Form der oralen Tradition des Quintierens ist.[131] Diese wird von
S. Fuller in Zusammenhang gebracht mit Diskanttraktaten, die das
Quintieren als eine im ganzen Mittelalter gebräuchliche musikalische Praxis beschreiben. Das Singen in parallelen Intervallen stand
zwar in engem Zusammenhang mit der Einstimmigkeit, galt jedoch
als mehrstimmige Praxis.[132] Die wenigen Quellen, die Musik in parallelen Quinten enthalten, überliefern sie im Zusammenhang mit
anderer "retrospektiver" Mehrstimmigkeit.[133] Die Quintstruktur des
Sanctustropus *O quam dulciter* ist unter den mehrstimmigen Gesängen der Handschrift *Utrecht 16 H 34* eine Ausnahme, deren konsequente Parallelenbildung nur noch in der Quelle *Berlin 8° 190*
aufgenommen wurde.

Folgende Eigenschaften unterscheiden die Satzart des Tropus
Sanctus O quam dulciter von anderen Gruppen:

– Parallele Quinten
– Keine Kadenzbildung, auch Versschlüsse enden in Parallelen

---

[131] Zur Terminologie siehe Fuller 1978, 241–248. Deutschsprachige Poeten des 15.
Jahrhunderts verwendeten den Begriff *quintieren* um eine schöne Musik allgemein
zu beschreiben (Fuller 1978, 246), ein Hinweis darauf, wie allgemein verbreitet das
Quintieren zu dieser Zeit war.

[132] Fuller 1978, 250.

[133] Fuller nennt die Handschriften *Engelberg 314; Graz III 29* und *III 30*, sowie
London Add. 27630 (Fuller 1978, 267, Anm. 92).

– Der Satz ist auch in anderen Quellen zu finden, wenn auch zum
  Teil mit Varianten
– *Sanctus O quam dulciter* hat als Tropus seine Wurzeln in der Li-
  turgie
– Die Notation in Neumen ist unrhythmisch
– Die Stimmen sind leicht melismatisch, verlaufen jedoch Note
  gegen Note. Auf diese Weise wird der Text in allen Stimmen
  synchron deklamiert.

b. *Gruppe II*

Folio	Incipit	Ed. Nr.	Gattung
41r	*Salue Virginalis castitas*	44	Marientropus
51r	*Marie virginis*	62	Marientropus
53r	*In superna celorum curia*	65	Tropus zu Alleluya Vox (Weihnachten)
93v	*Dicant nunc iudei*	92	Versus zu Osterantiphon

Gruppe II besteht aus drei Tropen und einem Versus. *Virginalis castitas* ist ein Tropus zu der weit verbreiteten Antiphon *Salve Regina*,
Marie virginis tropiert die Antiphon *Alma redemptoris mater*, *In superna
celorum curia* ist ein Tropus zum *Alleluya Vox exultationis*. *Dicant nunc
iudei* ist der Versus zur Antiphon *Christus resurgens*, die in der Vesper
des Ostersonntags gesungen wurde. Alle Gesänge haben also eine
Beziehung zur Liturgie. Die drei Tropen stehen in Lage 3, einer Lage
mit Mariengesängen, und bilden deren einzigen mehrstimmigen
Beitrag im Hauptteil. Der vierte Gesang, *Dicant nunc iudei*, steht in
der 6. Lage zwischen zwei weiteren mehrstimmigen Gesängen.[134]
   Den vier Gesängen sind mehrere Kennzeichen gemeinsam: Die
Sätze bewegen sich vorwiegend Note gegen Note in Gegenbewegung
und sind in gotischer Choralschrift unrhythmisch notiert. Die Intervallverteilung entspricht der des *contrapunctus simplex*, das heißt, am
Anfang und am Ende eines Abschnitts stehen perfekte Konsonanzen, ansonsten werden imperfekte Intervalle bevorzugt.
   Sowohl in dieser Gruppe als auch in den Gesängen der Gruppen
III und IV sind viele Terzen zu finden. Bereits J. Smits van Waesberghe wies auf die große Zahl der Terzen in den Sätzen dieser Handschrift. Er interpretierte diese Terzen ebenso wie A. Geering[135] als

---

[134] *Sanctus O quam dulciter* und der Refrain *Alleluya* zum Osterlied *Surrexit christus
hodie*.
[135] Geering 1952, 46.

Kennzeichen eines neuen Organumstils.[136] Gruppen von sieben und mehr Terzen sind in dieser Handschrift keine Seltenheit. Doch muß in diesem Zusammenhang unterschieden werden zwischen Sätzen, die auf parallelen Terzen basieren und solchen, bei denen der Terzklang aus der Stimmkreuzung resultiert. Im zweiten Fall wird melodische Gegenbewegung angestrebt bei gleichzeitig durchgehendem Terzklang.

In superna celorum curia, fol. 53v/54r

Alle Gesänge dieser Gruppe begegnen auch in anderen Quellen. *Marie virginis* ist als einstimmiger Tropus bereits in *Engelberg 314* enthalten.

Dicant nunc iudei ist bereits im 11. und 12. Jahrhundert in französischen und englischen Quellen zweistimmig belegt,[137] doch stimmen die Sätze mit der Handschrift *Utrecht 16 H 34* nicht überein. Ein hoher Verwandtschaftsgrad verbindet diese Version dagegen mit einstimmigen Konkordanzen aus dem Niederland.[138]

Die Sätze aus Gruppe II erscheinen in dieser Form nur in *Utrecht 16 H 34*, ihre Konkordanzen sind einstimmig oder sie tradieren einen anderen Satz (*Dicant nunc iudei*). Möglicherweise wurden die mehrstimmigen Fassungen dieser vier Gesänge von den Schreibern der Handschrift *Utrecht 16 H 34* bedacht.

Als Beispiel für einen Gesang dieser Gruppe ziehe ich den Salve-Tropus *Virginalis castitas* heran.[139]

---

[136] Smits van Waesberghe 1966, 51. Dort findet sich auch eine Übersicht über die Intervalle von zehn Beispielen.

[137] Zur frühen mehrstimmigen Überlieferung siehe F. Reckow und E. Roesner, Art. "organum, §4", in: New Grove 18, 676–677. Mit Facsimilia und Transkriptionen der frühen Fassungen in *Chartres 109*, 75r und *Oxford c. 892*, 67v.

[138] *Amsterdam I B 50*, 56v; *Cant. traj.*, 50r; *Den Haag 68 A 1*, 37v; *Par 1522*, 58v; *Zutphen 6*, Xr.

[139] Fol. 41r, Ed. Nr. 44.

Virginalis castitas ist ein Tropus zur Marienantiphon *Salve Regina*, die sich im späten Mittelalter großer Beliebtheit erfreute.[140] Davon zeugen zahlreiche Tropen gerade zu dieser Antiphon. Der Tropus steht in der dritten Lage der Handschrift *Utrecht 16 H 34* als einziger zweistimmiger Salve-Tropus zu Beginn einer Reihe von insgesamt zwölf Salve-Tropen, von denen elf einstimmig sind. Anschließend erscheinen, von derselben Hand geschrieben, Antiphonen und weitere Tropen zu Ehren Marias.

Salve Virginalis castitas	
puellaris puritas	
Te decet laus et reginalis dignitas	*o clemens*
Supernorum civium	
angelorum dominum	
profers virgo filium	
mundi solacium	*o pia*
Da virtutes anime	
post transitum miserie	
gressus nostros dirige	
et duc nos ad thronum glorie	*o dulcis maria*

Virginalis castitas ist in trochäischem Versmaß geschrieben und analog zu den drei Anrufungen am Ende der Antiphon in drei Teile gegliedert. Die Verse enden mit Assonanzen, die Anzahl der Silben schwankt zwischen sechs und zwölf Silben. Die drei Tropenteile sind im *inferior*[141] ebenso wie im *superior* durchkomponiert. Eine Übersicht über die verwendeten Intervalle läßt eine deutliche Vorliebe für die Terz erkennen:[142]

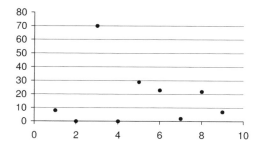

---

[140] Allgemein zum *Salve Regina*: Maier 1939. Der Text der Antiphon steht in Kapitel IV.2.6.

[141] Für den Cantus und das Duplum von *Virginalis castitas* werden in der Handschrift *Utrecht 16 H 34* die Begriffe *inferior* und *superior* verwendet (fol. 41r).

[142] Verwendet wurden 8 Einklänge, 70 Terzen, 29 Quinten, 23 Sexten, 2 Septimen, 22 Oktaven und 7 Dezimen, keine Sekunden und keine Quarten.

In diesem Tropus treten bis zu sieben Terzen hintereinander in Parallelbewegung auf.[143] Auch werden Terzklänge aneinandergehängt, die sich aus der Stimmkreuzung ergeben. Es geht dann nicht um Parallelbewegung, sondern um resultierende Terzklänge einer gegenläufigen Stimmbewegung.[144] Die Sext ist in dieser Gruppe weit weniger vertreten, da die Stimmen derselben Stimmlage angehören. Perfekte Konsonanzen können am Anfang und Ende von Worten, Versen oder Strophen sowie bei Stimmkreuzungen stehen.[145] Es werden einfache Kadenzen verwendet mit der Schlußwendung Sext-Oktav oder Terz-Einklang.

In drei weiteren Handschriften aus dem 'Niederland' ist der Tropus einstimmig überliefert.[146] Diese Konkordanzen weichen vom *inferior* in *Utrecht 16 H 34* geringfügig ab. Sie sind allesamt jünger als die zweistimmige Fassung dieser Quelle. Es ist daher nicht ausgeschlossen, daß der Tropus von vorn herein zweistimmig konzipiert war und daß sein *inferior* als einstimmiger Tropus weitertradiert wurde.[147]

Zusammenfassend kann man folgende Eigenschaften der Gesänge in Gruppe II festhalten:

– Alle Gesänge haben ihre Wurzeln in der Liturgie.
– Die Notation in Neumen ist unrhythmisch.
– Die Stimmen sind leicht melismatisch, verlaufen jedoch Note gegen Note. Auf diese Weise wird der Text in allen Stimmen synchron deklamiert.
– Die Terz wird häufig verwendet, aber sie ist in dieser Gruppe nicht vorherrschend. Versschlüsse werden mit Hilfe einfacher Kadenzen gebildet.

---

[143] Strophe 2: profers *virgo filium*. Parallelen in Terzen und großen Sexten waren seit Petrus dictus Palma Ociosa (1336) als Fortbewegung innerhalb des *discantus* anerkannt (Crocker 1962, 10f).

[144] Strophe 3: *dirige*.

[145] Zwei fragwürdige Septimen stehen über dem Wort "mundi". Sie gehen wahrscheinlich auf einen Platzmangel in der Duplum zurück: Durch die darüberstehende Lombarde "S" von *Supernorum* war der Notationsraum nach oben eingeschränkt. Die Septimen sollten daher besser als Oktaven interpretiert werden, umso mehr, als auch die einstimmigen Konkordanzen des Tropus an dieser Stelle einen Ton tiefer notiert sind.

[146] *Amsterdam I B 50*, *Köln 979* und *Paris 1522*.

[147] Für diese These spricht die Konzeption des *superior*, der an einigen Stellen Wortausdeutungen erkennen läßt, die im *inferior* nicht feststellbar sind. Wäre der Tropus zunächst einstimmig konzipiert gewesen, hätten die Wortausdeutungen im *inferior* erwartet werden können.

c. *Gruppe III*

Folio	Incipit	Ed. Nr.	Gattung
55r	*Puer nobis nascitur*	67	Weihnachtslied
55v	*Dies est leticie in ortu*	69	Weihnachtslied
59v	*Verbum caro/In hoc anni*	74	Weihnachtslied
61v	*In dulci iubilo*, Teil I	76	Weihnachtslied
65v	*Vniuersalis ecclesia*	81	Weihnachtslied
71r	*Dies est leticie nam processit*	84	Weihnachtslied
71v	*Peperit virginitas*	85	Weihnachtslied
73v	*Cum iam esset*	87	Weihnachtslied
77v	*Philomena preuia*	89	Passionsmeditation
93r	*Alleluya*	91	Refrain des Osterlieds *Surrexit christus*
121v	*Puer natus est hodie*	104	Weihnachtslied

Die Lieder aus den Gruppen III und IV sind mensural notiert. Bereits in Kapitel II sprach ich die Probleme hinsichtlich der Notenschlüssel dieser Lieder im Blick auf ihre Ausführung an.[148] Diese Probleme betreffen ein paar Lieder, deren Stimmen nicht im selben Tonraum notiert sind. Dennoch gehe ich im folgenden einfachheitshalber von einer Ausführung der Stimmen im gleichen Tonraum aus, um in der Beschreibung komplizierte Intervallbezeichnungen, die über die Undezim hinausgehen, zu vermeiden. Dabei nehme ich inkauf, daß in Beispielen, deren Stimmen nicht im selben Tonraum notiert sind, manche Terzen als Sexten gelesen werden können, wenn man sich streng an die Verteilung des Tonraums in der Quelle hält.

Gruppe III besteht aus acht Weihnachtsliedern der Lagen 4 und 5, einem jüngeren Nachtrag am Ende von Lage 7 (*Puer natus est hodie*), einer Passionsmeditation aus Lage 5 und dem Refrain *Alleluya* des Osterlieds *Surrexit christus hodie* aus Lage 6. Die Texte dieser Lieder begegnen häufig auch in anderen Quellen, einige gehören zu den bekanntesten Weihnachtsliedern des späten Mittelalters überhaupt.[149] Von insgesamt elf in Gruppe III zusammengefaßten Liedern sind bei dreien Text und Musik singulär.[150]

Alle Lieder dieser Gruppe sind mensural und somit rhythmisch notiert. Die Verteilung der rhythmischen Werte geschieht in beiden Stimmen synchron, doch ist der ternäre Rhythmus meist auf eine

---

[148] Siehe Kapitel II, 2.3.f: Schlüssel (S. 79–81).

[149] Hierzu gehören beispielsweise *Puer nobis nascitur* und *Dies est leticie in ortu regali*. Vgl. die Überlieferung der Gesänge im Anhang beim alphabetischen Initienverzeichnis (S. 474f. und S. 483).

[150] *Peperit virginitas* und sein Kontrafakt *Cum iam esset* sowie *Puer natus est hodie*.

Abwechslung langer und kurzer Notenwerte im Verhältnis 2:1 beschränkt. Das entspricht der Akzentsetzung des in dieser Gruppe
häufig verwendeten trochäischen Versmaßes.[151] Der Text wird auch
in dieser Gruppe in allen Stimmen synchron ausgesprochen. Anders
als in der leicht melismatischen Satzgestaltung der Gruppen I und II
sind die Sätze syllabisch konzipiert.

In dieser Gruppe finden sich zwei Arten der Kadenzbildung. Die
einfachen Kadenzen werden wie in den Gruppen I und II in beiden
Stimmen synchron mit Hilfe der Klangfolge Quint-Terz-Einklang beziehungsweise Quint-Sext-Oktav gebildet. Daneben findet sich eine
kleine Anzahl einfacher Vorhaltskadenzen.

Anders als die Gesänge der Gruppen I und II haben die Lieder
in Gruppe III keine liturgischen Wurzeln, sie sind vielmehr den
geistlichen Liedern zuzurechnen.

Auch hinsichtlich der Textdeklamation kann man gegenüber
den beiden ersten Gruppen Unterschiede feststellen. Vor allem bei
kleinen Vorhaltskadenzen verläuft der Satz nicht mehr Note gegen
Note, auch wenn die Stimmen weiterhin synchron deklamiert werden.

Kadenz in *Philomena preuia*, fol. 77v/78r

In den Liedern dieser Gruppe halten perfekte und imperfekte Intervalle einander die Waage. Ungefähr die Hälfte der Intervalle besteht aus Terzen. Daneben findet sich auch eine große Anzahl weiterer Intervalle. Parallelen werden mit Hilfe von Terzen, Quinten und
Einklängen gebildet. Imperfekte Intervalle dienen häufig als Durch-
gangsintervalle, eingebettet zwischen perfekten Intervallen. Alles in
allem sind dies—zusammen mit dem syllabischen Satz- die Kennzei-

---

[151] Doch führt die mensurale Notation nicht immer zu größerer rhythmischer
Deutlichkeit. Auffallend ist, daß die beiden Lieder, die von allen Weihnachtsliedern
der *Utrecht 16 H 34* am weitesten verbreitet waren, zwar rhythmisch notiert sind, dank
gleichbleibender Notenwerte jedoch trotz trochäischen Versmaßes unrhythmisch
gesungen wurden. *Dies est leticie in ortu regali* ist durchgehend in Semibreves, *Dies
est leticie nam processit hodie* in Minimae notiert.

chen des traditionellen mehrstimmigen Diskantsatzes.[152] Ein Beispiel
für die Satzart dieser Gruppe ist *Verbum caro factum est/In hoc anni circulo.*[153]

Text	Initium	Musik
A	Verbum caro factum est ex maria virgine	a
B	In hoc anni circulo vita datur seculo Nato nobis paruulo ex virgine maria	b a

In der Handschrift *Utrecht 16 H 34* besteht der Text dieses Weihnachtslieds aus den zwei Teilen A und B, beginnend mit *Verbum caro factum* beziehungsweise *In hoc anni circulo.* Beide Teile sind als eine Strophe zusammen überliefert. Doch ist die Funktion von *Verbum caro* auf eine Einleitung zu Beginn der ersten Strophe beschränkt: der Bau der elf weiteren Strophen entspricht lediglich Teil B ohne Teil A. Das Lied ist in fünf weiteren der von mir untersuchten Handschriften enthalten.[154] Vier Fassungen sind wie in *Utrecht 16 H 34* zweistimmig überliefert, eine Quelle ist dreistimmig.[155]

Die Fassung in *Brüssel IV 421* zeigt als zweistimmiges Responsorium eine abweichende Form, die ihrerseits wieder auf die formale Variabilität der Gesänge deutet.[156] Ausschließlich einstimmige Versionen sind aus dem 12. und 13. Jahrhundert erhalten.[157] Sie überliefern ebenso wie die Handschrift *Utrecht BMH 27* aus dem 16. Jahrhundert[158] das Lied ohne die Einleitung *Verbum caro factum est.* Diese

---

[152] Smits van Waesberghe nennt einige dieser Lieder "Diskantlieder" (Smits van Waesberghe 1961, 34). In der Überlieferung sind die Stimmen dieser Lieder nicht streng voneinander getrennt, vielmehr werden Teile aus beiden Stimmen miteinander vermischt. Auf diese Weise präsentiert jede Quelle eine andere Mischung einzelner Abschnitte aus beiden Stimmen, wobei das verwendete musikalische Material gleich bleibt.

[153] Ed. Nr. 74. Hier ist nur die erste Strophe wiedergegeben. Für elf weitere Strophen verweise ich auf den Editionsteil.

[154] *Berlin 8° 190*; *Brüssel II 270*; *Brüssel IV 421*; *Trier 516/1595*; *Utrecht BMH 27*.

[155] Die dreistimmige Fassung *Brüssel II 270* stimmt mit den zweistimmigen Sätzen nur zu Beginn des Triplums überein. Die ersten vier Noten dieser Stimme entsprechen den ersten vier Noten des Duplums in *Berlin 8° 190*, *Trier 516/1595* und *Utrecht 16 H 34*. Im Übrigen zeigt die dreistimmige Fassung einen völlig anderen musikalischen Satz als die zweistimmigen Konkordanzen.

[156] Siehe Kapitel IV, 2.4

[157] *Madrid 289*, fol. 147r; *Paris 1139*, fol. 48r; *Paris 1343*, fol. 40r; *Torino F I 4*, fol. 334r. Die Signaturen sind entnommen aus Arlt 1970 I, 207.

[158] *Utrecht BMH 27*, 40v.

frühen Spielarten sind musikalisch anders konzipiert als die zwei-stimmige Version in *Utrecht 16 H 34* und sollen hier nicht berück-sichtigt werden. Für die Version dieser Handschrift sind Fassungen der Quellen ab dem 15. Jahrhundert relevant.[159]

Abweichend von der Texteinteilung in zwei Subeinheiten folgt das Lied in musikalischer Hinsicht einem dreiteiligen Schema, dem-zufolge der dritte und vierte Vers von Teil B die Melodie von Teil A wiederholen: hierdurch ergibt sich in der ersten Strophe der Aufbau *a-b-a* (in allen weiteren Strophen: *b-a*). Diese Anlage ist vor allem im Cantus gut zu sehen. Das Duplum nimmt die formale Struktur des Cantus nur teilweise auf. Es ist durchkomponiert, kadenziert jedoch zusammen mit dem Cantus bei den von ihm formal vorgegebenen Versschlüssen. Einige der konkordanten Lesarten sind formal stren-ger durchstrukturiert als die Version in der Handschrift *Utrecht 16 H 34*, bei ihnen sind beide Stimmen einbezogen. Am konsequentesten ist die Fassung der Handschrift *Brüssel IV 421* aufgebaut, die jedoch eine ganz andere Musik als die Handschrift *Utrecht 16 H 34* überlie-fert: nicht nur folgen hier beide Stimmen streng dem Aufbau a-b-a, die Kadenzen sind zudem in allen drei Teilen identisch. In den ande-ren Quellen kadenziert der Mittelteil *b* anders als die beiden Teile *a*.

Imperfekte Intervalle begegnen vor allem in der Form von Ter-zen. Außerdem ist der Einklang relativ häufig vertreten, gefolgt von Quinten und Quarten. Die Anzahl der Terzen steht zur Anzahl der übrigen Intervalle im Verhältnis 1:1.[160]

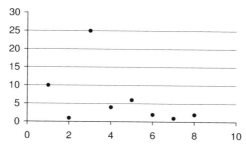

[159] Wie öfter im Repertoire devoter Liederhandschriften des 'Niederlands' fest-stellbar ist, sind auch bei diesem Lied keine zwei Sätze identisch. Am konstantesten ist der Cantus des Mittelteils *b* überliefert. Die einprägsame Tonfolge abwechselnd erklingender Töne *c* und *d* im Cantus bei *In hoc anni circulo vita datur seculo* tritt in insgesamt vier von sechs Quellen auf (*Berlin 8° 190, Trier 516/1595, Utrecht BMH 27, Utrecht 16 H 34*). Zwei Quellen überliefern einen abweichenden Cantus (*Brüssel II 270* und *Brüssel IV 421*).

[160] Das Lied umfaßt 10 Einklänge, 1 Sekunde, 25 Terzen, 4 Quarten, 6 Quinten, 2 Sexten, 1 Septime und 2 Oktaven.

Der große Anteil der Terzen am Gesamtbestand der Intervalle ist
ein besonderes Merkmal der Fassung in der Handschrift *Utrecht 16 H
34* und unterscheidet diese von ihren Konkordanzen. Nur die Lesart
in *Brüssel IV 421* weist (bei abweichendem Satz) eine ebenso terzbe-
tonte Struktur auf wie die Utrechter Handschrift: 23 Terzen stehen
hier 24 anderen Intervallen gegenüber. Diese bestehen zu einem
nicht geringen Teil aus Quarten (sechs) und Sekunden (vier).[161]
    Die drei zweistimmigen Versionen in *Berlin 8° 190, Trier 516/
1595* und *Utrecht BMH 27* zeichnen sich durch den intensiven Gebrauch paralleler Oktaven und Einklänge aus: die zweistimmigen
Sätze dieser Quellen sind nur in Grenzen als Mehrstimmigkeit zu
werten, oft wird der Cantus lediglich im Oktavabstand wiederholt.
In diesen Quellen steht nicht die Terz zentral, Oktav und Einklang
sind von größerer Bedeutung, wie man beispielsweise in der Fassung
der Handschrift *Berlin 8° 190*, die vierzehn Einklänge, zwölf Oktaven
und sieben Durchgangsterzen zählt, beobachten kann:

Beginn *In hoc anni, Berlin 8° 190*, fol. 7r.

Zusammenfassend können folgende Kennzeichen der Gruppe III
festgehalten werden:

– Gruppe III umfaßt vor allem Weihnachtslieder, keine liturgischen Gesänge.
– Die Lieder sind großenteils syllabisch und mensural notiert.
  Doch verläuft der Rhythmus der Stimmen, mit Ausnahme einiger kleiner Vorhaltskadenzen, 'Note gegen Note'.
– Die Texte werden synchron deklamiert, auch bei Vorhaltskadenzen.
– Die Lieder der Gruppe III weisen einen überdurchschnittlich
  hohen Anteil imperfekter Konsonanzen, vor allem Terzen, auf.

---

[161] Bei der Brüsseler Lesart fällt der dreimalige Beginn eines Verses auf der Quart
auf, ein Hinweis darauf, daß dieses Intervall in *Brüssel IV 421* wohl noch die Funktion
einer perfekten Konsonanz hat.

Darin unterscheiden sie sich von ihren Konkordanzen in anderen Liederhandschriften.

d. *Gruppe IV*

Folio	Incipit	Ed. Nr.	Gattung
54v	*Puer nobis nascitur*	66	Weihnachtslied
56v	*Puer natus in bethleem*	70	Weihnachtslied
57r	*Puer natus in bethleem*	71	Weihnachtslied
57v	*Exulta terra mare sol*	72	Weihnachtslied
59r	*Iesu dulcis memoria*	73	Weihnachtslied
60v	*Iubilemus singuli*	75	Weihnachtslied
61v	*In dulci iubilo, Teil 2*	76	Weihnachtslied
62v	*Gaudeamus in domino*	77	Weihnachtslied
63r	*Nunc exultando pariter*	78	Weihnachtslied
63v	*Ioseph ginck van nazareth*	79	Weihnachtslied
64v	*Met desen nyen iare*	80	Weihnachtslied
72v	*Grates nunc omnes*	86	Weihnachtslied
74v	*Aue iesu paruule*	88	Weihnachtslied

Die letzte Gruppe mehrstimmiger Gesänge besteht ausschließlich aus Weihnachtsliedern, die der 4. und 5. Lage entnommen sind. Eine Reihe spezifischer Kennzeichen unterscheidet diese letzte Gruppe von den vorhergehenden. Diese Merkmale betreffen die rhythmische Struktur, die Kadenzbildung und die Textdeklamation. In dieser Gruppe sind Gesänge zusammengefaßt, deren Textdeklamation nicht mehr in allen Stimmen synchron verläuft, da diese mehr oder weniger polyphon gestaltet sind. J. Smits van Waesberghe sah diese Kennzeichen als herausragende Merkmale der Mehrstimmigkeit in der Handschrift *Utrecht 16 H 34* allgemein, deren irregulärer Rhythmus sich in seinen Augen der klassischen Vokalpolyphonie annähert.[162] Diese polyphonen Ansätze beschränken sich im Gegensatz zu den Liedern der Gruppe III nicht auf ein paar Vorhaltskadenzen, vielmehr sind große Teile der Melodie einbezogen. Die meisten Lieder dieser Gruppe stehen rhythmisch gesehen noch dicht beim einfachen ternären Rhythmus von Gruppe III. Allerdings sind in Gruppe IV die langen und kurzen Notenwerte der Stimmen oft gegeneinander verschoben. Der Satz, der sich daraus ergibt, verläuft nicht länger 'Note gegen Note' und auch die Texte werden oft nicht synchron ausgesprochen. Doch beschränken sich die ungleich deklamierten Stellen auf die unbetonten Textsilben. Betonte Silben

---

[162] Smits van Waesberghe 1966, 49: "Der größte Teil der B 113 weicht vom organum simplex ab im Bemühen, dieses weiter zu entwickeln."

werden auch bei diesen Liedern synchron ausgesprochen, dadurch
ist die Textverständlichkeit auch in dieser Gruppe nicht wirklich in
Gefahr.

Puer nobis nascitur, fol. 54v

Vier Lieder weisen ein breiteres rhythmisches Spektrum auf: *Ioseph
ginck van nazareth, Puer natus in bethleem* (fol. 56v), *Met desen nyen iare* und die dritte Stimme von *Iubilemus singuli*. Die Textdeklamation
der einzelnen Stimmen kann bei diesen Liedern ziemlich weit aus-
einander gehen. Alledings wird die rhythmische Basis dieser Lieder
auch wiederum nur von zwei Werten gebildet, kürzere Werte haben
nur eine Verzierungsfunktion. Eine entwickelte Polyphonie dagegen
setzt eine noch größere rhythmische Differenzierung voraus als sie
selbst bei diesen Liedern der Handschrift *Utrecht 16 H 34* gegeben
ist.

Iubilemus singuli, fol. 60v/61r.

Die größere rhythmische Freiheit der Stimmen in Gruppe IV zeigt
sich auch in der Kadenzbildung. Statt einfacher Kadenzschlüsse werden überwiegend Vorhaltskadenzen gebraucht. Manchmal werden
sogar mehrere Vorhalte aneinandergereiht, doch verlaufen diese Ex-
perimente nicht immer den Regeln entsprechend:

Ioseph ginck van nazareth, fol. 63v/64r

Zur Gestaltung der Sätze in Gruppe IV wurden verschiedene Kompositionstechniken angewandt, die aus der Vokalpolyphonie bekannt sind. Neben den bereits genannten Vorhaltskadenzen ist in begrenztem Umfang auch Imitation anzutreffen.

Gaudeamus in domino, fol. 62v

Nach Ablauf der Vorhaltskadenz über *domino* geht die obere Stimme von *a* über *c* in die Quint *e*. Dieser Verlauf wird—nicht wörtlich— imitiert von der unteren Stimme über dem Text *nouo mentis tripudio*. Da der imitierte Teil aus einer Addition zweier Terzen besteht (*a-c-e*), konnte an dieser Stelle eine Imitation vorgenommen werden ohne Gefahr für die Satzstruktur, die auch in diesem Lied wieder die schon bekannte Vorliebe für die Terz erkennen läßt.

Der hohe Anteil der Terzen wird in auffallender Weise sichtbar bei *Exulta terra mare sol luna,* das sich vor allem im zweiten Teil zu einem großen Teil in parallelen Terzen bewegt. Dadurch rückt dieses Lied in die Nähe des Sanctus-Tropus aus Gruppe 1, dessen Satz vor allem aus Quintparallelen gebildet ist. Die Selbständigkeit der Stimmen ist bei diesen langen Parallelen aufgegeben. Sekundintervalle werden lediglich in Verbindung mit vier kurzen Vorhaltskadenzen eingesetzt, andere Dissonanzen fehlen:

Exulta terra, fol. 57v

Die Verteilung der Intervalle in dieser Gruppe entspricht meist derjenigen der Gesänge in Gruppe III. Die häufige Verwendung des
Einklangs, selbst in Wiederholung, sowie die Dissonanzbehandlung
lassen auch in Gruppe IV eine vergleichsweise geringe komposito-
rische Schulung erkennen. Seltener jedoch als in den Gruppen II
und III werden Quarten und Sekunden im Liedverlauf an metrisch
wichtigen Stellen verwendet.

Alle Sätze der Gruppe IV sind Unica, das heißt, sie sind in keiner
anderen der von mir untersuchten Quellen zu finden. Die Abweichungen gegenüber den Konkordanzen sind so groß, daß man von
eigenständigen Konzeptionen sprechen kann.[163]

Als Beispiel für die Satzart dieser Gruppe ziehe ich *Puer natus in
bethleem* auf fol. 56v heran.

Puer natus in bethleem
unde gaudet iherusalem
Amor amor amor
quam dulcis est amor[164]

Diese Fassung von *Puer natus* zeigt den in meinen Augen kunstvoll-
sten Satz der Handschrift *Utrecht 16 H 34*. In rhythmischer Hinsicht
ähnlich differenziert ist nur noch das Triplum von *Iubilemus singuli*.
Die relativ große rhythmische Differenzierung findet sich in beiden
neu konzipierte Stimmen. Die Skala der verwendeten Notenwerte

---

[163] Drei Lieder sind in Musik und Text Unica: *Ioseph ginck van nazareth, Nunc exul-
tando* und *Gaudeamus in domino*. Nur in *Utrecht 16 H 34* mit Musik überliefert sind
Grates nunc omnes und *Aue iesu paruule*. Die Texte von *Exulta terra, Iesu dulcis memoria*
und *Puer natus in bethleem* sind mit anderer Musik auch in anderen Quellen zu finden. Von den übrigen fünf Sätzen, nämlich *Puer nobis nascitur, Puer natus in bethleem*
(fol. 57r), *Iubilemus singuli, In dulci iubilo* (Teil 2) und *Met desen nyen iare*, stimmt der
Melodieverlauf des Cantus mit anderen Konkordanzen überein (nicht immer der
rhythmische Verlauf), das Duplum ist jeweils neu konzipiert.

[164] Wiedergegeben ist Strophe 1, weitere 6 Strophen erscheinen im Editionsteil
(Ed. Nr. 70).

reicht von der Brevis bis zur Semiminima, im Unterschied zur überwiegenden Mehrzahl der mensural notierten Lieder, die lediglich
zwischen Semibrevis und Minima oder Brevis und Semibrevis unterscheiden. Trotz rhythmischer Differenzierung verläuft die Textdeklamation mit Ausnahme des Anfangs synchron, da die Stimmen nicht
syllabisch deklamieren. In dieser Hinsicht unterscheidet sich *Puer
natus* von den meisten Liedern der Gruppe, deren Stimmen nicht
völlig synchron deklamieren.

Die Intervallstruktur dieses Liedes ist recht ausgewogen. Die Terz
überwiegt, doch ist zwischen dem Einklang und der Oktav ein breites
Spektrum an Intervallen anzutreffen (die Terzen machen insgesamt
weniger als die Hälfte der insgesamt verwendeten Intervalle aus,
nämlich 27 von 60).[165]

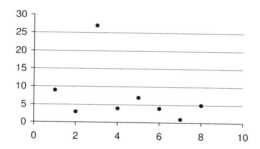

Dissonanzen begegnen in erster Linie als Vorhalte bei Kadenzen
und als Durchgangsdissonanz auf der Ebene der Minima und der
Semiminima.

In drei Kadenzen werden mehrere Vorhalte aneinander ge-
reiht.[166] Um unerwünschte Dissonanzen zu vermeiden, verwendet
der Schreiber Pausen.

Puer natus in bethleem ist eines der bekanntesten Weihnachtslieder
des späten Mittelalters überhaupt. Außer in *Utrecht 16 H 34* erscheint
das Lied in elf weiteren von mir herangezogenen Handschriften.
Davon sind vier einstimmig,[167] eine Quelle überliefert zweimal den

---

[165] 9 Einklänge, 3 Sekunden, 27 Terzen, 4 Quarten, 7 Quinten, 4 Sexten, 1 Septime
und 5 Oktaven.
[166] Diese Schlußbildung ist in *Utrecht 16 H 34* eine Ausnahme. Meist sind die
Kadenzen auf eine kurze Schlußformel beschränkt unter Verwendung nur eines
Vorhalts.
[167] *Berlin 8° 280*, 10v; *Brüssel IV 421*, 126v; *Gent 901*, 36r; *Wienhausen 9*, 4r.

Text,[168] eine Konkordanz ist dreistimmig.[169] Meist ist das Lied zweistimmig überliefert.

    Das in der Handschrift *Utrecht 16 H 34* auf fol. 56v überlieferte
Duplum ist singulär, doch zeigt der Melodieverlauf des Cantus Ähnlichkeit mit den Cantus in *Berlin 8° 190* und *Vilnius 22.95*. Die Tonhöhe weicht allerdings ab: *Puer natus in bethleem* steht in den Handschriften *Utrecht 16 H 34* und *Vilnius 22.95* eine Quart tiefer als die
Fassung in *Berlin 8° 190*.

Puer natus in bethleem, Beginn des Cantus in *Utrecht 16 H 34*,
Berlin 8° 190 und *Vilnius 22.95*

Der Cantus der auf fol. 57r überlieferten Fassung des Liedes (Ed.
Nr. 67) dagegen stimmt mit dem Cantus in der Handschrift *Brüssel IV
421* und der Mittelstimme in *Brüssel II 270* mehr überein. Eine große
Variabilität herrscht bei den verschiedenen Dupla. Nicht nur *Utrecht
16 H 34* überliefert zu diesem bekannten Weihnachtslied ein neues
Duplum, auch alle anderen von mir herangezogenen zweistimmigen
Konkordanzen enthalten ein jeweils anders konzipiertes Duplum zu
diesem Lied. *Puer natus in bethleem* ist eines der Lieder, deren Texte
sehr beliebt waren und deren Musik stets von neuem konzipiert
wurde.

    Die besondere Machart der Sätze der Gruppe IV wird durch drei
Faktoren bestimmt:

     — durch das rhythmische Verhältnis der mensural notierten Stim-
       men zueinander, die sich nicht mehr ausschließlich Note gegen
       Note bewegen und deren Deklamation im Gegensatz zu den
       Gruppen I—III großenteils nicht mehr synchron verläuft.

---

[168] *Cant. Traj.*, 182r, 183r.
[169] *Brüssel II 270*.

– durch die Neukonzeption aller Dupla und eines Teils der Cantus.
– durch eine schwerpunktmäßige Verwendung der Terz, die auch
  schon in den Gruppen II und III festgestellt werden konnte.

3. Auswertung

Die mehrstimmigen Gesänge der Handschrift *Utrecht 16 H 34* stehen
in Lagen, deren Papier aufgrund der Wasserzeichenuntersuchungen
in Kapitel I um 1500 datiert werden kann. Die früher entstandenen
Lagen enthalten keine mehrstimmige Musik. Daher kann die Gruppierung keinen Hinweis geben auf eine mutmaßliche musikalische
Entwicklung mehrstimmiger Musik dieser Quelle. Alle Stilrichtun-
gen, von strengen Quintparallelen bis zu Ansätzen zur Polyphonie
wurden im gleichen Zeitraum aufgeschrieben. Die Sätze sind, da es
sich zu einem überwiegenden Teil um Neukonzeptionen handelt,
wohl auch um diese Zeit entstanden. Die Analyse der mehrstimmigen Gesänge soll unter zwei Aspekten ausgewertet werden: eher hypothetisch, was die Terzstruktur bertrifft, und mehr konstatierend im
Blick auf die eingangs gestellte Frage nach einem möglichen Zusammenhang zwischen dem Charakter der mehrstimmigen Sätze und
dem Verbot des *discantus*.

a. Überlegungen zur Terzstruktur

Der Einfluß der polyphonen Musik auf die mehrstimmigen Gesänge
der Handschrift *Utrecht 16 H 34* ist nicht nur am Rhythmus erkennbar. Auch die Intervallverteilung in den mehrstimmigen Gesängen,
die eine deutliche Vorliebe für imperfekte Intervalle erkennen läßt,
ist möglicherweise auf einen Einfluß der Vokalpolyphonie zurückzuführen. Terzen erscheinen in dieser Handschrift nicht nur in kleinen Gruppen, sondern auch in Ketten von sieben bis acht Tönen,
manchmal umfassen sie bis auf den Anfangs- und Schlußton ganze
Verszeilen.[170] Terzen sind sowohl in syllabischem Kontext anzutreffen (Gruppe III, IV)[171] als auch im melismatischeren Verlauf (Gruppe
II, IV)[172]. Sie treten sowohl in Parallelbewegung auf als auch resul-
tierend aus Gegenbewegungen. Diese Satzart begegnet nur in der
Handschrift *Utrecht 16 H 34*, andere Liederhandschriften zeigen traditionellere Sätze mit vielen Quarten, Sekunden und Septimen.[173]

---

[170] *Alleluya Vox*: Tropus *In superna celorum curia*.
[171] *Alleluya Vox*.
[172] *Salve Virginalis castitas*.
[173] Auch die von Th. Göllner untersuchten spätmittelalterlichen Quellen zeichnen

J. Smits van Waesberghe sah in der Häufung von Terzen einen "neu-
en Organumstil", der, abgesehen von ein paar Gesängen in "archai-
scher Form", für die Gesänge der Handschrift *Utrecht 16 H 34* typisch
sei.[174] Doch wurde mit dieser Feststellung noch nicht die Frage nach
dem Kontext gestellt, mit dem diese überraschende Terzfreudigkeit
in Verbindung gebracht werden kann. Dieser Frage will ich im folgenden ein kleines Stück weit nachgehen.

Häufig werden Terzen, vor allem in Parallelführung, angetroffen
in primär mündlicher Musiküberlieferung und bei aus dem Stegreif
ausgeführter Mehrstimmigkeit. Es ist nicht ausgeschlossen, daß auch
die häufige Verwendung der Terz in der Utrechter Handschrift zumindest teilweise auf diesen Hintergrund zurückzuführen ist, sind
doch einige der Weihnachtslieder weit verbreitet und wahrscheinlich nicht nur auf schriftlichem Weg. Ein paar Argumente sprechen
jedoch dagegen, daß die mündliche Praxis der Mehrstimmikeit die
Basis für den Terzklang bildet.

Zum einen sind auch die weit verbreiteten Weihnachtslieder nur
in *Utrecht 16 H 34* in Terzen aufgeschrieben, andere Quellen dagegen
bevorzugen Quarten, Oktaven und Einklänge. Es ist meiner Meinung
nach unwahrscheinlich, daß die Sätze der Quelle *Utrecht 16 H 34* auf
eine mündliche Tradition des Terzensingens zurückgehen, die nur in
dieser einen Quelle ihren schriftlichen Niederschlag gefunden hat.
Zudem resultieren die Terzen genauso häufig aus Gegenbewegung
wie aus Parallelbewegung. Gegenbewegung setzt in beiden Stimmen
eine eigenständige Stimmführung voraus, die in gewissem Umfang
von schriftlicher Konzeption abhängig ist und nicht mehr ohne weiteres *ad hoc* ausführbar. Daher ist der Hintergrund für die Mehrstimmigkeit der Handschrift *Utrecht 16 H 34* weniger in der mündlichen
Überlieferung als vielmehr in der schriftlichen Tradition zu suchen.

Den Grund für die andere Satzart in *Utrecht 16 H 34* kann ich nur
hypothetisch erörtern. Denkbar ist, daß die Entstehung der Handschrift im Fraterhausmilieu damit zu tun haben kann. Mit der besonderen Satzart der Utrechter Handschrift eng verbunden ist die
konsequente Verwendung der Mensuralnotation, wenn auch mit einem Hintergrund der Neumennotation. Konkordante Quellen, die

---

sich durch eine viel traditionellere Klanglichkeit aus: "Bei dem gleichzeitigen Vortrag
der Stimmen werden als selbständige Zusammenklänge Quint, Einklang und Oktav verwendet. Die Terz kommt nur als Durchgangskonkordanz zwischen Einklang-
Quint und Quint-Einklang vor." (Göllner 1961, 41). Dieser Vergleich unterstreicht
die Ausnahmestellung der Klangstruktur in *Utrecht 16 H 34*.

[174] Smits van Waesberghe 1966, 51f.

nach bisheriger Kenntnis nicht aus Fraterhäusern stammen,[175] enthalten Neumen oder eine semimensurale Mischnotation.[176] Der für die Verwendung mensuraler Notation erforderliche Bildungsgrad ist bei den Schreibern der Handschrift *Utrecht 16 H 34* vergleichsweise hoch zu veranschlagen. Wie konnten die Schreiber an diese Kenntnis gelangen, wenn doch polyphone Musik in Kreisen der Devotio moderna beinahe durchweg verboten war?

L. Wierda schrieb, daß im Fraterhaus in Zwolle im 15. Jahrhundert eine rege Abschreibtätigkeit herrschte.[177] Nicht nur die Brüder selbst, auch die bei ihnen wohnenden Schüler schrieben regelmäßig *pro precio* (gegen Bezahlung) und füllten damit ihre Kasse auf. Wierda wies vor allem das Abschreiben von Stundenbüchern nach, des Buchtyps, dem ihre Untersuchungen galten. Die Brüder und Schüler schrieben nicht nur einfach ausgestattete Bücher ab, wie sie dem Bücherideal der Devotio moderna entsprachen, sondern auch kunstvoll ausgezierte Prachtcodices für vermögende Semireligiosen oder weltliche Auftraggeber. Die Frage nach Büchern aus dem Fraterhaus in Zwolle war so groß, daß Bücher sogar auf Vorrat angefertigt wurden. Im Jahr 1488 hatte das Fraterhaus 45 Psalter, 25 Evangeliare, 20 Hymnare und Sequentiare, 150 Grammatikbücher mit der Bezeichnung *dominus quae pars*, 50 Bücher mit Boethius und 40 Stundenbücher für den Verkauf in Vorrat.[178]

In einem so regen Produktionsklima wäre rein hypothetisch denkbar, daß nicht nur Stundenbücher, sondern auch Musikhandschriften mit polyphoner Musik abgeschrieben wurden, wenn Belege für diese These bisher auch fehlen. Solche Aufträge würden einerseits erklären, weshalb Brüder vom Gemeinsamen Leben mit Grundprinzipien polyphoner Musik vertraut sein konnten, andererseits wäre wiederum verständlich, warum diese Polyphonie doch nicht völlig den Regeln der Kunst entsprach und warum sich die mensuralen Aufzeichnungen auf Basisprinzipien der Mensuralnotation beschränken. Diese Kenntnis wäre dann nämlich nicht das Ergebnis

---

[175] Meist werden die Handschriften in einem Klostermilieu lokalisiert: das Windesheimer Kloster Tongeren (*Brüssel IV 421*), ein Tertiarissenkonvent (*Berlin 8° 190*), Zisterzienser (*Utrecht BMH 27*) und Franziskaner (*Köln W 75*), um nur einige zu nennen.

[176] Eine Ausnahme bildet die Handschrift *Brüssel II 270*, die möglicherweise ebenfalls einem städtischen Milieu, beispielsweise einer Bruderschaft, zugerechnet werden kann (Van Dongen 2002, 40).

[177] Wierda 1995, Kapitel 6.2

[178] Wierda 1995, 160: "Item Anno lxxxviii habuimus in libris xlv psalteria et xxv euangeliaria et xx ymnaria et sequenciaria et 1 c dominus quae pars et c boecij libros et xl oraria".

einer musikalischen Ausbildung, die auch praktische Erfahrung im Singen umfassen würde, sondern einem rein schriftlichen Lernprozeß zu verdanken.

b. *Die mehrstimmigen Gesänge im Lichte der Bestimmungen für den* discantus

Die Merkmale der vier besprochenen Gruppen sind wichtige Hinweise für die Frage nach den eingangs dargestellten Einschränkungen, denen mehrstimmige Musik in Kreisen der Devotio moderna und anderen monastischen Reformkreisen unterworfen war. Diesen Bestimmungen zufolge war der *discantus* verboten, da die Verständlichkeit des Textes bei diesem Stil zu wünschen übrig ließ. Dadurch wiederum wurde die angestrebte Devotion behindert. Eine Ausnahme war den Schülern der Zwoller Stadtschule erlaubt: sie durften an Weihnachten im *discantus* singen.

Der wichtigste Aspekt für ein Verbot des *discantus* war die Textdeklamation. Ein zweiter Aspekt ergab sich aus der liturgischen Zeit: zumindest in Zwolle war der *discantus* an Weihnachten erlaubt. Eine schematische Verteilung beider Aspekte über die vier Gruppen ergibt folgendes Bild:[179]

Gruppe	Lage	liturgische Zeit	Satzgestaltung
I	6	Ostern	Quintparallelen, nota contra notam, Deklamation synchron
II	3, 6	Maria, Ostern	Nota contra notam, melismatisch, Deklamation synchron
III	4, 5	Weihnachten	Syllabisch, nota contra notam, synchron mit Ausnahme einiger Kadenzen
IV	4, 5	Weihnachten	Polyphon, Deklamation oft nicht synchron

Die Gruppen I und II enthalten keine Anzeichen polyphoner Struktur. Sie gehören der dritten und der sechsten Lage an, die Gesänge für Ostern und für Maria überliefern. Mehrstimmige Gesänge dieses Stils, die die Deklamation und damit die Verständlichkeit des Textes nicht behindern, verstoßen nicht gegen das Verbot des *discantus*. Auch die meisten Parallelüberlieferungen enthalten Sätze mit

---

[179] Bei dieser Übersicht sind die Nachträge nicht berücksichtigt, für die Konzeption der Lagen hinsichtlich mehrstimmiger Musik sind nur die Haupteinträge von Bedeutung.

synchroner Deklamation, ein Zeichen dafür, wie konsequent diese Bestimmungen allgemein befolgt wurden.[180]

Polyphone Ansätze sind vor allem in Gruppe IV zu finden. Während in Gruppe III nur manchmal bei Kadenzen kurze Zeit ungleich deklamiert wird, geht der Verlust der synchronen Aussprache in Gruppe IV weiter. Doch auch hier ist nur bei wenigen Liedern eine ungleichzeitige Deklamation über größere Abschnitte hinweg zu sehen. Viele geben die synchrone Deklamation nur bei unbetonten Silben auf, um betonte Silben dann sofort wieder gleichzeitig auszusprechen.

Die stärker polyphon gestalteten Lieder der Gruppe IV entstammen dem Weihnachtskreis. Damit entsprechen sie den Bestimmungen für die Stadtschule in Zwolle, deren Rektor Johan Cele den *discantus* in der Christnacht erlaubte. Die Satzgestaltung der Weihnachtslieder in Gruppe IV legt eine Deutung des Begriffs *discantus* als Polyphonie im Sinne eines *contrapunctus diminutus* nicht nur aus musiktheoretischer Sicht nahe, sondern auch aufgrund einiger mehrstimmiger Weihnachtslieder der Utrechter Handschrift. Doch ist die Verknüpfung von Polyphonie und Weihnachtszeit auf diese Quelle beschränkt. Konkordante Quellen überliefern auch für Weihnachten Gesänge, deren Texte synchron deklamiert werden. Durch die Ausnahmestellung, die die Handschrift *Utrecht 16 H 34* in dieser Frage einnimmt, liegt die Hypothese nahe, daß zumindest die Lagen 4 und 5 der Handschrift mit Zwolle in Verbindung gebracht werden können. Ob sie dort im Fraterhaus oder in der Stadtschule geschrieben wurden, ist undeutlich. L. Wierda zeigte am Beispiel der Sarijs-Handschriften, daß beide Institutionen gerade auf dem Gebiet der Schreibtätigkeit eng miteinander verbunden waren.[181]

Die Gesänge aller Gruppen, auch die eher polyphonen Lieder der Gruppe IV, bemühen sich um eine synchrone Deklamation. Die Gruppen I bis III sind (mit Ausnahme kleiner Vorhaltskadenzen in Gruppe III) in dieser Hinsicht konsequent. Die Lieder der Gruppe IV verlassen diesen Grundsatz zwar regelmäßig, aber nur selten für eine längere Zeit. Spätestens nach ein bis zwei Wörtern werden wieder synchron ausgesprochene Partien eingefügt. Die Verständlichkeit

---

[180] Eine Ausnahme bildet die Handschrift *Brüssel II 270*, die zu verschiedenen Anlässen noch stärker polyphon gestaltete Sätze als *Utrecht 16 H 34* enthält. Es ist daher auch die Frage, ob diese Handschrift tatsächlich modern-devoten Kreisen zugerechnet werden kann, wie Welkenhuyzen annimmt (Welkenhuyzen 1992, 427). Van Dongen läßt offen, ob die Handschrift in der Umgebung der Devotio moderna oder eventuell auch in einer Bruderschaft entstanden ist (Van Dongen 2002, 40).

[181] Wierda 1995, Kapitel 6.

des Textes, die, wie wir gesehen haben, eine dringende Forderung einschlägiger devoter Autoren ist, ist selbst bei stärker polyphon ausgerichteten Liedern nie wirklich in Gefahr. Sie bildet die Grenze dessen, was an polyphoner Struktur in der Handschrift *Utrecht 16 H 34* möglich war.

Die mehrstimmigen Gesänge dieser Handschrift entsprechen somit den Bestimmungen, denen mehrstimmige Musik in Kreisen der Devotio moderna unterlag. Innerhalb der Grenzen dieser Bestimmungen versuchten die Notatoren der Handschrift jedoch ein Maximum dessen zu verwirklichen, was ihr eigener Kenntnisstand und die Entwicklung der Mehrstimmigkeit am Ende des 15. Jahrhunderts ermöglichten. Die Interpretation der mehrstimmigen Musik im Licht der Bestimmungen in Kreisen der Devotio moderna führt zu einer neuen Beurteilung dieser Musik. Sie kann nicht mehr ohne weiteres als "retrospektiv" determiniert werden. Bemühungen um Neukonzeption sind nämlich gerade in der Handschrift *Utrecht 16 H 34* deutlich erkennbar, auch wenn sie durch die genannten Bestimmungen in der Deklamation stark eingeschränkt waren. Sie sind vor allem an der Vorliebe für die Terz erkennbar, die als imperfektes Intervall in nicht geringem Umfang Funktionen perfekter Intervalle aus der älteren Musik übernommen hat.

TEIL II

EDITIONSPRINZIPIEN

1. *Einleitung*

Die Handschrift *Utrecht 16 H 34* besteht zum größten Teil aus Gesängen mit Notation. Daneben umfaßt die Handschrift Exzerpte, ein Meditationsschema, eine Einführung in die Psalmodie sowie eine Aufzählung von Namen einiger Vertreter der Devotio moderna mit ihren wichtigsten Verdiensten. Die vorliegende Edition ist eine Transkription der Gesänge mit Notensystemen. Die übrigen Teile sind nicht aufgenommen.

Meine Edition ist zwar auf diplomatischer Grundlage erstellt, doch ist sie keine diplomatische Edition im strengen Sinn. Sie entspricht vielmehr dem Editionstyp, den G. Feder als "Korrigierten Abdruck in heutiger Notation" bezeichnet. Dieser wird vor allem für Editionen, denen nur eine Quelle zugrundeliegt, angewendet.[1] Die korrigierte Edition basiert auf der diplomatischen Umschrift, doch ist diese um eine moderne Text- und Notenschreibweise sowie um Konjekturen und Emendationen erweitert. Aus mehreren Gründen habe ich mich zu dieser Editionsart entschlossen. Eine kritische Edition war nicht leicht möglich wegen der breiten musikalischen Überlieferung der Gesänge, die nicht auf eine zugrundeliegende Urfassung reduziert werden können.[2] Dank der neuen Informationsmöglichkeiten, die das Internet bietet, konnte für einige Gesänge eine Verbreitung über ganz Europa festgestellt werden.[3] In der älteren Forschung wurde eine Urfassung auch für diese Musik gesucht, doch waren die Ergebnisse nicht befriedigend, da vor allem die musikalischen Varianten in manchen Fällen so erheblich sind, daß von verschiedenen Originalfassungen ausgegangen werden muß.[4] In neuerer Zeit werden Handschriften des späten Mittelalters daher vorzugs-

---

[1] Feder 1987, 139.
[2] Siehe hierzu die Kapitel IV und V.
[3] Es geht um Gesänge, die mit Hilfe der elektronischen Datenbanken *Cantus* und *dbilink* erfaßt und laufend ergänzt werden.
[4] Smits van Waesberghe 1966 und andere.

weise auf diplomatischer Basis ediert.[5] Eine diplomatische Umschrift
besitzt gegenüber der kritischen Methode den Vorzug, den Charakter einer einzelnen Handschrift genauer vermitteln zu können und
mehr Informationen über ihre Aufzeichnungsweise zu erschließen.
Diese Information ist wichtig als Basis für einen Vergleich mit anderen Handschriften. Das bedeutet jedoch, daß Varianten anderer
Quellen nicht aufgenommen sind, in der Edition erscheint nur die
Lesart der zugrundeliegenden Quelle.

Bei der Edition vokaler Musik steht man, im Gegensatz zur Edition einer Texthandschrift oder reiner Instrumentalmusik, vor dem
Problem, eigentlich zwei Texte edieren zu müssen, die Musik und
den Text, der zu ihr gehört. Bei jeder Textart ergeben sich spezifische Probleme, die unterschiedliche Editionspraktiken erfordern.
Beide Texte sind zudem so eng miteinander verbunden, daß die Aufzeichnung des einen Texts von der des anderen abhängt. So finden
sich in lateinischen Texten mit Notation weit weniger Abkürzungen
als es in Texten ohne Notation üblich ist, weil die Notation sich auf
die einzelnen Silben eines Wortes bezieht und mehr Raum einnimmt
als diese. Auch ist es notwendig, daß der Sänger die Notation auf den
ersten Blick dem Text zuordnen kann. Umfangreiche Abkürzungen
würden diese Zuordnung behindern. Andererseits finden viel häufiger Worttrennungen statt als in unnotierten Texten, da genügend
Platz für die Notation eingeräumt werden muß.

Bei der mit Text verbundenen Notation ergeben sich größere
Probleme als mit dem Text selbst. Eine direkte Umsetzung der Musik von alter in moderne Notation stößt bei jeder Notationsart wieder auf andere Schwierigkeiten. Die Zeichenvielfalt einer Neumenschrift ist beispielsweise um vieles größer als der Zeichenvorrat, den
die westliche Notation des 20. Jahrhunderts umfaßt. Eine getreue
diplomatische Umschrift würde ein Arsenal an zusätzlichen Zeichen
erfordern. Um den Unterschied zwischen verschiedenen Zeichen
für Einzeltöne wie Punctum und Virga sowie zusammengesetzte
Ligaturen in unserer Notation ausdrücken zu wollen, wären viele
zusätzliche Absprachen erforderlich, die wiederum auf Kosten der
Lesbarkeit gingen. Viele Details einer Aufzeichnung sind in solchen
Fällen auf dem Mikrofilm auf den ersten Blick besser zu erkennen als
in diplomatischer Umschrift. Oft werden daher einer Edition gleichzeitig Facsimilia beigegeben.[6] Das war des großen Umfangs wegen
bei der Handschrift *Utrecht 16 H 34* leider nicht möglich.

---

[5] Beispielsweise im Projekt *Middeleeuwse Verzamelhandschriften uit de Nederlanden*.
[6] Bruning 1955, Bruning u.a. 1963.

Die Richtschnur für die Textedition bildeten die von Th. Mertens herausgegebenen Richtlinien zur Edition von Sammelhandschriften des Mittelalters aus dem 'Niederland'.[7] Davon abweichend habe ich aus optischen Gründen auf eine Kennzeichnung der Abkürzungen verzichtet. Die Reihenfolge der Gesänge in der Edition entspricht der Quelle. Jeder Gesang erhielt zur leichteren Auffindbarkeit eine Editionsnummer und eine Überschrift.

Kommentar wird in den Fußnoten gegeben. Sich darauf beziehende Ziffern über dem Text gelten nur dem Text, Ziffern über den Noten beziehen sich entweder auf die Musik oder auf Musik und Text. Durchgestrichene oder radierte Notenzeichen und Textpartien sind in den Fußnoten vermerkt.

2. *Zur Textedition*

Orthographie und Interpunktion der Handschrift sind übernommen. U und V, u und v sowie i und j sind nicht normalisiert. Die Handschrift läßt für den Gebrauch dieser Buchstaben keine festen Regeln erkennen: zu Beginn eines Worts kann sowohl i als auch j und sowohl u als auch v stehen, Großbuchstaben U erscheinen nur selten, überwiegend ist dann V geschrieben. Auch Eigenheiten des Textes, die als Fehler interpretiert werden können, habe ich stillschweigend übernommen oder in einer Fußnote mit *sic!* kommentiert.

Initialen sind in der Handschrift nicht immer ausgeführt. In der Edition sind ausgeführte Initialen durch Großbuchstaben wiedergegeben, fehlende Initialen durch Großbuchstaben in eckigen Klammern, Repräsentanten durch Kleinbuchstaben in eckigen Klammern. Wenn auch der erste Buchstabe nach der Initiale noch ein Großbuchstabe ist, wurde diese Schreibweise ebenfalls übernommen. Verschiedene Typen von Initialen wie beispielsweise Lombarden oder Kadellen werden in der Edition nicht unterschieden. Caput-Zeichen sind als ¶ wiedergegeben.

Ich habe mehr Worttrennungen vorgenommen als in der Quelle erscheinen, da die Umschrift in moderne Notation mehr Platz erfordert als die Notationen der Quelle. Von mir vorgenommene Trennungen sind durch einen einfachen Trennungsstrich gekenn-

---

[7] *Richtlijnen voor de uitgave van Middeleeuwse Verzamelhandschriften uit de Nederlanden*, geredigeerd onder verantwoordelijkheid van de Projectcommissie ⟨⟨Middeleeuwse Verzamelhandschriften uit de Nederlanden⟩⟩ door Th. Mertens. Anhang zu Govers u.a. 1994, 173–191.

zeichnet (-). Diese Trennungen habe ich den Regeln der deutschen Silbentrennung entsprechend vorgenommen. Die Trennung deklinierter und konjugierter Formen geschieht analog zu ihren Grundformen: *patris* ist getrennt als *pa-tris* in Analogie zu *pa-ter*. In der Handschrift vorgenommene Trennungen habe ich in der Lesart der Quelle übernommen und durch einen horizontalen Doppelstrich markiert (=).

Da die moderne Notation mehr Platz einnimmt als die Originalnotation, können auch Zeilenwechsel und Seitenwechsel nicht handschriftengetreu wiedergegeben werden. Allerdings wird jeder Wechsel in der Edition vermeldet: Zeilenwechsel durch einen einfachen Schrägstrich im Text, Seitenwechsel durch einen doppelten Schrägstrich. Bei Seitenwechsel wird auch die neue Seite in eckigen Klammern angegeben.

Alle Rubriken der Handschrift habe ich übernommen. Fehlende Rubriken sind nicht ergänzt.

Vom Schreiber nachgetragene Ergänzungen und Korrekturen sind immer in den fortlaufenden Text eingefügt, auch dann, wenn sie im Original *in margine* erscheinen. Sie sind in Fußnoten vermerkt.

Bei mehrstimmigen Aufzeichnungen erscheint, wie in der Handschrift auch, unter jeder Stimme der dazugehörende Text.

Der formalen Struktur der Gesänge wurde, abweichend von der Handschrift, so weit wie möglich Rechnung getragen. Vers und Doxologie der Responsorien sowie die Verse von Sequenzen und Tropen beginnen jeweils auf einer neuen Zeile. Antiphonen sind dagegen fortlaufend geschrieben, auch wenn in einigen Fällen eine mehrteilige Struktur erkennbar ist. Diese ist in der Handschrift wie in der Edition durch die Verwendung von Großbuchstaben angegeben. Strophen ohne Musik erscheinen in Versform mit einer ergänzten Strophenzählung. Unterstreichungen des Texts in der Handschrift habe ich übernommen.

Alle von mir vorgenommenen Zusätze (Überschriften, Foliierung, Initialen, Strophenzählung, Konjekturen etc.) stehen in eckigen Klammern.

3. *Zur Musikedition*

Die Notation mußte ich in weit größerem Maß als den Text modernen Ansprüchen anpassen, um sie einem modernen Publikum zugänglich machen zu können. Das betrifft vor allem zwei Aspekte: die Wahl der Umschrift und die Wiedergabe der mehrstimmigen Gesänge.

Als Basis für die Umschrift habe ich die moderne Notenschreibweise auf einem System von fünf Linien mit modernen Notenschlüsseln gewählt. Diese Grundlage wurde den Eigenschaften der ursprünglichen Notationen in je unterschiedlicher Weise angepaßt.
Daher sind die drei Notationen der Handschrift auch auf dreierlei
Weise transkribiert.

Fehler sind nur dann konjiziert, wenn die praktische Ausführung
der Musik in dieser Form unmöglich ist. Bei Konjekturen ist die
Lesart der Quelle in eine Fußnote aufgenommen. Sie ist also für
den Leser jederzeit nachvollziehbar.

Mehrstimmige Gesänge sind in der Edition in Partitur angeordnet, das heißt, die Stimmen stehen übereinander. In der Handschrift
dagegen stehen die Stimmen mit zwei Ausnahmen hintereinander
oder nebeneinander.[8] Die Stimme, die in der Handschrift an erster Stelle erscheint, erscheint in der Edition im oberen, die zweite
im unteren System. In dreistimmigen Gesängen erscheint die zuletzt
geschriebene Stimme im unteren System. Die moderne Schreibweise
in Partitur erscheint mir notwendig, damit mehrstimmige Gesänge
und Wechselbeziehungen zwischen den Stimmen leichter erkennbar sind. Zudem erleichtert diese Schreibweise die Koordination der
Stimmen bei der praktischen Ausführung der Musik.

Sowohl Schlüsselbuchstaben als auch mensurale Schlüssel werden mit modernen Notenschlüsseln wiedergegeben. Meist habe ich
den oktavierten Violinschlüssel gewählt, bei einigen mehrstimmigen
Liedern in mensuraler Notation erscheint eine Stimme auch ohne
Oktavierung. Damit ist nur die Tonhöhe der Stimmen gemäß der
Handschrift wiedergegeben, die Ausführung kann sowohl in derselben Stimmlage als auch in verschiedenen Stimmlagen geschehen.
Zur Problematik der Ausführung verweise ich auf Kapitel II des Dar-
stellungsteils.

Leere Notensysteme mit Text sind in der Edition übernommen,
der Text wurde mit den Spatien der Handschrift unter die Notensysteme geschrieben (beispielsweise bei *Surgit christus* (Nr. 90) oder
bei *Vox dicentis* (Nr. 83)). Dadurch wird mehr Information über die
Aufzeichnung vermittelt als bei einer reinen Textedition dieser Gesänge. Leere Notensysteme ohne Text werden vermeldet, sind aber
nicht in die Edition aufgenommen.

Probleme der *musica ficta* habe ich umgangen. Nur Vorzeichen,
die die Handschrift selbst angibt, sind in meine Transkription über-

---

[8] Übereinander geschrieben sind die drei Stimmen von *Alleluya* (Ed. Nr. 91) und
der Beginn der zweiten Strophe in *Marie virginis* (Ed. Nr. 62).

nommen. Auch in den Fußnoten spreche ich nur dann von einem
Ton *b*, wenn dieser durch ein Vorzeichen in der Handschrift angegeben ist. In allen anderen Fällen spreche ich von *h*.

1. Die Edition der Neumen

In der Wahl der Umschrift dieser Notation habe ich mich einem in
der mediävistischen Musikwissenschaft mittlerweile eingebürgerten
Kompromiß angeschlossen. Notenzeichen ohne erkennbaren Rhythmus werden in Einzeltöne zergliedert und als schwarze Notenköpfe
ohne Notenhals wiedergegeben.

Zur optischen Ordnung dieser Töne stehen mir zwei Hilfsmittel
zur Verfügung: der Bindebogen und die Gruppierung.

Bindebögen haben in Transkriptionen die Funktion, Ligatureinheiten deutlich zu machen.[9] Abweichend von anderen Transkriptionen habe ich nicht alle Ligaturen als solche mit einem Bindebogen
gekennzeichnet. Die Neumen dieser Handschrift zeigen spezifische
Eigenheiten, die eine Anpassung dieser Übertragungskonvention er-
forderten. Um der Auflösung der Neumen in Puncta und Virgae
gerecht zu werden, wurden die Einzeltöne zwar (beispielsweise bei
einem Pes) gruppiert, aber nicht durch einen Bogen miteinander
verbunden. Hierdurch soll die Tendenz zur Auflösung in die Elemente Virga und Punctum erkennbar werden. Der Grad dieser Auflösung ist jedoch in der Edition nicht wiedergegeben. Nur die Clivis
trägt immer einen Bindebogen, da sie eine zweitönige Ligatur ohne Auflösungstendenzen ist. Torculus und Porrectus sind dort, wo
sie in gebundener Form auftreten, mit einem Bogen über alle drei
Töne versehen. Wo diese Ligaturen dagegen in Clivis und Virga auf-
gespalten sind, erscheint ein Bogen nur über dem Clivisteil. Lange
Notenketten, die aus einer Clivis mit vielen Praepuncta und Sub-
puncta bestehen, sind ebenfalls nur bei der Clivis mit einem Bogen
versehen. Eine Gruppe aneinander gehängter Clives ist mit einem
einzigen Bogen über der ganzen Gruppe versehen.

Die Zierneumen sind mit speziellen Zeichen wiedergegeben:
Quilisma: (x), Liqueszenz: (|), Bistropha: („). Durch die Wahl des
Zeichens ist nur das Notenbild umgesetzt, die Funktion dieser Formen ist nicht immer deutlich.[10] Ein Quilisma-ähnliches Zeichen
braucht in Lage 1 nicht dasselbe zu bedeuten wie in den Lagen 8
und 9. Das gilt auch für die Kombination von runder und eckiger

---

[9] Zu modernen Editionsprinzipien siehe Hiley 1993, 398–401.
[10] Siehe Kapitel II, 1.3.

Clivis, aus deren Schreibweise nicht ersichtlich wird, ob eine Ausführung als pressus minor beabsichtigt war. Auch ist dem Notenbild nicht zu entnehmen, ob einige der als Bistropha transkribierten Doppelkommata der Lagen 8 und 9 immer Bistropha sind, oder ob sie in einigen Fällen auch als Quilisma fungierten.

Die Neumengruppierung der Handschrift nimmt oft keine Rücksicht auf Wortgrenzen, auch innerhalb von Silben und Melismen ist sie wenig konstant, ebenso schwankt die Gruppierung über einer Silbe erheblich. Wo Gruppierungen erkennbar waren, habe ich sie übernommen. Wo keine eindeutigen Grenzen zwischen den Ligaturen erkennbar waren, wurden alle Töne wie in der Handschrift aneinandergehängt.

Bei mehrstimmigen, melismatischen notierten Gesängen wurde die Gruppierung der Noten im Duplum um der besseren Lesbarkeit willen der Gruppierung des Cantus angepaßt. Erkennbare Ligatureinheiten sind durch einen Bindebogen gekennzeichnet.

Akzidentien sind nur angegeben, wenn sie auch in der Handschrift stehen. Allerdings wurden sie direkt vor die Note geschrieben, für die sie gedacht waren, und nicht, wie in der Handschrift, zu Beginn einer Ligatur. Fehlende Akzidentien sind nicht ergänzt.

Divisionsstriche wurden in der Handschrift angebracht zur Verdeutlichung der Zuordnung von Musik und Text. Diese Striche trennen Worteinheiten oder Silbeneinheiten in der Notation. Sie sind durch einen senkrechten Strich am oberen Rand des Notensystems wiedergegeben.

Kustoden sind Verweisungen am Ende eines Systems auf die Tonhöhe des ersten Tons der nächsten Zeile. Sie werden in der Handschrift regelmäßig gebraucht, in der Edition jedoch nicht angegeben.

2. Die Edition der Mensuralnotation

Die mensurale Notation wurde mit einigen Einschränkungen in moderne Notation übertragen. Die Brevis ist durch eine halbe Note wiedergegeben, die Semibrevis durch eine Viertelnote, die Minima durch eine Achtelnote und die Semiminima durch ein Sechzehntel. Den Schlußlongae wurde kein eigener Wert zuerkannt, ihre Transkription ergab sich aus dem Kontext.

Auf Taktstriche, Mensurstriche und arcierte Striche habe ich verzichtet. Da die Handschrift keine Kolorierung angibt, vollziehen sich Wechsel in der Mensur ungemerkt und flexibel. Sie in einer modernen Takteinteilung wiederzugeben wäre problematisch.

3. *Die Edition der Strichnotation*

Die Strichnotation wurde dem Notenbild entsprechend übertragen.
Dabei wurden wie bei der Übertragung der Choralnotation schwarze
Notenköpfe ohne Hals verwendet: für jeden Strich steht ein Kopf.
Auf diese Weise wollte ich den Charakter der Notation zum Ausdruck
bringen. Der rhythmische Verlauf ergibt sich wie in der Handschrift
aus der Kombination mit den beiden anderen Stimmen.

[1. O dulcissime iesu]

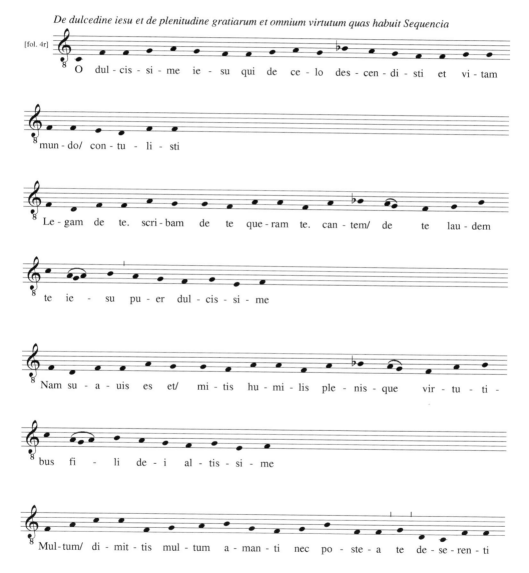

De dulcedine iesu et de plenitudine gratiarum et omnium virtutum quas habuit Sequencia

[fol. 4r]

O dul - cis - si - me ie - su qui de ce - lo des - cen - di - sti et vi - tam

mun - do/ con - tu - li - sti

Le - gam de te. scri - bam de te que - ram te. can - tem/ de te lau - dem

te ie - su pu - er dul - cis - si - me

Nam su - a - uis es et/ mi - tis hu - mi - lis ple - nis - que vir - tu - ti -

bus fi - li de - i al - tis - si - me

Mul - tum/ di - mit - tis mul - tum a - man - ti nec po - ste - a te de - se - ren - ti

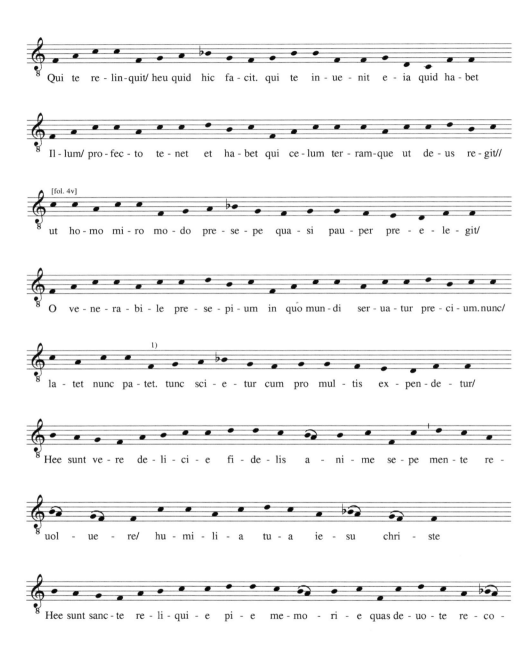

Qui te re-lin-quit/ heu quid hic fa-cit. qui te in-ue-nit e-ia quid ha-bet

Il-lum/ pro-fec-to te-net et ha-bet qui ce-lum ter-ram-que ut de-us re-git//

[fol. 4v]

ut ho-mo mi-ro mo-do pre-se-pe qua-si pau-per pre-e-le-git/

O ve-ne-ra-bi-le pre-se-pi-um in quo mun-di ser-ua-tur pre-ci-um. nunc/

1)

la-tet nunc pa-tet. tunc sci-e-tur cum pro mul-tis ex-pen-de-tur/

Hee sunt ve-re de-li-ci-e fi-de-lis a-ni-me se-pe men-te re-

uol-ue-re/ hu-mi-li-a tu-a ie-su chri-ste

Hee sunt sanc-te re-li-qui-e pi-e me-mo-ri-e quas de-uo-te re-co-

le - re in ab - sen - ti - a tu - a vis do - mi - ne/

Iam o - por - tet me gau - de - re nam dam - na - tus pro sce - le - re e - ram//

[fol. 5r]

et clau - sus te - tro car - ce - re sed ie - sus ve - nit cum cla - ro lu - mi - ne/

Nu - dus e - ram nec sci - e - bam clau - di - ca - bam et lan - gue - bam et ad me/

dig - na - tus es des - cen - de - re ie - su cle - mens et ce - le - stis me - di - cus

Bo - ne/ pa - ter mul - tum nos a - ma - sti qui - bus ie - sum pre - pa - ra - sti ab e - sti -

bus/ vm - bra - cu - lum

O ie - su cla - ris - si - mum spe - cu - lum splen - dens per to - tum/ se - cu - lum tu no - strum

es   re - me - di - um

Quid ni e - go do - le - rem ie - su   mi/   si non ve - nis - ses et e - gro - tum

vi - si - tas - ses

[fol. 5v]

Nunc ve - ro et// gau - de - bo in te ie - su de - o me - o et ser - uus tu - us

sem - per e - ro/

Laus ti - bi ie - su be - nig - ne et a - mo - ris tu - i ig - ne ac - cen - de   me/

ut   sem - per a - mem te;

1) Virga auf *a* durchgestrichen.

[2. Ave senior stephane]

De sancto stephano prothomartyre/

[fol. 5v]

A - ve se - ni - or ste - pha - ne A - - - - ue mar - tyr

pa - ra - dox=/ e qui in - ter ag - mi - na

ple - bis iu - da - i - ce ve - lut lam=/pas ar - den - tis - si - ma ap-

pa - ru - i - sti do - mi - no. Nunc si - dus in - ter/ si - de - ra ce - le - stis

au - le. suc - cur - ret hu - ic fa - mi - li - e gra - tis - si - ma/ tu -

a in - ter - uen - ti - o - ne.

[3. Ecce ego ioannes]

[fol. 6r]

Ec-ce e - go io - an - nes vi - di o - sti - um a - per - tum in ce-

lo et ec - ce/ se-des po - si - ta e - rat in e - o et in me - di - o

se - dis et in cir-cu - i - tu ei - us/ quat - tu - or a - ni - ma - li - a

ple-na o - cu - lis an - te et re - tro et da= / bant glo - ri - am

et ho - no - rem et be - ne - dic - ti - o - nem se - den - ti su -per/ thro-num vi-

uen - ti in se - cu - la se - cu - lo - rum;

[4. Vox tonitrui tui]

De eodem Responsorium ad vesperas/

[fol. 6r]
Vox to= ni - tru= i tu= i de -

us in ro= ta io=/ han - - nes e= uan - ge - li - sta

[fol. 6v]
mun - di per am - bi - tum pre - di - cans// lu - men ce - li -

1)
cum qui tri - um - phans rho - me La - uit in vi - - no/

sto - lam su - am et in san - gui - ne o=

li= ue/ pal - li - um su - um

Vic - to se - na - tu cum ce - sa - re vir - gi - ne - o cor - po -

re/ tri=   pu - di - at in ig - ne La - uit

Glo - ri - a pa - tri et/ fi - li - o et spi - ri - tu - i sanc - to. Si=

cut e - rat in prin=/ ci - pi - o; Lauit

1) *mi*-Akzidenz in der Handschrift.

[5. Benedictum sit dulce nomen]

Pro graciarum actione de omni opere bono/

[fol. 6v] Be - ne - dic - tum sit dul - ce no - men do - mi - ni/

no - stri ie - su chri - sti et dul - ce no - men glo - ri - o - se vir -

gi - nis ma - ri - e ma=/ tris ei - us nunc et in e -

ter= num et vl - tra A=

men//

[6. Nos cum prole pia]

[fol. 7r] Nos cum pro - le pi - a be - ne= di - cat

vir - go ma - ri - a

[7. Iesus et maria]

[8. Lauda relauda]

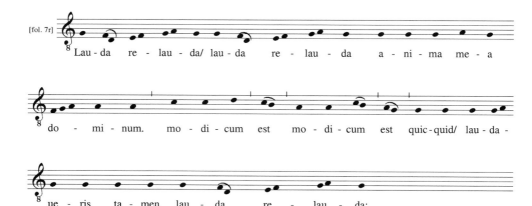

[fol. 7r] Lau - da re - lau - da/ lau - da re - lau - da a - ni - ma me - a

do - mi - num. mo - di - cum est mo - di - cum est quic - quid/ lau - da -

ue - ris ta - men lau - da re - lau - da;

[9. Nullus labor durus]

De labore in dei seruitio/

[fol. 7r]

Nul - lus la - bor/ du - rus nul - lum tem - pus lon -

gum vi - de - ri de - bet quo ę - ter - ni - ta - tis glo - ri - a/ ac -

qui - ri - tur. et ę - ter - na dam - na - ti - o de - cli - na - tur.

ste - mus er - go/ in ac - cep - to pro - po - si - to

cer - ta - mi - nis no - stri;//

[10. Ora pro nobis beate clemens]

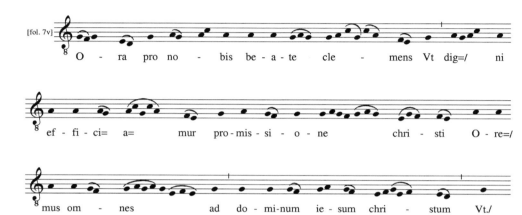

[fol. 7v]

O - ra pro no - bis be - a - te cle - mens Vt dig=/ ni

ef - fi - ci= a= mur pro - mis - si - o - ne chri - sti O - re=/

mus om - nes ad do - mi-num ie - sum chri - stum Vt./

[11. Sub tuam protectionem]

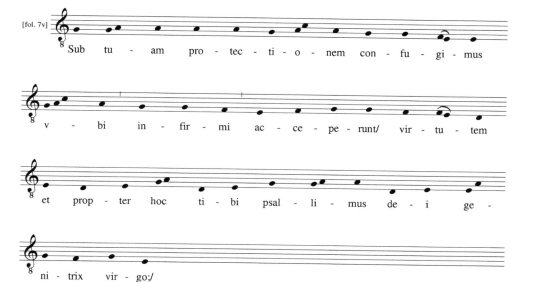

[fol. 7v]

Sub tu - am pro - tec - ti - o - nem con - fu - gi - mus

v - bi in - fir - mi ac - ce - pe - runt/ vir - tu - tem

et prop - ter hoc ti - bi psal - li - mus de - i ge -

ni - trix vir - go;/

[12. Virgo flagellatur]

[fol. 7v] VIr - go fla - gel - la - tur cru - ci - an - da fa - me re - li -

ga - tur/ car - ce - re clau - sa ma - net lux ce - li - ca fu - sa re -

[fol. 8r] ful - get fla - grat// o - dor dul - ces can - tant ce - li ag - mi -

na / lau - des Spon - sus

a - mat spon - sam sal - ua - tor vi - si - tat il - lam/

[13. Impius hanc cesar]

[fol. 8r] Im - pi - us hanc ce - sar si - sti iu - bet an -

te tri - bu - nal Hanc/ ut per=

uer - tat sic - ut dra - co vel le - o cer=/

tat Il - la ma - net con - stans

nec/ blan - da nec as - pe - ra cu - rans Hanc

[14. Quia deuotis laudibus]

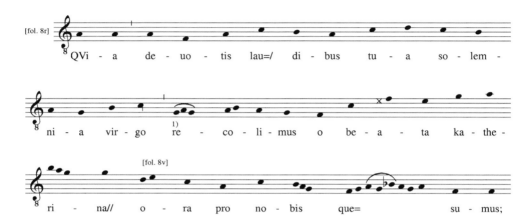

[fol. 8r] QVi - a de - uo - tis lau=/ di - bus tu - a so - lem -

ni - a vir - go re - co - li - mus o be - a - ta ka - the -

[fol. 8v] ri - na// o - ra pro no - bis que= su - mus;

1) Silbe *re* nachträglich eingefügt.

[15. O beata sponsa]

De Elizabeth/ vidua./ Antiphona ad magnificat/

[fol. 8v]

O be - a - ta spon - sa chri - sti e -

li - sa - beth que me=/ ru - is= ti

a - pud re - gem an - ge - lo - rum sus= - ci - ta=

trix mor - tu - o - rum/ fi - e - ri quam plu - ri - um fe -

lix tu - i de - pres - si - o su - per - bis sit re - pres - si - o/ et

ro - bur hu - mi - li - um tu pro no - bis ma -

ter pi - a ro - ga/ re - gem om - ni - um ut

post hoc ex - i - li - um no - bis/ det ve - ra gau=

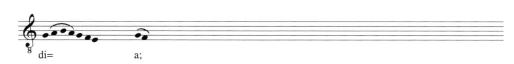

di= a;

[16. De numero prudentum]

[fol. 8v] *De Vrsula et soda=/libus eius;/ Antiphona ad magnificat;//*

[fol. 9r] DE nu - me - ro pru - den - tum[1] vir - gi - nes be - a -

te spon - sum ve - strum/ pro no - bis chri - stum in - ter - pel - la -

te ut ad a - mo - ris su - i de - si - de=/ ri -

um ex - ci - tet dor - mi - tans cor no - strum ne nos quid

in - ter - ces - si - o ve - stra/ pro - hi - be - at ad

ia - nu - am vi - te re - por - tas ve - lut fa - tu - as ne -

sci - at;/

1) sic!   2) Punctum auf *a* durchgestrichen.

[17. Oliua fructifera]

[fol. 9r]

O - li - ua fruc - ti - fe - ra ma - ter pi - e - ta - tis fu -

gans mun - di/ sce - le - ra stel - la cla - ri - ta - tis per quam

cunc - ta pro - spe - ra dan - tur/ no - bis gra - tis

nos tan - dem in e - the - ra trans=

/ fer cum be - a - tis;

[18. Omnis eius actio]

[fol. 9r] Om – nis ei – us ac – ti – o in de – um ten - de - bat to -

fol. 9v

to// vi - te spa - ci – o me – ri – tum au – ge - bat;

[19. Quicquid egit penitus]

[fol. 9v] Quic - quid e - git pe - ni - tus est/ for - ma vir - tu - tis et

doc - tri - na spi - ri - tus et cau - sa sa - lu - tis;/

[20. Quantum facultas suppetit]

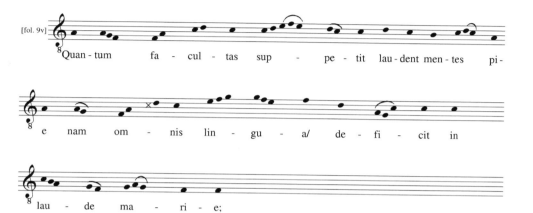

[fol. 9v] Quan - tum fa - cul - tas sup - pe - tit lau - dent men - tes pi -

e nam om - nis lin - gu - a/ de - fi - cit in

lau - de ma - ri - e;

[21. Ista est speciosa]

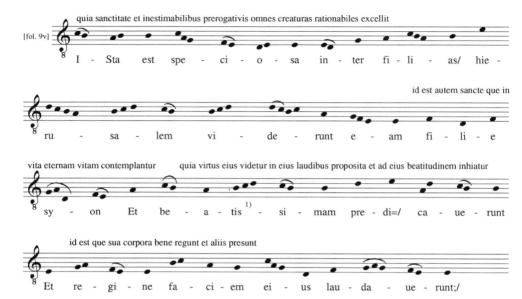

[fol. 9v]

quia sanctitate et inestimabilibus prerogativis omnes creaturas rationabiles excellit

I - Sta est spe - ci - o - sa in - ter fi - li - as/ hie -

id est autem sancte que in

ru - sa - lem vi - de - runt e - am fi - li - e

vita eternam vitam contemplantur   quia virtus eius videtur in eius laudibus proposita et ad eius beatitudinem inhiatur

sy - on Et be - a - tis[1] - si - mam pre - di=/ ca - ue - runt

id est que sua corpora bene regunt et aliis presunt

Et re - gi - ne fa - ci - em ei - us lau - da - ue - runt;/

1) Zuordnung des Texts ist zweifelhaft.

[22. Ferculum fecit]

[fol. 9v] Fer - cu - lum fe= cit si= bi rex

sa - lo - mon ex lig - nis li - ba - ni/ co - lum - nas

ei - us fe= cit ar - gen - te - as re - cli - na - to -

ri - um au - re - um as=/ cen - sum pur - pu - re - um me - di - a

cha - ri= ta - te con - stra - uit prop - ter fi - li -

[fol. 10r]
as hie=// ru - - - sa - lem;

1) Virga auf *c* radiert.

[23. Virgo prudentissima]

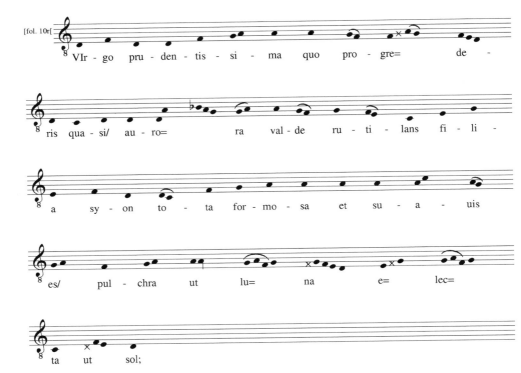

[fol. 10r]

VIr - go pru - den - tis - si - ma quo pro - gre= de -

ris qua - si/ au - ro= ra val - de ru - ti - lans fi - li -

a sy - on to - ta for - mo - sa et su - a - uis

es/ pul - chra ut lu= na e= lec=

ta ut sol;

[24. Ave maria]

[25. Nigra sum]

Ni - gra   sum   etc.

[26. Gaude maria]

Gau - de maria etc.

[27. Tota pulchra]

[28. Anima mea liquefacta]

[fol.10r] A - ni - ma me - a li - que - fac - ta est ut di - lec-

tus lo - cu - tus est que - si - ui et non in=/ ue - ni il - lum

vo - ca - ui et non res - pon - dit mi - hi in - ue - ne -

runt me cu - sto - des/ ci - ui - ta - tis per - cus - se - runt me et vul -

[fol. 10v] ne - ra - ue - runt me tu - le - runt pal - li - um// me - um cu -

sto - des mu - ro - rum fi - li - e hie - ru - sa - lem nun -

ci - a - te di - lec - to qui - a / a - mo - re lan - gu - e - o;

1) Zu Beginn der neuen Zeile *in* wiederholt und durchgestrichen.

[29. Vale vale vale]

te cle - ri - cos et per - duc nos ad fi - li - um tu - um

vir - go ma - ri - a;/

1) *mater* in margine nachgetragen.
2) Schlüssel erst eine Terz tiefer geschrieben, dann durchgestrichen.
3) sic!

[30. O nardus odorifera]

[fol. 10v] O Nar - dus o - do - ri - fe - ra ple - na su - a - ui -

ta - te nos sol - ue de pe - sti=// fe - ri no - [fol. 11r]

xi - i gra - ui - ta - te. O flo - rens ro - sa

ger - mi - ne vir - go si - ne/ pa - - re nos ac -

cep - to car - mi - ne re - os fac con - so - la - ri O li -

li - um/ con - ual - li - um ma - ter ca - rens la - be nos

te - gat tu - um pal - li - um ast/ ex - cu - sa - tos ha - be;

1) *florens rosa*: erscheint im Manuskript ein zweites Mal eine Terz tiefer notiert und teilweise wieder durchgestrichen.

[31. Gloriosa tu que regis]

Versus super Aue regina

[fol. 11r] Glo - ri - o= sa tu que re - gis mun - di cri - mi - no - sa/

tu me - stro - rum me - los gre - gis tu me - trum et pro - sa

pau - pe - ri tu li - ber le - gis/ tu tex - tus et glo - sa

Super omnes

cum sis ma - ter sum - mi re - gis gau - de glo - ri - o sa

Spe - ci - o - sa/ por - ta spe - i re - do - lens vt ro - sa

1)

fe - lix vir - gi - num spes re - i pax post pro - cel - lo - sa

tu/ pro - scrip - tis iu - bi - le - i lex es gra - ti - o - sa

Vale

su - per cre - a - tu - ras de - i om - nes spe - ci - o - - - sa.//

1) *pax* ist am Rand nachgetragen.

[32. Decora lux]

[fol. 11v]

De - co - - ra lux vir-gi - na - le de-cus ut au-ro-ra

tem-plum scan-dens e - ter-na - le pro/ no-bis o - ra ne quod se-rat cri -

mi-na - le te-trum mor - tis ho - ra et sic si - ne fi - ne

va - le/ tu val-de de-co - - ra;

1) Eine Virga auf *a* ist durchgestrichen.

[33. Et pro]

[fol. 11v]

Et   pro   etc.//

[34. Quam pulchra es]

[fol. 12r]

Quam pul - chra es et quam de - co - ra cha -

ris - si - ma in de= li= ci - is/ sta - tu - ra tu - a

as - si - mi - la - - - ta est pal= me et v - be - ra

tu - a/ bo - tris ca= put tu= um ut car -

me - lus col - lum tu - um sic - ut/ tur - ris e= bur - ne - a

Ve - - ni di - lec - te mi e - gre= di - a - mur/

in a - grum vi - de - a - mus si flo - res par -

tur – – – i – unt si flo – ru – e – runt ma= / la

pu – ni – ca i – bi da – bo ti – – bi v=

be – ra me – a;/

[35. Dilectus meus loquitur]

[fol. 12r] Di= lec - tus me - us lo - qui - tur mih=

[fol. 12v] i surge // pro - pe - - - -

ra a - mi= ca me - a et

ve - - - ni iam e - nim/ hy - ems trans - i - it hym - ber

ab - i - it et re - ces - sit flo - res/ ap -

pa - ru - e - runt in ter - ra no - stra tem - - - -

pus pu - ta - ti - o - nis/ ad - ue - nit Ve= ni

Ve=   ni   Ve=

ni/   co - ro - na - bi - tur.

[36. O stupor et gaudium]

de sancto francisco

[fol. 12v]

O stu - por et gau - di - um O iu - dex ho - mo/

men - ti - um tu no - stre mi - li - ti - e cur - rus et

au - ri - ga ig - ne - a pre=/ sen - ti - bus trans - fi - gu - ra -

tum fra - tri - bus in so - la - ri spe - ci - e ve - xit

[fol. 13r]

te// qua - dri - ga in te sig - nis ra - di - ans

in te ven - tu - ra nun=/ ci - ans re - qui - e -

uit spi - ri - tus du - plex pro - phe - ta - rum tu - is

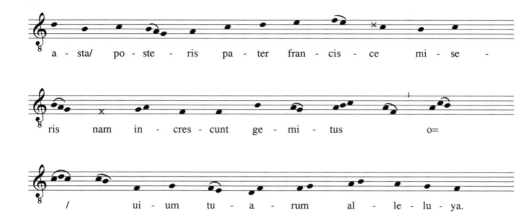

a - sta/ po - ste - ris pa - ter fran - cis - ce mi - se -

ris nam in - cres - cunt ge - mi - tus o=

/ ui - um tu - a - rum al - le - lu - ya.

[37. O dee virtutum]

de virginibus/

[fol. 13r] O de - e vir - tu - tum cu - stos pa - - - ri -

ter=/ que be - nig - ne ma - xi - ma vir - gi - ni - bus tri - bu - i - sti

fac - ta per or - bem quas/ pla - cu - is - se ti - bi no - bis mi -

ra - - - cu - la pro - dunt ha - rum nos me - ri - tis de - fen=

/ di - to sem - per v - bi - que has e - nim vir - gi -

[fol. 13v]

nes et fi - de - i et cor - po - ris com - men - dat// in - te - gri - tas

ac vi - - - - te sin - ce - ri - tas

[38. O quam gloriosum]

de omnibus sanctis

[fol. 13v]

O quam glo - ri - o - sum est/ reg - num in quo cum chri - sto

gau - dent om - nes sanc - ti a - mic - ti sto - lis/ al – bis se -

quun - tur ag - num quo - cun - que i – e – rit

[39. Gaudent in celis]

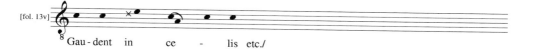

[40. Intercede pro nobis]

de martino

[fol. 13v]

IN - ter - ce - de pro no - bis be - a - te pon - ti - fex mar - ti - ne ad

do - mi - num ie - sum/ chri - stum a - pud quem est mi - se - ri - cor - di - a

in per - pe - tu - um;

[41. Isti sunt sancti]

de martyribus/

[fol. 13v]

I - Sti   sunt   sanc   -   ti   etc./

[42. Armilla perforata est]

Responsorium/ de magdalena

[fol. 13v] Ar= mil - la per - fo - ra - ta est le - ui= a - than

ma - xil - la/ per cu - ius fo - ra - men sub - trac - ta es o

ma - ri= a// ad - iu - ua er - go[1)] nos ut qui in

il - lam in - ci= di - mus pec - can - do te / i - mi-

tan - tes va - le - a - mus sub - tra - hi pe - ni - ten=

do/

V. Di - ui - na mi - se - ri - cor - di - a te in - ter - ue -

ni - en - te non so - lum/ nos in o - re le - ui - a - than i - re pro=

hi - be - at sed ab o - re/ e - ci - am red - i - re con= ce -

dat. Pe - ni

Glo - ri - a pa=/ tri et fi - li - o et spi - ri - tu - i sanc -

to Pe - ni//

1) *ergo* nachträglich eingefügt.

Fol. 14v: *Grates nunc omnes*, nur Text
Fol. 15r: leer

[43. Tuam deus piissime]

[fol. 15v]

Tu - am de - us pi - is - si - me pa - ter de - pos - ci -

mus pi - e - ta - tem Vt e - is tri - bu - -

e - re/ dig - ne - ris lu - ci - das et qui - e - tas man - si - o=

nes E - lec - to - rum - que in ta - ber - na=/ cu -

lis con - sti - tu= ti e - ua - sis - se se car - na - les glo - ri - un -

tur an - gus - ti - as sem - per/ vic - tu - ri sem - per - que

in lu - cem man= su - ri

Do - mi - ne si que/ e - is ter - re - ne con - ta - gi - o - nis

ma - cu - le in - he - se - runt tu e - is ab - lu - e

in - dul - gen - - - - do; electo//

1) Am Ende der Ligatur zwei Clives übereinander geschrieben: *h-a* und *c-a.*

Fol. 16r-17v: leer
Fol. 18r-40v: Lage 2

[44. Salue Virginalis castitas]

1) Fleck über dem Punctum.
2) Die Handschrift schreibt die Noten über den Silben *mun-di* wohl wegen Platzmangels eine Sekunde zu tief.
3) Die Handschrift notiert im *superior* weniger Noten als im *inferior*.
4) Nach *di* ist *ri* durchgestrichen.
5) Virga auf *f* gestrichen.

[45. Salue Virgo mater ecclesie]

Alii versus super salue

[fol. 41v] Sal - ue Vir= go/ ma= ter ec - cle - si=

e e - ter - ne por= ta glo - ri= e ex - au=

di/ pre= ces om - ni - um ad te pi - e

cla - man - ti - um.//

[fol. 42r] V. Vir - go cle= mens vir - go pi - a

vir - go dul - cis o ma - ri - a ex=/ au - di pre= ces

sup= pli - cum a - pud pa= trem et fi - li - um

O   pi - a   etc./

V.Glo - ri - o - sa de - - i ma - - -

ter   cui - us na - tus   est et pa - ter o - ra/ pro no=

bis om - ni= bus tu - i me - mo - ri - am a -

gen - ti - bus   O   dul. etc./

[46. Salue celi digna]

Alii versus

[fol. 42r] Sal - ue ce= li dig - na mi - tis

et be= nig - - - na/ que es chri - sti flos - cu - lus

a-me-ni - ta - tis et ri - uu - lus sal - ue/ ma - ter

pi - a et cle - mens O ma - ri - a.//

[fol. 42v] V.Sal - ue pul-chrum li - li - um tu - um

pla - ca fi - li - um vt/ nos pur - get a cri - mi - ne

pro tu - o pi - o ui - ua - mi - ne sal - ue/ ma - ter

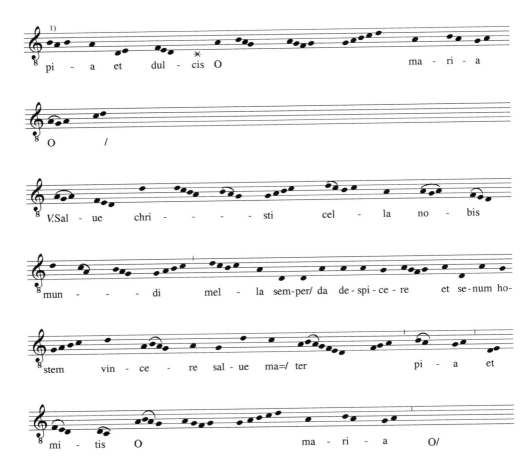

pi - a et dul - cis O ma - ri - a

O /

V.Sal - ue chri - - - - sti cel - la no - bis

mun - - - di mel - la sem-per/ da de-spi-ce-re et se-num ho-

stem vin - ce - re sal-ue ma=/ ter pi - a et

mi - tis O ma - ri - a O/

1) Die ursprüngliche Tonfolge *b-a-g-a* (wie *pia* in Strophe 3) wurde geändert in *b-a-b-a*.

[47. Salve Iusum fructum]

Alii versus

[fol. 42v]

SAl - ue V.Iu - sum fruc - tum tu - um dig - num no - bis iu - di-

[fol. 43r]

cem// be - nig - num post hu - ius vi - te ter - mi - num o - sten - de O

O ma - ri - a/ ma - ter pi - a vir - go dul - cis vi - te vi-

a nos ad ce - li gau - di - a/ duc post hoc ex - i - li - um O

1)

Ie - su fi - li sum - mi pa - tris ob/ a - mo - rem tu - e ma - tris no-

bis con - fer cum be - a - tis e - ter - na - le gau - di - um/

1) Virga auf *a* durchgestrichen.

[48. Salve O virgo spes]

Alii versus

[fol. 43r] SAl - ue V.O   vir - go   spes   hu - mi - li - um

O   in - ter/ spi - nas   li - li - um sis mi -

se - ris au - xi - li - um   no - bis ad tu - um

fi=   /   li - um O.

V.O   Ro - sa   o - do - ri - fe - ra O

[fol. 43v]

stel - la splen - do - ri=// fe - ra e-gro-to-rum so - la= ci-

um duc nos ad tu - um   pa - la - ci - um O/

O   sa - lus   na - ui - gan - ti - um   O

por - tus   nau - fra - gan - ti - um/ trans - fer nos ad   e - the - ra

vt   te   lau - de - mus   per   se=   cu - la   O./

[49. Salve Vt videri]

Alii versus

[fol. 43v] SAl - ue *V.*Vt vi - de - ri su - pre - mus ge - ni - tor pos - sit a/

no - bis mun - di cor - dis quem so - li cer - ne=

re pos - sunt o - cu - li O./ 1)

*V.*Cle - men - ter con - si - de - ra pec - ca - to - rum vul - ne - ra me -

di - a - trix/ ho - mi - num quem lac - ta - sti do - mi - num

[fol. 44r]

*V.*Pi - a - rum pi - is - si - ma// sanc - ta - rum sanc - tis - si - ma

tu no - stra de - le vi - ci= a do - nans / e - ter - na gau - di - a

1) Text und Noten am inneren Blattrand nachgetragen.

[50. Salue Aue spes]

Alii versus

[fol. 44r]

Sal - ue V.A - ue spes et sa - lus/ in - fir - mo - rum de - spe - ra - to -

rum re - uo - ca - trix sal - ue lux ce=/ le - stis lu -

mi - no - sa tu co - pi - o - sa con - so - la - trix

lau - da plus lau=/ da - bi - lis ce - li et ter - re gi - ro no - mi - na -

ris vir - go ve - ne - ra - bi - lis ma=/ ter - que si - ne vi - ro nun - cu - pa -

ris stel - la ma - ris tu vo - ci - ta - ris tu/ na - ui - gan - ti - bus

por - tum pa - ris O

[fol. 44v]

V. Sum - mi re - gis ma - ter// plas - ma - to - ris se - des a - mo - ris

tri - ni - ta - tis ab - er - ra - ti su - mus/ in hac vi - a vir - go

ma - ri - a ma - le sta - mus da tu - o iu=/ ua - mi - ne

de - lec - ta - men - ta car - nis su - pe - ra - re vt si - ne gra=/ ua - mi -

ne di - e no - uis - si - mo que - a - mus sta - re co - ram iu - - -

sto iu - di - ce/ con - gau - den - do et non flen - do cum dam -

na - tis O

Hoc per=/ pen - dat ho - mo pul - uis le - uis quod vi - ta bre - uis

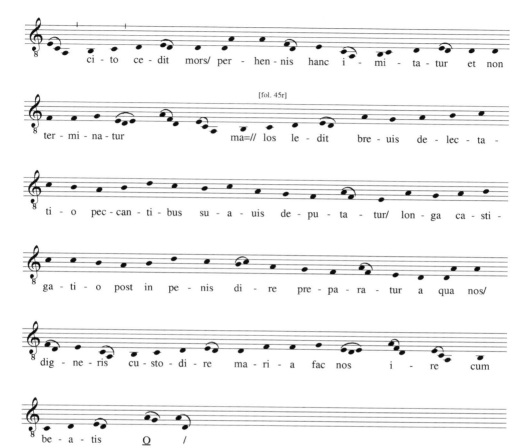

ci - to ce - dit mors/ per - hen - nis hanc i - mi - ta - tur et non

[fol. 45r]

ter - mi - na - tur ma=// los le - dit bre - uis de - lec - ta -

ti - o pec - can - ti - bus su - a - uis de - pu - ta - tur/ lon - ga ca - sti -

ga - ti - o post in pe - nis di - re pre - pa - ra - tur a qua nos/

dig - ne - ris cu - sto - di - re ma - ri - a fac nos i - re cum

be - a - tis O /

[51. Salue O gloriosissima]

si - ma in bo - nis nos/ con - ser - ua et a ma - lis li - be - ra O ma - ri - a O /

1) Virga auf *g* radiert.
2) Beginn der dritten Strophe *O virgo* mit Text und Musik an dieser Stelle aufgeschrieben und durchgestrichen.
3) Virga auf *a* durchgestrichen.

[52. Salue Salue mater]

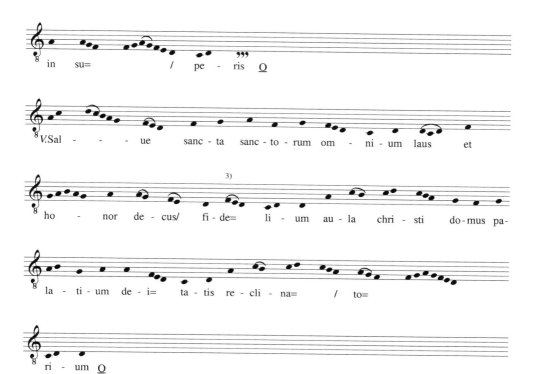

in su= / pe - ris O

V.Sal - - - ue sanc - ta sanc - to - rum om - ni - um laus et

ho - nor de - cus/ fi - de= li - um au - la chri - sti do-mus pa-

la - ti - um de - i= ta - tis re - cli - na= / to=

ri - um O

1) Eine Virga auf *a* und eine Clivis *c-h* sind gestrichen.
2) Die Silbe *-ue* ist gestrichen und rechts nach dem Silbentrennungsstrich eingetragen.
3) Ein Scandicus *e-f-g* ist gestrichen.

[53. Salue O speculum]

[fol. 46r] Sal – ue V.O spe-cu-lum si – ne ma-cu – la ma=/ ri – a

ma – ter in – cli= ta tu vir – go pel-lens ia – cu – la O

ful – gi – da/ ma – ri – a O

V.Stel – la ma – ris o ma – ri – a e – ya dul-cis o tu pi –

a/ o ce – le – stis me= lo= di – a duc nos in po – lo – rum

vi= a//

[fol. 46v] V.O ma – ri – a quic-quid o – rat im – men – sa tu – a pi – e – tas

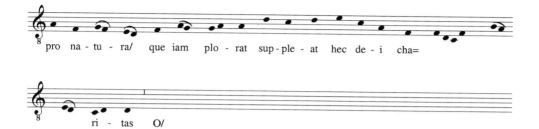

pro na - tu - ra/ que iam plo - rat sup - ple - at hec de - i cha=

ri - tas O/

[54. Salue Ostende virgo]

[fol. 46v]

Sal - ue O - sten - de vir - go cla - ris - si - ma ma - ter ie - su dul-

cis - si - ma/ quem tu lac - ta - sti fi - li - um et no - bis

hunc pro - pi - ti - um ost= en - de O/

Ti - bi me - - los per - so - na - mus te re - -

gi= nam im - plo - - - - ra - mus an - ge - lo-rum/ vo - cem

dul - ci - so - nam o - - sten - de O

V.O fons mi - se - ri cor=/ di - e ce=

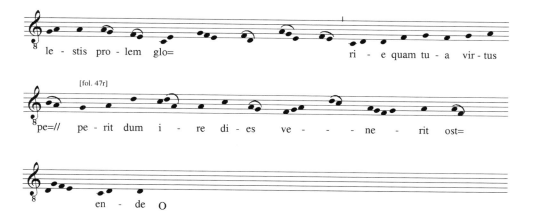

le - stis pro - lem glo= ri - e quam tu - a vir - tus

[fol. 47r]

pe=// pe - rit dum i - re di - es ve - - - ne - rit ost=

en - de O

1) Virga auf *f* gestrichen.

[55. Salue Maria tuum filium]

[fol. 47r]

[S]Al - ue/ Ma= ri - a tu - um fi - li - um a - mo -

re no - stri na - tum pau - per - ri - me con - uer - sa - tum/ a iu -

de - is re - pro - ba - tum vi - li pre - ci - o ven - di - tum os -

cu - lo - que tra - di - tum/ at - que spon - te ap - pre - hen - - -

sum ac cru - de - li - ter li - ga - tum no - bis red - de v - ni=/

ge - ni - tum mi - ser - ri - mis pla - ca - tum O

Ma - ri - a tu - us fi - li - us qui est/ vo - ca - tus

ie - sus in - dig - ne est trac - ta= tus a fal - sis te - sti -

bus ac - cu - sa - tus/ a - la - phis co - la - phis est ces - sus fla - gel - lis ver -

[fol. 47v]

be - ra - tus ve - ste pur - pu - ra// in - du= tus spi - nis - que co - ro -

na - tus sit no - bis il - le pro - pi - ti - us qui/ ex te est in - car -

na - tus O.

[M]a - ri - a tu - um fi - li um no - stro re - a -

tu/ pas - sum per - uer - se sa - lu - ta - tum in= iu - ste

iu - di - ca - tum sed et in - ui - de/ dam - na - tum in cru - ce cla - ua -

tum a - ce - to fel - le po - ta= tum lan - ce - a la - tus/ per -

fo - ra - tum o - sten - de no - bis mel - li - flu - um a - ni - me

post trans - i= tum/

[56. Maria pudoris sui custos]

[fol. 47v]

[M]A - ri - a pu - do - ris su - i cu - stos fi - de - lis - - si - ma

sic - ut tur - tur e - rat/ so - li - ta - ri - a e - lon - gans et fu - gi-

[fol. 48r]

ens at - que in so - li - tu - di - ne cor - dis se - cum// com -

ma - nens ni - du - lo ca - sti - ta - tis in - si - dens ac sanc -

te me - di - ta - ti - o - nis/ pul - los ad ro - bur con - sum - ma - te vir -

tu - tis fruc - ti - bus con - tem - pla - ti - o - nis e - nu=/ tri -

ens Hec mi - tis - si - ma ma= ri - a sec - re - ti a - mi - ca qui-

e - tis stu=/ di - o - sa in cu - bi - cu - lo as - si - du - a in

pub - li - co ra - ris - si - ma Hec hu - mi=/ li - ma ma=

ri - a tu - mul - tus o - de - rat oc - cur - sus fu - gi - e - bat

ne se - pi - us/ vi - sa et - si non con - sci - en - ti - e vel fa -

me ma - cu - lam con - tra - he - ret E= y= a/ gem-ma pu - di -

ci - ti - e con - fer no - bis sic vi - ue - re//

1) *l* verbessert in *c*.

[57. O Maria cuius oratio]

[fol. 48v]

[O] Ma - ri - a cui - us o - ra - ti - o de po -

ten - ti pro - ce - dit la - bi - o Ro - ga/ pa - - - trem et iu - be fi-

li - o ne dam - ne - mur re - i iu - di - ti - o

Cum to - na - bit/ vl - ti - ma que - sti - o sub a - la - rum tu - a-

rum pal - li - o cum e - lec - tis no - stra sit/ por - ti - o;/

1) Climacus *a-g-f* gestrichen.

[58. Gaude dei genitrix]

[fol. 48v]

[G]au - de de - i ge - ni - trix vir - go im - ma - cu - la - ta/

Gau - de que ab an - ge - lo gau - di - um sus - ce - pi - sti

Gau - de que/ ge - nu - i - sti e - ter - ni lu - mi - nis cla -

ri - ta - tem Gau - de ma - ter gau - de/ sanc - ta de - i ge - ni - trix

[fol. 49r]

vir - go tu so - la ma - ter in - nup - ta te lau=// dat om - nis fac - - -

tu - ra ge - ni - trix lu - cis sis pro no - bis que - su - mus/ per - pe - tu -

a in - ter - uen - trix a - pud do - mi - num ie - sum chri - stum

[59. Gaude virgo]

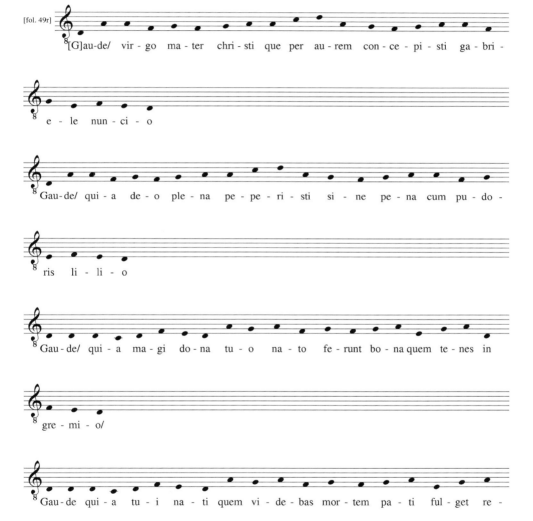

[fol. 49r]

[G]au-de/ vir - go ma - ter chri - sti que per au - rem con - ce - pi - sti ga - bri -

e - le nun - ci - o

Gau-de/ qui - a de - o ple - na pe - pe - ri - sti si - ne pe - na cum pu - do -

ris li - li - o

Gau-de/ qui - a ma - gi do - na tu - o na - to fe - runt bo - na quem te - nes in

gre - mi - o/

Gau-de qui - a tu - i na - ti quem vi - de - bas mor - tem pa - ti ful - get re -

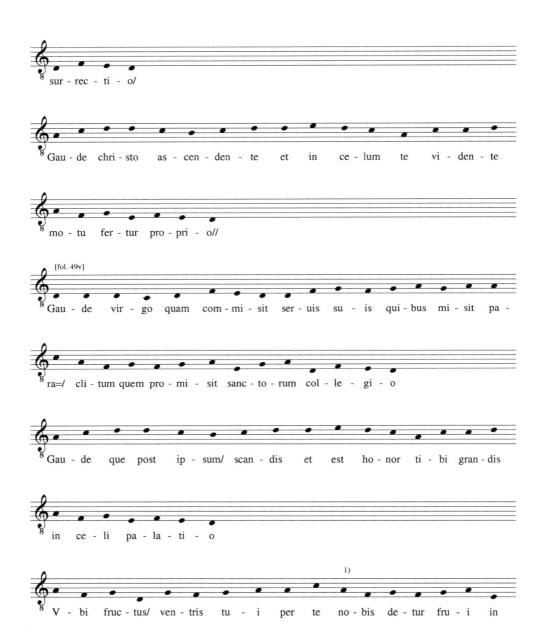

sur - rec - ti - o/

Gau - de chri - sto as - cen - den - te et in ce - lum te vi - den - te

mo - tu fer - tur pro - pri - o//

[fol. 49v]

Gau - de vir - go quam com - mi - sit ser - uis su - is qui - bus mi - sit pa -

ra=/ cli - tum quem pro - mi - sit sanc - to - rum col - le - gi - o

Gau - de que post ip - sum/ scan - dis et est ho - nor ti - bi gran - dis

in ce - li pa - la - ti - o

1)

V - bi fruc - tus/ ven - tris tu - i per te no - bis de - tur fru - i in

per - hen - ni gau - di - o/

Gau - de gau - de vir - go gau - de gau - de gau - de sem - per gau - de ma - ri -

a in al - tis - si - mis/

1) Die Handschrift schreibt *detur nobis*, die beabsichtigte Wortfolge *nobis detur* ist durch doppelte Striche vor und nach *detur* und nach *nobis* angegeben. Eine Umstellung auch der Musik ist zwar nicht eindeutig, wurde aber vorgenommen aufgrund melodischer Übereinstimmung mit anderen Versen.

[60. Alma Tota pulchra]

[fol. 49v]

AL=   ma   [t]o=   ta pul -

chra es a - mi - ca/ me - a et   ma=   cu - la

non est in te [P]vl - - - chra vt lu=   na// e - lec - ta vt sol a -

[fol. 50r]

do=   les - cen - tu - le di - le - xe - runt te [v]ox   tu -

a/ dul - cis et fa - ci - es tu - a de - co - ra ec=

ce tu pul - chra tra - he/ me post te

[a] de - ni - gran - te vi - ci - o gra=   te pre - ser - ua= ris/ cum

mi - ro   pri - ui - le - gi - o   ma - ri - a   no - mi - na - - - ris

[i]N   ra - di - an=/   ti   so=   li=   o   al - te   sub - li - ma -

tis   dum   chri - sti   in   con - sor - ti - o   re - gi=   na/   pre - di -

1)

ca=   ris   Su-mens.   [A]L - - - - - ma/

1) Punctum auf *h* gestrichen.

[61. Aue mundi domina]

[fol. 50r] [fol. 50v]

[A] - ue mun - di do - mi - na so - la ca - rens pa - ri per// te no -

bis do - mi - num po - ti - mus 1) pla - ca - ri qui pro no - bis

vo - lu - it / in te in - car - na - ri et in cru - cis sti - pi - te

di - re vul - ne - ra= ri/

[A] - ue ple - na gra - ci - a rec - trix an - ge - lo - rum con - so -

2) la - trix om=/ ni - um et spes mi - se - ro - rum ni - mis ex - al -

ta - ta es in reg - no ce - lo - rum/ de - le pi - e que - su - mus

sor - des pec - ca - to - rum

[a] - ue ie - su ge - ni=/ trix to - ta spe - ci - o - sa vir - go

pru - dens hu - mi - lis at - que vir - tu - o - sa/ in - ter sy - on

fi - li - as es de - li - ci - o - sa trans - fer nos ad gau - di - a

ce - li glo - ri - o - sa;//

1) *potimus* am linken Blattrand nachgetragen.
2) Virga auf *f* gestrichen.

[62. Marie virginis]

[fol. 51r]
8 [M]a-ri - e vir - gi - nis fe - cun=/ dat vis - ce - ra vis sanc - ti fla - mi - nis

[fol. 51r]
8 [M]a-ri - e vir - gi - nis fe - cun - dat vis - ce - ra vis sanc - ti fla - mi - nis/

8 non car - nis o - pe - ra/ ca - rens o - ri - gi - nis la - be pu -

8 non car - nis o - pe - ra ca - rens o - ri - gi - nis la - be pu -

8 er - pe - ra de= i et ho - mi - nis dans no - ua fe= de - ra/

8 er - pe - ra de= i et/ ho - mi - nis dans no - ua fe - de - ra

1)
8 [A]r - de - re cer - ni - tur ar - den - ti ra - di - o

8 [a]r - de - re cer - ni - tur ar - den= ti ra - di - o

de ma - tre vir - gi - ne non fi - at que - sti - o de tan - to

de ma - tre vir - gi - ne non fi - at que - sti - o de tan - to

nu - mi - ne/ fi - des sit ra - ti - o vir - tus pro se - mi - ne

nu - mi - ne/ fi - des sit ra - ti - o vir - tus pro se - mi - ne

Su. /

Su. ;/

1) Virga auf *g* gestrichen.
2) Zwei Virgae auf *a* und *g* gestrichen.
3) Eine Virga und ein Punctum auf *h* und *a* gestrichen.
4) Das Duplum ist offenbar eine Terz zu hoch notiert.

[63. Aue Angelorum]

[fol. 51v]

[A] - ue [A]n - ge - lo - rum do - mi - na - - - trix o

ce - le - stis im-pe=// ra - trix o me - sto - rum con - so - la - trix e - sto

no - stri mi - se= ra= trix Sal //

[fol. 52r]

[O]r - ta mun - do ma - ris stel - la ver - bi de - i sa - cra cel - la

[fol.52r]

ho - stis pel=// le se - na bel - la nos tu - en - do a pro - cel - la

Gau - de //

[fol. 51v]

[S]pe - ci - o - sa mar - ga - ri - ta pec - ca - to - rum spes et

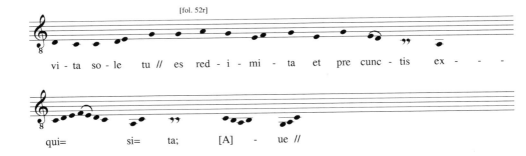

[fol. 52r]

vi - ta so - le tu // es red - i - mi - ta et pre cunc - tis ex - - -

qui= si= ta; [A] - ue //

[64. Aue sidus]

Aue regina

[fol. 52v]

[A] - ue   si - dus   lux   di - e - rum a - ue   gem - ma   mu - li - e-

rum/ que lac - ta - sti   re - gem ve - rum ge - ni - to - rem   fi - li - a   a - ue

ver - bi/ sanc - ta   pa - rens   a - ue   ro - sa   spi - na   ca -

rens per te / mun - dus   vi - ret   a - rens per te   da - tur

ve=   ni - a   Sal - - - ue

[S]al - ue/ ver - bi de - i   cel - la mun - di   de - cus ma - ris stel-

la nos cu - sto - di/ a   pro - cel - la hu - ius mun - di   no - xi - a

mun - dum   o - uans   mi=/   ro   flo - re   flo - rem   pa - ris   mi -

ro   mo - re   vir - go   ma - nens   cum   pu - do - re   no - ui

flo - ris   gra - ci - a   Gau   //

[fol. 53r]

[m]a-ter   re - gis   et   re - gi - na   mo - rum   dux   et   dis - ci - pli=/

na   de   ma - lo - rum   nos   sen - ti - na   per - duc   ad   ce - le - sti - a   de -

le   cul - pas/   o   ma - ri - a   re - gem   pla - ca   pre -

ce   pi - a   no - bis   per   te   de - tur/   vi - a   ad   e -

ter - na   gau - - - di - a   Va=   le./

1) Vor *lux* Buchstabe *d* durchgestrichen.
2) Virga auf *d* gestrichen.
3) Drei Virgae *f-g-e* gestrichen.
4) Drei Puncta *c-h-a* gestrichen.
5) Ouans: vor *u* ein *r* gestrichen.
6) Text und Musik *flore florem paris miro* am unteren Blattrand nachgetragen.
7) Punctum auf *c* gestrichen.

[65. Alleluya Vox exultationis]

I - bi sem - per est le - ti - ti - a Di - es/ v - na su - per mi - li - a

I - bi sem - per est le - ti - ti - a/ Di - es v - na su - per mi - li - a

Ag - mi - na ce - li - ca dul - ce ca - nen - ti - a Iu - bi - lant/ iu - gi - ter

Ag - mi - na ce - li - ca dul - ce ca - nen - ti - a/
Iu - bi - lant iu - gi - ter de - i pre - sen - ti - a/

3)

de - i pre - sen - ti - a Ta - li - a gau - di - a dan - tur in ta - ber - na/

Ta - li - a gau - di - a dan - tur in ta - ber - na=

[fol. 53v]
5)
cu - lis iu - sto=
4)
rum / [S]al -

ue　　　　　　gem - - - - ma　　　con=

fes - so - rum// au - gu - sti - - - - - - - ne/

[fol. 54r]
[L]ux doc - to - rum for - ma cle - ri - co - rum Nor - ma mo-rum ho-stis er - ro-rum/

[fol. 53v]
[L]ux doc - to - rum for - ma cle - ri - co - rum Nor - ma mo-rum ho - stis er - ro-rum/

Tu mal - le - us he - re - ti - co-rum Dis - ci - pli - na tu mo - na - cho-rum//

Tu mal - le - us he - re - ti - co-rum Dis - ci - pli - na tu mo - na - cho-rum//

[fol. 54v]
Spe - cu - lum pec - ca - to - rum pe - ni - ten - ti - um Nunc con-sors sanc - to - rum

[fol. 54v]
Spe - cu - lum pec - ca - to - rum pe - ni - ten - ti - um Nunc con-sors sanc - to - rum

de - um/ ca - nen - ti - um   pre - sul be - a=

de - um ca - nen - ti - um/   pre - sul be -   a=

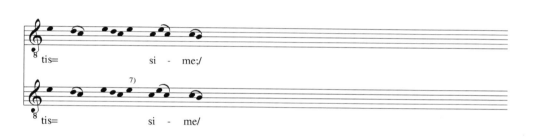

tis=   si - me:/

tis=   si - me/

1) Virga auf *h* gestrichen.
2) Virga auf *c* gestrichen.
3) In margine zugefügt: *non plus inueni in exemplari.*
4) *-culis* gestrichen.
5) Sic! Drei Puncta *a-c-d* radiert.
6) Virga auf *c* radiert.
7) Clivis *c-h* radiert.

[66. Puer nobis nascitur]

[fol. 54v]

[P]u – er no – bis nas – ci – tur rec – tor
[P]u – er no – bis nas – ci – tur rec – tor

an – ge – lo – – – rum. In hoc mun – do pas – ci –
an=/ ge – lo – – – rum. In hoc mun – do pas – ci –

tur/ do – mi – nus do – – – mi – – – no – rum
tur do – mi – nus do – mi – no – – – rum//

[67. Puer nobis nascitur]

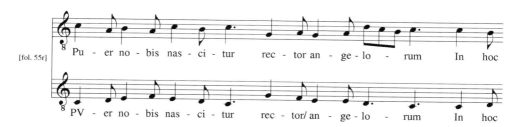

[fol. 55r]

Pu - er no - bis nas - ci - tur rec - tor an - ge - lo - rum In hoc

PV - er no - bis nas - ci - tur rec - tor/ an - ge - lo - rum In hoc

mun - do/ pas - ci - tur do - mi - nus do - mi-no - rum

mun - do pas - ci - tur do - mi - nus do - mi-no - rum/

[2] In presepe ponitur sub feno asinorum.
cognouerunt dominum christum regem celorum./

[3] Hinc herodes timuit magno cum liuore.
infantes et pueros occidit cum dolore/

[4] Qui natus est ex maria die hodierna.
perducat nos cum gratia ad gaudia serena/

[5] O et A et a et o canticis in choro.
In cordis et organo benedicamus domino./

[68. En trinitatis speculum]

[fol. 55r] EN tri - ni - ta - tis spe - cu-lum il - lu-stra - uit se - cu - lum E - ya cor - di -

a - li - ter iu - bi=/lan - do pa - ri - ter hi - la - ri - ter ta - li - ter in -

[fol. 55v]

fan - tu - lo con - cin - ne zu - za lie - ue nyn - no// zu - za lie - ue

nyn - no/

Repetitio/
In presepe ponitur.
[2] Nunc virgo dei filium
parit primogenitum.
Eya cordialiter etc/

Hinc herodes.
[3] Hic iacet in cunabilis
puer ammirabilis.
Eya cord. etc/

Qui natus est.
[4] Nascitur pre ceteris
prophetarum paginis.
Eya cord./

[69. Dies est leticie in ortu regali]

[fol. 55v]

[D]I-es est le - ti - ci - e   in or - tu re - ga - li   nam pro-ces-sit ho - di - e

DI-es est le - ti - ci - e   in or - tu re-ga - li   nam pro-ces-sit ho - di - e

ven - tre/ vir - gi - na - li   pu - er am-mi - ra - bi - lis   vul - tu de-lec-ta - bi - lis

[fol. 56r]

ven - tre// vir - gi - na - li   pu - er am-mi - ra - bi - lis   vul - tu de-lec-ta - bi - lis

in hu-ma-ni - ta - te/   qui in - e - sti-ma-bi-lis   est et in-ef - fa - bi - lis

in hu-ma-ni - ta - te/   qui in - e - sti-ma-bi - lis   est et in-ef - fa - bi - lis

in di - ui - ni - ta - te./

in di - ui - ni - ta - te./

[2] [M]ater hec est filia pater hic est natus
quis audiuit talia/ deus homo natus.
seruus est et dominus qui vbique cominus
nescit/ comprehendi[1]

[3] [O]rto dei filio virgine de pura
ut rosa de/ lilio stupescit natura
quod parit iuuencula natum ante secula/
creatorem rerum quod vber mundicie
lac dat puericie an=/tiquo dierum

[4] [A]ngelus pastoribus iuxta suum gregem/
nocte vigilantibus natum celi regem.
nunciat cum gaudio/ iacentem presepio
infantem pannosum angelorum dominum/
et pre natis hominum forma speciosum

[5] [u]t vitrum non/ leditur sole penetrante
sic illesa creditur virgo post et ante./
Felix est puerpera cuius sacra viscera
deum portauerunt/ et beata vbera
que etate tenera cristum lactauerunt./

[6] [i]N obscuro nascitur illustrator solis
stabulo deponitur princeps/ terre molis.
fasciatur dextera que affixit sidera
dum celos/ extendit concrepat vagitibus
qui tonat in nubibus dum celos ascendit./

[7] [V]rbis dum describitur virgo pregnans ibat
bethleem quo nascitur puer qui/ nos scribat
in illorum curia qui canebant gloria
noue dignitatis deus/ in sublimibus
dans pacem hominibus bone voluntatis;//

1) Text unvollständig.

[70. Puer natus in bethleem]

[fol. 56v]

PV - er na - - - - - tus in beth -

[P]V - er / na - tus in beth - - -

le - em vn - de / gau - det

le - em vn - de gau - det

ihe - ru - - - sa - lem Ar - mor[1)] a - - mor/ a -

ihe - ru= sa=/ lem A - mor a - - mor a -

mor quam dul - cis est a - mor

mor quam dul - - - cis est a - mor./

[2] Assumpsit carnem filius
dei patris altissimus Amor./

[3] Per gabrielem nuncium
virgo concepit filium Amor.//

[4] [fol. 57r] Tanquam sponsus de thalamo
processit matris vtero Amor/

[5] Cognouit bos et asinus
quod puer esset dominus Amor./

[6] Reges de saba veniunt
aurum thus myrram offerunt Amor/

[7] Trino vni sempiterno
benedicamus domino Amor./

1) sic!

[71. Puer natus in bethleem]

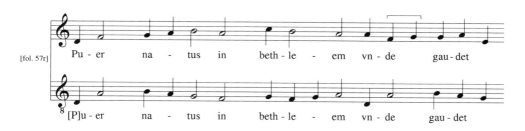

[fol. 57r] Pu - er na - tus in beth - le - em vn - de gau - det

[P]u - er na - tus in beth - le - em vn - de gau - det

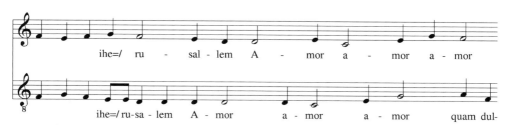

ihe=/ ru - sal - lem A - mor a - mor a - mor

ihe=/ ru-sa - lem A - mor a - mor a - mor quam dul-

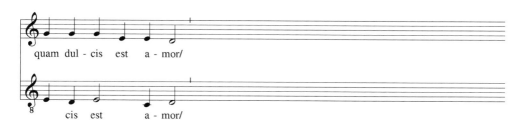

quam dul - cis est a - mor/

cis est a - mor/

[2] Assumpsit etc. ut supra

[3] Per gab. etc.

[4] Tamquam etc.

[5] Hic iacet in presepio
qui/ regnat sine termino. amor.

[6] Cognouit bos ut supra

[7] Reges de saba etc./

[8] Intrantes domum inuicem
salutant nouum hominem.

[9] Uni trino sempi=/terno
benedicamus domino.

[10] Gaudet chorus angelicus
et gaudium pastoribus/

[11] Et in terris hominibus.
eterna pax fidelibus

[12] Vnde semper angelicas
deo di=/camus gracias Amen.//

[72. Exulta terra]

[fol. 57v]

Ex - ul - ta ter - ra ma-re sol lu-na et si - de-ra qui-a ful=/

Ex-ul - ta ter - ra ma - re sol lu-na et si-de - ra qui - a

gens cla - re de - us per om - ni - a En ia - cet in cu - na - bu - lis/ et pen-det

ful=/ gens cla - re de-us perom-ni - a En ia - cet in cu - na - bu - lis/ et pen-det

ad v - be-ra con - cre-pat va-gi - ti-bus ip-sa le - ti - ci-a/

ad v - be - ra con - cre-pat va-gi - ti-bus ip-sa le - ti - ci - a.//

[2][fol. 58r] Potentia fit impotens fit egens diuitia
et sitit atque esu=/rit qui pascit omnia.
vexatur et algoribus qui vestit/ lilia.
quis audiuit talia dic mirabilia./

[3] [Q]uem latitudo celi non potest capere
serpentem dedit virgini et/ pulchre puellule
que ipsum fert in brachiis et stringit/ fasciis.
et infusum lachrymis solatur dans oscula/

[4] Sed cum videret fortius dulcissimum filium.
vacantem eiulatibus/ compatitur nimium.
tremunt eius viscera et madent fletibus.
ora/ gene lumina heu quanta miseria./

[5] [e]n volitant per aera celorum agmina.
et cantant letis/ vocibus deo sit gloria.
dant pacem peccatori expulso/ de patria.
pro quo iacet in stercore confusa nunc gloria./

[6] Pastores vigilantes cinguntur lumine.
et multum ammi=/rantes discunt in ethere.
natum celi regem et dicunt ad/ inuicem.
linquamus nostrum gregem eamus in bethleem./

[7] [d]iuertunt ad tugurium et querunt paruulum.
pannis inuolu=/tum presepi repositum.
nam hec sumpserit regalia a superis ciuibus/
vexilla et insignia vefastu tumentibus/

[8] Quo cum venirent propius viderent et eminus
mariam/ et infantulum ioseph et stupidum.
o quid est hoc quod cer=/nimus iam inquiunt hodie.
heu fetes in strictionibus corona tu glorie./

[9] [S]parguntur hec per populos stupent quod audiunt.
replentem/ celi terminos nunc esse tam paruulum.
ut virgo hunc tenerri=/ma suspendat ad vbera.
stupescunt ad insolita pastorum eloquia.//

[10] [f. 58v][O]ctaua dies vertitur petre quo fragmina
parentes/ pii acuunt in filii vulnera
incidunt membra paruuli/ effundunt et sanguinem
tunc rubet flos ut purpura/ de aaron virgula./

[11] [c]um cernit virgo filium rubentem in sanguine
pallet velut/ lilium emanant et lachryme.
sumit lesum puerum et im=/primit pectori.
quam ferox culpa inquiens que lesit te fili mi/

[12] [P]ost hec viderunt magi flammigeram stellulam
quam sig=/num regis nati predixerat balaam.
relinquunt terram propriam/ adaptant et munera
pacis diu dirutam reforment ut federa/

[13] [A]urum donat balthazar tributum dans cesari
offert/ thura melchior adorans prolem dei.
dat dehinc mirram/ iaspar ut signet tali dono
quod morte victa vita iacebit in/ tumulo/

[14] [P]ercepit hoc herodes et fertur inuidia
contra regem natum / et feruens malicia
acutum mittit gladium in iuuenum corpora/
sed fugit in egiptum quam querit ipsa vita./

[15] [n]unc iesu dulcis paruule te peto ex intimis
nostri/ miserere et solue a vinculis
omnis prauitatis reduc/ in patriam
vnde in hanc miseram venisti mise=/riam Amen.//

---

1) In der Handschrift steht hier eine Minima. Konjektur Smits van Waesberghe 1966, 66.

[73. Iesu dulcis memoria]

[fol. 59r]

[I]E - su dul - cis me-mo - ri - a dans ve - ra cor - dis

IE - su dul-cis me-mo-ri - a dans ve - ra cor - dis gau - di - a

gau - di - a sed/ su - per mel et om - ni-a ei - us dul - cis

sed/ su - per mel et om - ni-a ei - us dul-cis pre - sen - - -

pre-sen-ti - a Nil ca - ni - tur/

ti - a/

[2] Nil canitur suauius
auditur nil iocundius
nil cogitatur dulcius/
quam iesus dei filius

[3] Iesu spes penitentibus
quam pius es pe=/tentibus
quam bonus te querentibus
sed quid inuenientibus

[4] Iesu/ dulcedo cordium.
fons vite lumen mentium
excedis omne gaudium/
et omne desiderium

[5] Qui te gustant esuriunt
qui bibunt ad/huc sitiunt
desiderare nesciunt
nisi iesum quem diligunt//

[6][fol. 59v] Quem tuus sanguis debriat
nouit quod iesus sapiat
fe=/lix gustus quem satiat
non est vltra quod cupiat/

[7] Iesu mi bone sentiam
dulcoris tui copiam
da michi/ per presentiam
tuam videre gloriam Amen./

[74. Verbum caro factum/ In hoc anni circulo]

[fol. 59v] [V]er - bumca - ro fac - tum est ex ma - ri - a vir= / gi - ne

[fol. 60r] [V]er - bumca - ro fac - tum est ex vir - gi - ne ma - ri - a/

In hoc an= ni cir= cu= lo vi - ta da - tur se= cu-lo/

In hoc an - ni cir - cu - lo vi - ta da - tur se - cu - lo

Na - to no-bis par - uu - lo ex vir - gi - ne ma - ri - a/

na - to no - bis par =/ uu - lo ex vir - gi - ne ma - ri - a/

[2][fol. 59v] Fons e suo riuulo
nascitur pro populo
fracto mortis vin=/culo
de virgine maria

[3] Stella solem protulit
sol sa=/lutem contulit
nichil tamen abstulit
de virgine maria./

[4] Laus honor et gloria
decus et victoria
virtus nato/ gracia
cum virgine maria.//

[5][fol. 60r] Ex virgine regia
summi/ regis filia.
plena datur/ gracia
ex virgine maria/

[6] O beata femina
cuius ventris sarcina.
mundi lauit cri=/mina.
ex virgine maria

[7] Puer circumciditur
sanguis eius/ funditur.
nomen iesus ponitur.
a virgine maria

[8] O pasto=/res currite.
gregem vestrum sinite
deum verum cernite/
cum virgine maria

[9] Reges tres de gentibus.
currunt/ cum muneribus.
orant flexis genibus
cum virgine. maria

[10] Die hac/ sanctissima
omnibus gratissima.
plena datur gracia
a virgine. maria.

[11] Ex/ diuino flamine
non humano semine
deus datur femine
in virgine. maria/

[12] Illi laus et gloria
decus et victoria
honor virtus gracia
cum virgine. maria. Amen.//

1) Hals einer Minima radiert.

[75. Iubilemus singuli]

[fol. 60v] IU – bi – le - mus sin - gu – li   car – mi – na

[fol. 61r] IU – bi – le - mus sin - gu - li   car - mi - na pro - men – tes

[fol. 61r] IU – bi – le - mus sin - gu - li   car - mi - na pro - men – tes

pro – men – tes   fe – sta   tan – ti/ par – uu –

fe – sta   tan=/ ti par – uu – li   cre - bro re - co – len – tes

fe – sta   tan= ti/ par - uu – li   cre - bro re - co - len – tes

[2][fol. 60v] Natus deus virgine
cum humanitate
absque viri semi=/ne
salua puritate
pertulit inopiam
sponte princeps natus/
negat rerum copiam
feno presentatus

[3] Inter animalia
est pre=/sepe missus
quem nec vestis varia
texerat nec bissus
ce=/lum regit ethera
pontum terram mare
baratrum et sidera/
que prefulgent clare

[4] Fere quosquos sumpserat
plebium/ defectus
propter nos qui fuerat
omnibus perfectus
firme paciencie/
speculum vt daret
quauis a sordicie
sicque nos purgaret/

[5] Denique turpissimam
mortem degustauit
creaturam infimam/
per quam sublimauit
morte non indiguit
christus rex celorum/
qui subire voluit
tormenta malorum.//

[6][fol. 61v] Imploremus igitur
corde sitibundo
monarcham quo regi=/tur
quicquid est in mundo
vt celi palacia
nos det specula=/ri
in eterna patria
secumque beari Amen/

[76. In dulci iubilo]

[fol. 61v] IN dul - ci iu - bi - lo sin-ghet en-de we - set vro al ons

[fol. 62r] [I]N dul - ci iu - bi - lo sin-get en-de we - set vro al ons/

her - ten/ wil= le lecht in pre - se - pi - o het

her - ten wil - le lecht in pre - se - pi - o het

luch - tet als die son - ne ma=/ tris in gre-mi-o Er -

luch - tet als/ die son - ne ma - tris in gre - mi - o

go me - ri - to er - go me-ri - to het sul - len al - le/ her -

Er-go me-ri - to er-go/ me-ri - to het sul-len al - le her - ten

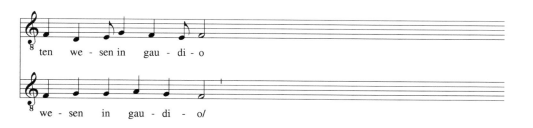

ten we - sen in gau - di - o

we - sen in gau - di - o/

[2][fol. 61v] O iesu paruule
na dy is my/ soe wee
treck my yn dijn ge=/nuechte
tu puer inclite
ende doe/ doir dyne guete
tu puer optime/
Trahe me post te
trahe me [1)]post te
al yn dyns vaders rijke/
tu princeps glorie

[3] Vbi sunt gaudia
nergens meer dan/ dair.
dair[2)] nu die engelen syngen
in regis curia
ende/ dair die sielen clyngen// [3)]
[fol. 62r] o noua cantica
Eya qualia
eya qualia
dair sy altijt/ sich verbliden.[4)]

[4] Maria nostra spes
ioncfrou/ nu help ons des
dat wy salich werden
als v pro=/genies
vergeuet onse sunden
veel meer dan milies/
Vitam nobis des,
vitam nobis des[5)]
dat ons te/ deyle werde
eterna requies Amen//

1) *me* nachgetragen.
2) *d* nach *dair* durchgestrichen.
3) In der Handschrift folgt hier eine durchgestrichene Doppelung: *in regis curia dair die zielen.*
4) Eine Textzeile zu wenig.
5) *d te* nach *des* durchgestrichen.

[77. Gaudeamus in domino]

[fol. 62v]

[G]au-de-a-mus in do= mi-no no-uo men-tis tri-pu-di-

[G]au-de-a-mus in do= mi-no no-uo men-tis tri-pu - di-

o / et ia-cet in pre-se-pi-o qui se-det in em-pi=

o / et ia-cet in pre-se - pi-o qui se-det in em-pi=

ri - o/

ri - o/

[2] Hunc amplectamur intime
piis vlnis leticie
qui tam super/ piissime
dignatur nos inuisere

[3] Fruamur modo proprio
pro mentis/ nostre commodo
ne nostra sit damnatio
tanta sua dignatio/

[4] Tot demus ei gracias
totque laudes magnificas
vt nostra/ graciositas
gentes conuertat ceteras

[5] Laus honor decus cla=[ritas]/ [1]
potestatis eternitas
dignitatis immensitas
sit tibi summa trinitas Amen//

1) Text unvollständig. Konjektur: *claritas*.

[78. Nunc exultando]

[fol. 63r] [n]Vnc ex-ul-tan-do pa-ri-ter le-te-mur cum fer-uo-re

[N]Vnc ex-ul-tan-do pa-ri-ter le-te-mur cum fer-uo-re

nam/ an-ge-lus hi-la-ri-ter spem pro-mit abs do-lo-re/

nam/ an-ge-lus hi-la-ri-ter spem pro-mit abs do-lo-re/

[2] O stupor res mirabilis
benigne nunciatur
quod deus/ ineffabilis
de celo nobis datur

[3] Hic pura matre/ genitus
a deoque dilecta
per ipsam nam est penitus
doloris/ vis deiecta

[4] Bos asinus in stabulo
calorem prestant/ nato
iacenti in cunabulo
pannose fasciato.//

[79. Ioseph ginck van nazareth]

[80. Met desen nyen iare]

kyn nu en-de e - we - lick in al - - - re tijt/

nw en - de e - we - lic in al - re tijt/

[2] [fol. 64v] ℐ Hoe wal was oer te moede
doe sy in vleysch in/ bloede.
ansach oers hertzen hoeder
den heer de werlde/ wijt
<u>Gelouet.</u>

[3] ℐ Si baerden sonder pyne
ende bleef oeck/ maghet fyne
des sonders medicine
des hebben die io=/den spijt

[4] ℐ Die engelen songhen schone
gloria all/ ynden throne
ter eren ende to loue
des kyndes seker sijt/

[5] ℐ Dat kynt van dogheden ryke.
bracht ons all yn//[fol. 65r] ertrijcke
vrede gewairlike
des sijt ghebenedijt/

[6] Als achte dagen waren leden.
soe wart iesus besneden/
all nae d' ioetscher zeden
wellick ons van sunden vrijt/

[7] Die conynge onbekande
quamen te doen offerhande
wt ori=/enten lande.
gode gebenedijt

[8] Mirram offerde iaspar/
wyroec conync melchior.
ende dair na golt balthazar/
dijs nyet en geloeft vertijt etc.//

1) sic!
2) Die Handschrift schreibt eine Brevis ohne Punkt. Konjektur Smits van Waesberghe 1966, 70.
3) Zwei Minimae auf *g* gestrichen.

[81. Vniuersalis ecclesia]

[2] [fol. 65v] Auscultate noua gaudia
dicit angelus pastoribus/
supra gregem vigilantibus
Eya eya etc.

[3] Qui dele=/bit mundi vicia
est in bethleem infantulus
dei patris vni=/genitus.
eya.

[4] Iacet hic cum matre maria
solus// [fol. 66r] in presepe positus
pannis inuolutus vilibus
Eya eya ut supra/

[5] Sed ioseph et animalia
bina que sunt bos et asinus/
sibi seruiunt pro viribus
Eya eya ut supra;//

1) Nach *ya* folgt ein durchgestrichenes *e*.
2) Die Handschrift schreibt hier eine Minima. Konjektur Smits van Waesberghe 1966, 71.

[82. Vniuersalis ecclesia]

[V]Niuersalis ecclesia congaudeat hiis temporibus cum/

[fol. 66v]

[V]Niuersalis ecclesia congaudeat hiis temporibus cum/

[V]Niuersalis ecclesia congaudeat hiis temporibus cum/

angelis sic canentibus Eya eya eya eya deo in excelsis/ gloria et in terra pax hominibus Sus valasus valasus//

Fol. 67r: leere Notensysteme

[83. Vox dicentis]

[V]ox dicentis clama et dixi quid clamabo Omnis/ caro fenum et omnis gloria eius quasi flos agri/

Exiccatum est fenum et cecidit flos quia spiritus domi=/ni suffla=uit[1] in eo vere fenum est populus

Exic=/catum est fenum et cecidit flos ver[2] =bum autem do=/mini manet in eternum//

1) Im direkten Anschluss an *suffla* ist die Silbe *uit* gestrichen.
2) Direkt nach *ver* ist ein *b* gestrichen.

Fol. 68r-70v: leere Notensysteme
Fol. 69v-70r: leer
Fol. 70v: leere Notensysteme

[84. Dies est leticie nam processit hodie]

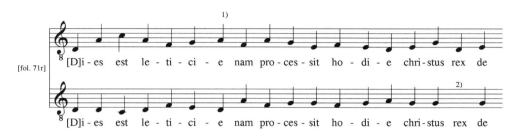

[fol. 71r] [D]i - es est le - ti - ci - e nam pro - ces - sit ho - di - e chri - stus rex de

[D]i - es est le - ti - ci - e nam pro - ces - sit ho - di - e chri - stus rex de

vir - gi - ne/ si - ne vi - ro vir - gu - la de flo= re mo - do

vir=/ gi - ne si - ne vi - ro vir - gu-la de flo - re mo - do

mi - ro/

mi - ro/

[2] Res miranda creditur
virgo nondum leditur
verbum hanc/ ingreditur
sine viro virgula
de flore modo miro/

[3] Castitatis lilium
peperisti filium
christum regem dominum
sine/ viro rubus in
ardore modo miro./

[4] Natus est emanuel
quem predixit gabriel
christus rex de/ virgine
sine viro etc./

[5] In presepe ponitur
verus deus colitur
christus rex de virgine/
sine viro ut supra.//

1) Ursprünglich ein Minima, deren Schaft abgewaschen oder verblichen ist.
2) Hier fehlt ein Ton.
3) Semibrevis auf *f* gestrichen.
4) Als Binaria cum opposita proprietate transkribiert. Siehe Kapitel II: Ligaturen.

[85. Peperit virginitas]

[2] [fol. 71v] Iesu qui angelico cetu veneraris
vestibus purpureis/ natus non ornaris
sed in stratis vilibus tu pannis alligaris/
sicque mundi gloriam pauper tu detestaris
trino consilio./

[3] Natis regum principes solent congaudere
et altrices nobi=/les vbera prebere
sed hec dei filius noluit habere
hu=/milis pastoribus malens apparere
trino consilio./

[4] Non in aula regia natus es inuentus
sed in diuersorio vi=/lissimo detentus
tuque summus humilis discere moliris
ut se=/quantur humilem te quibus inueniris
trino consilio./

[5] Honoratus regibus te colere ut venerunt
reges longe/ munera tria tres tulerunt
tu¹⁾ qui summus humilis ad te/ peruenerunt
rogo salues te qui coluerunt 2)
trino consilio./

Magnum nomen domini etc.//

1) nach *tu* durchgestrichen *q*.
2) Offenbar unvollständiger Text.

[86. Grates nunc omnes]

[fol. 72v]

[G]Ra - tes nunc om - nes cer - nu - i pa - - - tri

[fol. 73r]

GRa - tes nunc om - nes cer - nu - i pa - tri ca - na -

ca - na - mus prin - ci - pi/ no - bis qui de - dit

mus prin - ci - pi/ no - bis qui de - dit fi - li - um ser -

fi - li - um ser - uum ser - uo - rum mi - ni - mum/

uum ser - uo - rum mi= ni - mum/

[2][fol. 72v] Cordi patris dulcissimo
pro nobis dato filio
quis da=/bit vices reddere
grates laudesque soluere

[3] ¶ Doctrix ma=/nus virginea
seruire nato conscia
dat seruiendi formulam/
nato suo gratissimam

[4] Ad cunas ergo famule
procedant/ abilissime,
laudes soluant exhibitis
pro tantis beneficiis/

[5] ¶ Contriti cordis lachrymis
de charitate feruidis
eius mun=/dabo fetidos
peccati sorde pannulos

[6] Excussos pannos/ sordidos
fletu rorante madidos
eterni solis radiis
ex=/pando fidens calidis

[7] ¶ Cunas sterno tenerrimo
stra=/mentum molle preparo
menbris infantis horridos
du=/ros complano scopulos

[8] Strictis ligatum fasciis
amoris/ stringens brachiis
in mee mentis intimo
dormire da presepio/

[9] ¶ Eius cunis assideo
quietem cunctis impero
ne leui sonent/ sibilo
cunctis silens insinuo

[10] Zelo zelor acerrimo
cunc=/tos irata terreo
ne contingat cunabula
manus nociui gerula/

[11] ¶ Ipsum dum dormit excito
pannos et eius explico
sacra/ reuoluens singula
pii partus mysteria.

[12] Iam resolutis/ fasciis
accendor desideriis
applaudendi gaudiolis
et dulcibus/ alloquiis//

[13][fol. 73r] ¶ Aquas calentes haurio
de pietatis riuulo
quibus com=/pono balneum
menbris infantis placidum

[14] Amoris/ stricta vinculis
et fortibus imperiis
quem menti fixum teneo/
ne deserat non desero

[15] ¶ Eius dum data gerula
prompta/ custos et prouida
porto reporto geminis
in charitatis brachiis/

[16] Ad pedes nostre gerule
visum non cesso flectere
ne forte pede/ cespitet
et paruulum precipitet

[17] ¶ Cribro recribro si=/milam
quam facio purissimam
ut seruiat pro pabulo
recenter/ nato paruulo

[18] Lac caseatum fugio,
serum balbutam[1]/ rennuo,
de lacte predulcissimo
farine pure misceo;//

1) nach *balbutam* ist *re* gestrichen.

[87. Cum iam esset]

[fol. 73v] [C]Vm iam es - set beth - le - em na - tus fi - li-us de - i

[fol. 74r] [C]Vm iam es - set beth - le - em na - tus fi - li-us de - i

cur-runt in/ ihe - ru - sa - lem no - bi - les chal - de - i duc - ti stel - la ful - gi -

cur-runt in/ ihe - ru - sa - lem no - bi - les chal - de - i duc - ti stel - la ful - g[i -

da quam sig-num/ de - de - rat ba - la-am pro-phe - ta men - te quam-uis ce -

da] quam sig-num/ de - de - rat ba - la-am pro-phe - ta men - te quam-uis ce -

ca de re - ge saba - oth/

ca de re - ge sa - ba - oth/

[2][fol. 73v] Et spernentes purpuram
regie dignitatis
thronum ac po=/tentiam
seue maiestatis.
dicunt imperterrite
vbi est qui natus est./
plebis rex iudaice
quem laudant nunc in ethere
celestes principes./

[3] ¶ Fremit frendit estuat
herodes et turbatur
commouere trepi=/dat
atque agitatur
omnis iherosolima
de hiis rumoribus
que infert/ plebs chaldaica.
et turba peregrina
inuitis auribus/

[4] O te gens incredula
o impia iudea
quam nec nubes/ lucida
nec ignea columna
valuit a perfidia
errantem reuocare./
en nunc vna stellula
facit absque morula
gentes credere./

[5] ¶Tu vidisti milia
signa et portenta.
te lex et moysai=/ca.
docet et propheta.
nec valent tuam ferream
frontem emol=/lire.
tu spernis medicinam.
deridens omnem curam
vis christum perdere.//

[6] [fol. 74r] O quanta est diuersitas
quam dispar est euentus
mittit nunc/ gentilitas
reges sapientes.
cum regiis muneribus.
ut pacis/ federa.
reforment peccatoribus.
refellis quam sceleribus
tu plebs iudaica/

[7] ¶ Que regem seuerissimum
destinas herodem.
certe non ut/ dominum.
querat et adoret.
sed ut ensem acuat
in regis sanguinem./
qui te iuste reprobat.
et serpentem consecrat.
gentilibus. principem/

[8] Qui inuento paruulo.
plasmatore rerum.
in casto matris/ gremio.
tamquam deum verum.
adorant flexis genibus.
dicunt/ cum lachrymis.
sumptis hijs muneribus.
da pacem cunctis/ gentibus
succurre miseris

[9] ¶ Hinc offert aurum bal=/tazar.
ut insigni regi.
thuria donat iaspar
ut vero filio dei/
offert myrrham melchior
 vendendam nycodemo
ut membra/ morte pallida.
et cruore rosea.
ungat in tumulo.//

[10] [fol. 74v] Iuncta est ecclesia.
nunc celesti sponso.
qui lauit cuius crimina./
in iordanis riuo.
currunt cum muneribus
reges ad nuptias/
ac letos inueniunt
ex aqua vino facto
preclaros conuiuas/

[12] En nunc in sublimibus
tonat vox paterna.
cantat et/ in nubibus
celica caterua.
ferunt magi munera.
mactatur/ vitulus
auditur symphonia
videtur et columba.
resultat et chorus/

[11] ¶ Nunc et post viles siliquas
surgit a peccatis
querens ami=/citias
filii summi patris
frater quondam prodigus.
quem post os=/cula.
induit dei filius
anulo et calceis.
stola primaria./

[13] ¶ Ingredere quid foris stas.
non inuida iudei.
atque sola mur=/muras.
de gloria fraterna.
ingredere sis leta.
en dragma/ perdita
nunc est reinuenta.
et reuixit mortua
quondam ouicula/

[14] Sed certe si volueris
in agro permanere.
nec tam letis gaudiis./
consortium prebere
nos gentes nichilominus
iungemur domino
et canoris/ vocibus
dicemus in conuiuiis
cum cordis iubilo

Magnum/ nomen domini emanuel. vsque ad finem. et potest repeti ad singulos versus;/

1) fulgida: In der Handschrift nur *fulg*, stark verblasst. Konjektur: *fulgida.*
2) *balaam* bis *sabaoth*: Die Zuordnung von Musik und Text im Duplum ist nicht eindeutig.
3) Ursprünglich eine Minima, der Schaft ist radiert.

[88. Ave iesu paruule]

[2] O meum desiderium.
o iesu desiderate.
o nobile principium.
o/ deus incarnate.
Venisti amantissime
propter me venisti.
o deus plus/ quam optime.
nos sic attraxisti

[3] ¶ Salue salus omnium
puerule/ formose.
candens plus quam lilium.
rubens instar rose
Mei/ cordis gaudium.
mea tu dulcedo.
ad tue matris gremium
propter/ te accedo

[4] Vim cordis magnam patior.
pellente me feruore./
amore tuo crutior.
iam veni flos decore
Da mihi dilectissima/
tuum da dilectum.
mea languens anima
iam patitur defectum.//

[5][fol. 75v] Quamuis sum pauperculus
quamuis sum peccator.
tuus tamen/ famulus.
tuus sum amator
Da maria puerum
da quem/ debes dare
veni salus pauperum.
veni iesu chare./

[6] Tange me et aspice.
da michi gustare.
velle/ meum perfice
volo te portare
Te cupio te sitio.
modo non/ morare.
in mei cordis gremio.
debes repausare/

[7] O sarcina suauissima
michi coaptare.
nam mea/ prorsus anima.
ardet tu scis quare
O sapor omnis gracie/
in me hospitare.
mecum mecum hodie.
dulcem commorare./

[8] Qui te mee formule
dignaris conformare.
anime/ da tremule.
te leniter tractare
Totus in me labere
to=/tius fons dulcoris.
Vt te portem patere
flos rosei dulcoris/

[9] Ad veri solis radium
tu aperi cor meum.
expande late/ gremium
presentem habes deum
Te meis hic in brachiis
dilecte/ mi amplector.
et totis ex precordiis
tibi condelector/

[10] Ad tam dulcem gratiam
totum me distendo.
tamen si presentiam/
tuam non offendo
Non debet tua bonitas
inanem me transire/
que tua sit suauitas
fac me plene scire/

[11] Tuum ad pectusculum
totum me inflecto.
vbi dulce osculum/
daturus sum dilecto
Cordi meo proximus
super me repausa/
non grauet te quod agimus
quia tu es causa./

[12] Tante gratus gratie
te teneo dilecte.
tua fruor facie/
pre milibus electe
Non est tui similis
tam pulcher tam decorus/
iocundus et amabilis
quem laudat celi chorus//

[13][fol. 76r] ³⁾ Quam magnus tu quam paruulus
quam tener et quam fortis.
tu dominus/ tu famulus
tu nostre consors mortis
Modo te deoscolor
et brachiis/ amplector
afficior⁴⁾ et gratulor
et plurimum delector/

[14] Super hoc pectusculum
et vultum meum primo
affigo⁵⁾ cordis/ osculum
te michi tollet nemo
Te hic inter brachia
totum/ ad me stringo
Amoris hec inditia
nec simulo nec fingo/

[15] Nil vnquam sensi dulcius
nec ita sum affectus.
nec vnquam deli=/catius
sum fateor refectus
Amore totus estuo.
fecisti me ardere/
in lachrymis iam defluo
non possum me arcere./

[16] Non possum te dimittere
digneris hic manere
etsi vis abcedere/
me cogis pro te flere
Quid tu hoc in stabulo
celorum/ margarita.
in tam vili lectulo
quid tu iaces ita./

[17] O decore paruule
flos nimium formose.
amabilis pue=/rule
figuram ferens rose.
Vbi puluinaria
vbi pluma lenis/
tibi desunt omnia
o quam pauper venis/

[18] Tua membra ⁶⁾ tenera
costas infantiles
Strata/ premunt aspera
panni tegunt viles
Te arte ligat fascia/
qui soluis compeditos.
humiliant presepia
qui releuas attritos/

[19] Hinc menbra foues tenera
pausas et quiescis
Qui pa=/terna dextera
quis sit labor nescis
pro pluma vilibus/
straminibus subiectis
exemplum es humilibus
egenis et abiectis/ ⁷⁾

[20] Presepe tuum floribus
purpureo decore
vestiri modis/ omnibus
decebat cum honore
Gemmis rosis flosculis
et li=/liis vernare
et preclaris titulis
in auro fulgurare/

[21] Vniuersis hominum
pre filiis formosum.
quod in se ipso dominum/
fert deliciosum
Vt saccum indueres
te charitas instruxit/
Vt perditos requireres
ipsa te induxit.//

[22][fol. 76v] In lecto hoc tam aspero
ipsa te locauit
cui plurimos[8]/ in posterum
labores procurauit
Accipe nunc osculum
inditium/ amoris
tuum ad pectusculum
o salus peccatoris

[23] Tolle tuum puerum
genitrix formosa.
semper habe gaudium/
tu lilium tu rosa
Infantis menbra tenera
casta manu tracta/
Nato prebe vbera
pasce foue lacta/

[24] Mamillis tuis applica
virgo talem prolem.
o mater virgo/ celica
celorum pasce solem
Pasce pascentem omnia
pasce/ virgo natum.
foue fouentem omnia
in sinu collocatum/

[25] Stringe virgo regia
tege amplexatum
et osculis te/ sacia
ad os mellificatum
Quam dulcis osculatio
ad genas/ parui christi
et labii impressio
tu sola virgo scisti/

[26] O miranda suauitas
gena coniuncta gene.
quam dulcis/ hec societas
tu nosti virgo plene
Vale spes fidelium o/
dulcis mater christi.
et nobis fac propicium
quem virgo genuisti/

[27] Vale salus omnium
salutis cum autore.
dans verum/ cordis gaudium
in vero saluatore
Vale celi tripudium/
vale vale decora.
et tuum pium filium
pro nobis semper ora;//

1) Cantus und Duplum zeigen hier eine Minimapause, die jedoch den rhythmischen Fluss erheblich
stört. Konjektur Smits van Waesberghe 1966, 73.
2) Im Cantus folgt nach *f* eine Minimapause. Konjektur Smits van Waesberghe 1966, 73.
3) Vor *Quam* ein *C*: möglicherweise ein unvollständiges Caput-Zeichen?
4) Über dem *a* von *afficior* ist ein *c* angebracht: *acfficior.*
5) Über dem *a* von *affigo* ist ebenfalls ein *c* angebracht: *acffigo.*
6) Vor *Tua membra* ist *Tibi desunt* durchgestrichen.
7) Vor *abiectis* ein *s* durchgestrichen.
8) Undeutliches Zeichen zwischen *o* und *s* von *plurimos.*

Fol. 77r leer.

[89. Philomena preuia]

[2] [fol.77v] Veni veni/ mittam te quo/ non possum ire/
ut amicum eius valeas cantu delinire.
tollens eius tris=/tia voce dulcis ire.
quem heu modo nescio verbis/ conuenire

[3] Ergo pia suppleas meum imperfec=/tum.
salutando dulciter vnicum dilectum.
eique denun=/cies qualiter affectum.
sit cor meum iugiter eius/ ad aspectum.

[4] Quod si querat aliquis quare te//[fol. 78r] elegi.
meum esse nuncium sciat quia legi.
de te que=/dam propria que diuine legi.
et optato munere placent/ summo regi

[5] Igitur carissime audi nunc at=/ttente.[3)]
nam si cantus volucris huius serues/ mente.
huius imitatio spiritu docente.
te celes=/tem musicum faciet repente

[6] De hac aue le=/[fol. 78v] gitur quod cum deprehendit.
mortem sibi propriam ar=/borem ascendit.
summoque diluculo rostrum sur=/sum tendit.
diuersisque cantibus totam se impendit/

[7] Cantilenis dulcibus preuiat auroram.
sed/ cum dies rutilat circa primam horam.
eleuat predul=/cius vocem insonoram.
in cantando nesciens pausam/ siue moram.

[8] Circa horam terciam[4)] modum quasi/ nescit.
quia semper gaudium cordis eius crescit/
vere guttur rumpitur sic vox inualescit.
et quo/ cantat altius plus et inardescit

[9] Sed cum in me=/ridie sol est in feruore
tunc disrumpit viscera/ nimio clamore
Oci oci clamitat illo suo/ more.
sicque sensu deficit cantus pre labore

[10] Sic/ quassato organo huius philomene.
rostro/ tamen palpitat fit exanguis pene.
sed ad no=/nam veniens moritur iam plene.
cum totius corporis/ disrumpuntur vene

[11] Ecce dilectissime breuiter audis=/ti
factum huius volucris sed si meministi
diximus/ iam primitus quia cantus isti
mistice conueniunt legi//[fol. 79r] ihesu christi

[12] Restat ut intelligo esse philome=/nam
animam virtutibus et amore plenam.
que dum mente/ peragat patriam amenam
satis delectabilem texit/ cantilenam

[13] Ad augmentum etenim sue sancte spei/
quedam dies mistica demonstratur ei.
porro bene=/ficia que de manu dei
homo consecutus est sunt hore/ diei

[14] Mane vel diluculum hominis est status/
in quo mirabiliter homo est creatus.
hora prima quando est deus/ incarnatus.
terciam dic spacium sui incolatus/

[15] Sextam cum a perfidis voluit ligari.
trahi cedi/ conspui dire cruciari.
crucifigi denique clauis te=/rebrari.
caputque sanctissimum spinis coronari/

[16] Nonam dic cum moritur quando consummatus
cursus est/ certaminis quando superatus
est omnino zabulus et hinc/ conturbatur
vespera cum christus est sepulture datus./

[17] Diem istum anima meditans in ortis.
sue facit ter=/minum spiritalis mortis
scandens crucis arborem/ in qua leo fortis
vicit aduersarium fractis portis mortis/

[18] Statim cordis organa sursum eleuando
suum a di=/luculo cantum inchoando
laudat et glorificat deum//[fol. 79v] replicando.
sibi quam mirificus fuit hanc creando/

[19] Pie inquit conditor quando me creasti.
quam sit tua/ pietas larga demonstrasti.
nam consortem glorie/ tue cogitasti
facere. gratuite gratis quam amasti/

[20] O quam mira dignitas mihi est concessa
cum ymago/ domini mihi est impressa
sed creuisset amplius dignitas pos=/sessa
nisi iussum domini fuisset transgressa/

[21] Nam tu summa caritas tibi conherere
me vole=/bas iugiter sursamque habere
dulce domicilium tecum=/que manere.
et me velut filiam alere docere/

[22] Extunc disposueras in id adunare
celicis ag=/minibus teque mihi dare.
sed pro tanta gracia quid recompen=/sare
possum prorsus nescio nisi te amare/

[23] Vnica suauitas vnica dulcedo
cordium/ amantium salutaris predo.
totum quicquid habeo vel sum/ tibi dedo
denique depositum meum tibi credo/

[24] Oci cantat tale cor gaudens in pressura
dicens/ quia dignum est ut a creatura
diligatur opifex talis/ mente pura
ei cum extiterit de se tanta cura/

[25] Sic mens hoc diluculum transit meditando
sed ad pri=//[fol. 80r]mam transferens voce exaltando
tempus accep=/tabile pie ruminando.
in quo venit dominus carne/ se velando

[26] Tunc liquescit anima tota per amorem
pa=/uida considerans omnium auctorem
vagientem puerum/ iuxta nostrum morem.
et curare veterem velle se laguorem/

[27] Plorans ergo clamitat o fons pietatis
quis te/ pannis induit dire paupertatis.
tibi quis consuluit/ sic te dare gratis.
nisi zelus vehemens ardor caritatis/

[28] Digne zelus vehemens est hic ardor dictus
cuius est/ dominio rex celorum victus
cuius sanctis vinculis captus/ atque strictus.
pauperis infantuli pannis est amictus/

[29] O predulcis paruule puer sine pari.
felix cui da=/tum est te tunc amplexari.
pedes manus lambere flentem/ consolari.
tuis in obsequiis iugiter morari/

[30] Heu me cur non licuit mihi demulcere
vagi=/entem paruulum et cum flente flere.
illos artus teneros/ siue confouere
eiusque cunabulis semper assidere/

[31] Puto pius paruulus hoc non abhorreret.
immo more/ paruuli forsan arrideret.
et flenti pauperculo fleti/ condoleret.
et peccanti facile veniam faueret//

[32] [fol. 80v] Felix qui tunc temporis matri[5] singulari
potuis=/set precibus ita famulari.
vt in die sineret semel/ osculari.
suum dulcem paruulum eique iocari/

[33] O quam libens balneum ei preparassem.
o quam libens/ humeris aquam supportassem.
in hoc libens virgini semper/ ministrassem.
pauperisque paruuli pannulos lauassem/

[34] Sic affecta pia mens sitit paupertatem
cibi par=/cimoniam vestis vilitatem
labor ei vertitur in iocundi=/tatem.
vilem esse seculi dicit venustatem/

[35] Ergo sic infanciam christi retexendo.
hore prime/ canticum strennue canendo
transitum ad terciam facit/ recolendo.
quantum christus passus est homines docendo/

[36] Tunc cum fletu recitat illius labores.
Sitim famem frigora estus et sudores.
que dignanter pertulit propter/ peccatores
dum illorum voluit innouare mores/

[37] Vox amoris flatibus tota concremata
oci oci/ clamitat auis hec beata.
mundo mori cupiens/ cuius vita lata
cui fetet seculum sic est delicata/

[38] Clamas ergo domine dulcis predicator
Exulum re=/fugium pauperum amator
Qui es penitencium pius consola=//[fol. 81r]tor
post te debent currere iustus et peccator/

[39] Iusti quippe regula vite es doctrina.
peccatorum spe=/culum miti disciplina.
fessis et debilibus efficax/ resina.
egris et languentibus potens medicina/

[40] Primus in hoc seculo caritatis scolam.
instaurasti/ querere docens dei solam
gloriam. deponere grauem/ mundi molam.
et sic posse perditam rehabere stolam/

[41] Sed hanc scolam temere mundus irridebat.
spernens/ et annichilans quicquid promittebat
tua vero bonitas vi=/ces non reddebat
ymmo penitentibus totum ignoscebat/

[42] Quippe cui proprium erat misereri
diligi de=/siderans magis quam timeri
ubera non verbera proferens/ austeri
preceptoris noluit more reuereri/

[43] Hoc in adulterio nouit deprehensa.
quam sit tua pie=/tas scilicet immensa.
magdalena sensit hoc cum ei offensa/
est dimissa multiplex gracia impensa/

[44] Et quid multa dicere quot sit consecuti
eius magisterium/ a suis absoluti.
viciis sunt moribus optimis imbuti/
et ab hostis inuidi fraude/ facti tuti[6)]

[45] Felix cui licuit sub hoc preceptore
conuersari iugi=//[fol. 81v]ter et ab eius ore
mel celeste sugere cuius pre dul=/core.
amarescunt cetera plena sunt fetore/

[46] Hec et multa talia dum mens meditatur
ad/ reddendas gracias tono preparatur
ad laudandum dominum/ magis inflammatur.
sicque hore tercie cantus terminatur/

[47] Oci oci anima clamat in hoc statu
crebro fundens/ lacrimas sub hoc incolatu
laudans et glorificans/ magno cum conatu.
christum qui tot pertulit suo pro reatu/

[48] In hac hora anima ebria videtur.
sed circa meridiem ca=/lor cum augetur.
ut amoris stimulis magis perfo=/retur.
mox ab illa[7)] passio christi recensetur/

[49] Plorans ergo respicit agnum delicatum.
agnum/ sine macula spinis coronatum
liuidum verberibus cla=/uis perforatum
per tot loca lateris fossa cruentatum/

[50] Tunc exclamat pia mens oci cum lamentis
oci oci/ miseram quia mee mentis
turbat statum pallidus vul=/tus morientis.
et languentes oculi in cruce pedentis/

[51] Siccine decuerat inquit te benignum.
agnum mortis/ exitum pati tam indignum.
sed sic disposueras vincere/ malignum.
et hoc totum factum est ob amoris signum//

[52][fol. 82r] Hec amoris signa sunt et postrema primis
copulans/ associat summa figens imis
monstrans vt sic moriens/ nos animales nimis
dum te totum funderes tot apertis rimis/

[53] Tu amicus nouus es tu es nouum mustum
sic te /vocat sapiens et est satis iustum
totus enim filius reddens/ dulcem gustum
fundens carnis dolium licet vas venustum/

[54] Tantus signis penitens monitus iam cedat
quam precordi=/aliter christus ei se dat
Ista signa recolam ne me sathan/ ledat.
nam peccati rabiem nihil ita se dat/

[55] Ista signa recolens oci oci clamo
dulcis ihesu/ querulor quod te minus amo
stringi tamen cupio discipli=/ne chamo
sicut pro me captus est caritatis hamo/

[56] Quantum hamum caritas tibi presentauit.
mori cum pro homine/ te sollicitauit.
sed et esca placida hamum occu=/pauit
cum lucrari animas te per hoc monstrauit/

[57] Te quidem aculeus hami non latebat.
sed illius punc=/tio te non deterrebat.
immo hunc impetere tibi complacebat/
quia desiderium esce attrahebat/

[58] Ergo pro me misera quam tu dilexisti
mortis/ in aculeum sciens impegisti.
cum te patri victimam sanctam ob=//[fol. 82v]tulisti
et in tuo sanguine sordidam lauisti/

[59] Quis miretur igitur pro te si suspiro.
iuncta sine me=/ritis tam zelanti viro.
nam affectum alitis meum mo=/do miro
pro me vitam finiens exitu tam diro/

[60] Vere iam non debeo tamen suspirare
ymmo iuxta ver=/bum iob carnes lacerare.
in cauerna lateris nidulum pa=/rare
et extremum spiritum illic exalare/

[61] Plane nisi moriar tecum non quiescam
oci oci cla=/mitans numquam conticescam
ab hoc desiderio vere non te=/pescam.
quantumcumque seculo propter hoc vilescam/

62] Tunc ut demens clamitat veniant laniste
qui af=/figant miseram cruci tue christe
erit enim exitus mihi dul=/cis iste.
sic amplector moriens propriis ulnis te/

[63] Vere sic non aliter rabies doloris
qua cor meum sin=/gulis terebatur horis
deliniri poterit nisi tu dul=/coris
fons abundans medicus mei sis doloris/

[64] Plane dulcis medicus es qui numquam pungis
sed a cor=/de vicium leniter emungis
nam quos tibi fermiter per/ amorem iungis.
tuis carismatibus semper eos ungis/

[65] Heu quam damnabiliter mundus est cecatus
qui cum sit ab//[fol. 83r] hostibus dire vulneratus
hunc declinat medicum/ cum assunt preparatus
languido aperies suum dulce latus/

[66] Heu cur beneficia christi passionis
penes te me=/moriter homo non reponis
per hanc enim rupti sunt la=/quei predonis.
per hanc christus maximis te ditauit bonis/

[67] Suo quippe corpore languidum te pauit
quem in suo/ sanguine gratis balneauit
demum suum dulce/ cor tibi denudauit
vt sic innotesceret quantum te amauit/

[68] O quam dulce balneum esca quam suauis
que sumenti/ digne fit paradisi clauis
et ei quem reficis nullus/ labor grauis
licet sis fastidio cordibus ignauis/

[69] Cor ignaui siquidem minime perpendit
ad quid christus/ optimum suum cor ostendit.
super alas positum crucis/ nec attendit
quod reclinatorii vices hoc pretendit

[70] Hoc reclinatorium quociens monstratur
pie menti to=/ciens ei glutinatur.
sicut et accipiter totus inescatur/
super carnem rubeam per quam reuocatur/

[71] Post hoc clamat anima quasi dementata
o reclina=/torium caro cruentata
per tot loca propter me cur non/ vulnerata
tecum sum dum moreris non sum colligata//

[72][fol. 83v] Licet tamen misere sit istud negatum
mihi quidem/ eligam nouum cruciatum
gemitum videlicet iugemque/ ploratum
donec mundi deseram grauem incolatum/

[73] Post hec dulcis anima plus et plus feruescens.
sensu toto/ deficit corpore tabescens
iam vix loqui sufficit sed af=/fectu crescit[8)]
suo lecto decubat vtpote languescens/

[74] Ergo dulcis gutturis organo quassato
lingua/ tantum palpitans sonitu sublato
sed pro verbis pia mens fle=/tu compensato
lamentatur dominum corde sauciato/

[75] Sic languenti anime nil nisi plorare
libet et sata=/gere atque suspirare
suos enim oculos nescit reuo=/care
a christi vulneribus aut cor separare/

[76] Sic est autem animus illius illectus
quasi enim presens sit/ moriens dilectus
et a cruce minime retrahit as=/pectus
quia ibi oculus ubi est affectus/

[77] Gemitus suspiria lacrime lamenta
sibi sunt/ delicie cibus alimenta
quibus noua martir est interim/ intenta.
sic suo martirio prebet incrementa/

[78] In hoc statu respuit quicquid est terrenum
mundique/ solacium reputat venenum
sed ad nonam veniens// [fol. 84r] moritur ad plenum
cum amoris impetus carnis rupit filum/

[79] Nam cum consummatum est recolit clamasse.
hora nona/ dominum et sic expirasse
quasi simul moriens clamat pene=/trasse
vocem istam suum cor atque lacerasse/

[80] Ferre tandem impotens iaculum tam forte
moritur ut dictum est/ sed felici morte
nam panduntur protinus ei celi porte/
dignam ut intelligat se sanctorum sorte/

[81] Requiem pro anima tali non cantamus
immo est introitus/ misse gaudeamus
quia si pro martire deum exo=/ramus
ut decretum loquitur sancto derogamus/

[82] Eia dulcis anima eia dulcis rosa
lilium conual=/lium gemma preciosa
cui c[a]rnis⁹⁾ feditas extitit/ exosa
felix tuus exitus morsque preciosa/

[83] Felix que iam frueris requie cupita.
inter sponsi brachi=/a dulciter sopita
eiusque spiritui firmiter vnita/
ab eodem percipis oscula mellita/

[84] Iam quiescunt oculi cessant aqueductus
nam aperte per=/cipis spei tue fructus
quia per quem seculi euasisti/ fluctus
tuos inter oscula consolatur luctus/

[85] Dic dic dulcis anima ad quid ultra fleres
habes//[fol. 84v] celi gaudium tecum cur lugeres
nam solus est omnium/ cui tu adheres
et si velles amplius certe non haberes/

[86] Sed iam metrum finio ne sim tediosus
nam si vel=/lem scribere quam deliciosus
sit hic status anime quamque glori=/osus
a malignis dicerer fallax et mendosus/

[87] Quicquid tamen alii dicunt frater chare.
istam nouam/ martirem libens imitare
cumque talis fueris christum de=/precare
ut te cantus martirum doceat cantare/

[88] Frequentemus canticum istud soror pia
ne nos fran=/gat tedio vite huius via
nam letantem animam in hac/ melodia
post hanc vitam suscipit ihesus et maria/

[89] Ergo soror tuum cor ita cytariset
se baptiset/ lachrimis planctu martiriset
christo totis viribus sic nunc/ organiset
ut cum christo postea semper solemniset

[90] Tunc cessabunt gemitus et planctus dolorum
cum/ adiuncta fueris choris angelorum
nam cantan=/do transies ad celestem chorum
nupta fe=/licissimo regi seculorum.
Amen../
Deo gracias 1500//

1) In der Handschrift ist eine Minima notiert. Konjektur Smits van Waesberghe 1966, 74.
2) In der Handschrift stehen drei Minimae, die mittlere ist punktiert. Konjektur Smits van Waesberghe 1966, 74.
3) sic!
4) *c* und *t* in dieser Hand oft nicht eindeutig zu unterscheiden wegen der extrem kurzen Oberlängen des *t*.
5) Vor *matri* ist *pi* geschrieben und nicht durchgestrichen. Konjektur.
6) Zeile 3 und Zeile 4 in der Handschrift in umgekehrter Reihenfolge. Korrigiert mit Hilfe senkrechter Striche.
7) *illa*: anschliessend *christi* weggelassen (doppelt, ohne Korrektur). Konjektur.
8) sic!
9) *carnis*: *a* fehlt in der Handschrift. Konjektur.

[90. Surgit christus cum tropheo]

[fol. 91r]

SVr - git chri - stus cum tro - phe - o iam ex ag - no fac - tus le=

o/ so - lem - ni vic - to - ri - a

Mor - tem vi - cit su - a mor - te re - se - ra - uit se - ras/ por=

te su - e mortis gracia

Hic est agnus qui pendebat/ et in cruce redimebat totum gregem ouium

Cui cum nullus/ condolebat magdalenam consumebat doloris incendium/

Dic maria quod vidisti contemplando crucem christi/

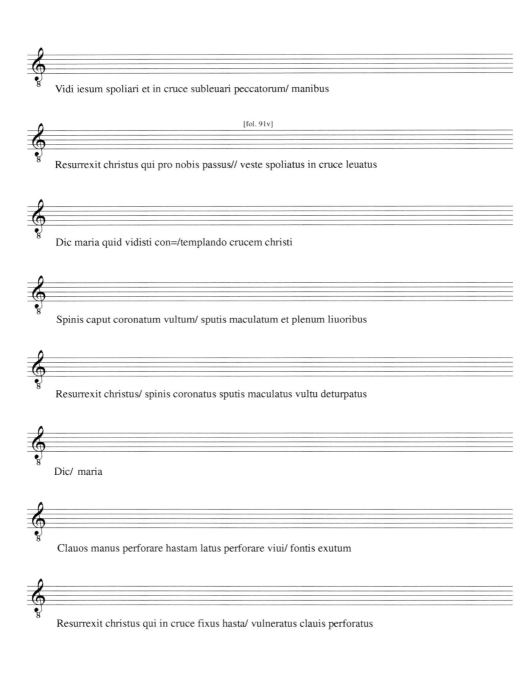

Vidi iesum spoliari et in cruce subleuari peccatorum/ manibus

[fol. 91v]

Resurrexit christus qui pro nobis passus// veste spoliatus in cruce leuatus

Dic maria quid vidisti con=/templando crucem christi

Spinis caput coronatum vultum/ sputis maculatum et plenum liuoribus

Resurrexit christus/ spinis coronatus sputis maculatus vultu deturpatus

Dic/ maria

Clauos manus perforare hastam latus perforare viui/ fontis exutum

Resurrexit christus qui in cruce fixus hasta/ vulneratus clauis perforatus

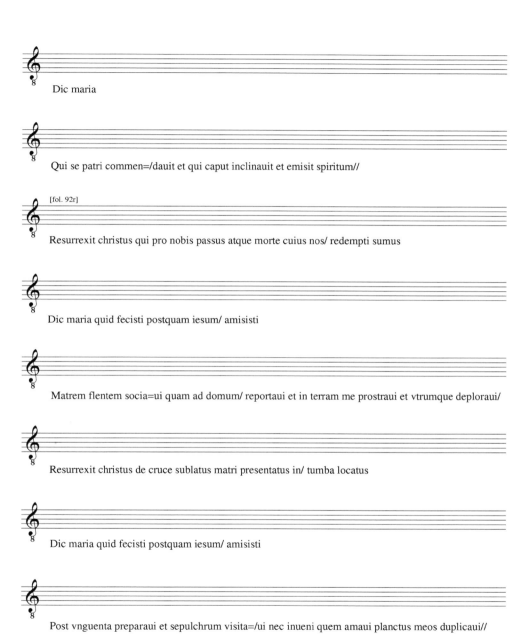

Dic maria

Qui se patri commen=/dauit et qui caput inclinauit et emisit spiritum//

[fol. 92r]

Resurrexit christus qui pro nobis passus atque morte cuius nos/ redempti sumus

Dic maria quid fecisti postquam iesum/ amisisti

Matrem flentem socia=ui quam ad domum/ reportaui et in terram me prostraui et vtrumque deploraui/

Resurrexit christus de cruce sublatus matri presentatus in/ tumba locatus

Dic maria quid fecisti postquam iesum/ amisisti

Post vnguenta preparaui et sepulchrum visita=/ui nec inueni quem amaui planctus meos duplicaui//

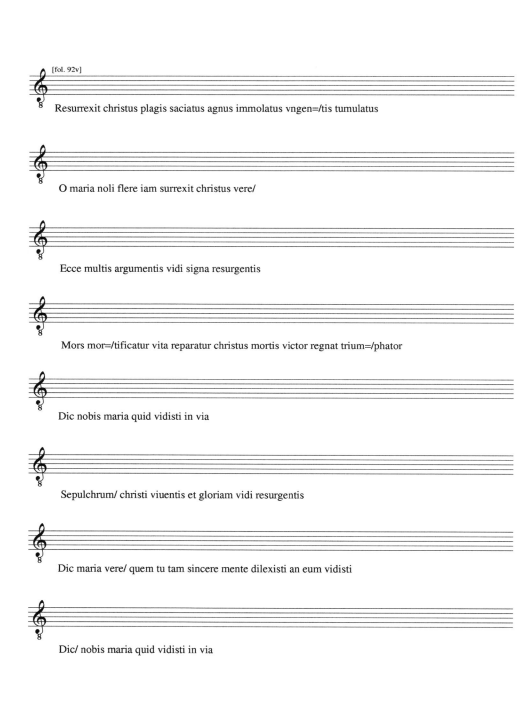

[fol. 92v]

Resurrexit christus plagis saciatus agnus immolatus vngen=/tis tumulatus

O maria noli flere iam surrexit christus vere/

Ecce multis argumentis vidi signa resurgentis

Mors mor=/tificatur vita reparatur christus mortis victor regnat trium=/phator

Dic nobis maria quid vidisti in via

Sepulchrum/ christi viuentis et gloriam vidi resurgentis

Dic maria vere/ quem tu tam sincere mente dilexisti an eum vidisti

Dic/ nobis maria quid vidisti in via

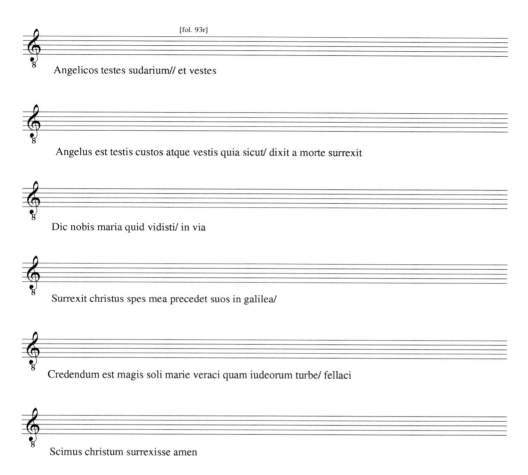

[fol. 93r]

Angelicos testes sudarium// et vestes

Angelus est testis custos atque vestis quia sicut/ dixit a morte surrexit

Dic nobis maria quid vidisti/ in via

Surrexit christus spes mea precedet suos in galilea/

Credendum est magis soli marie veraci quam iudeorum turbe/ fellaci

Scimus christum surrexisse amen

1) Tintenfleck über der Virga *a*.

[91. Surrexit christus hodie]

[fol. 93r]

Al - le - lu - ya al - le - lu - ya al - le - lu - ya

Al - le - lu - ya al - le - lu - ya al - le - lu - ya

Al - le - lu - ya al - le - lu - ya al - le - lu - ya

al - le - lu - - - ya /

al - le - lu - - - ya/

al - le - lu - - - ya/

[1] Surrexit christus hodie
humano pro solamine

[2] Apparuit discipulis
de ipso dubitantibus/

[3] Deuotis mulieribus
eius [...que?]¹⁾ canentibus

[4] Vnguentis eum variis²⁾
in tumulo querentibus/

[5] Album videntes angelum
annunciantem gaudium/

[6] Mulieres attendite
in galileam pergite

[7] Discipulis hoc dicite
quod surrexit rex glorie/

[8] In hoc paschali gaudio
benedicamus domino//

1) Text in der Handschrift unleserlich korrigiert, für diese Strophe sind bisher keine Konkordanzen bekannt.
2) *Vnguentis eum variis* zweimal aufgeschrieben, einmal durchgestrichen.

[92. Dicant nunc iudei]

[fol. 93v]

1)

[D]i - cant   nunc   iu - de=   i   quo -   mo=

[D]i - cant   nunc   iu - de=   i   quo -   mo=

do   mi -   li - tes   cu - sto - di - en=/   tes   se -

do   mi -   li - tes   cu - sto - di - en - tes/   se -

pul - chrum   per - di - de=   runt   re - gem   ad

pul - chrum   per - di - de=   runt   re - gem   ad

la - pi - dis   po - si - tio=   /   nem

la - pi - dis   po - si - tio=   nem

1) Von *dicant* bis einschliesslich *custodientes* ist nur eine Stimme notiert.
2) gestrichen *tie*.

Fol. 94r - 97r: leere Notensysteme

[93. Sanctus O quam dulciter]

[fol. 97v] Sanc - tus O quam dul - ci - ter vo - ces

[fol. 98r] Sanc - tus O quam dul - ci - ter vo - ces

i - bi re - so - nant v - bi/ om - nes sanc - ti lau - dem

i - bi/ re - so - nant v - bi om - nes sanc= ti lau - dem

de - o de - can - tant di - cen - tes/

de - o de - can - tant di - cen - tes/

Sic et nos lau - de - mus do - mi - num

Sanc - tus Sic et nos lau - de - mus do - mi - num

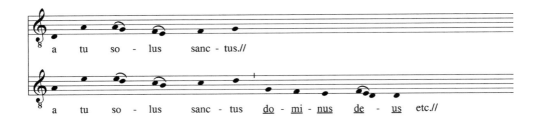

a tu so - lus sanc - tus.//

a tu so - lus sanc - tus <u>do</u> - <u>mi</u> - <u>nus</u> <u>de</u> - <u>us</u> etc.//

1) Das Duplum enthält hier zwei Töne weniger als der Cantus. Konjektur nach dem Vorbild der dritten Strophe: *immundo*.
2) Duplum: *excelsis*, Cantus: *ecclesiis*!
3) Fleck über *-cis*.

[94. Discubuit iesus]

[D]iscubuit iesus et discipuli eius cum eo/ et ait desiderio desideraui hoc pascha mandu=/care

vobiscum antequam patiar Et accepto pane/ gracias agens fregit et dedit illis dices. 1)

Hoc/ est cor=pus meum erit as=/suerus grande conuiuium cunctis principibus et pue=/ris suis vt 2)

[fol. 99r]

ostenderet diui=cias glorie reg=// ni   su - i   Et   acc

[G]lo - ri - a   pa - tri   po - ten - tis=/   si - mo   et   fi - li - o   ei -

us   v - ni - ge - ni - to   et   spi - ri - tu - i   sanc - tis - si -

mo/   pa - ra - cli - to   sic - ut   e - rat   in   prin - ci - pi - o   Et./

[G]lo - ri - a pa - tri et fi - li - o et spi - ri - tu -

i sanc - to Di - ces/

1) und 3): sic!
2) direkt im Anschluss an *cor* ist *pus* gestrichen.

Fol. 99v - 104v: leere Notensysteme

[95. Iocundantur et letantur]

[fol. 105r] Io - cun - dan - tur et le - tan - tur si - mul om - nes re - pro - bi

qui re - gis ad - uen - tum pri - us/ ex - pec - ta -

bant ter - ri - ci fre - munt ce - dunt in - tu - mes - cunt

et in - sul - tant mi - se - ri Qui - que/

[2] Quique/ sunt lugendi totis lachrymarum fontibus
in superbie sublimes extolluntur/ cornibus
frenesim robur putantes sanis rident flentibus

[3] Sed quid iuuat/ o peruersi o gehenne filii
non vitare sed mutare tribunal iudicii
sub mor=/tali rege tuti christum non euaditis

[4] Ecce veniet ut fulgur minax et ter=/ribilis
solis ardor lune candor inuoluentur tenebris.
ima terre petent stelle celi/ vulse cardine

[5] Terra funditus ardebit celi trement climata
elementa tur=/babuntur rugient tonitrua
ignei micant chorusci crebra cadunt fulmina/

[6] In furore venientis fit tempestas valida
tota mundi tremefacta conquassatur machina/
estuantis flamme globus vasta perflat aera

[7] Tunc qui eum pupugerunt cernunt/ omnes impii
throno igneo subnixum specie terribili
rogant montes orant colles/ postulantes obrui

[8] Mox occulta singulorum cunctis patent cordium
verba facta/ mens videntur velut corpus solidum
et amarum in auctores reddunt testimonium/

[9] [I]psi spiritus iniqui probra que suggesserant
longis exarata comis relegentes/ explicant
loca tempora gestorum et modos emimerant[1)]

[10] Irascuntur cuncta prauis/ angelorum agmina
aduersantur elementa celum terra maria.
omnis rerum creatura/ imminet contraria

[11] Ecce caput iniquorum ferox illa bestia
sub cunctorum de=/nudata trahitur presentia
patent artes furta doli fraudes et ingenia;/

1) sic!

[96. Esto michi domine]

[fol. 105r]

E - sto mi - chi do - mi - ne ie - su in re - fu -
gi - um spes me - a in di - e tri - bu - la - ti - o - nis/ et
an - gu - sti - e Fer o - pem mi - se - ro et da mi -
chi gra - ti - am tu - am in - ue - ni - re/
Con - for - ta me rex ce - lo - rum ie - su bo - ne qui - a
te so - lum re - qui - ro ad - iu - to - rem Fer o - pem//

Fol. 105v: leer

[97. O quam dura]

[fol. 106r] O quam du - ra quam hor - ren - da vo - ce iu - dex in - to - nat

cum pa - ra - tis mag - ni flam=/mis ma - le - dic - tos im - pe - rat mox de -

glu - ti - ens vi - uen - tes sti - gis ol - la de - uo - rat/

[2] Vaporantur infelices intus et extrinsecus
crepitantes strident flammis velut/ ardens clibanus
ore naribus et ipsis profluunt luminibus

[3] [I]mmortalis mors oc=/cidit nec omnino perimit
ignis vrit non consumit nec defectum recipit
vita moritur/ mors viuit finis semper incipit

[4] Rediuiua septem plage renouant supplicia/
fumus fetor algor ardor fames sitis ignea.
vermes numquam satiamur qui corrodunt/ viscera

[5] [I]lluc dolor cruciatus fletus stridor dentium
assunt fremitus leonum/ sibili serpentium
quibus mixti confunduntur vlulatus flentium

[6] Molis trabee/ dracones lassa pandunt guttura
quorum oculi sagittas iaculamur igneas
caude/ telas scorpionum plante produnt viperas

[7] [t]endunt quidem ad non esse sed/ esse non desinunt.
viuunt morti volunt mori sed omnino nequiunt
qui male vixere/ vitam pro tormento perferunt

[8] Hec pre oculis vesani formidantes ponite./
hec subtili pertractantes studio reuoluite.
et prauorum vinclis morum colla/ mentis soluite

[9] [n]am paratus est conuersis indulgere veniam.
qui peruersis adhuc/ promit vindicte sentenciam
salus honor pio regi per eterna secula Amen/

Fol. 106r unten: *oratio prudentii*: [O] dee cunctipotens anime doctor o dee christe [...].
Fol. 106v-107v: leer

[98. Quanta mihi cura]

[fol. 108r] Quan - ta mi - hi - cu - ra de te ho - mo si cog - nos - ce - res tam mi -

ser et in - ops in te ne - qua - quam ex - is=/ te - res sed qui -

a re - mo - tus a me quid ex - ul ni²⁾ fluc - tu - es o si

tu hoc sa - pe - res In ab - is - so/

[2] [In abisso/] deitatis finxi te de nichilo
summe quoque trinitatis signaui signaculo
tuque liber pre/ creatis comparatus angelo
tam nobilis es homo.

[3] [I]n loco te voluptatis gloriosum posui
per ministris/ falsitatis decepto condolui
vesteque simplicitatis nudatum te vestii
sic homo pro te fui/

[4] Te iuste quamuis fugaui de loco leticie
nequaquam tamen priuaui spe misericordie
nam suo/ predestinaui saluare³⁾ de tempore
hinc homo dilige me

[5] [S]athana semper damnato nasci/ pro te volui
malo nullo perpetrato penam pro te subii
me circumciso oblato legem non/ preterii
sis homo cur egi

[6] Quid faciendum non feci homo cum hominibus
te docui te perfeci/ verbis et operibus
corporis mei refeci mysticis te dapibus
quid homo vis amplius/

[7] [S]pretus eram et abiectus veluti vas perditum.
sputis ac plagis affectus mala ferens/ omnium
ut reprobus non electus in oculis hominum.
id homo pro te totum

[8] Pro te pedes pro/ te manus perfosse seuissime
spinis caput ense latus vulneratum impie.
felleque/ pro te potatus crucifixus vndique.
sic homo dilexi te

[9] [Q]uia pro te pauper natus/ tu ditaris meritis
quia pro te cruciatus tu quitaris debitis.
et quia glorificatus coronaris/ premiis.
quid homo michi pro hiis

[10] O charitas inaudita stupendaque pietas
dei=/tati[4] quod vnita mea sit humanitas.
hinc tibi sit infinita laus maiestas claritas/
o beata trinitas. Amen/

---

1) Fleck vor *in*.
2) nach *ni* ist *faceres* durchgestrichen.
3) nach *saluare* ist *tempore* durchgestrichen.
4) vor *quod* ist *que* durchgestrichen.

[99. Seruiat tibi domine]

[fol. 108r]

[S]er - ui - at ti - bi do - mi - ne de - us me - us

quic - quid bo - ni co - gi - to quic - quid

lo - quor quic - quid/ o - pe - ror tu - um est e - nim to - tum

quod ha - be - o

[100. Igitur libenter]

[fol. 108r]

I - gi - tur li - ben - ter la - bo - ra - bo in ser - ui - ti -

o/ tu - o qui - a tu mer - ces me - a do - mi - ne;

[101. Nullus labor durus]

[fol. 108r] Nul - lus la - bor du - rus etc. ut habes.//

Fol. 108v-110v leer

[102. Domine iesu christe]

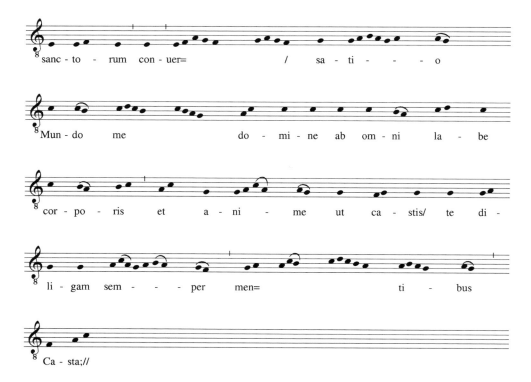

sanc - to - rum con - uer=   /   sa - ti - - - o

Mun - do   me   do - mi - ne ab om - ni   la - be

cor - po - ris   et   a - ni - me   ut   ca - stis/   te   di -

li - gam sem - - - per   men=   ti - bus

Ca - sta;//

1) Nach *consilii* ist *in* durchgestrichen.

Fol. 111v-112v leer

[103. Laudes crucis attolamus]

[fol. 113r]

Lau - des cru - cis at - to - la - mus nos qui cru - cis ex - ul - ta - mus spe - ci -

a - li glo - ri - a/

Dul - ce me - los tan - gat ce - los dul - ce lig - num dul - ci dig -

num cre - di - mus me - lo - di - a/

Vo - ci vi - ta non dis - cor - det cum vox vi - tam non re - mor -

det dul - cis est sim - pho - ni - a/

Ser - ui cru - cis cru - cem lau - dant qui per cru - cem si - bi gau - dent

vi - te da - ri mu - ne - ra/

Di - cant om - nes et [1) di - cant sin - gu - li a - ue sa - lus to - ti -

us se - cu - li ar - bor sa - lu - ti - fe - ra/

O quam fe - lix quam pre - cla - ra [2) fu - it hec sa - lu - tis a - ra [3)

ru - bens ag - ni san - gui - ne/

Ag - ni si - ne ma - cu - la qui mun - da - uit se - cu - la

ab an - ti - quo cri - mi - ne/

Hec est sca - la pec - ca - to - rum per quam chri - stus rex ce - lo - rum

ad se tra - xit om - ni - a/

For - ma cu - ius hoc o - sten - dit que ter - ra - rum com - pre - hen - dit

quat - tu - or con - fi - ni - a/

Non sunt no - ua sa - cra - men - ta nec re - cen - tis est in - uen - ta cru - cis hec

re - li - gi - o//

[fol. 113v]

[I] - sta dul - ces a - quas fe - cit per hanc si - lex a - quas ie - cit mo - y - si

of - fi - ci - o/

Nul - la sa - lus est in do - mo ni - si cru - ce mu - nit ho - mo su -

per li - mi - na - ri - a/

[N]e-que sen - sit gla - di - um nec a - mi - sit fi - li - um quis-quis

e - git ta - li - a/

Lig - na le - gens in sa - rep - ta spem sa - lu - tis est ad -

ep - ta pau - per mu - li - er - cu - la/

[S]i - ne lig - nis fi - de - i nec le - chi - tus o - le - i

va - let nec fa - ri - nu - la/

Ro - ma na - ues v - ni - uer - sas in pro - fun - do vi - dit mer-

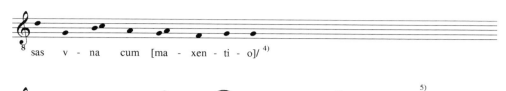

sas v - na cum [ma - xen - ti - o]/ 4)

[F]u - si thra - ces ce - si per - se sed et par - tes dux ad - uer -

se vic - tus ab he - ra - cli - o/

In scrip - tu - ris sub fi - gu - ris i - sta la - tent sed iam pa - tent cru - cis be -

ne - fi - ci - a/

[R]e - ges cre - dunt ho - stes ce - dunt so - la cru - ce chri - sto du - ce v - nus fu -

gat mi - li - a/

I - sta su - os for - ti - o - res sem - per fa - cit et vic - to - res mor - bos sa - nat et

lan - go - res re - pri - mit de - mo - ni - a/

[D]at cap - ti - uis li - ber - ta - tem vi - te con - fert no - ui - ta - tem ad an - ti - quam dig -

ni - ta - - tem crux re - du - xit om - ni - a/

O crux lig - num tri - um - pha - le mun - di ve - ra sa - lus va - le in - ter lig -

[fol. 114r]

na nul - lum ta - le fron - de flo - re // ger - mi - ne

[M]e - di - ci - na chri - sti - a - na sal - ua sa - nos e - gros sa - na quod non

va - let vis/ hu - ma - na fit in tu - o no - mi - ne

As - si - sten - tes cru - cis lau - di con - se - cra - tor cru - cis au - di at - que/

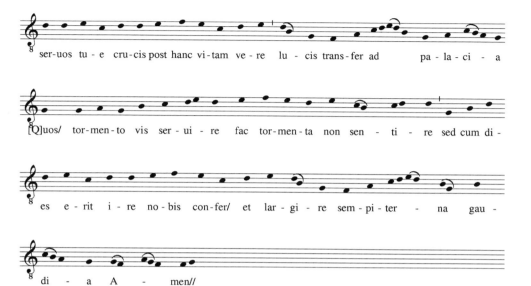

seruos tu - e cru-cis post hanc vi-tam ve - re lu - cis trans-fer ad pa - la - ci - a

[Q]uos/ tor-men-to vis ser - ui - re fac tor-men-ta non sen - ti - re sed cum di -

es e - rit i - re no - bis con-fer/ et lar - gi - re sem - pi - ter - na gau -

di - a A - men//

1) *et* nachträglich eingefügt.
2) Virga auf *d* gestrichen.
3) Zwei Puncta *g-a* gestrichen.
4) Hier fehlt ein Teil des Textes. De Goede 1965, 85: *Maxentio.*
5) Clivis *e-d* gestrichen.
6) Virga auf *h* gestrichen.

Fol. 114v-121r: leer

[104. Puer natus est hodie]

[fol. 121v]

[2] Ob hoc pugnamus[6] ei
omnes et singuli
cum voce chorali/

[3]Laudetur sancta trinitas
dicamus[7] gratias
deo in ex=/celsis/

1) Zu Beginn beider Stimmen ist eine Raute geschrieben, evt. in der Bedeutung eines Kreises als Mensurzeichen für
   das tempus perfectum cum prolatione minori.
2) Zwei Minimae auf c und d gestrichen.
3) Minima auf a gestrichen.
4) In der Handschrift hier eine Semibrevis. Konjektur: Minima.
5) In der Handschrift zwei Semibreves. Konjektur: Minimae.
6) *Ob hoc pugnamus*: Smits van Waesberghe (1966, 60) schlägt vor, statt *pugnamus* besser *pangamus* zu schreiben. Meiner
   Meinung nach liegt jedoch eher eine Verballhornung des Wortes *benedicamus* vor: *benedicamus* statt *ob hoc pugnamus*.
   Die damit korrespondierende Antwort wäre *gratias deo* in Strophe 3.
   Auch sieht Smits van Waesberghe (1966, 60) diese Texte nicht als weitere Strophen, sondern als losen Text. Die Anzahl der
   Verse und Silben sowie der Inhalt der Strophen sprechen jedoch eher für weitere Strophen.
7) Nach *dicam-* ein *s* gestrichen, daran anschliessend *us* geschrieben.

[105. Benedic domine]

en= ci - a Per/

[fol. 123r]

in - fi= // ni - ta

se= cu - la

V.Con= / ser - ua do - mi - ne in

e=/ a ti - men - - tes te pu=

sil - los/ cum ma= io=

ri= bus Per /

[fol. 123v]

Glo= ri - a pa - tri et // fi -

li=　　　　o　et　spi - ri - tu - i　sanc=　　　　　　　/　to

Per

[106. Immolabit edum]

Responsorium de/ sacramento/

IM - mo - la - bit e - dum mul - ti - tu - do fi=/ li - o - rum

is - ra - - - - - hel ad ve - spe= / ram pas=

che Et e - dent//

car - nes et a - zi - - mos

pa - nes/

V. Pa - scha no - strum im - mo - la= / tus est chri - stus

i= ta - que e - pu - le= / mur in a - zi - mis sin - ce -

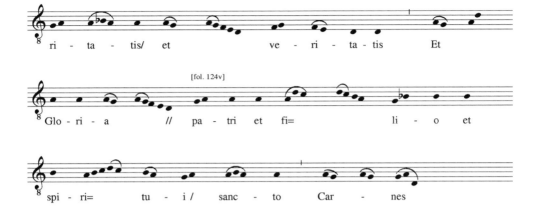

ri - ta - tis/ et ve - ri - ta - tis Et

[fol. 124v]

Glo - ri - a // pa - tri et fi= li - o et

spi - ri= tu - i / sanc - to Car - nes

[107. Melchisedech vero rex]

Item aliud responsorium/ de sacramento/

[fol. 124v]

MEl-chi - se - dech ve= ro rex/ sa - lem pro - fe - rens pa - nem

et vi=/ num e - rat au - tem sa - cer - dos de - i// al - tis - si - mi

[fol. 125r]

Ben= e - di - xit a - bra - he / et

a= it

Be - ne - dic - tus a - bra - ham/ de - o ex - cel - so qui

cre - a - uit ce - lum/ et ter - ram Be

Glo - ri= a pa= / tri et fi - li= o et spi - ri - tu - i

sanc - to Be /

Hic cantabitur Responsorium Respexit helias etc./ Require in fine libri//

[108. Benedicamus patrem]

De trinitate responsorium/

[fol. 125v] BE - ne - di= ca - mus pa - - - trem et/ fi - li -

um cum sanc - - - to spi - ri - tu lau=/ de - -

mus et su - per - ex - - - al= te= mus/ e=

um In se=

/ cu - la

[fol. 126r] Be - ne - dic - tus// es do - mi - ne in fir - ma - men - to

ce= / li et lau - da - bi - lis et glo - ri - o= sus/ In

Glo – ri – a   pa – tri et   fi – li – o et/ spi – ri – tu – i   sanc – to

In   se

[109. Felix namque es]

De beata virgine/

[fol. 126r]

[fol. 126v]

FE - lix nam - que es   sa - cra vir=// go   ma=

ri=   a   et om - ni   lau - de/ dig - nis - si -

ma   Qui - a ex/ te   or-tus est sol

iu - sti=   /   ci=   e   chri -

stus de - us no - - - ster/

[fol. 127r]

V.O - ra   pro po - pu - lo in - ter - ue - ni pro// cle - ro

in - ter - ce - de pro de - uo - to fe - mi=/ ne - o   se - xu

sen - ci - ant om - nes tu - um/ le - ua - men qui - cum - que

ce - le - brant tu - am/ com - me - mo - ra - ci= o=

nem Qui - a/

Glo - ri - a pa - tri et fi - li - o et spi - ri= //

[fol. 127v]

tu - i sanc= to chri - stus

[110. Te sanctum dominum]

De Angelis/

[fol. 127v] Te sanc-tum do – mi – num in ex-cel= / sis lau-dant

om – – – nes an= ge= / li di – cen – tes

Te de= cet/ laus et ho=

nor do – mi – ne//

[fol. 128r] Che – ru – bin quo-que et se – – – ra – phin /

sanc – – tus pro-cla – mant et om – nis / ce – li – cus or=

do di – cens Te de /

Glo - ri - a   pa - tri   et   fi=   li - o/   et   spi -

ri=   tu - i   sanc - to   laus   //

[111. Inter natos mulierum]

De sancto johanne baptista/

[fol. 128v] IN - ter na - tos mu - li - e= rum non/ sur - re - xit

ma - ior io - han - ne bap - / ti - sta

qui vi - am do - mi - no pre=/ pa - ra=

uit in he - re - mo/

[fol. 129r] Fu - it ho - mo mis - sus a de - o// cu - i no - men

io= han - - nes e= rat/ Qui vi - am

Glo - ri - a pa - tri et/ fi - li - o et spi - ri= tu -

i   sanc - - - to   Qui/

[112. Qui sunt hii]

De Apostolis/

[fol. 129r] QVi sunt hi – i qui ut nv=/ bes vo= lant

[fol. 129v] et qua - si// co= lum - be ad

fe - nes= / tras su= as

Dor= sa/ e - o - rum ple - na o - cu – lis et scin -

cil - le/ ac lam - pa - des in me - di - o dis - cur= /

ren - tes Et qua - si

[fol. 130r] Glo= ri - a pa - tri// et fi - li - o et spi - ri =

tu – i   sanc - to   Et/

[113. Isti sunt sancti]

De marti=/ribus/

[fol. 130r]

I - Sti sunt sanc - ti qui pro te - sta - men= / to

de - i su - a cor - po= ra tra=/ di - - -

de= runt Et in sang= / ui - ne

[fol. 130v]

ag - ni la - ue - runt sto - las// su= as

V.Tra - di - de - runt cor - po=/ ra su - a prop - ter

de - um ad sup - pli= / ci - a id - e - o co - ro -

nan - tur et ac - ci= / pi - unt pal=

mam Et in sang /

Glo - ri - a   pa - tri et   fi=//

[fol. 131r]

li=   o et spi - ri=   tu - i   sanc=   /

to Et in sang

[114. Sint lumbi vestri]

De confessoribus/

[fol. 131r]

SInt   lum - bi ve - stri pre=   /   cinc - ti

et lu – cer – – – ne ar=/ den - tes in ma – ni – bus

[fol. 131v]

ve – stris Et// vos si - mi - les ho – mi –

ni – bus ex=/ pec - tan - ti – bus do =

/ mi - num su – um Quan - do re - uer – –

ta= / tur a

nup – ci – – – is/

*V.*Vi - gi - la - te er - go qui - a nes - ci - tis// qua ho - ra do -

mi - nus ve - ster ven=/ tu - rus sit Et vos

Glo - ri - a pa - tri/ et fi - li - o et spi - ri - tu - i

sanc - to Quando/

[115. Regnum mundi]

De virginibus/[1)]

[fol. 132r] Reg-num mun - - - di et om=/ nem or - na - tum

[fol. 132v] se - cu - li con - tem - psi// prop - ter a - mo-rem do - mi - ni me - i

ihe=/ su cri - sti Quem vi - di quem a - ma - ui/

in quem cre - di - di quem di - le - xi

[2)] V./E - ruc - ta - - - uit cor me - um ver-bum/ bo - num di - co e=

[fol. 133r] go o - pe - ra// me - a re - gi Quem

Glo - ri= a/ pa= tri et fi - li - o et

spi-ri=/ tu - i   sanc - to   Quem   vi - di

1) Rubrik am unteren Blattrand nachgetragen.
2) An dieser Stelle wurde eine Akzidenz ♭ eingetragen, die nicht zugeordnet werden kann.

[116. O sacrum conuiuium]

Antiphona de sacramento/

[fol. 133r] O Sa - - - - crum con - ui - ui - um in quo / chri - stus

su= mi - tur re - co - li - tur// me - mo - ri - a pas -

si - o - nis ei - us mens/ im - ple - tur gra - ci - a et

fu= tu= re / glo - ri - e no - bis pig - nus

da - tur/ Al - le=

/ lu - ya//

1) *passionis*: Hilfslinie mit Schlüsselbuchstabe *g* eingefügt.

[117. Domine deus]

Antiphona de sancto martino patrono nostro/

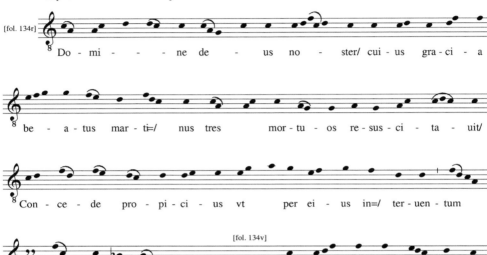

[fol. 134r] Do - mi - - - ne de - us no - ster/ cui - us gra - ci - a

be - a - tus mar - ti=/ nus tres mor - tu - os re - sus - ci - ta - uit/

Con - ce - de pro - pi - ci - us vt per ei - us in=/ ter - uen - tum

[fol. 134v]

a mor - te a - ni - me// re - sus - ci - ta - ri me - re - a - mur/

[118. O pater clementissime]

De sancto lebuino/

[fol. 134v] O pa - ter cle= men - tis=/ si - me sa -

cer - dos le - bu - i - ne tu - is/ fa= ue sup - pli -

ci - bus fu - sis ad / de - um pre - ci - bus vt quos red - e -

[fol. 135r] mit// sang - - - wi - ne om - ni con - ser - uet/ tem=

/ po - re

Com - men - da chri - sto/ in te con - fi - den - tes vt de tu - a/

[fol. 135v] mi - se - ri - cor - di - a sem - per pre =// su - men - tes vt quos

Glo – ri – a/ pa-tri et fi – li – o et spi-ri – tu – i

sanc – to vt/

[119. O beate confessor]

Antiphona de sancto/ lebuino/

[fol. 135v]

O ... Be - a - te con - fes - sor do=/ mi - ni

le - bu - i - ne quem si - bi ca - rum/ a - mi - cum in sa - cer - do -

[fol. 136r]

tem mag - num// ip - se dig - na - tus est e - li - ge - re vo -

ta/ que - su - mus no - stra pi - a in - ter - ces - si - o - ne/ pro - se -

que - re vt et hic de - lic - to - rum/ om - ni - um ve - ni - am

et in fu - tu - ro te - cum/ vi - tam con - se - qui me - re - a - mur

e - ter - nam//

[120. Respexit helyas]

Responsorium de sacramento/

[fol. 136v] Re - spe - xit   he - ly=   as   ad/   ca - put   su=

um   sub - ci - ne - ri - ci=   /   um   pa - nem   qui   sur - gens   co=/

me=   dit   et   bi - bit   Et/   am - bu -

[fol. 137r]

la=   uit   in   for=   ti=   tu - di - ne//   ci=

1)

bi   il - li=   us   vs=   /   que

Ad   mon=   tem   de - i

Si   /   quis   man - du - ca -

ue= / rit ex hoc pa - ne vi= uet/ in e - ter - num

Et am - bu

[fol. 137v]

Glo= // ri - a pa - tri et fi=

li - o/ et spi - ri - tu= i sanc - to Ad/

1) Undeutliche Neume: der Schaft ist viel blasser als der Kopf. Eventuell sollte er radiert werden.

Es folgen verschiedene Federproben in kursiver Schrift von anderer Hand, zum Teil durchgestrichen.

[121. Dominus deus meus]

[fol. 137v]

Dominus   deus   meus[1]   /

1) Die Textzuordnung ist in diesem Nachtrag sehr undeutlich. Der Text wurde so unter die Noten geschrieben, wie er in der Handschrift erscheint.

Fol. 138r: Leere Notensysteme
Fol. 138v: Federproben

ANHANG

GESÄNGE IN ALPHABETISCHER FOLGE
MIT EINER QUELLENÜBERSICHT

Die Handschrift verwendet für Ave am Liedbeginn zweierlei Schreibweisen: *Aue* und *Ave*. Daraus ist in den Initienverzeichnissen eine einheitliche Schreibweise *Aue* gemacht.

Initien	Folio	Lage	Editions-nummer
Alleluya Vox exultationis *(In superna celorum curia)*	53r	3	65
Amsterdam 206 A 10, 22r			
Amsterdam I C 17, 96r			
MMMAe VII, 552, 626			
MMMAe VIII, 573, 834			
Alleluya *(Surrexit christus)*	93r	6	91
Alma Tota pulchra es amica	49v	3	60
IC 19331a			
RH 20505			
Anima mea liquefacta est	10r	1	28
CAO 1418			
MMMAe V, Nr. 7269			
Amsterdam 206 A 10, 37r			
Zutphen 6, CIXv			
Armilla perforata est leuiathan	13v	1	42
Oldenburg Cim I 39, 143r			
Zutphen 6, XCVIIr/v			
Aue Angelorum dominatrix	51v	3	63
Aue iesu paruule	74v	5	88
AH 31, 26–28: *Ave puer parvule* IC 1963			
RH 2062			
Köln W 28, 47r			
Nijmegen 309, 188r			
Aue maria gratia plena	10r	1	24
CAO 1539			
MMMAe V, Nr. 1198			
Zutphen 1, 55r			
Amsterdam I B 50, 173r			
Berlin 8°190, 55v			
Cant. traj., 97v			

IC 4450
RH 4610
Amsterdam I B 50, 9v
Berlin 8°185, 189
Berlin 8°190, 4r/v
Berlin 8°280, 16r
Brüssel II 270, 133v
Brüssel II 2631, 72r
Brüssel IV 421, 125v/126r
Cant. traj., 181r
DPB, CXXIIIIr
Den Haag 68 A 1, 165r
Gent 901, 30v
Köln W 75, 50v
Piae cantiones, S. 28
Paris 1522, 11r
Trier 516/1595, 135r
Utrecht BMH 27, 51v; 56r
Vilnius 22.95, 106v
Wien 12875, 162v
Wienhausen 9, 6r
Mone I, 62
Pohl IV, 349

Dies est letitie nam processit	71r	5	84

RH 4611, 4612
Amsterdam I B 50, 12v
Berlin 8°190, 5r/v
Berlin 8°280, 13r
Brüssel II 270, 137v
Brüssel II 2631, 76r
Brüssel IV 421, 128r
Cant. traj., 180v
DPB, CXXVr
Paris 1522, 7r
Trier 516/1595, 136r
Utrecht BMH 27, 43v
Vilnius 22.95, 107v
Mone I, 65

Dilectus meus loquitur	12r	1	35

Köln 979, 33r
Wienhausen 9, 21r

Discubuit iesus	98v	6	94

Amsterdam I B 50, 115r
Brüssel II 2631, 82v
Cant. traj., 58r
Oldenburg Cim I 39, 110v

Paris 1522, 82r
Vilnius 22.95, 57r

Domine deus noster	134r	8/9	117
CAO 2335			
MMMAe V, Nr. 6124			
Amsterdam I B 50, 135v			
Utrecht 406, 135r, 197r			
Zutphen 6, CLIIIv			
Domine iesu christe pastor bone	111r	7	102
Den Haag 68 A 1, 157v			
Dominus deus meus	137v	8/9	121
Ecce ego iohannes vidi ostium	6r	1	3
CAO 2511			
MMMAe V, Nr. 1485			
Cant. traj. 168r			
Den Haag 68 A 1, 143r			
Utrecht BMH 27, 68v			
Zutphen 1, 26v/27r			
Zutphen 6, LXXIIIIv; CXLIIr			
En trinitatis speculum	55r	4	68
AH 1, 64			
RH 5478			
RNL T1815, Mo214			
Berlin 8°190, 6v			
Trier 322/1994, 213v			
Esto michi domine	105r	7	96
Et pro etc	11v	1	33
Exulta terra mare sol luna	57v	4	72
Den Haag 129 E 4, 161v			
Felix namque es	126r	8/9	109
CAO 6725			
Amsterdam 206 A 10, 27v			
Amsterdam I B 50, 65v			
Brüssel II 2631, 58v			
Cant. traj., 132r			
Den Haag 68 A 1, 129v			
Paris 1522, 92r			
Utrecht 406, 159r			
Zutphen 6, CXXVr; CLr; CCXIIIr			
Vilnius 22 95, 62r			
Ferculum fecit sibi rex salomon	9v	1	22
Den Haag 68 A 1, 77v			

Utrecht 406, 150v
Zutphen 6, XCIIIIv

Gaude dei genitrix 48v 3 58
    CAO 2920
    MMMAe V, Nr. 5073
    Den Haag 68 A 1, 80r

Gaude maria etc. 10r 1 26
    CAO 2927
    Cant. traj., 100r
    Den Haag 68 A 1, 130v
    Oldenburg Cim I 39, 163r
    Utrecht 406, 160v
    Wien 12875

Gaude virgo mater christi 49r 3 59
    AH 15, 96
    IC 7080 a
    RH 7013
    Berlin 8°190, 65r
    Wien 12875, lxxxvi r

Gaudeamus in domino 62v 4 77

Gaudent in celis etc. 13v 1 39
    CAO 2927
    MMMAe V, Nr. 6080
    Utrecht 406, 189v, 214r
    Zutphen 6, CXr, CXLIXr; CXXXVIIr;
        CLXXXIIIr; CLXXXVIr

Gloriosa tu que regis 11r 1 31
    Pohl IV, 374

Grates nunc omnes cernui 14v (t) 1 –
                      72v 5 86

Iesu dulcis memoria 59r 4 73
    IC 9837
    RH 9542
    Berlin 8°190, 67v
    Brüssel II 270, 136r
    Brüssel IV 421, 104r
    Nijmegen 402, 27r
    Piae cantiones, S. 116
    Trier 516/1595, 132v/133r
    Mone I, 329
    PL 184, 1318

Iesus et maria sint mecum 7r 1 7

Igitur libenter laborabo   108r   7   100

Immolabit edum multitudo   123v   8/9   106
    Amsterdam I B 50, 103r
    Oldenburg Cim I 39, 106r, 115v
    Paris 1522, 73v
    Utrecht 406, 137r
    Zutphen 6, XXXVIIv

Impius hanc cesar   8r   1   13
    Zutphen 6, CLXVr

In dulci iubilo   61v   4   76
    RNL T3827, Mo445
    Berlin 8°190, 13r
    Berlin 8°280, 8r
    Brüssel IV 421, 121v
    Cant. traj., 205r
    Darmstadt 2276, 43v
    Den Haag 68 A 1, 20r
    Piae cantiones, S. 34
    Trier 516/1595, 138v/139r
    Pohl IV, 377
    Van Duyse 1907, III, 1848

In hoc anni circulo (*Verbum caro*)   59v   4   74
    IC 8930
    RH 8614/16
    Brüssel II 270, 137v
    Brüssel IV 421, 128v
    Utrecht, BMH 27, 40v

In superna celorum curia   53v   3   65
    siehe *Alleluia Vox*

Inter natos mulierum   128v   8/9   111
    CAO 6979
    MMMAe V, Nr. 3018
    Amsterdam 206 A 10, 33v
    Amsterdam I B 50, 70r
    Cant. traj., 106v
    Den Haag 68 A 1, 117r
    Paris 1522, 95r
    Utrecht 406, 126r
    Zutphen 6, LXXIXr; CLr (Fragm.)

Intercede pro nobis beate pontifex   13v   1   40
    Cant. traj. 116r
    Den Haag 76 E 3, 192va
    Utrecht 406, 133v; 196v
    Zutphen 6, CLIIv/CLIIIr
    Vilnius 22.95, 195r

Iocundantur et letantur simul   105r   7   95
     IC 9865
     Zwolle Em. VI, 7v (S. 284)
     PL 145, 978–80

Ioseph ginck van nazareth   63v   4   79
     RNL T4020, M0464
     (Van Duyse 1907, III, 2047)

Ista est speciosa   9v   1   21
     MMMAe V, Nr. 3111
     Hattem 1025, 7r

Isti sunt sancti   13v   1   41
     CAO 7023   130r   8/9   113
     Amsterdam I B 50, 79v
     Cant. traj., 17or
     Nijmegen 402, 105v
     Paris 1522, 107v
     Utrecht 406, 215r
     Zutphen 1, 35r/v
     Zutphen 6, CLXXXVv, CLV

Iubilemus singuli   6ov   4   75
     AH 20, 60
     RH 28756
     Berlin 8°190, 7v
     Brüssel IV 421, 127r
     Nijmegen 402, 29v
     HS Valkestijn, 462f
     Wien 12875, LXXIX
     Pohl IV, 327

Lauda relauda   7r   1   8
     Brüssel IV 421, 98r
     Zwolle Em. VI, 14r (S. 297)
     Pohl IV, 268

Laudes crucis attolamus   113r   7   103
     AH 54, 188
     IC 10162a
     RH 10360
     Pohl IV, 268

Magnum nomen domini emanuel   71v   5   (85)
(nur Textincipit)   74v   5   (87)
     IC 10599
     RH 11024
     Amsterdam I B 50, 8r
     Berlin 8°190, 31r
     Brüssel, II 270, 138v

Brüssel IV 421, 136r
Cant. traj., 4r, 183r
DPB, CXXVIr
Gent 901, 35r
Köln 979, 58v
Paris 1522, 7v
Piae cantiones, 34
Utrecht BMH 27, 45v
HS Valkestijn, 460
Vilnius 22.95, 107v
Wien 12875, XXIVv
Lipphardt 1972

Maria pudoris sui custos	47v	3	56
Brüssel IV 421, 144r			
Wien 12875, cxxiiir			
Pohl IV, 338			
Marie virginis fecundat viscera	51r	3	62
AH 20, 79; 10, 112: *Beatae virginis*			
RH 11167			
Berlin 8°190, 88r			
Engelberg 314, 83r			
Zutphen 6, CXV r/v			
Melchisedech vero rex	124v	8/9	107
Brüssel II 2631, 8v; 82r			
Cant. traj., 58r			
Oldenburg Cim I 39, 110r			
Utrecht 406, 140v			
Met desen nyen iare	64v	4	80
RNL T4571, Mo527			
Berlin 8°190, 11v			
Berlin 8°185, 279			
Brüssel II 270, 122v			
Cant. traj., 206r			
DPB, CXV (bis)r			
Trier 516/1595, 143v			
Wien 12875, LXXVIv			
Van Duyse 1907, III, 1996			
Nigra sum etc.	10r	1	25
CAO 3878			
MMMAe V, Nr. 6137			
Hattem 1025, 60v			
Utrecht 406, 150v			
Nos cum prole pia	7r	1	6

Nullus labor durus	7r	1	9
	108r	7	101
Nunc exultando pariter	63r	4	78
O beata sponsa christi	8v	1	15

   AH 25, 257
   Den Haag 68 A 1, 156v
   Zutphen 2, LIXr
   Zutphen 6, CCXXVIIr

O beate confessor domini lebuine	135v	8/9	119

   Den Haag 133 H 25, 269vb

O dee virtutum custos	13r	1	37

   Cant. traj., 176r
   Utrecht 406, 221v
   Zutphen 6, CXLVIIr/v

O dulcissime iesu qui de celo	4r	1	1

   AH 48, 508
   RH 12938
   Berlin 8°190, 48v
   Berlin 8°280, 149r
   Brüssel IV 421, 113v
   Brüssel 4585–87, 19r–23v
   Brüssel 11841–46, 26v
   Köln W 28, 49r
   Köln 979, 120r
   Trier 516/1595, 138r
   Wien 12875, CIIIIr
   Zwolle Em. VI, 14v (S. 298)
   Pohl IV, 247
   Szöverffy 1965, 416, 418

O maria cuius oratio	48v	3	57
O nardus odorifera	10v	1	30
O pater clementissime sacerdos	134v	8/9	118
O quam dura quam horrenda	106r	7	97

   IC 12891a
   RH 13500
   Zwolle Em. VI, 9r (S. 287)
   PL 145, 980

O quam gloriosum est regnum	13v	1	38

   CAO 4063
   MMMAe V, Nr. 6077
   Cant. traj. 150r
   Den Haag 68 A 1, 149v

Utrecht 406, 31v; 190r
Zutphen 6, CXLIXv

O sacrum conuiuium	133r	8/9	116
MMMAe V, Nr. 5058			
Amsterdam 206 A 10, 18v			
Amsterdam I B 50, 114r			
Brüssel II 2631, 81v, 8v			
Cant. traj., 57r			
Den Haag 68 A 1, 49v			
Köln 979, 30r			
Oldenburg Cim I 39, 135r			
Paris 1522, 81r			
Utrecht 406, 140v			
Zutphen 6, XLr/v			
Vilnius 22.95, 59r			
O stupor et gaudium	12v	1	36
AH 5, 176			
RH 39643			
MMMAe V, Nr. 6198			
Nijmegen 402, 137v			
Zutphen 6, CCXXXIr			
Oliua fructifera	9r	1	17
AH 5, 66			
Zutphen 6, 8r			
Omnis eius actio	9r	1	18
Zutphen 6, 6v			
Ora pro nobis beate clemens	7v	1	10
CAO 7326			
Peperit virginitas	71v	5	85
Philomena preuia	77v	5	89
AH 50, 602–616			
IC 14071			
RH 14898			
Darmstadt 80, 128r			
Darmstadt 2273, 3r			
Köln, GB 8°58, 2r			
Köln, W 75, 39r			
Puer natus est hodie	121v	7	104
Puer natus in bethleem	56v	4	70
AH 1, 163;195;196	57r	4	71
RH 15784			
Berlin 8°190, 5v, 25v			
Berlin 8°280, 10v			

Brüssel II 270, 135r
Brüssel IV 421, 126v
Cant. traj., 182r, 183r
DPB, CXXIv
Gent 901, 36r
Piae cantiones, 79
Utrecht BMH 27, 47v
HS Valkestijn, 464
Vilnius 22.95, 107v, 109v
Wienhausen 9, 4r

Puer nobis nascitur rector	55r	4	66
AH 1, 43	54v	4	67

RH 15790
Amsterdam I B 50, 11v;
Berlin 8°185, 192
Berlin 8°190, 6r
Brüssel II 270, 134v
Brüssel II 2631, 77r
Brüssel IV 421, 134v
Cant. traj., 184r
Den Haag 68 A 1, 165r
DPB, CXVIIIv
Gent 901, 36v
Paris 1522, 8v
Piae cantiones, S. 15
Trier 516/1595, 135v
Utrecht BMH 27, 49v
HS Valkestijn, 468
Vilnius 22.95, 109v
Wienhausen 9, 2r
Mone I, 64

Quam pulchra es et quam decora	12r	1	34

CAO 4436
MMMAe V, Nr. 6144
Den Haag 68 A 1, 76r
Utrecht 406, 149v
Vilnius 22.95, 60v

Quanta mihi cura de te	108r	7	98

AH 48, 500
RH 16180
Zwolle Em. VI, 4v (S. 278)
Mone I, 356
Pohl IV, 254

Quantum facultas suppetit	9v	1	20

Zutphen 6, 7r

Qui sunt hii	129r	8/9	112
CAO 7484			
Amsterdam I B 50, 75v			
Cant. traj. 166r			
Paris 1522, 100r			
Utrecht 406, 209r			
Zutphen 6, CXLIIr; Clr; CLXXVr			
Quia deuotis laudibus	8r	1	14
Zutphen 6, CLXIVr; CLXVIIr			
Quicquid egit penitus	9v	1	19
Zutphen 6, 7r			
Regnum mundi et omnem ornatum	132r	8/9	115
CAO 7524			
Amsterdam I B 50, 84v			
Brüssel II 2631, 85v			
Cant. traj., 174r			
Den Haag 68 A 1, 74r			
Den Haag 78 J 45, 113v			
Paris 1522, 110v			
Utrecht 406, 219r			
Wien 12875, cxxvi r			
Vilnius 22.95, 100v			
Zutphen 6, CXCIII, CLXVIIIr			
Pohl IV, 340			
Respexit helias ad caput suum	136v	8/9	120
Amsterdam 206 A 10, 18v			
Amsterdam I B 50, 105v			
Den Haag 68 A 1, 49v			
Köln 979, 25r			
Oldenburg Cim I 39, 118r			
Paris 1522, 75r			
Utrecht 406, 137r			
Zutphen 6, XXXVIIIr			
Salue Aue spes et salus	44r	3	50
AH 1, 54			
RH 2123			
Amsterdam I B 50, 180v			
Köln 979, 71v			
Wien 12875, iiv			
Wienhausen 9, 21v			
Salue celi digna	42r	3	46
RH 17853			
Amsterdam I B 50, 178v			
Berlin 190, 85r			
Köln 979, 77v			

Salue Iusum fructum Amsterdam I B 50, 177v	42v	3	47
Salue Maria tuum filium	47r	3	55
Salue O gloriosissima	45r	3	51
Salue O speculum sine macula	46r	3	53

Salue O virgo spes humilium
   RH 13919
   Amsterdam I B 50, 176r
   Berlin 8°190, 84v
   Brüssel II 2631, 60r
   Köln 979, 81r
	43r	3	48

Salue Ostende virgo clarissima	46v	3	54

Salue Salue mater misericordie
   IC 17116
   RH 18032
	45v	3	52

Salue Virginalis castitas
   Amsterdam I B 50, 175r
   Köln 979, 77r
   Paris 1522, 35v
	41r	3	44

Salue Virgo mater ecclesie RH 21819	41v	3	45
Salue Vt videri	43v	3	49

Sanctus O quam dulciter
   AH 47, 320
   RH 39548
   IC 12891/17254
   Corpus Troporum VII, Nr. 86
   Amsterdam 206 A 10, 23r
   Amsterdam I C 17, 150v
   Berlin 8°190, 183v
   Engelberg 314, 116v
   Oxford, BL lat. lit. d I, 48v
   Utrecht, BMH 21, 231v
   Vilnius 22.95, 111v
	97v	6	93

Seruiat tibi domine Pohl IV, 333	108r	7	99

Sint lumbi vestri precincti
   CAO 7675
   Amsterdam I B 50, 81r
   Cant. traj. 171v
   Den Haag 68 A 1, 73r
   Paris 1522, 106v
	131r	8/9	114

Utrecht 406, 196v; 216r
Zutphen 6, CLXXXIXr; CLv

Sub tuam protectionem confugimus	7v	1	11
CAO 5040			
MMMAe V, Nr. 4265			
Utrecht 406, 162r			
Surgit christus cum tropheo	91r	6	90
AH 54, 364			
RH 19919			
Surrexit christus hodie (t)	93r	6	91
AH 1, 165;196–197			
IC 18925			
RH 19934			
Berlin 8°190, 55v			
Brüssel II 2631, 56r			
Paris 1522, 61v			
Mone I, 195			
Te sanctum dominum	127v	8/9	110
CAO 7757			
Paris 1522, 126r			
Utrecht 406, 179r			
Zutphen 6, CXXXv; CLv			
Tota pulchra etc.	10r	1	27
CAO 5162			
MMMAe V, Nr. 4270			
Amsterdam 206 A 10, 38r			
Berlin 8°190, 91r			
Den Haag 68 A 1, 131r			
Utrecht 406, 161v			
Vilnius 22.95, 63r			
Zutphen 6, CXr			
Tuam deus piissime pater	15v	1	43
Vale vale vale christi virgo	10v	1	29
Verbum caro factum est	59v	4	74
(*In hoc anni circulo*)			
Berlin 8° 190, 7r			
Brüssel II 270, 137v			
Brüssel IV 421, 128v			
Trier 516/1595, 136v			
Mone I, 65			
Virgo prudentissima quo	10r	1	23
CAO 5454			
MMMAe V, Nr. 1530			

Cant. traj., 132r
Zutphen 6, CXv

Virgo flagellatur crucianda   7v 1   12
 Zutphen 6, CLXVr

Vniuersalis ecclesia   65v 4   81
 AH 20, 129   66v 4   81
 RH 20862
 Berlin 8°190, 27v
 Brüssel IV 421, 133v
 Pohl IV, 358

Vox dicentis clama et dixi   67v 4   83
 Berlin 8°190, 39v
 Brüssel II 2631, 63v
 Göllner 1969 I, 69f

Vox tonitrui tui deus in rota   6r 1   4
 AH 26, 155
 CAO 7921
 Amsterdam I B 50, 74r
 Cant. traj., 20v
 Den Haag 68 A 1, 114v (andere Melodie)
 Paris 1522, 98v
 Utrecht BMH 27, 67v
 Zutphen 1, 26r/v
 Zutphen 6, LXXIII

GESÄNGE IN DER ANORDNUNG DER HANDSCHRIFT

Lage 1

IN DER DARSTELLUNG AUFGEFÜHRTE GESÄNGE

VERZEICHNIS DER HANDSCHRIFTEN
UND ALTEN DRUCKE

Handschriften

Amsterdam, Toonkunstbibliotheek
  206 A 10 : 180, 180a, 473, 476, 478, 482, 484–486

Amsterdam, Universiteitsbibliotheek
  I B 50 : 45a, 172, 176f., 176a, 221a, 223a, 473–476, 478f., 482–485, 487
  I C 17 : 473, 485

Berlin, Staatsbibliothek Preussischer Kulturbesitz
  Diez 13 Sant. 16 : 178a
  germ. 8° 185 : 147a, 475, 480, 483
  germ. 8° 190 : 7, 65a, 69a, 83, 84a, 85, 85a, 97, 111a, 147a, 149a, 176f., 179, 208a, 217, 218a, 219, 227a, 228, 234, 237a, 473–487
  germ. 8° 280 : 7, 7a, 207a, 218a, 233a, 475, 478, 481f.

Brussel, Koninklijke Bibliotheek Albert I.
  II 270 : 69a, 207, 227a, 234, 234a, 237a, 239a, 475, 477–480, 483, 486
  II 2631 : 83, 145, 149a, 474–476, 480, 482–487
  IV 124 : 108a
  IV 421 : 8, 15a, 118, 124, 124a, 149a, 164–167, 187a, 218a, 226–228, 226a–228a, 233a, 234, 237a, 475, 477–481, 483, 486f.
  4585–4587 : 206a, 481
  11841–46 : 481

Cambrai, Bibliothèque municipale
  11 : 70a

Chartres, Bibliothèque municipale
  109 : 221a

Darmstadt, Landes- und Hochschulbibliothek
  80 : 120a, 122, 122a, 482
  521 : 178a
  2242 : 178a
  2273 : 482
  2276 : 478

Den Haag, Koninklijke Bibliotheek
  68 A 1 : 53a, 62a, 162, 212a, 221a, 474–478, 481–487
  73 G 22 : 156a, 157a, 189a

Utrecht, Universiteitsbibliotheek
3 J 7 (Kat. Nr. 406): 48, 48a, 153a, 161f., 474, 476–484, 486
3 J 5 (Kat. Nr. 418): 171a
8 E 29 (Kat. Nr. 1586): 108a, 136a

Vilnius, Bibliothek der Litauischen Akademie der Wissenschaften
22.95 : 218, 234, 475f., 478, 480, 482f., 485f.

Wien, Österreichische Nationalbibliothek
Series nova 12875 : 7f., 65a, 84a, 95a, 97, 143, 147a, 149a, 156a, 176,
176a, 208a, 475, 477, 479–481, 484

Wienhausen, Zisterzienserinnenkloster (Wienhäuser Liederbuch)
9 : 7a, 15a, 176, 176a, 233a, 475, 483f.

Zutphen, Gemeentearchief
1 : 48, 53a, 473f., 476, 479, 487
2 : 48, 481
6 : 48, 162, 164f., 221a, 473f., 476–484, 486f.

Zwolle, Historisch Centrum Overijssel, Gemeentearchief
Collectie Emmanuelshuizen VI (olim 434) :
118f., 149a, 181a, 479, 481, 483
Collectie Emmanuelshuizen VIII :
31

Alte Drucke

Cantuale Trajectensis Diocesis scholasticis pueris non minus utile quam necessarium dum supervacuis sublatis et quibusdam magis necessariis restitutis recognitum ac diligenti cura impressum Anno Millesimo Quingentesimo XLI.
Utrecht, Het Utrechts Archief, XIII G 43
206a, 221a, 234a, 474–485, 487

Een devoot ende profitelijck boecxken, inhoudende veel gheestelijcke Liedekens ende Leysenen/ diemen tot deser tijt toe heeft connen ghevinden in prente oft in ghescrifte: wt diuersche steden ende plaetsen bi een vergadert ende bi malcanderen ghevoecht. Ende elck liedeken heeft sinen besonderen toon/ wise/ oft voys/ op noten ghestelt/ ghelijc die Tafel hier na volgende breeder wt wijst ende verclaert.
Gheprent in die triumphelike coopstadt Antwerpen/ op die Lombaerden veste/ tegen die gulden hant over. By mi Symon Cock. Met K. Privilegie.
475, 480, 483

Johannes Mauburnus, *Rosetum exercitiorum spiritualium et sacrarum meditationum, in quo habetur materia predicabilis per totius anni circulum recognitum penitus et auctum multis presertim primo et ultimo titulis.* Parrhisiorum impensis Joannis Parvi [etc.] 1510.
Utrecht, Universiteitsbibliotheek, Rar. 6–56
97, 97a, 98

Ordinarius divini officii pro ordine Canonicorum Regularium Capittuli siue Congregationis Wyndesemensis, [Deventer] anno domini 1521.
Nijmegen, Universiteitsbibliotheek, P. inc. 28
139a, 188a, 192a

Theodoricus Petri (Rutha), *Piae cantiones ecclesiasticae et scholasticae veterum episcoporum*, Greifswald 1582. Facsimileausgabe Helsinki 1967, ed. E. Marvia. [Documenta musicae fennicae X]
475, 477f., 480, 483

ORTSREGISTER

NAMENSREGISTER

SACHREGISTER

ABKÜRZUNGEN

AH   *Analecta Hymnica medii aevi*, Bd.1–55, Ed. G. M. Dreves, Cl. Blume und H.M. Bannister, Leipzig 1886–1922.

Cant. traj.   *Cantuale trajectensis diocesis* (Siehe Handschriften und alte Drucke)

CAO   *Corpus Antiphonalium Officii*, Ed. R.J. Hesbert, 6 Bde., Rom 1963–1979 [Rerum ecclesiasticarum Documenta].

Census III   *Census-catalogue of manuscript sources of polyphonic music, 1400–1550*, comp. by the University of Illinois Musicological Archives for Renaissance Manuscript studies, 5 Bde., Neuhausen-Stuttgart 1979–1988 [Renaissance Manuscript Studies 1].

Col.   Epistola beati Pauli apostoli ad Collosenses

CS   *Scriptorum de musica medii aevi nova series*, Ed. C.E.H. de Coussemaker, 4 Bde., Paris 1864–1876, Neudruck 1963.

cantus   Elektronische Datenbank für den Gregorianischen Choral der University of Western Ontario: http://publish.uwo.ca/~cantus

dbi-link   Elektronische Datenbanken des Deutschen Bibliotheksinstituts: http://www.dbilink.de

DPB   *Een devoot ende profitelyk boecxken*. Siehe Scheurleer 1889.

Eph.   Epistola beati Pauli apostoli ad Ephesios

HMT   *Handwörterbuch der musikalischen Terminologie*, Hg. H.H. Eggebrecht, 5 Ordner, Stuttgart o.J.

IC   H. Walther, *Initia carminum ac versuum medii aevi posterioris latinorum. Alphabetisches Verzeichnis der Versanfänge mittel-lateinischer Dichtung*. Göttingen 1959 [*Carmina medii aevi posterioris latina* Bd. I,1].

MGG   *Die Musik in Geschichte und Gegenwart: Allgemeine Enzyklopädie der Musik*, begründet von F. Blume, 2. neubearbeitete Ausgabe, Hg. von L. Finscher, Kassel 1994ff.

m. imp.   modus imperfectus

MMMAe   *Monumenta monodica medii aevi.* Herausgegeben im Auftrag des Instituts für Musikforschung Regensburg mit Unterstützung der Musikgeschichtlichen Kommission. Bd. I ff, Kassel 1956ff.

Mone   *Lateinische Hymnen des Mittelalters* aus Handschriften herausgegeben und erklärt von F.J. Mone, 3 Bde., Aalen 1964 (Neudruck der Ausgabe Freiburg i. Br. 1853).

New Grove   *The New Grove dictionary of music and musicians*, Ed. St. Sadie und J. Tyrrell, second edition, 29 Bde., London 2001.

1. Petr.   Epistola beati Petri apostoli prima

2. Petr.   Epistola beati Petri apostoli secunda

p. mai.   prolatio maior

p. min.   prolatio minor

RISM B IV 4   G. Reaney, *Répertoire international des sources musicales*, B IV 4: *Handschriften mit mehrstimmiger Musik des 14., 15. und 16. Jahrhunderts*, hg. von K. v. Fischer, München/Duisburg 1972.

RNL   *Repertorium van het Nederlandse lied tot 1600*, Hg. M. de Bruin und J.B. Oosterman, Gent 2001.

PL   *Patrologiae cursus completus series latina*, Ed. J.P. Migne, Bd.1 (Paris 1878)–217 (Paris 1890).

RH   U. Chevalier, *Repertorium Hymnologicum. Catalogue des chants, hymnes, proses, séquences, tropes en usage dans l'eglise latine depuis les origines jusqu'à nos jours*, Band 1–6, Louvain/Bruxelles 1892–1920.

t. imp.   tempus imperfectum

t. perf.   tempus perfectum

TRE   *Theologische Realenzyklopädie*, Hg. von G. Krause, G. Müller u.a., Bd. 1ff., Berlin 1976ff.

[ ]   Von mir vorgenommene Ergänzungen stehen zwischen eckigen Klammern.

LITERATURVERZEICHNIS

Acquoy 1875, 1876, 1880—J.G.R. Acquoy, *Het klooster te Windesheim en zijn invloed*, 3 Bde., Utrecht 1875, 1876, 1880.

Acquoy 1886—J.G.R. Acquoy, "Het geestelijk lied in de Nederlanden vóór de hervorming: Aanwijzingen en wenken", in: *Archief voor Nederlandsche Kerkgeschiedenis* 2 (1886) 1–111.

Van Aelst 2000—J. van Aelst, "Het gebruik van beelden bij Suso's lijdensmeditatie", in: Veelenturf 2000, 86–110.

Albergensia 1878—*Albergensia. Stukken betrekkelijk het klooster Albergen.* Hg. Vereniging tot beoefening van Overijsselsch Regt en Geschiedenis, Zwolle 1878.

Alberts 1959—W. J. Alberts (Ed.), *Consuetudines fratrum vitae communis*, Groningen 1959 [Fontes minores medii aevi VIII].

Alberts und Ditsche 1969—W. J. Alberts und M. Ditsche (Ed.), *Fontes historiam domum fratrum Embricensis aperientes*, Groningen 1969 [Teksten en Documenten III].

Alberts und Hulshoff 1958—W. J. Alberts und A.L. Hulshoff (Ed.), *Het Frensweger handschrift betreffende de geschiedenis van de Moderne devotie*, Groningen 1958.

Ameln 1956—K. Ameln, "Geistliche Lieder der Devotio moderna", in: *Jahrbuch für Liturgik und Hymnologie* 2 (1956) 145–146.

Angenendt 1997—A. Angenendt, *Geschichte der Religiosität im Mittelalter*, Darmstadt 1997.

Angenendt 1999—A. Angenendt, "Die Liturgie bei Heinrich Seuse", in: F. Felten u.a. (Hg): *Vita Religiosa im Mittelalter.* Festschrift für Kaspar Elm zum 70. Geburtstag, Berlin 1999, 877–897.

Arbogast 1982—W. Arbogast, "Thomas a Kempis (1380–1471) und die Musik", in: *Der Niederrhein. Zeitschrift für Heimatpflege und Wandern* 49.4 (1982) 134–140.

Arbogast 1991—W. Arbogast, "38 Generalbaß-Lieder nach Texten des Thomas a Kempis, gedruckt 1678 in einer deutschsprachigen Bearbeitung seiner Nachfolge Christi", in: *Heimatbuch des Kreises Viersen* 1991, 69–77.

Apel 1970—W. Apel, *Die Notation der polyphonen Musik 900–1600*, Leipzig 1970.

Arlt 1970—W. Arlt, *Ein Festoffizium des Mittelalters aus Beauvais in seiner liturgischen und musikalischen Bedeutung*, 2 Bde., Köln 1970.

Arlt 1979—W. Arlt, (Hg.): *Palaeographie der Musik*, Bd. I: *Die einstimmige Musik des Mittelalters*, Köln 1979.

Arlt und Stauffacher 1986—*Engelberg Codex 314*, kommentiert und im Faksimile herausgegeben von W. Arlt und M. Stauffacher, unter Mitarbeit von U. Hascher, Winterthur 1986 [Schweizerische Musikdenkmäler II].

Bäumker 1888—W. Bäumker, "Niederländische geistliche Lieder nebst ihren Singweisen aus Handschriften des XV. Jh.", in: *Vierteljahrsschrift für Musikwissenschaft* 4 (1888) 153–254, 287–350.

Bedaux u.a. 1998—J. Bedaux u.a., *Met Erasmus naar school. Handschriften, boeken en voorwerpen uit de tijd van Alexander Hegius als rector van de Latijnse school in Deventer*, Deventer 1998 (Ausstellungskatalog).

Bent 1968—M. Bent, "New and little known Fragments of English Medieval Polyphony", in: *Journal of the American Musicological Society* XXI (1968) 137–156.

Bent 1996—M. Bent, "The early use of the sign ⊕", in: *Early Music* 24 (1996) 199–225.

Bent und Bowers 1981—M. Bent und R. Bowers, "The Saxilby Fragment", in: *Early Music History. Studies in Medieval and Early Modern Music* 1 (1981) 1–27.

Benz 1976—E. Benz, *Meditation, Musik und Tanz. Über den "Handpsalter", eine spätmittelalterliche Meditationsform aus dem Rosetum des Mauburnus*, Wiesbaden 1976 [Akademie der Wissenschaften und der Literatur. Abhandlungen der Geistes- und Sozialwissenschaftlichen Klasse, Jahrgang 1976, Nr. 3].

Berck 1995—C. Berck, *Late Medieval Christmas Songs of the Netherlands for two and three Voices, a Comparative Study*, Doctoraalscriptie Universiteit Utrecht 1995 (masch.).

Bernhart 1980—A. Augustinus: *Confessiones*, lat. und dt., eingeleitet, übersetzt und erläutert von J. Bernhart, München ⁴1980.

Van Biezen 1972—J. van Biezen, "The Music Notation of the Gruuthuse Manuscript and related Notations", in: *Tijdschrift van de Vereniging voor Nederlandse Muziekgeschiedenis* 22 (1972) 231–251.

Van Biezen und Gumbert 1985—J. Van Biezen und J.P. Gumbert (edd.), *Two Chansonniers from the Low Countries. French and Dutch polyphonic songs from the Leiden and Utrecht Fragments (early 15th century)*, Amsterdam 1985 [Monumenta Musica Neerlandica XV].

Van Biezen und Schulte Nordholt 1967—J. van Biezen und J.W. Schulte Nordholt, *Hymnen: Een bloemlezing met muziek uit de vroeg-christelijke en middeleeuwse gezangen van de Latijnse en Griekse Kerk*, Tournai 1967.

Van Biezen und Vellekoop 1984—J. van Biezen und C. Vellekoop, "Aspects of Stroke Notation in the Gruuthuse Manuscript and other sources", in: *Tijdschrift van de Vereniging voor Nederlandse Muziekgeschiedenis* 34 (1984) 3–25.

Bischoff 1986—B. Bischoff, *Paläographie des römischen Altertums und des abendländischen Mittelalters*, 2. überarbeitete Auflage Berlin 1986, 1. Aufl. 1979 [Grundlagen der Germanistik 24].

Bischoff 1990—B. Bischoff, *Latin Palaeography. Antiquity and the Middle Ages*, Cambridge 1990.

Boeren 1988—*Catalogus van de liturgische handschriften van de Koninklijke Bibliotheek*. Samengesteld door P. C. Boeren. Met medewerking van A.S. Korteweg en G. Piket, 's-Gravenhage 1988.

Bonda 1996—J.W. Bonda, *De meerstemmige Nederlandse liederen van de vijftiende en zestiende eeuw*, Hilversum 1996.

Breure 1985—L. Breure, "Männliche und weibliche Ausdrucksformen in der Spiritualität der Devotio moderna", in: P. Dinzelbacher und D.R. Bauer, *Frauenmystik im Mittelalter*, Stuttgart 1985, 231–255.

Breure 1987—L. Breure, *Doodsbeleving en levenshouding: een historisch-psychologische studie betreffende de Moderne Devotie in het IJsselgebied in de 14e en 15e eeuw*, Hilversum 1987 [Middeleeuwse studies en bronnen 5].

Breure 1989—L. Breure, "Het devote sterven als menselijke ervaring", in: *Ons Geestelijk Erf* 59 (1989) 433–456.

Brinkerink 1904—D.A. Brinkerink (Ed.), *Van den doechden der vuriger ende stichtiger susteren van Diepen Veen* ("Handschrift D"), Bd. 1, Leiden 1904.

Briquet 1923—Ch. M. Briquet, *Les Filigranes. Dictionnaire historique des marques du papier dès leur apparition vers 1282 jusqu'en 1600*, 2. Ed., Bd. 1–4, Leipzig 1923.

Bromm 1999—G. Bromm, "Neue Vorschläge zur paläographischen Schriftbeschreibung", in: P. Rück (Hg): *Methoden der Schriftbeschreibung*, Stuttgart 1999 [Historische Hilfswissenschaften 4].

De Bruin und Oosterman 2001—M. de Bruin und J.B. Oosterman, *Repertorium van het Nederlandse lied tot 1600*, Gent 2001.

Bruning 1948—E. Bruning, *Het geestelijk lied van Nederland*, Heemstede 1948.

Bruning 1955—E. Bruning, *De middelnederlandse liederen van het onlangs ontdekte handschrift van Tongeren (omstreeks 1480)*, Antwerpen/Amsterdam 1955.

Bruning u.a. 1963—E. Bruning, M. Veldhuyzen, H. Wagenaar-Nolthenius, *Het geestelijk Lied van Noord-Nederland in de vijftiende eeuw; de Nederlandse liederen van de HSS Amsterdam (Wenen OeNB 12875) en Utrecht (Berlin MG 8° 190)*, Amsterdam 1963 [Monumenta Musica Neerlandica VII].

Burger 1986—C.P.M. Burger, *Aedificatio, Fructus, Utilitas. Johannes Gerson als Professor der Theologie und Kanzler der Universität Paris*, Tübingen 1986 [Beiträge zur Historischen Theologie 70].

Burger 2001—C.P.M. Burger, "Endzeiterwartung in spätmittelalterlichen Traktaten, Liedern und Bildern und bei Martin Luther", in: Rottenburger Jahrbuch für Kirchengschichte 20 (2001) 27–52.

Van Buuren 1992—A.M.J. van Buuren, " 'Soe wie dit lietdkyn sinct of leest': De functie van de Laatmiddelnederlandse geestelijke lyriek", in: Willaert u.a. 1992, 234–54, 399–404.

Van Buuren 1993—A.M.J. van Buuren, " 'Wat materien gheliken op sonnendage ende Hoechtijde te lesen'. Het Middelnederlandse collatieboek van Dirc van Herxen", in: Th. Mertens e.a. 1993, 245–263, 444–447.

Busse-Berger 1998—A. M. Busse-Berger, "Die Rolle der Mündlichkeit in der Komposition der 'Notre Dame-Polyphonie'", in: *Das Mittelalter* 3 (1998) 127–143.

Bustuyn 1993—S. Bustyn, "Contrapuntal texture in non-learned medieval polyphony", in: Huglo u.a. 1993, 159–169.

Carasso-Kok 1981—M. Carasso-Kok, *Repertorium van verhalende historische bronnen uit de middeleeuwen. Heiligenlevens, annalen, kronieken en andere in Nederland geschreven verhalende bronnen*, 's-Gravenhage 1981 [Bibliographische reeks van het Nederlands Historisch Genootschap 2].

Carruthers 1990—M. Carruthers, *The book of memory. A study of Memory in Medieval Culture*, Cambridge 1990 [Cambridge studies in medieval literature 10].

Carruthers 1998—M. Carruthers, *The Craft of Thought. Meditation, Rhetoric, and the Making of Images 400–1200*, Cambridge 1998 [Cambridge studies in medieval literature 34].

Caspers 2000—Ch. Caspers, "De kerstkribbe van zuster Katheryna van Arkel", in: Veelenturf 2000, 67–85.

Clop 1906—E. Clop, "Polyphonie ou monodie dans les églises de couvents?", in: *Rassegna Gregoriana* 8–10 (1906) 3–6.

Corbin 1979—S. Corbin, "Die Neumen", in: Arlt 1979, 3.1–3.230.

Corpus Troporum VII—*Corpus Troporum* Bd. VII: *Tropes de l'ordinaire de la messe: Tropes du Sanctus*. Introduction et édition critique par Gunilla Iversen. Stockholm 1990 [Acta Universitatis Stockholmiensis. Studia Latina Stockholmiensia XXXIV].

De Coussemaker 1856—C.E.H. de Coussemaker, "Chants liturgiques de Thomas a Kempis", in: *Messager des sciences historiques des arts et de la bibliographie de Belgique* 1856, Gent 1856, 66–81.

Crocker 1962—R. L. Crocker, "Discant, Counterpoint, and Harmony", in: *Journal of the American Musicological Society* XV (1962) 1–21.

Strohm und Cullington 1996—*On the Dignity & the Effects of Music. Egidius Carlerius, Johannes Tinctoris: Two fifteenth-century treatises*, translated and annotated by J.D. Cullington, ed. R. Strohm und J.D. Cullington, London 1996.

Daróczi 1995/96—A. Daróczi, "Beschrijving van GAZ 6", in: De Loos 1995/96, 226–230.

Derolez 1984—A. Derolez, *Codicologie des manuscrits en ecriture humanistique sur parchemin*, 2 Bde., Turnhout 1984 [Bibliologia 5 und 6].

Ditsche 1960—M. Ditsche, "Zur Herkunft und Bedeutung des Begriffes devotio moderna", in: *Historisches Jahrbuch* LXXIX (1960) 124–145.

Van Dijk 1985—R.Th.M. van Dijk, "Jan Cele in het licht van zijn relaties. Portret van een opmerkelijke devoot te Zwolle", in: *Zwols Historisch Jaarboek* 1985, 1–13.

Van Dijk 1986—R.Th.M. van Dijk, *De constituties der Windesheimse vrouwenkloosters voor 1559. Bijdrage tot de institutionele geschiedenis van het Kapittel van Windesheim*, 2 Bde., Nijmegen 1986.

Van Dijk 1994—R.Th.M. van Dijk, "Die Wochenpläne in einer unbekannten Handschrift von 'De spiritualibus ascensionibus' des Gerhard Zerbolt von Zutphen", in: J. Helmrath u.a. (Hg.), *Studien zum 15. Jahrhundert.* Festschrift für Erich Meuthen, München 1994, 445–455.

Van Dijk 1996—R. Th. M. van Dijk, "Het Kapittel van Windesheim 1395–1995. Terugblik en vooruitzicht", in: Hendrikman 1996, 1–9.

Van Dijk 2000—R. Th. M. van Dijk, "Thematische meditatie en het beeld: visualiteit in *De spiritualibus ascensionibus* van Gerard Zerbolt van Zutphen (1367–1398)", in: Veelenturf 2000, 43–66.

Van Dongen 2002—J. van Dongen, *Tien Middelnederlandse meerstemmige liederen uit handschrift Brussel KB II.270. Kritische editie met inleiding*, Utrecht 2002 [Focus3].

Van Duyse 1907—F. van Duyse, *Het oude Nederlandsche Lied*, 4 Bde, 's-Gravenhage/Antwerpen 1903–1908, Bd. III: 1907.

Elm 1985—K. Elm, "Die Bruderschaft vom gemeinsamen Leben. Eine geistliche Lebensform zwischen Kloster und Welt, Mittelalter und Neuzeit", in: *Ons Geestelijk Erf* 59 (1985) 470–496.

Elm 1989—K. Elm, *Mittelalterliches Ordensleben in Westfalen und am Niederrhein*, Paderborn 1989 [Studien und Quellen zur westfälischen Geschichte Bd. 27].

Elm 1998—K. Elm, "*Vita regularis sine regula*. Bedeutung, Rechtsstellung und Selbstverständnis des mittelalterlichen und frühneuzeitlichen Semireligiosentums", F. Mahel (Hg.), *Häresie und vorzeitige Reformation im Spätmittelalter*, München 1998, 239–273 [Schriften des Historischen Kollegs 39].

Van Engen 1988a—J. van Engen, *Devotio Moderna. Basic Writings*. Translated and introduced by J. van Engen, preface by H. A. Oberman, New York 1988 [The Classics of Western Spirituality 59].

Van Engen 1988b—J. van Engen, "The virtues, the brothers, and the schools. A text from the Brothers of the Common Life", in: *Revue Bénédictine* 104 (1988) 178–217.

Ewerhart 1955—R. Ewerhart, *Die Handschrift 322/1994 der Stadtbibliothek Trier als musikalische Quelle*. Regensburg 1955 [Kölner Beiträge zur Musikforschung 7].

Feder 1987—G. Feder, *Musikphilologie. Eine Einführung in die musikalische Textkritik, Hermeneutik und Editionstechnik*. Darmstadt 1987 [Die Musikwissenschaft. Einführung in Gegenstand, Methoden und Ergebnisse ihrer Disziplinen].

Forney 1987—K.K. Forney, "Music, ritual and patronage at the church of our Lady, Antwerp", in: *Early Music History* 7 (1987) 1–57.

Franke 1981—H.M. Franke, *Der Liber ordinarius der Regularkanoniker der Windesheimer Kongregation*, Leverkusen/Opladen 1981 [Studia Vindesemensia. Beiträge zur Erforschung der Devotio moderna und des kanonikalen Lebens II–1].

Fuller 1978—S. Fuller, "Discant and the Theory of Fifthing", in: *Acta Musicologica* 50 (1978) 241–275.

Geering 1952—A. Geering, *Die Organa und mehrstimmigen Conductus*. Bern 1952.

Van Geest 1992—P.J.J. van Geest, "Liturgie en Navolging, wat deed Thomas a Kempis in de Liturgie?", in: *Bulletin van de Vereniging voor Latijnse liturgie* 51 (1992) 28–35.

Van Geest 1996—P. van Geest, *Thomas a Kempis (1379/80–1471). Een studie van zijn mens- en godsbeeld*. Analyse en Tekstuitgave van de *Hortulus rosarum* en de *Vallis liliorum*, Kampen 1996.

Gerritsen 1997—W.P. Gerritsen, "Het lastige leitje van Lopikerkapel", in: Willaert 1997, 47–56.

Gerritsen u.a. 2000—W. P. Gerritsen en C. Vellekoop, *Lyrische lente: liederen en gedichten uit het middeleeuwse Europa*, Amsterdam 2000.

Geurts u.a. 1984—A. Geurts u.a. (Red.), *Moderne Devotie. Figuren en Facetten. Catalogus bij de tentoonstelling ter herdenking van het sterfjaar van Geert Grote,*

1384–1984, Nijmegen 1984.

De Goede 1965—N. de Goede (Ed.), *The Utrecht Prosarium. Liber Sequentiarum ecclesiae capitularis Sanctae Mariae Ultraiectensis saeculi XIII. Codex ultraiectensis, universitatis Bibliotheca 417*, Amsterdam 1965 [Monumenta Musica Neerlandica VI].

Göllner 1961—Th. Göllner, *Formen früher Mehrstimmigkeit in deutschen Handschriften des späten Mittelalters*, Tutzing 1961.

Göllner 1969—Th. Göllner, *Die mehrstimmigen liturgischen Lesungen*, 2 Bde., Tutzing 1969 [Münchner Veröffentlichungen zur Musikgeschichte 15].

Goossens 1952—L.A.M. Goossens, *De meditatie in de eerste tijd van de Moderne Devotie*, Haarlem etc. 1952.

Gottwald 1964—C. Gottwald, " 'In dulci iubilo', Morphogenese eines Weihnachtsliedes", in: *Jahrbuch für Liturgik und Hymnologie* 9 (1964) 133–143.

Goudriaan 1998—K. Goudriaan, "De derde orde van Sint Franciscus in het bisdom Utrecht", in: *Jaarboek voor Middeleeuwse Geschiedenis* 1 (1998) 205–260.

Goudriaan 2000—K. Goudriaan, "De derde orde als onderdeel van de Moderne Devotie", in: *Ons Geestelijk Erf* 74 (2000) 9–32.

Govers u.a. 1994—M.-J. Govers u.a. (Ed.), *Het Geraardsbergse handschrift. Hs. Brussel, Koninklijke Bibliotheek Albert I, 837–845*, met een codicologische beschrijving door. H Kienhorst, Hilversum 1994 [Middeleeuwse Verzamelhandschriften uit de Nederlanden I].

Grijp 1991—L.P. Grijp, *Het Nederlandse lied in de Gouden Eeuw: Het mechanisme van de contrafactuur*, Amsterdam 1991.

Grijp 1997—L.P. Grijp, "Zingend de dood in", in: Willaert 1997, 118–148.

Grisbrooke 1992—W.J. Grisbrooke, "The Formative Period—Cathedral and Monastic Offices", in: C. Jones, G. Wainwright und E. Yarnold (Hg.), *The Study of Liturgy*, New York 1978, überarbeitete Ausgabe New York 1992, 403–419.

Grube 1886—K. Grube (Ed.), *Des Augustinerpropstes Johannes Busch Chronicon Windeshemense und Liber de reformatione monasteriorum*, Halle 1886 [Geschichtsquellen der Provinz Sachsen XIX].

Gumbert 1974—J.P. Gumbert, *Die Utrechter Kartäuser und ihre Bücher im frühen fünfzehnten Jahrhundert*, Leiden 1974.

Gumbert 1975—J.P. Gumbert, "Nomenklatur als Gradnetz. Ein Versuch an spätmittelalterlichen Schriftformen", in: *Codices manuscripti* 1 (1975) 122–125.

Gumbert 1986—J.P. Gumbert, "Ruling by rake and board. Notes on some late medieval ruling techniques", in: P. Ganz (Hg.), *The role of the book in medieval culture* I, Turnhout 1986, 41–54 [Bibliologia 3].

Gumbert 1988—J.P. Gumbert, *Manuscrits datés conservés dans les Pay-Bas. Catalogue paléographique des manuscrits en écriture latine portant des indications de date*, par G.I. Lieftinck, Bd. 2: *Les manuscrits d'origine néerlandaise (XIVe-XVIe siècles) et supplément au tome premier*, Leiden etc. 1988.

Haas 1982—M. Haas, "Studien zur mittelalterlichen Musiklehre I: Eine Übersicht über die Musiklehre im Kontext der Philosophie des 13. und frühen 14. Jahrhunderts", in: *Forum Musicologicum* III: Aktuelle Fragen der musikbezogenen Mittelalterforschung, Winterthur 1982, 323–456.

Haas 1984—M. Haas, "Die Musiklehre im 13. Jahrhundert von Johannes de Garlandia bis Franco", in: H.H.Eggebrecht u.a., *Die mittelalterliche Lehre von der Mehrstimmigkeit*, Darmstadt 1984, 89–160 [Geschichte der Musiktheorie 5].

Haggh 1997a—B. Haggh, "New publications in Dutch on music before 1700 and a newly discovered 15th century Dutch manuscript with songs", in: *Early Music* 25 (1997) 121–128.

Haggh 1997b—B. Haggh, "The Helmond manuscript", in: *Yearbook of the Alamire Foundation* 2 (1997) 39–41.

Härting 1968—M. Härting, *Der Meßgesang im Braunschweiger Domstift St. Blasii (Handschrift Niedersächsisches Staatsarchiv in Wolfenbüttel VII B Hs. 175): Quellen und Studien zur niedersächsischen Choralgeschichte des dreizehnten und vierzehnten Jahrhunderts*, Regensburg 1968 [Kölner Beiträge zur Musikforschung 28].

Harrison 1982—F.L. Harrison, "Two liturgical manuscripts of Dutch origin in the Bodleian Library, Oxford, and music for the Ordinary of Mass in the late medieval Netherlands", *Tijdschrift van de Vereniging voor Nederlandse Muziekgeschiedenis* 32 (1982) 76–95.

Hascher-Burger 1998a—U. Hascher-Burger, "Neue Aspekte mehrstimmiger Lesungen des späten Mittelalters. Die Lektionen der Handschrift Den Haag, Museum van het boek/ Museum Meermanno-Westreenianum, ms. 10 B 26.", in: *Tijdschrift van de Koninklijke Vereniging voor Nederlandse Muziekgeschiedenis* 48 (1998) 89–111.

Hascher-Burger 1998b—U. Hascher-Burger, "Zwischen Apokalypse und Hohemlied. Brautmystik in Gesängen aus der Devotio Moderna", in: *Ons Geestelijk Erf* 72 (1998) 246–261.

Hascher-Burger 1999a—U. Hascher-Burger, "Mantra's in de Middeleeuwen?", in: *Madoc. Tijdschrift over de Middeleeuwen* 13 (1999) 175–181.

Hascher-Burger 1999b—U. Hascher-Burger, "Zang op het begijnhof", in: *Tijdschrift voor Gregoriaans* 24 (1999) 126–132.

Hascher-Burger 2000—U. Hascher-Burger, "De zingende nachtegaal: de rol van de Moderne Devotie binnen de overlevering van een passiemeditatie op muziek", in Veelenturf 2000, 135–154.

Hascher-Burger und Kouwenhoven 2000—U. Hascher-Burger und G. Kouwenhoven, "Maria tussen de akten. Drie devotiegezangen in een register uit Hattem", in: *Madoc. Tijdschrift over de Middeleeuwen* 14 (2000) 156–163.

Haug und Wachinger 1993—W. Haug und B. Wachinger (Hg.), *Die Passion Christi in Literatur und Kunst des Spätmittelalters*, Tübingen 1993 [Fortuna Vitrea 12].

Heeroma und Lindenburg 1966—K. Heeroma und C.W.H. Lindenburg, *Liederen en gedichten uit het Gruuthuse-Handschrift*, Leiden 1966.

Hendrikman u.a. 1996—A.J. Hendrikman u.a. (Hg.), *Windesheim 1395–1995: Kloosters, teksten, invloeden*. Voordrachten gehouden tijdens het internationale congres '600 jaar Kapittel van Windesheim' 27 mei 1995 te Zwolle, Nijmegen 1996, 1–9 [Middeleeuwse studies XII].

Hendrikman 1998—A.J. Hendrikman, "Van koor tot koor. Vanaf de stichting van de Onze Lieve Vrouwekapel te Zwolle tot aan de oprichtung van de Onser Liver Vrowen Sengers (1394–1498)", in: A.J. Hendrikman u.a., *Ave Praeclara. 500 jaar koorzang in de Onze Lieve Vrouwekerk te Zwolle 1498–1998*, Zwolle 1998, 17–27.

Henkel 1988—N. Henkel, *Deutsche Übersetzungen lateinischer Schultexte. Ihre Verbreitung und Funktion im Mittelalter und in der frühen Neuzeit. Mit einem Verzeichnis der Texte.* München 1988 [Münchener Texte und Untersuchungen zur deutschen Literatur des Mittelalters 90].

Hermans 1988—J.M.M. Hermans, *Middeleeuwse handschriften uit Groningse kloosters*, Groningen 1988.

Hermans 1994—J.M.M Hermans, "Laatmiddeleeuwse boekcultuur in het Noorden: zoeken en vinden", in: J.M.M Hermans und K.van den Hoek (Hg.), *Boeken in de late Middeleeuwen*. Verslag van de Groningse Codicologendagen 1992, Groningen 1994, 221–228.

Hermans und Lem 1989—J.M.M. Hermans und A.B. Lem, *Middeleeuwse Handschriften en Oude Drukken in de collectie Emmanuelshuizen te Zwolle*, Zwolle 1989.

Hiley 1997—D. Hiley, *Western Plainchant, a handbook*. New York 1993. Paperback-Edition New York 1995, 1997.

Hilpisch 1938—St. Hilpisch OSB, "Chorgebet und Frömmigkeit im Spätmittelalter", in: *Heilige Überlieferung. Ausschnitte aus der Geschichte des Mönchtums und des heiligen Kultes*, Münster 1938, 263–284 [Beiträge zur Geschichte des alten Mönchtums und des Benediktinerordens, Supplementbd. 1].

Hoffmann von Fallersleben 1854—H. Hoffmann von Fallersleben, *Niederländische geistliche Lieder des XV. Jahrhunderts*, aus gleichzeitigen Handschriften herausgegeben, Hannover 1854. Nachdruck Amsterdam 1968 [Horae Belgicae 10].

Hogenelst und Rierink 1992—D. Hogenelst und M. Rierink, "Praalzucht, professionalisme en privé-collecties. De functie van Middelnederlandse profane liedverzamelingen rond 1400", in: Willaert u.a. 1992, 27–55, 328–338.

Hovinga 1998—F. Hovinga, *Een roofnest, moortkuyl ende spelonck der dieven. De geschiedenis van het klooster Ludingakerke bij Harlingen*, Doctoraalscriptie kerkgeschiedenis Theologische Universiteit Kampen 1998.

Huglo u.a. 1993—M. Huglo u.a. (Hg), *Polyphonies de tradition orale. Histoire et traditions vivantes*, Actes du colloques de Royaumont 1990, Paris 1993.

Huizinga 1975a—J. Huizinga, *Herfsttij der Middeleeuwen. Studie over levens- en gedachtenvormen der veertiende en vijftiende eeuw in Frankrijk en de Nederlanden.* Groningen [13]1975, erstmals gedruckt 1919.

Huizinga 1975b—J Huizinga, *Herbst des Mittelalters. Studie über Lebens- und Geistesformen des 14. und 15. Jahrhunderts in Frankreich und in den Niederlanden*, hg. von K. Köster, Stuttgart [11]1975 [Kröners Taschenausgabe 204].

Hülsmann 1985—M. Hülsmann, "Codicologische kanttekeningen bij een Gulden legende van 1450", in: *Nederlands Kunsthistorisch Jaarboek 36* (1985) 131–152.

Hüschen 1952—H. Hüschen (Ed.), *Das Cantuagium des Heinrich Eger von*

Kalkar, 1328–1408, Köln/Krefeld 1952 [Beiträge zur rheinischen Musikgeschichte 2].

Husmann 1953—H. Husmann, "Die mittelniederländischen Lieder der Berliner Handschrift germ 8°190", in: *Internationale Gesellschaft für Musikwissenschaft, Fünfter Kongress Utrecht 3.–7. Juli 1952*, Amsterdam 1953, 241–251.

Hyma 1965—A. Hyma, *The Christian Renaissance. A history of the "devotio moderna"*. Hamden 1965, erstmals Grand Rapids, Michigan/Den Haag 1924.

Indestege 1951—Indestege, L.: *Middelnederlandse geestelijke gedichten, liederen, rijmspreuken en exempelen*, uitgegeven naar een pas ontdekt handschrift uit het Windesheimer klooster "Ter Nood Gods", te Tongeren. Gent o.J. (1951) [Koninklijke Vlaamse Academie voor taal- en Letterkunde III.33].

Jakobi-Mirwald 1997—Ch. Jakobi-Mirwald, *Buchmalerei. Ihre Terminologie in der Kunstgeschichte*, Berlin 1991, völlig überarbeitete und erweiterte Neuauflage Berlin 1997.

Jammers 1979—E. Jammers, *Aufzeichnungsweisen der einstimmigen außerliturgischen Musik des Mittelalters*, in: Arlt 1979, 4.1–4.146.

Janota 1968—J. Janota, *Studien zu Funktion und Typus des deutschen geistlichen Liedes im Mittelalter*, München 1968 [Münchener Texte und Untersuchungen zur deutschen Literatur des Mittelalters 23].

Jas 1997—E. Jas, *De koorboeken van de Pieterskerk te Leiden. Het zestiende-eeuwse muzikale erfgoed van een Hollands getijdencollege*. 2 Bde., Diss. (masch.) Universität Utrecht 1997.

Joldersma 1997—H. Joldersma, " 'Geestelijke' en 'wereldlijke' liederen. Enige aspecten van het handschrift Brussel MS II 2631", in: Willaert 1997, 58–73.

Joldersma und Van der Poel 2000—H. Joldersma und D. van der Poel: "Sij singhen met soeter stemmen. Het liederenhandschrift Brussel KB II 2631", in: *Nederlandse Letterkunde* 5 (2000) 113–137.

Jones 1946—L.W. Jones, "Pricking Manuscripts: the Instruments and their significance", in: *Speculum* 21 (1946) 389–403.

Kahmann 1987—B. Kahmann, "Een kartuizer uit de 15e eeuw over meerstemmigheid", in: *Gregoriusblad* 111 (1987) 22–26.

Kartäuser 1909—Dionysius Cartusianus, *De vita canonicorum*, in: *Doctoris ecstatici D. Dionysii Cartusiani opera omnia: opera minora in unum corpus digesta ad fidem editionem Coloniensium cura et labore Monachorum Sacri Ordinis Cartusiensis* Bd. V, Tournai 1909.

Kienhorst 1996—H. Kienhorst, "Middelnederlandse verzamelhandschriften als codicologisch object", in: Sonnemans 1996, 39–60.

Knuttel 1906—J.A.N. Knuttel, *Het Geestelijk Lied in de Nederlanden voor de Kerkhervorming*, Rotterdam 1906, Unveränderter Nachdruck Groningen/Amsterdam 1974.

Kock 1997—Th. Kock, "Theorie und Praxis der Laienlektüre im Einflußbereich der Devotio Moderna", in: Th. Kock und R. Schlusemann, *Laienlektüre und Buchmarkt im späten Mittelalter*, Frankfurt 1997, 199–220 [Gesellschaft, Kultur und Schrift. Mediävistische Beiträge Bd. 5].

Kock 1999—Th. Kock, *Die Buchkultur der Devotio moderna. Handschriftenproduktion, Literaturversorgung und Bibliotheksaufbau im Zeitalter des Medienwechsels*, Frankfurt a.M. etc. 1999 [Tradition-Reform-Innovation. Studien zur Modernität des Mittelalters 2].

Koorn 1981—F.W.J. Koorn, *Begijnhoven in Holland en Zeeland gedurende de middeleeuwen*, Assen 1981 [Van Gorcum's historische bibliotheek 97].

Koorn 1985—F.W.J. Koorn, "Ongebonden vrouwen. Overeenkomsten en verschillen tussen begijnen en zusters des Gemenen Levens", in: *Ons Geestelijk Erf* 59 (1985) 393–402.

Koorn 1996—F.W.J. Koorn, "Het Kapittel van Utrecht", in: Hendrikman u.a. 1996, 131–142.

Köpf 1993—U. Köpf, "Die Passion Christi in der lateinischen religiösen und theologischen Literatur des Spätmittelalters", in: Haug und Wachinger 1993, 21–41.

Kornrumpf 2000—G. Kornrumpf, "*In dulci iubilo*. Neue Aspekte der Überlieferungsgeschichte beider Fassungen des Weihnachtsliedes", in: J. Spicker u.a. (Ed.): *Edition und Interpretation. Neue Forschungsparadigmen zur mittelhochdeutschen Lyrik*. Festschrift für Helmut Tervooren, Stuttgart 2000, 159–190.

Kors 1996—M.M. Kors (Ed.): *Gerlaci Petri opera omnia*, Turnhout 1996 [Corpus Christianorum Continuatio Mediaevalis 155].

Kossmann 1940—E.F. Kossmann (Ed.), *Die Haager Liederhandschrift. Faksimile des Originals mit Einleitung und Transskription*. Den Haag 1940.

De Kruijf u.a. 2000—U. de Kruijf u.a. (Red.), *Een klooster ontsloten. De kroniek van Sint-Agnietenberg bij Zwolle door Thomas a Kempis*, in vertaling en met commentaar, Kampen 2000.

Legrand 1999—Sr. F.J. Legrand (Ed.), *Florent Radewijns: Petit manuel pour le dévot moderne: Tractatulus devotus*, Turnhout 1999 [Sous la règle de saint Augustin 6].

Lemaire 1989—J. Lemaire, *Introduction à la codicologie*, Louvain-La-Neuve 1989.

Leech-Wilkinson 1993—D. Leech-Wilkinson, "Written and improvised polyphony", in: Huglo u.a. 1993, 171–182.

Lievens 1993—R. Lievens, "Een pseudo-mystieke kantileen", *Ons Geestelijk Erf* 67 (1993) 66–81.

Lievens 1994—R. Lievens, "Jesu dulcis memoria in het Middelnederlands." *Leuvense Bijdragen* 83 (1994) 235–53.

Lindsay 1911—W.M. Lindsay (Ed.), *Isidori Hispalensis Episcopi etymologiarum sive originum libri XX*, tomus I libros I–X continens, Oxford 1911.

Lingier 1993—C. Lingier, "Boekengebruik in vrouwenkloosters onder de invloed van de Moderne Devotie", in: Mertens 1993, 280–294.

Lipphardt 1972—W. Lipphardt, " 'Magnum nomen Domini Emanuel'. Zur Frühgeschichte der cantio 'Resonet in laudibus' ", in: *Jahrbuch für Liturgik und Hymnologie* 17 (1972) 194–204.

De Loos 1990/1991—I. de Loos (Red.), *De liturgische handschriftenfragmenten met muzieknotatie van de Abdij van Berne*. Syllabus van de Werkgroep Bronnenonderzoek Middeleeuwen vakgroep Muziekwetenschap (masch.), Universiteit Utrecht 1990–91.

De Loos 1995/96—I. de Loos (Red.), *Liturgie in Zutphense handschriften.* Syllabus van de werkgroep Bronnenonderzoek Middeleeuwen vakgroep Muziekwetenschap (masch.), Universiteit Utrecht 1995–1996.

De Loos 1996—I. de Loos, *Duitse en Nederlandse muzieknotaties in de 12e en 13e eeuw,* Diss. (masch.) Utrecht 1996.

De Loos 1997—I. de Loos, Einleitung zu: R. Steiner (Ed.), *Utrecht, Bibliotheek der Rijksuniversiteit, MS. 406 (3 J 7): facsimile reproduction of the manuscript,* introduction by I. de Loos, index by Ch. Downey, Ottawa 1997.

De Loos 1999—I. de Loos, "Het Gregoriaans in de Lage Landen", in: *Musica Antiqua* 6 (1999) 5–13.

Lourdaux 1963—W. Lourdaux, "De moderne devoten te Leuven. Enkele aspekten van hun geestelijke leven", in: *Ons Geestelijk Erf* 37 (1963) 5–39.

Lutz 1994—E. Lutz, *Das Dießenhofener Liederblatt. Ein Zeugnis späthöfischer Kultur. Mit einem Facsimile, mit einem Beitrag zur Musik v.* René Pfammatter *und mit einer Einspielung der Lieder durch das Salzburger Ensemble Dulamans Vröudenton,* Freiburg i.B. 1994 [Literatur und Geschichte am Oberrhein 3].

Lyna 1924—F. Lyna, "Een teruggevonden handschrift. (Brussel, Hs. II. 270)", *Tijdschrift voor Nederlandsche Taal- en Letterkunde* 43 (1924) 289–323.

Mahieu 1941—J. Mahieu (Ed.), *Van geestelijke opklimmingen=De spiritualibus ascensionibus / door Gerard Zerbolt van Zutphen,* mit Übersetzung, Brugge 1941.

Maier 1939—J. Maier, *Studien zur Geschichte der Marienantiphon 'Salve Regina',* Regensburg 1939.

Mak 1948—J.J. Mak, *Het kerstfeest,* Den Haag 1948.

Mehler 1981—U. Mehler, *Dicere und cantare. Zur musikalischen Terminologie und Aufführungspraxis des mittelalterlichen geistlichen Dramas in Deutschland,* Regensburg 1981.

Mertens 1984—Th. Mertens, "Het rapiarium", in: Geurts u.a. 1984, 153–157.

Mertens 1986 -Th. Mertens, *Hendrik Mande (?–1431): Teksthistorische en literairhistorische studies,* Diss. Nijmegen 1986.

Mertens 1988—Th. Mertens, Art. "Rapiarium" in *Dictionnaire de spiritualité* 13, Paris 1988, 114–119.

Mertens 1989—Th. Mertens, "Lezen met de pen. Ontwikkelingen in het laatmiddeleeuws geestelijk proza", in: F.P. van Oostrom und F. Willaert (Red.): *De studie van de Middelnederlandse letterkunde: stand en toekomst,* Hilversum 1989, 187–200.

Mertens u.a. 1993—Th. Mertens u.a. (Hg.): *Boeken voor de eeuwigheid. Middelnederlands geestelijk proza.* Amsterdam 1993.

Mertens 1994a—Th. Mertens, "Texte der modernen Devoten als Mittler zwischen kirchlicher und persönlicher Reform", in: *Niederdeutsches Wort* 34 (1994) 63–74.

Mertens 1994b—Th. Mertens, "Richtlijnen voor de uitgave van Middeleeuwse Verzamelhandschriften", in: M.-J. Govers u.a. (Ed.), *Het Geraardsbergse handschrift. Hs. Brussel, Koninklijke Bibliotheek Albert I, 837–845,* Hilversum 1994, 173–191 [Middeleeuwse Verzamelhandschriften uit de Nederlanden I].

Mertens 1995—Th. Mertens, "Mystieke cultuur en literatuur in de late middeleeuwen", in: F. van Oostrom, u.a.: *Grote lijnen. Syntheses over Middelnederlandse letterkunde*, Amsterdam 1995, 117–135, 205–217 [Nederlandse literatuur en cultuur in de middeleeuwen XI].

Mertens 1996—Th. Mertens, "De Apokalyps van Hendrik Mande", in: K. Porteman u.a., *Tegendraads genot. Opstellen over de kwaliteit van middeleeuwse teksten*, Leuven 1996, 131–138.

Mertens 1999—Th. Mertens, "Florens Radewijns en zijn *Tractatulus devotus*", in: *Ons Geestelijk Erf* 73 (1999) 20–39.

Meyer 1989—C. Meyer, "Devotio Moderna et pratiques musicales polyphoniques", in: *Rencontres de Colmar-Strasbourg* (29 septembre au 2 octobre 1988): *La dévotion moderne dans les pays bourguignons et rhénans des origines à la fin du XVIᵉ siècle*, actes publiés sous la direction de J.-M. Cauchies, Neuchâtel 1989, 159–170.

Meyer 1993—C. Meyer, "*Sortisatio. De l'improvisation collective dans les pays germaniques vers 1500*", in: Huglo u.a. 1993, 183–200.

Moes 1983—D.J. Moes, "Het Stadhuis van Hoorn/ H. Dominicus te Amsterdam, 1637- c. 1945", in: *Gemeentelijke archiefdienst van Amsterdam, Inventarissen van de archieven van de staties en parochies*, Stadsdrukkerij van Amsterdam 1983, 3–55.

Moes-Jonasse 1998—W. Moes-Jonasse, *Non scholae sed vitae discimus: wij leren niet voor school, maar voor het leven. Het dagelijks leven van leerlingen van de Latijnse school in Deventer in de periode van de 14e eeuw tot 1579*. Publicatie bij de tentoonstelling *Met Erasmus naar school* in Historisch Museum De Waag te Deventer, van 3 oktober 1998 tot 15 februari 1999, Deventer 1998.

Moll 1864–1871—W. Moll, *Kerkgeschiedenis van Nederland voor de Hervorming*, 3 Bde., Utrecht 1864–1871.

Monasticon Batavum—M. Schoengen, *Monasticon Batavum*, bearbeitet von P. C. Boeren, 4 Bde., Amsterdam 1941–1942 [Verhandelingen der Nederlandsche Akademie van Wetenschappen. Afd. letterkunde. N.R. 45].

Monasticon Fratrum—*Monasticon Fratrum Vitae Communis*, hg. von W. Leesch, E. Persoons und A.G. Weiler. Brüssel 1977ff. [Archives et bibliothèques de Belgique/Archief- en bibliotheekwezen van België, Extranr. 19].

Monasticon Windeshemense—*Monasticon Windeshemense*, hg. von W. Kohl, E. Persoons und A.G. Weiler, 4 Teile, Brüssel 1976–1984 [Archives et bibliothèques de Belgique/Archief- en bibliotheekwezen van België, Extranr. 16].

Mone 1964—*Lateinische Hymnen des Mittelalters*, aus Handschriften herausgegeben und erklärt von F.J. Mone, 3 Bde., Aalen 1964 (Neudruck der Ausgabe Freiburg i. Br. 1853).

Mulder 2001—H. Mulder, "Een nog onbekend gebedenboek uit het Amersfoortse Sint-Agnesconvent met excerpten uit geestelijke liederen", in: *Queeste* 8 (2001) 160–174.

Nicol 1984—M. Nicol, *Meditation bei Luther*, Göttingen 1984 [Forschungen zur Kirchen- und Dogmengeschichte 34].

Nissen 1984—P. Nissen, "Jan Mombaer, Rosetum exercitiorum spiritualium", in: Geurts u.a. 1984, 217–221.

Noske 1964—F. Noske, "Bemerkungen zur Fermate", in: *Die Musikforschung* 17 (1964) 383–388.

Obbema 1973—P.F.J. Obbema, *Een Deventer bibliotheekcatalogus*, 2 delen, Tongeren o.J.
[Archives et bibliothèques de Belgique/Archief- en bibliotheekwezen van België, extranummer 8, Brussel 1973].

Obbema 1975—P.F.J. Obbema (Ed.): *Die Gheestelicke melody: Ms Leiden, University Library, Ltk. 2058. With an introduction*, Leiden 1975.

Obbema 1996—P.F.J. Obbema, *De middeleeuwen in handen. Over de boekcultuur in de late middeleeuwen*, Hilversum 1996.

Oberman 1977—H.A. Oberman, *Werden und Wertung der Reformation*, Tübingen 1977.

Oberman 1986—H.A. Oberman, *Die Reformation. Von Wittenberg nach Genf*, Göttingen 1986.

Ochsenbein 1990—P. Ochsenbein, "Spuren der Devotio Moderna im spätmittelalterlichen Kloster St. Gallen", in: *Studien und Mitteilungen zur Geschichte des enediktinerordens und seiner Zweige* 101 (1990) 475–496.

Oosterman 1995—J.B. Oosterman, *De gratie van het gebed. Overlevering en functie van Middelnederlandse berijmde gebeden*, 2 Bde., Amsterdam 1995.

Persoons und Lourdaux 1966—E. Persoons und W. Lourdaux, "Bibliographische inleiding tot de studie van de Windesheimse Liturgie", *Sacris Erudiri* 17 (1966) 401–410.

Piccard 1977, 1981, 1983—G. Piccard, *Findbuch der Wasserzeichenkartei Piccard im Hauptstaatsarchiv Stuttgart*, Bd. 1ff. Stuttgart 1961ff. [Veröffentlichungen der staatlichen Archivverwaltung Baden-Württemberg. Sonderreihe].

Van der Poel 1999—D. van der Poel, "Dansende maagden. Het liederenhandschrift Brussel, KB II 2631", in: *Vooys* 17.2 (1999), 18–26.

Pohl 1904—M.I. Pohl (Ed.), *Thomae Hemerken a Kempis opera omnia II*, Freiburg i.B. 1904.

Pohl 1918—M.I. Pohl (Ed.), *Thomae Hemerken a Kempis opera omnia IV*, Freiburg i.B. 1918

Pohl 1922—M.I. Pohl (Ed.), in: *Thomae Hemerken a Kempis opera omnia VII*, Freiburg i.B. 1922.

Post 1968—Post, R.R.: *The Modern Devotion. Confrontation with Reformation and Humanism*, Leiden 1968 [Studies in medieval and reformation thought 3].

Rasch 1985—R.A. Rasch, *De cantiones natalitiae en het kerkelijke muziekleven in de Zuidelijke Nederlanden gedurende de zeventiende eeuw*, 2 Bde., Utrecht 1985 [Muziekhistorische monografieën 10].

Reckow 1967—Reckow, F: *Der Musiktraktat des Anonymus 4*. Wiesbaden 1967 [Beihefte zum Archiv für Musikwissenschaft IV und V].

Rehm 1985—G. Rehm, *Die Schwestern vom gemeinsamen Leben im nordwestlichen Deutschland*, Berlin 1985 [Berliner Historische Studien Bd. 11].

Rüthing 1985—H. Rüthing, "Zum Einfluß der Kartäuserstatuten auf die

Windesheimer Konstitutionen", in: *Ons Geestelijk Erf* 59 (1985) 197–210.

Rüthing 1992—H. Rüthing, "Frömmigkeit, Arbeit, Gehorsam. Zum religiösen Leben von Laienbrüdern in der Windesheimer Kongregation", in: Schreiner 1992, 205–226.

Sachs 1971—K.-J. Sachs, "Zur Tradition der Klangschritt-Lehre. Die Texte mit der Formel 'Si cantus ascendit …' und ihre Verwandten", in: *Archiv für Musikwissenschaft* 28 (1971) 233–270.

Sachs 1974—K.-J. Sachs, *Der Contrapunctus im 14. und 15. Jahrhundert. Untersuchungen zum Terminus, zur Lehre und zu den Quellen*, Wiesbaden 1974 [Beihefte zu Archiv für Musikwissenschaft 13].

Sachs 1984—K.-J. Sachs, "Die Contrapunctus-Lehre im 14. und 15. Jahrhundert", in: F. Zaminer (Hg.): *Geschichte der Musiktheorie*, Bd. 5, Darmstadt 1984, 161–256.

Sachs HmT—K.-J. Sachs, Art. "Contrapunctus/Kontrapunkt", in: *HMT*.

Salmen und Koepp 1951—W. Salmen und J. Koepp (Ed.), *Liederbuch der Anna von Köln*, Düsseldorf 1951 [Denkmäler Rheinischer Musik 4].

Von Scarpatetti 1974—B.M. von Scarpatetti, *Die Kirche und das Augustiner-Chorherrenstift St. Leonhard in Basel (11./12.Jh.–1525). Ein Beitrag zur Geschichte der Stadt Basel und der späten Devotio moderna*, Basel 1974 [Basler Beiträge zur Geschichtswissenschaft 131].

Scheepsma 1992—W. Scheepsma, "Onbekende literatuur door onbekende vrouwen", in: *Literatuur* 9 (1992) 322–329.

Scheepsma 1997—W. Scheepsma, *Deemoed en devotie. De koorvrouwen van Windesheim en hun geschriften*, Amsterdam 1997.

Scheurleer 1889 (DPB)—*Een devoot ende profitelyck boecxken inhoudende veel gheestelijke liedekens ende leysenen, die men tot deser tijt toe heeft connen ghevinden in prente oft in ghescrifte: geestelijk liedboek met melodieën van 1539*, opnieuw uitgegeven en van eene inleiding, registers en aantekeningen voorzien door D.F. Scheurleer, 's-Gravenhage 1889.

Schneider 1999—K. Schneider, *Paläographie und Handschriftenkunde für Germanisten. Eine Einführung*, Tübingen 1999 [Sammlung kurzer Grammatiken germanistischer Dialekte B, Ergänzungsreihe 8].

Schildkamp u.a. 1995—J.B. Schildkamp u.a. (Hg.): *De Kroniek van Johannes van Lochem, prior te Albergen 1520–1525. Vertaling en toelichting*, Albergen/Enschede 1995.

Schoengen 1908—M. Schoengen (Ed.), *Jacobus Traiecti alias de Voecht: Narratio de inchoatione Domus fratrum clericorum in Zwollis*. Met akten en bescheiden betreffende dit fraterhuis, Amsterdam 1908 [Werken uitgegeven door het Historisch Genootschap, gevestigd te Utrecht 3ᵉs., 13].

Schreiner 1992—K. Schreiner (Hg.), *Laienfrömmigkeit im späten Mittelalter. Formen, Funktionen, politisch-soziale Zusammenhänge*, München 1992 [Schriften des Historischen Kollegs, Kolloquien 20].

Schreurs und Bouckaert 1995—E. Schreurs und B. Bouckaert (Hgg), *Bedreigde klanken? Muziekfragmenten uit de Lage Landen (Middeleeuwen–Renaissance)*, Katalog zur gleichnamigen Ausstellung vom 29. April bis 25. Juni in Bilzen, Leuven 1995.

Schuppisser 1993—F. O. Schuppisser, "Schauen mit den Augen des Herzens. Zur Methodik der spätmittelalterlichen Passionsmeditation, besonders in der Devotio Moderna und bei den Augustinern", in: Haug und Wachinger 1993, 169–210.

Seebaß 1996—T. Seebaß, "Über das Rekonstruieren mittelalterlicher Liedpraxis. Anmerkungen zu einer kritischen Edition des Dießendorfer Liederblattes", in: *Historische Zeitschrift* 262 (1996) 493–497.

Sievers 1954—H. Sievers (Ed.), *Das Wienhäuser Liederbuch*, 2 Bde., Facsimile und Übertragung, Wolfenbüttel 1954.

Smits van Waesberghe 1959a—J. Smits van Waesberghe, "Die Melodie der Hymne 'Puer nobis nascitur' (Ons is gheboren een kindekijn)", in: *Kirchenmusikalisches Jahrbuch* 43 (1959) 27–31.

Smits van Waesberghe 1959b—J. Smits van Waesberghe, "De herkomst en de oorspronkelijke wijs van 'Puer nobis nascitur', 'Ons is gheboren een kindekijn', 'Omnes, nu laet ons gode loven' enz.", in: *Gregoriusblad* 80 (1959) 176–186.

Smits van Waesberghe 1961—J. Smits van Waesberghe, "Naar oudere zettingen van kerstliederen en hun uitvoeringen", in: *Gregoriusblad* 82 (1961) 210–212.

Smits van Waesberghe 1966—J. Smits van Waesberghe, "Die Handschrift NIKK B 113", in: *Kirchenmusikalisches Jahrbuch* 50 (1966) 45–74.

Smits van Waesberghe 1976—J. Smits van Waesberghe, "Die Rheno-Mosa-Mosellanische Neumenschrift", in: M.U.Schouten-Glass und C.J. Maas (Hg.), *Dia-Pason. Ausgewählte Aufsätze von J. Smits van Waesberghe: Festgabe zu seinem 75. Geburtstag*, Buren 1976, 108–112. Erstmals erschienen in: *Bericht über den internationalen musikwissenschaftlichen Kongreß Wien, Mozartjahr 1956*, 599–602.

Sonnemans 1996—G. Sonnemans (Hg), *Middeleeuwse Verzamelhandschriften uit de Nederlanden*. Congres Nijmegen 14 oktober 1994, Hilversum 1996.

Stäblein 1975—B. Stäblein, *Schriftbild der einstimmigen Musik*, Leipzig 1975 [Musikgeschichte in Bildern III: Musik des Mittelalters und der Renaissance 4].

Staubach 1991—N. Staubach, "Pragmatische Schriftlichkeit im Bereich der Devotio moderna", in: *Frühmittelalterliche Studien. Jahrbuch des Instituts für Frühmittelalterforschung der Universität Münster* 25 (1991) 418–461.

Stooker en Verbeij 1997—K. Stooker en Th. Verbeij, *Collecties op orde. Middelnederlandse handschriften uit kloosters en semi-religieuze gemeenschappen in de Nederlanden*, 2 delen, Leuven 1997.

Strohm 1984—R. Strohm, "Native and foreign polyphony in late medieval Austria", in: *Musica Disciplina* 38 (1984) 205–230.

Szendrei 1988—J. Szendrei, "Die Geschichte der Graner Choralnotation", in: *Studia Musicologica Academiae Scientiarum Hungaricae* 30 (1988) 5–234.

Szöverffy 1965—J. Szöverffy, *Die Annalen der lateinischen Hymnendichtung*. Bd. II: *Die lateinischen Hymnen vom Ende des 11. Jahrhunderts bis zum Ausgang des Mittelalters*, Berlin 1965.

Szöverffy 1983—J. Szöverffy, *Repertorium hymnologicum novum I. Religiöse Dichtung als Kulturphänomen und Kulturleistung*, Berlin 1983.

Szöverffy 1985a—J. Szöverffy, *A concise history of medieval Latin hymnody: reli-*

gious lyrics between antiquity and humanism, Leyden 1985 [Medieval classics: texts and studies 19].

Szöverffy 1985b—J. Szöverffy, *Marianische Motivik der Hymnen. Ein Beitrag zur Geschichte der marianischen Lyrik im Mittelalter*, Leyden 1985 [Medieval classics: Texts and Studies 18].

Valkestijn 1964, 1965—J.W.N. Valkestijn, "Organa-handschriften uit de XVIe eeuw in Nederlandse bibliotheken", in: *Gregoriusblad* 85 (1964) 185–189 (I), 267–270 (II), 86 (1965), 80–85 (III), 259–265 (IV).

Valkestijn 1966—J.W.N. Valkestijn, "Organumhandschriften uit de XVIe eeuw in Nederlandse bibliotheken", in: *Gregoriusblad* 90 (1966), 218–226 (V), 288–293 (VI), 447–453 (VII).

Veelenturf 2000—K. Veelenturf (Red.), *Geen povere schoonheid. Laatmiddeleeuwse kunst in verband met de Moderne Devotie*, Nijmegen 2000.

Vellekoop 1992—C. Vellekoop, ' "Beede ghenoot ende ooc ghescreven'. Reconstructie en uitvoeringspraktijk van liederen in het Gruuthusehandschrift", in: Willaert u.a. 1992, 136–153, 364–368.

Vellekoop 1994—C. Vellekoop, *Musica movet affectus*, Utrecht 1994.

Vellekoop 1998—C. Vellekoop, "De expressie van emoties in muziek en drama", in: R. E. V. Stuip en C. Vellekoop, *Emoties in de middeleeuwen*, Hilversum 1998, 79–95 [Utrechtse Bijdragen tot mediëvistiek 15].

Vetter 2000—E. Vetter, *Concentrische cirkels. Modus, affect, sfeer en tijd in een middeleeuws muziektheoretisch gedicht*, Amsterdam 2000.

Wattenbach 1958—W. Wattenbach, *Das Schriftwesen im Mittelalter*, [4]Graz 1958.

Weiler 1984—A.G. Weiler, *Geert Grote und seine Stiftungen*. Hg. von der Presse- und Kulturabteilung der Kgl. Niederländischen Botschaft, Bonn 1984 [Nachbarn Nr. 30].

Weiler 1997—A.G. Weiler, *Volgens de norm van de vroege kerk. De geschiedenis van de huizen van de broeders van het Gemene leven in Nederland*, Nijmegen 1997 [Middeleeuwse studies XIII].

Weiler 2000—A.G. Weiler, "Erasmus als kunstcriticus in de geest van de Moderne Devotie", in: Veelenturf 2000, 315–341.

Welkenhuysen 1992—A. Welkenhuysen, "Cantent epithalamium: a Marian Christmas Carol from the Netherlandish Devotion, edited with a Translation and Notes", in: W. Verbeke u.a. (Hg), *Serta Devota in memoriam Guillelmi Lourdaux. Pars Prior: Devotio Windeshemensis*, Leuven 1992, 427–452.

Welker 1998—L. Welker (Hg.), *Hildegard von Bingen: Lieder. Faksimile Riesencodex (Hs. 2) der Hessischen Landesbibliothek Wiesbaden fol. 466–481v*, Wiesbaden 1998 [Elementa musicae I].

Wierda 1995—L.S. Wierda, *De Sarijshandschriften. Laat-middeleeuwse handschriften uit de IJsselstreek*, Zwolle 1995.

Wierda 2000—L.S. Wierda, " 'Een oetmoedich boeck': het ideale boek bij de Moderne Devoten", in: Veelenturf 2000, 155–168.

Wijdeveld 1995—G. Wijdeveld (Übers.), *Thomas a Kempis: De navolging van Christus* naar de Brusselse Autograaf vertaald door G. Wijdeveld en ingeleid door P. van Geest, Kapellen/Kampen [3]1995.

Wilbrink 1930—G.G. Wilbrink (Sr. Marie Josepha), *Das Geistliche Lied der*

Devotio Moderna. Ein Spiegel niederländisch-deutscher Beziehungen, Diss. Nijmegen 1930.

Willaert u.a. 1992—F. Willaert u.a. (Hg.), *Een zoet akkoord: Middeleeuwse lyriek in de Lage Landen*, Amsterdam 1992 [Nederlandse literatuur en cultur in de middeleeuwen 7].

Willaert 1997—F. Willaert (Hg.), *Veelderhande Liedekens. Studies over het Nederlandse lied tot 1600*, Symposium Antwerpen 28 februari 1996, Leuven 1997.

Wolf 1913—J. Wolf, *Handbuch der Notationskunde*, Leipzig 1913.

Van der Woude 1947—S. van der Woude, *Johannes Busch. Windesheimer kloosterreformator en kroniekschrijver*, Edam 1947.

Van der Woude 1953—S. van der Woude (Ed.), *Acta Capituli Windeshemensis. Acta van de kapittelvergaderingen der congregatie van Windesheim*, 's-Gravenhage 1953.

ZUSAMMENFASSUNG

Dieses Buch enthält fünf Einzelstudien zur Handschrift *Utrecht, Universiteitsbibliotheek, ms. 16 H 34* (olim *ms. B 113*). Sie umfassen Untersuchungen zu Codicologie, Datierung und Lokalisierung (Kapitel I), zur Notation (II), zur Funktion (III), zur einstimmigen Musik (IV) und zur mehrstimmigen Musik (V), ergänzt um eine Edition der Gesänge.

Kapitel I. Die Handschrift, ein aus neun Lagen bestehendes Konvolut, besteht aus zehn ursprünglich voneinander unabhängigen kleinen Heftchen aus Papier, die teilweise ineinander gebunden sind. Die Quelle ist in zwei Pergamentumschläge aus dem 16. Jahrhundert gebunden, wahrscheinlich den Originaleinband. Reste von Einbandmakulatur aus Papier um einige Heftchen, wahrscheinlich aus dem 15. Jahrhundert, sind in die Handschrift eingebunden. Dank der Schlußformel *deo gratias 1500* (fol. 84v) ist ein Teil der fünften Lage genau datiert, die Entstehungszeit der übrigen Handschriftenteile kann aufgrund der Wasserzeichen auf den Zeitraum von der ersten Hälfte des 15. Jahrhunderts bis zum Anfang des 16. Jahrhunderts eingegrenzt werden. Diese Heftchen stammen vermutlich aus verschiedenen Häusern der spätmittelalterlichen Frömmigkeitsbewegung der Devotio moderna, als ihr Entstehungsraum kann das IJsseltal angenommen werden. Die zweite Lage der Handschrift wurde im Fraterhaus in Deventer geschrieben (Kolophon auf fol. 19r und fol. 40v), die übrigen Lagen können vorsichtig mit einem Frauenkloster des IJsseltals (Lage 1) und mit Zwolle (Fraterhaus und Kloster Agnietenberg) in Verbindung gebracht werden. Die Handschrift enthält vor allem lateinische ein- bis dreistimmige Gesänge, drei zweistimmige mittelniederländische Weihnachtslieder, sowie einen Psalmodietraktat und ein lateinisches Meditationsschema mit Hinweisen auf Literatur, anhand derer die Meditation vorbereitet werden sollte. Auf den alten Umschlagresten stehen lateinische Exzerpte.

Kapitel II. Die Gesänge der Handschrift *Utrecht 16 H 34* wurden mit drei Notationen versehen: die Lagen 1, 3 und 6–9 mit gotischer Choralnotation, die Lagen 4 und 5 sowie die Nachträge in den Lagen 3, 6 und 7 mit mensuraler Notation. Die oberste Stimme eines dreistimmigen Refrains *Alleluya* in der sechsten Lage ist in Strichnotation aufgeschrieben.

Die gotische Choralnotation zeigt die charakteristischen Merkmale niederländischer auf Linien geschriebener Neumen. Als Notation einer Gebrauchshandschrift des späten Mittelalters weist sie darüberhinaus Züge auf, die als kursiv bezeichnet werden können. Kursive Einflüsse sind am stärksten in den Lagen 1, 3 und 6 zu beobachten, deren Texte in einer *littera cursiva* geschrieben sind. Weit weniger ausgeprägt sind kursive Elemente in den Lagen 8 und 9, die in einer *littera hybrida* erscheinen.

Die mensurale Notation der Handschrift ist in mehrfacher Hinsicht von der Neumennotation beeinflußt. Sie läßt wichtige Kennzeichen der weißen Mensuralnotation um 1500 wie beispielsweise Mensurzeichen und Kolorierung vermissen. Die Aufzeichnung der Ligaturen, die Verwendung von Pausenzeichen sowie der Gebrauch der Puncti deuten auf ein der Neumenschreibweise entstammendes Notationsverständnis. Offensichtlich waren die Notatoren im Gebrauch der mensuralen Aufzeichnungsweise wenig geübt. Vertraut war ihnen die Schreibweise der Neumen. Mensurale Zeichen verwendeten sie zu dem Zweck, Notenlängen im überwiegend syllabischen Kontext differenzieren zu können. Das zugrundeliegende mensurale System war ihnen offensichtlich nicht sehr vertraut.

Strichnotation wurde nur in einem Fall aus Gründen der Platzersparnis als eine Art musikalischer Stenographie eingesetzt. Die Verwendung von Strichnotation läßt deutlich erkennen, daß es den Notatoren vor allem um eine einfache Differenzierung der Notenlängen ging, die Einbettung in eine mensurale Hierarchie stand nicht zentral.

Obwohl die codicologische Aufmachung mancher Lagen durchaus professionelle Züge trägt, sind sie doch, geschrieben von Vertretern der Devotio moderna, nicht von professionellen Musikern notiert. Die Fachkenntnis der Schreiber lag auf dem Gebiet der Herstellung von Texthandschriften und liturgischen Handschriften. In der Papiervorbereitung wurden sogar verschiedene Spezialinstrumente eingesetzt, die vermuten lassen, daß der Herkunftsort einiger Lagen kein ganz unbedeutendes Skriptorium sein dürfte. Die Musiker der Devotio moderna jedoch sind unter die 'non-specialized musicians' zu rechnen, die ihre Musikausbildung im Kontext der Klosterliturgie erfahren haben. Die Grenzen ihrer Notationskenntnis sind bei der mensuralen Notation der Handschrift unübersehbar.

Kapitel III. Die Beziehung zwischen Musik und Meditation in Kreisen der Devotio moderna fand in der Forschung bisher wenig Aufmerksamkeit. Der inhaltliche Aufbau einiger Heftchen der Handschrift *Utrecht 16 H 34*, der strukturell an Rapiaria anschließt, sowie glossierte, auf die Meditation zielende Liedtexte deuten darauf, daß jedenfalls die Lagen 1, 6 und 7, wahrscheinlich jedoch alle Teile der Handschrift *Utrecht 16 H 34* im Kontext der umfangreichen meditativen Übungen in Kreisen der Devotio moderna fungierten. Die Musik konnte vor allem zwei wiederholt beschriebenen Gelegenheiten zur Meditation zugeordnet werden: der Handarbeit und der Vorbereitung des Offiziums.

Den verbindenden Faktor zwischen Musik und Meditation bildet die *affectio*, die erstrebte innige Gemütsbewegung, die sich, basierend auf der *lectio*, aus der *meditatio* ergeben soll, um in ein wirksames Gebet zu Gott (*oratio*) zu münden. Die Auswirkungen der Musik auf den Affekt waren bereits in der Antike bekannt. Über die Schriften Augustins fand diese Kenntnis auch Eingang in das Schriftgut und die Vorstellungswelt der Devotio moderna. Neben Traktaten einschlägiger Autoren aus diesem Kreis berichten auch zahlreiche Alltagsquellen von einer Beteiligung der Musik an der Meditation. Diese Funktion beeinflußte sowohl das Musikverständnis in Kreisen der Devotio moderna als auch die Machart der Musik selbst.

Kapitel IV. Im Gegensatz zum volkssprachigen Liedrepertoire aus Kreisen der Devotio moderna schenkte die Forschung dem lateinischen, vor allem dem einstimmigen, Repertoire bisher fast keine Aufmerksamkeit. In diesem Kapitel werden Aspekte des einstimmigen lateinischen Repertoires behandelt, da die Handschrift *Utrecht 16 H 34* mit Ausnahme dreier mittelniederländischer Weihnachtslieder ausschließlich lateinische ein- und mehrstimmige Gesänge überliefert. Die Wurzeln dieser Gesänge liegen großenteils in der Liturgie des Offiziums, das in den Häusern der Devotio moderna verschieden gefeiert wurde. Vor allem das Chorgebet in den Fraterhäusern, das mit Blick auf die mögliche Herkunft der Handschriftenteile aus diesem Milieu von besonderem Interesse ist, läßt die enge Verknüpfung von liturgischem Offizium und paraliturgischer Meditation erkennen. Von besonderer Bedeutung für den 'Sitz im Leben' des einstimmigen wie des mehrstimmigen Repertoires in der Handschrift *Utrecht 16 H 34* sind Verordnungen der *constitutiones* einiger Fraterhäuser, gemäß derer die Fratres einige Horen in kleinen Gruppen zu zweit oder zu dritt in den Privaträumen feiern sollten.

In der Musik sind vielfältige Hinweise auf eine Anpassung des liturgischen Bestands an den paraliturgischen Kontext der Meditation zu beobachten. Die liturgischen Kennzeichen des paraliturgischen Repertoires sind in den verschiedenen Handschriftenteilen unterschiedlich stark ausgeprägt. In diesen Anpassungsbestrebungen wurde hypothetisch ein chronologisches Gefälle festgestellt. Eine allgemein feststellbare Tendenz besteht vor allem in der Aufweichung gattungsbedingter Grenzen, die festumschriebene liturgische Formen in der Aufzeichnung wie in der Überlieferung undeutlich werden läßt. Gleichzeitig wird die Entwicklung zum beliebig einsetzbaren paraliturgischen Gesang mit amorpher Form und Funktion erkennbar. Diese Tendenz entspricht den von Th. Mertens beschriebenen Kennzeichen der Überlieferung mittelniederländischer Literatur in denselben Kreisen.

Kapitel V. Bislang ging die Forschung nahezu einmütig davon aus, daß mehrstimmige Musik in Kreisen der Devotio moderna verboten war. Eingehende Untersuchung einschlägiger theoretischer Quellen sowie einiger Alltagsquellen der Devotio moderna ergab jedoch eine Differenzierung dieser Ansicht. Verboten war diesen Quellen zufolge nicht die Mehrstimmigkeit schlechthin, sondern eine ihrer Ausrichtungen, nämlich der *contrapunctus diminutus*, der in Quellen der Devotio moderna *discantus* genannt wird. Der komplizierte musikalische Aufbau dieser mehrstimmigen Musik, der sich auch auf die Textverteilung auswirkte, verhinderte, daß der Text immer verstanden werden konnte. Textverständlichkeit stand jedoch bei Gesängen modern-devoter Kreise zentral, da diese nur dann eine zuverlässige Basis für die Meditation sein konnten. Johan Cele, der Rektor der Zwoller Stadtschule, der modern-devoten Kreisen sehr nahe stand, ließ hierin für seine Schüler eine Ausnahme zu: In der Christnacht durfte im *contrapunctus diminutus* oder *discantus* gesungen werden. Diese Einschränkung ist wichtig für die Interpretation der mehrstimmigen Musik in *Utrecht 16 H 34*, die mit einiger Wahrscheinlichkeit in Zwolle situiert werden kann.

Die mehrstimmige Musik, die ein Viertel des musikalischen Gesamtbestandes der Handschrift ausmacht, kann in vier Gruppen eingeteilt werden. Diese weisen in unterschiedlichem Umfang polyphone Satzstrukturen auf. In Gesängen aus Gruppe I und II deklamieren die Stimmen synchron. Hierin entsprechen sie den Bestimmungen des Windesheimer Ordinarius und anderer einschlägiger Quellen, die mehrstimmige Musik verbieten, bei der der Text nicht eindeutig verständlich ist. Die Lieder der Gruppe III, durchgehend Weihnachtslieder, deklamieren ebenfalls weitgehend synchron, doch wird diese Regel bei einigen Kadenzen übertreten. Die Lieder der Gruppe IV zeigen umfangreichere polyphone Strukturen. Auch sie entstammen ausschließlich dem Weihnachtskreis. Dadurch entsprechen sie den Bestimmungen des Johan Cele für die Schüler der Stadtschule in Zwolle, eine Beobachtung, die möglicherweise als Hinweis für den Entstehungsort der Lagen der Handschrift gewertet werden kann, die diese Musik enthalten.

Bis auf wenige Ausnahmen sind die mehrstimmigen Sätze der Handschrift Unica und in dieser Form in anderen Handschriften nicht zu finden. Sie zeichnen sich durch eine eigenständige Konzeption aus, die vor allem bei den stärker polyphon gestalteten Sätzen erkennbar ist und sich in einer besonderen Vorliebe für imperfekte Konsonanzen, vor allem der Terz, zeigt. In dieser Hinsicht unterscheiden sich die mehrstimmigen Fassungen dieser Quelle von konkordanten Handschriften, deren Satzstruktur stärker von einer Kombination aus Dissonanzen und perfekten Konsonanzen bestimmt ist.

Nicht nur aus der Kombination mit dem Meditationsschema in der zweiten Lage wird ersichtlich, daß die Handschriftenteile während der als *meditatio* umschriebenen täglichen asketischen Übungen der Mitglieder der Devotio moderna eine Funktion hatten. Diese Rolle prägt die pragmatische Aufmachung und die Musik der ganzen Handschrift. Angefangen bei dem kleinen Format und der Anordnung der Musik in den Heftchen sowie den Kommentaren zu manchen Gesängen, über die an die außerliturgische Situation der *meditatio* angepaßten einstimmigen, großenteils liturgischen, oft jedoch neu konzipierten Gesänge, bis zu der für die Devotio moderna spezifischen Art der Mehrstimmigkeit, die die Textverständlichkeit über musikalische Kunstfertigkeit stellt, drückt die *meditatio* der Handschrift unverkennbar ihren Stempel auf.

Die Edition umfaßt alle Gesänge in der Reihenfolge der Handschrift. Ich strebte nach einer Ausgabe, die einerseits so nahe wie möglich an der Quelle bleibt, andererseits gerade in Bezug auf die Musik eine an die Bedürfnisse des modernen Benutzers angepaßte Transkription bietet.

SUMMARY

This book contains five studies about the manuscript *Utrecht, Universiteitsbibliotheek, ms. 16 H 34* (olim *ms. B 113*): investigations about codicology, date and localization (chapter I), notation (II), function (III), music for one voice (IV) and for several voices (V), completed with an edition of the songs.

Chapter I. The source, a complex work of reference containing nine quires, is composed of ten originally independent little paper booklets that partially are bound into one another. The manuscript is bound in two parchment wrappers, probably the original ones. Rests of paper covers bound around some booklets, probably dating from the 15th century, are bound in the manuscript. Thanks to the formula *deo gracias 1500* (fol. 84v), one part of quire 5 is precisely dated. The date of formation of the other quires can be limited, on base of the watermarks, between the first half of the 15th and the beginning of the 16th century. These quires probably come from different houses of the late medieval religious movement called the Modern Devotion; they were probably written in the IJssel-valley. The second quire is written in the house of the Brothers of the Common Life at Deventer (colophons on fol. 19r and fol. 40v), the other quires can perhaps be connected with a nunnery in the IJssel-valley (quire 1) and with the city of Zwolle (the house of the Brothers of the Common Life and the monastery Agnietenberg). Above all, the manuscript contains Latin songs for one to three voices, three Dutch songs for two voices, besides a treatise about psalmody and a Latin meditation scheme with references to literature for preparing the meditations. Several old paper-wraps contain Latin excerpts.

Chapter II. The songs of the manuscript *Utrecht 16 H 34* are written in three notations: the quires 1, 3 and 6–9 in Gothic notation on five lines, the fourth and fifth quires and the additions to the third, sixth and seventh quire in mensural notation. The upper part of a three-part refrain *Alleluya* in the sixth quire is written in stroke-notation.

The gothic notation shows the peculiarities of Dutch neumatic notation on lines. As a notation in a practical manuscript of the late Middle Ages it shows furthermore characteristics that can be described as cursive. Cursive influences can be found mostly in the first, third and sixth quire, the texts of which are written in *littera cursiva*. Cursive elements are less obvious in the quires 8 and 9 that are written in *littera hybrida*.

The neumatic notation influences the mensural notation in the manuscript in several aspects. It lacks important characteristics of the 'white' mensural notation around 1500, for instance coloration and mensuration signs. The manner ligatures, pauses and puncti which are written show that the writing of neumatic notation influenced the writing of mensural notation. Obviously the notators were not acquainted with mensural notation, but with neumatic notations. They used mensural shapes to distinguish the length of tones in a syllabic context. They were not familiar with the whole system the mensural notation was based on.

Stroke-notation is only used once as a sort of musical stenography to win space. The use of stroke-notation is an indication that the notators above all were interested in distinguishing the length of notes in a simple way; they were not interested in integration into the mensural system.

Although the codicological lay-out of some quires seems to be professional, the members of the Modern Devotion who wrote them were not professional musicians. These scribes had professional knowledge about text-manuscripts and liturgical books. For preparing the paper even special instruments were used, which let assume that some quires may originate from an important scriptorium. The musicians of the Modern Devotion however must be considered as non-specialized musicians who were trained in the context of liturgical music of cloisters. The limits of their knowledge of notation are undeniable with regard to the mensural notation of the manuscript.

Chapter III. The relationship between music and meditation in the field of the Modern Devotion did not attract much attention by scholars until now. The structure of some quires in the manuscript *Utrecht 16 H 34* however, that reminds us of *rapiaria*, and song-texts which are glossed and obviously aiming at the meditation, indicate that at least quires 1, 6 and 7, probably even all sections of the manuscript *Utrecht 16 H 34* had a function within the extensive meditative exercises in the field of the Modern Devotion. Music could be related to two occasions for meditation, which are described repeatedly: with work and with preparing the daily Office.

The *affectio*, the desired emotion that, based on the *lectio*, must result from the *meditatio* in order to flow into an effective prayer to God (*oratio*), forms the connecting item between music and meditation. The effects of music on affection were already known in antiquity. Via Augustin's work this knowledge also entered the treatises and the ideas of the Modern Devotion. Besides the treatises of several authors of the Modern Devotion many trivial sources report about participation of music with the meditation. This function influenced the ideas over music in the sphere of the Modern Devotion as well as the structure of the music itself.

Chapter IV. In contrary to the vernacular songs in the sphere of the Modern Devotion, Latin songs, in particular the monophonic, have attracted very little attention. This chapter will treat aspects of the monophonic Latin repertory of *Utrecht 16 H 34* because this source contains (except three vernacular songs for two voices) only Latin songs for one to three voices. The roots of these songs lie for the most part in the liturgy of the daily Office, which was celebrated in the houses of the Modern Devotion in different ways. The Office in the houses of the Brothers of the Common Life, which is most interesting regarding the assumed provenance of some parts of *Utrecht 16 H 34*, makes the relationship between the liturgical Office and the paraliturgical meditation obvious in a particular way. For the "Sitz im Leben" of the monophonic as for the polyphonic repertory of the manuscript *Utrecht 16 H 34* the orders of some constitutions of houses of brothers are very important. These constitutions order that the Brothers should sing some hours of the Office in small groups of two of three people in their private rooms.

In the music, references are found to an assimilation of the liturgical inventory with the paraliturgical context of the meditation. The liturgical characteristics of the paraliturgical repertory are different in the different parts of *Utrecht 16 H 34*. For this tendency a chronological descent is hypothetically established. A tendency, which generally could be recognized, is the softening of the limits of the musical genres, whereby traditional liturgical forms become indistinct with regard to the written form as well as to the tradition. At the same time, a development can be recognized into a liberally usable paraliturgical song with an amorphous form and function. This tendency corresponds to the characteristics of the transmission of Dutch literature of the late Middle Ages described by Th. Mertens.

Chapter V. Up to now, musicologists have nearly unanimously believed that polyphonic music was forbidden in the field of the Modern Devotion. Profound research of relevant theoretical and trivial sources of the Modern Devotion differentiated this opinion. According to these sources, polyphony was not generally forbidden, but one of its styles, namely the *contrapunctus diminutus*, which in sources of the Modern Devotion is named *discantus*. The complicated musical structure of this type of polyphony, which also had consequences for the distribution of the text, hinders one's ability to always understand the text. The understanding of texts however was at the centre of the songs in the field of the Modern Devotion, because only then a song could be a reliable base for meditation. Johan Cele, the rector of the Latin-school of the city of Zwolle who was very close to the ideals of the Modern Devotion allowed an exception for his pupils: During Christmas night it was allowed to sing in *contrapunctus diminutus* or *discantus*. This exception is important for interpreting the polyphonic music of *Utrecht 16 H 34* that can probably be located in Zwolle.

The polyphonic music, which fills a quarter of the whole music of the manuscript, can be divided into four groups. They contain polyphonic structures in different ways. The voices of group II and I recite synchronically. In that point they obey the orders of the Ordinary of the chapter of Windesheim and other relevant sources that forbid singing polyphonic music where the texts could not be understood well. The songs of the third group, all of them Christmas carols, also recite synchronically, but this rule is transgressed at some cadences. The songs of group IV show extensive polyphonic structures. They also originate exclusively from the time around Christmas. Therefore they correspond to the rules of Johan Cele for the pupils of the Latin school at Zwolle, an observation that could be interpreted for the localization of the quires that contain this music.

With few exceptions the part-song settings of the manuscript are unique and cannot be found in other manuscripts in this way. They show an independent conception that can particularly be seen at the more polyphonically built settings with a typical preference for imperfect consonances, notably the third. In this aspect the part-song settings of this manuscript differ from all the other concordant sources that transmit a structure that is dominated by a combination of dissonances and perfect consonances.

It is not only evident from the combination with the meditation scheme in the second quire that the different parts of the manuscript had a function during the daily ascetic exercises of the members of the Modern devotion, called *meditatio*. This role determines the prag-matic structure and the music of whole the manuscript. To begin with the small size and the arrangement of the music in the booklets as well as with the glosses to some songs, via the monophonic, mostly litur-gical, but sometimes new constructed songs that are adapted to the non-liturgical situation of the *meditatio* up to the polyphony in typical style of the Modern devotion, the *meditatio* influences the manuscript unmistakably. In Modern devotion the synchronical declamation of texts is appreciated more than musical art.

The edition comprises all songs in the order of the manuscript. I aimed at an edition that on the one hand stays closely to the source, on the other hand it wants to present a transcription that conforms to the requirements of the modern user.

Studies in the History
of Christian Thought

FOUNDED BY HEIKO A. OBERMAN †

EDITED BY ROBERT J. BAST

51. O'MALLEY, J. W., IZBICKI, T. M. and CHRISTIANSON, G. (eds.). *Humanity and Divinity in Renaissance and Reformation*. Essays in Honor of Charles Trinkaus. 1993

52. REEVE, A. (ed.) and SCREECH, M. A. (introd.). *Erasmus' Annotations on the New Testament*. Galatians to the Apocalypse. 1993

53. STUMP, Ph. H. *The Reforms of the Council of Constance (1414-1418)*. 1994

54. GIAKALIS, A. *Images of the Divine*. The Theology of Icons at the Seventh Ecumenical Council. With a Foreword by Henry Chadwick. 1994

55. NELLEN, H. J. M. and RABBIE, E. (eds.). *Hugo Grotius – Theologian*. Essays in Honour of G. H. M. Posthumus Meyjes. 1994

56. TRIGG, J. D. *Baptism in the Theology of Martin Luther*. 1994

57. JANSE, W. *Albert Hardenberg als Theologe*. Profil eines Bucer-Schülers. 1994

59. SCHOOR, R.J.M. VAN DE. *The Irenical Theology of Théophile Brachet de La Milletière (1588-1665)*. 1995

60. STREHLE, S. *The Catholic Roots of the Protestant Gospel*. Encounter between the Middle Ages and the Reformation. 1995

61. BROWN, M.L. *Donne and the Politics of Conscience in Early Modern England*. 1995

62. SCREECH, M.A. (ed.). *Richard Mocket, Warden of All Souls College, Oxford, Doctrina et Politia Ecclesiae Anglicanae*. An Anglican Summa. Facsimile with Variants of the Text of 1617. Edited with an Introduction. 1995

63. SNOEK, G.J.C. *Medieval Piety from Relics to the Eucharist*. A Process of Mutual Inter-action. 1995

64. PIXTON, P.B. *The German Episcopacy and the Implementation of the Decrees of the Fourth Lateran Council, 1216-1245*. Watchmen on the Tower. 1995

65. DOLNIKOWSKI, E.W. *Thomas Bradwardine: A View of Time and a Vision of Eternity in Fourteenth-Century Thought*. 1995

66. RABBIE, E. (ed.). *Hugo Grotius, Ordinum Hollandiae ac Westfrisiae Pietas (1613)*. Critical Edition with Translation and Commentary. 1995

67. HIRSH, J.C. *The Boundaries of Faith*. The Development and Transmission of Medieval Spirituality. 1996

68. BURNETT, S.G. *From Christian Hebraism to Jewish Studies*. Johannes Buxtorf (1564-1629) and Hebrew Learning in the Seventeenth Century. 1996

69. BOLAND O.P., V. *Ideas in God according to Saint Thomas Aquinas*. Sources and Synthesis. 1996

70. LANGE, M.E. *Telling Tears in the English Renaissance*. 1996

71. CHRISTIANSON, G. and T.M. IZBICKI (eds.). *Nicholas of Cusa on Christ and the Church*. Essays in Memory of Chandler McCuskey Brooks for the American Cusanus Society. 1996

72. MALI, A. *Mystic in the New World*. Marie de l'Incarnation (1599-1672). 1996

73. VISSER, D. *Apocalypse as Utopian Expectation (800-1500)*. The Apocalypse Commentary of Berengaudus of Ferrières and the Relationship between Exegesis, Liturgy and Iconography. 1996

74. O'ROURKE BOYLE, M. *Divine Domesticity*. Augustine of Thagaste to Teresa of Avila. 1997

75. PFIZENMAIER, T.C. *The Trinitarian Theology of Dr. Samuel Clarke (1675-1729)*. Context, Sources, and Controversy. 1997

76. BERKVENS-STEVELINCK, C., J. ISRAEL and G.H.M. POSTHUMUS MEYJES (eds.). *The Emergence of Tolerance in the Dutch Republic*. 1997

77. HAYKIN, M.A.G. (ed.). *The Life and Thought of John Gill (1697-1771)*. A Tercentennial Appreciation. 1997

78. KAISER, C.B. *Creational Theology and the History of Physical Science*. The Creationist Tradition from Basil to Bohr. 1997

79. LEES, J.T. *Anselm of Havelberg*. Deeds into Words in the Twelfth Century. 1997

80. WINTER, J.M. VAN. *Sources Concerning the Hospitallers of St John in the Netherlands, 14th-18th Centuries*. 1998

81. TIERNEY, B. *Foundations of the Conciliar Theory*. The Contribution of the Medieval Canonists from Gratian to the Great Schism. Enlarged New Edition. 1998

82. MIERNOWSKI, J. *Le Dieu Néant*. Théologies négatives à l'aube des temps modernes. 1998

83. HALVERSON, J.L. *Peter Aureol on Predestination*. A Challenge to Late Medieval Thought. 1998.

84. HOULISTON, V. (ed.). *Robert Persons, S.J.: The Christian Directory (1582)*. The First Booke of the Christian Exercise, appertayning to Resolution. 1998

85. GRELL, O.P. (ed.). *Paracelsus*. The Man and His Reputation, His Ideas and Their Transformation. 1998

86. MAZZOLA, E. *The Pathology of the English Renaissance*. Sacred Remains and Holy Ghosts. 1998.

87. 88. MARSILIUS VON INGHEN. *Quaestiones super quattuor libros sententiarum*. Super Primum. Bearbeitet von M. Santos Noya. 2 Bände. I. Quaestiones 1-7. II. Quaestiones 8-21. 2000

89. FAUPEL-DREVS, K. *Vom rechten Gebrauch der Bilder im liturgischen Raum*. Mittelalterliche Funktionsbestimmungen bildender Kunst im *Rationale divinorum officiorum* des Durandus von Mende (1230/1-1296). 1999

90. KREY, P.D.W. and SMITH, L. (eds.). *Nicholas of Lyra.* the Senses of Scripture. 2000
92. OAKLEY, F. *Politics and Eternity.* Studies in the History of Medieval and Early-Modern Political Thought. 1999
93. PRYDS, D. *The Politics of Preaching.* Robert of Naples (1309-1343) and his Sermons. 2000
94. POSTHUMUS MEYJES, G.H.M. *Jean Gerson – Apostle of Unity.* His Church Politics and Ecclesiology. Translated by J.C. Grayson. 1999
95. BERG, J. VAN DEN. *Religious Currents and Cross-Currents.* Essays on Early Modern Protestantism and the Protestant Enlightenment. Edited by J. de Bruijn, P. Holtrop, and E. van der Wall. 1999
96. IZBICKI, T.M. and BELLITTO, C.M. (eds.). *Reform and Renewal in the Middle Ages and the Renaissance.* Studies in Honor of Louis Pascoe, S. J. 2000
97. KELLY, D. *The Conspiracy of Allusion.* Description, Rewriting, and Authorship from Macrobius to Medieval Romance. 1999
98. MARRONE, S.P. *The Light of Thy Countenance.* Science and Knowledge of God in the Thirteenth Century. 2 volumes. 1. A Doctrine of Divine Illumination. 2. God at the Core of Cognition. 2001
99. HOWSON B.H. *Erroneous and Schismatical Opinions.* The Question of Orthodoxy regarding the Theology of Hanserd Knollys (c. 1599-1691). 2001
100. ASSELT, W.J. VAN. *The Federal Theology of Johannes Cocceius (1603-1669).* 2001
101. CELENZA, C.S. *Piety and Pythagoras in Renaissance Florence* the Symbolum Nesianum. 2001
102. DAM, H.-J. VAN (ed.). *Hugo Grotius, De imperio summarum potestatum circa sacra.* Critical Edition with Introduction, English Translation and Commentary. 2 volumes. 2001
103. BAGGE, S. *Kings, Politics, and the Right Order of the World in German Historiography c. 950-1150.* 2002
104. STEIGER, J.A. *Fünf Zentralthemen der Theologie Luthers und seiner Erben.* Communicatio – Imago – Figura – Maria – Exempla. Mit Edition zweier christologischer Frühschriften Johann Gerhards. 2002
105. IZBICKI T.M. and BELLITTO C.M. (eds.). *Nicholas of Cusa and his Age: Intellect and Spirituality.* Essays Dedicated to the Memory of F. Edward Cranz, Thomas P. McTighe and Charles Trinkaus. 2002
106. HASCHER-BURGER, U. *Gesungene Innigkeit.* Studien zu einer Musikhandschrift der Devotio moderna (Utrecht, Universiteitsbibliotheek, MS. 16 H 34, olim B 113). Mit einer Edition der Gesänge. 2002

Prospectus available on request

BRILL — P.O.B. 9000 — 2300 PA LEIDEN — THE NETHERLANDS